ŒUVRES

DE

P. DE RONSARD

GENTILHOMME VANDOMOIS

Avec une Notice biographique et des Notes

PAR

CH. MARTY-LAVEAUX

TOME QUATRIÈME

PARIS
ALPHONSE LEMERRE, ÉDITEUR

M DCCC XCI

LA

PLÉIADE FRANÇOISE

Cette collection a été tirée à 248 exemplaires numérotés
et parafés par l'éditeur.

230 exemplaires sur papier de Hollande.
18 — sur papier de Chine.

N° Dépôt

ŒUVRES

DE

P. DE RONSARD

GENTILHOMME VANDOMOIS

Avec une Notice biographique et des Notes

PAR

CH. MARTY-LAVEAUX

TOME QUATRIÈME

PARIS

ALPHONSE LEMERRE, ÉDITEUR

—

M DCCC XCI

LES ELEGIES DE
PIERRE DE RONSARD.

A TRES-VERTVEVX SEIGNEVR, ANNE
DE IOYEVSE, ADMIRAL
DE FRANCE.

EPITHALAME

DE MONSEIGNEVR DE IOYEVSE,

ADMIRAL DE FRANCE.

Ioyeuſe, ſuy ton nom, qui ioyeux te conuie
A iouir doucement d'vne ioyeuſe vie,
Puis que ta deſtinée a ſurmonté le ſort
De Fortune, & conduit ta nauire à bon port,
Qui maintenant de fleurs au haure eſt couronnée,
Portant deſſus le maſt le flambeau d'Hymenée.
Le iour que tu naſquis, d'artifice ſubtil
La Parque te trama les replis d'vn beau fil,
Et t'en fit vn preſent, de ton bien deſireuſe,
Pour voir paſſer ta vie en toute choſe heureuſe.
Car à peine la barbe a creſpé ton menton
De la douce toiſon de ſon premier cotton,
Qu'armé de la vertu non vulgaire & commune
Tu preſſes ſous tes pieds l'Enuie & la Fortune,
Des peuples bien-aimé, de ton Prince cheri,
Des Muſes & de Mars à l'egal fauori :

Les Muſes te chantant, & Mars dés ta ieuneſſe
Signalant ta valeur d'honneur & de prouëſſe.
Ie te voy, ce me ſemble, au milieu des tournois
Vn Aſtre ſur la teſte, & au dos le harnois,
Accompaigné d'Amour enuoyer iuſqu'aux nues
Les trançons eſclatez de tes lances rompues.
Ie voy deſſous l'acier de ton ſort coutelas
Tomber & morions & pennaches à bas:
Ie te voy foudroyant combatre à la barriere,
Et poudroyant le camp d'vne viſte carriere
(Comme ces vieux guerriers aux armes bien appris)
Donner dedans la bague, & t'honorer du pris,
Et ſur tous en valeur paroiſtre ſur la place.
Puis le ſoir enſuiuant quand Veſper de ſa face
Aura bruni le Ciel au poinct que le iour faut,
Ie te voy preparer pour vn plus doux aſſaut,
Non moins aſpre au meſtier de Cyprine la belle,
Que vaillant aux combas quand la guerre t'appelle.
Ie voy deſia le ſoir des amans attendu,
Ie voy deſia le lict par les Graces tendu,
Qui danſent à l'entour, & verſent à mains pleines
Myrtes, Roſes & Lis, Oeillets & Marjolaines.
Venus pour honorer ce ſoir tant deſiré,
Dedans ſon char portée à deux Cygnes tiré
Fendra l'air pour venir, & ſur la couuerture
De ta couche nopciere eſtendra ſa ceinture,
A fin que ſon Ceſton d'vnion compoſé
Serre à iamais l'eſpouſe auecques l'eſpouſé.
Les Amours t'éuentant à petits branles d'ailes
T'allumeront le cœur de cent flames nouuelles.
Ie les voy, ce me ſemble, vn deſia deſtacher
Ta robe, & doucement dans le lict te coucher,
Te parſumer d'odeurs, & de la mariée
L'autre qui la ceinture a deſia deſliée,

Et luy verser aux yeux mille Graces, à fin
Qu'vne si sainte amour ne prenne iamais fin :
Mais d'âge en âge croisse autant ferme enlacée,
Que la vigne tient l'orme en ses plis embrassée.
La Parole & le Ieu, qui les amans conioint,
Les baisers colombins ne vous defaillent point :
Que chaque membre face en si doux exercice,
Comme poussez d'Amour, tout amoureux office :
Et de vostre bon-heur heureusement contens,
Cueillez sein contre sein les fleurs de vos Printemps.
Car l'âge le meilleur s'enfuit dés la ieunesse,
Et en sa place vient la mort & la vieillesse.
Ie voy, ce semble, Hymen protecteur des humains,
Le brodequin és pieds, le flambeau dans les mains,
Hymen conseruateur des noms & des familles,
Separer en deux rangs les garçons & les filles,
Et les faire chanter à l'entour de ton lit,
Esclairez de son feu qui ta nopce embellit.
I'oy desia de leurs pas la cadance ordonnée,
I'oy toute la maison ne sonner qu'Hymenée,
Et le cornet à l'huis faire vn bruit, pour n'ouir
Les cris qui en pleurant la feront resiouir.
La Concorde à iamais en ta maison seiourne :
Y seiourne la Foy, & que l'an ne retourne
Sans vn petit Ioyeux, qui resemble à tous deux,
Pour faire pere & mere ensemble bien ioyeux :
A fin que ta vertu d'vn tel Prince appuyée,
Et au sang des Lorrains d'vn nœud ferme alliée,
Luise vn nouueau soleil, priuant de sa clairté
Ceux qui seront ialoux de ta felicité.

AV ROY.

ELEGIE I.

Ie resemble, mon Prince, au Prestre d'Apollon,
Qui n'est iamais attaint du poignant aiguillon
Ou soit de Prophetie, ou soit de Poësie,
S'il ne sent de son Dieu son ame estre saisie.
Mais alors que Phebus, qui fait à son costé
Sonner l'arc & le lut, quitte le Ciel vouté,
Et vient voir ses autels, ses festes & son temple,
Son Ministre soudain qui le voit & contemple,
Et le reçoit en soy, effarouché d'horreur
Se trouble tout le sang d'vne ardente fureur,
Et Prophete deuient sous le Dieu qui le presse,
Puis son Dieu le laissant, sa fureur le delaisse:
Monstrant par tel accés que nostre humanité
N'est sinon le iouët de la diuinité,
Tantost plein, tantost vuide, autant que veut la Grace
Du Ciel, qui courte en nous, ou large en nous s'amasse.
Pource trois fois heureux ceux ausquels est permis
De voir les Dieux de pres, & se les rendre amis.
Ainsi quand par fortune, ou quand par maladie
Ie m'absente de vous, ma Muse est refroidie.
Parnasse & ses deux fronts me semblent des deserts,
Et pour moy se tarist la fontaine des vers.
Ie me sens transformé, comme si le breuuage
De Circe auoit charmé ma vois & mon courage,
Tant ma langue s'arreste à mon palais tout court.
Mais lors que ie retourne au temple de la Court,

Et lors que voy Henry l'Apollon qui m'inſpire,
Soudain ie me deſcharme, & ma langue veut dire
Les honneurs d'vn tel Prince, & me ſens r'enchanter
D'vn nouvel enthouſiaſme, afin de mieus chanter
Voſtre vertu qui regne au monde ſans egale,
Et touſiours vous chantant mourir voſtre cigale.
C'eſt pourquoy ie retourne à baiſer vos genous
Pour réchaufer mon ſang en m'aprochant de vous,
Et auſſi, mon grand Roy, pour oſer ſatisfaire
A vos commandemens, s'il vous plaiſt me les faire.
Ne vous arreſtez point à la vieille priſon
Qui enferme mon corps, ny à mon poil griſon,
A mon menton fleuri : mon corps n'eſt que l'eſcorce.
Seruez-vous de l'eſprit, mon eſprit eſt ma force.
Le corps doit bien toſt rendre en vn tombeau poudreux
Aux premiers Elemens cela qu'il a pris d'eux.
L'eſprit viura touſiours qui vous doit faire viure,
Au moins tant que viuront les plumes & le liure.
Quand i'auray ceſt honneur ſoit de vous rencontrer
Sortant de voſtre chambre, ou ſoit pour y entrer,
Ie vous ſuppli' de dire (& auſſi ie l'eſpere)
Celuy fut eleué par les mains de mon pere,
Par mes freres nourri, & de moy bien-aimé
Il fut l'vn des premiers qui de gloire allumé
Fit paſſer mon langage aux nations eſtranges,
Ornant ma race & moy d'honneurs & de louanges,
Et monſtra le chemin encores non battu
A mes nobles François de ſuiure la vertu.
Ne faites point vers moy ainſi qu'vn mauuais maiſtre
Fait enuers ſon cheual, ne luy donnant que paiſtre,
Encor qu'il ait gaigné des batailles ſous luy,
Lors que la maladie, ou le commun ennuy
D'vn chacun, la vieilleſſe, accident ſans reſource,
Refroidiſt ſes iarrets, & empeſche ſa courſe.

Mais ſuiuez Scipion, qui baſtit ſon tombeau
Sur Carthage, & qui onq' ne fiſt rien de ſi beau
Qu'enterrer pres de ſoy, pour honorer ſa gloire,
Le bon pere Ennius, chantre de ſa victoire :
A fin que vif & mort il euſt à ſon coſté
La Muſe, qui auoit à ſa race apporté
Plus de Lauriers ſacrez, que n'auoit ſon eſpée
Au ſang des ennemis tant de fois retrempée.
Car vaincre Hannibal, & pouuoir par ſes mains
Deſtourner le bon-heur de Carthage aux Romains,
C'eſtoit vn œuure grand, dependant de Fortune,
Qui ſe monſtre à chacun egalement commune :
Mais allonger ſon nom, & le rendre aimantin
Contre la faulx du Temps, dependoit du deſtin,
Comme le voſtre, Sire, ayant ce priuilege
D'eſtre aimé d'Apollon & de tout ſon college.

ELEGIE II.

Hier quand bouche à bouche aſſis aupres de vous
Ie contemplois vos yeux ſi cruels & ſi dous,
Dont Amour fiſt le coup qui me rend fantaſtique :
Vous demandiez pourquoy i'eſtois melancolique,
Et que toutes les fois que me verriez ainſi,
Vouliez ſçauoir le mal qui cauſoit mon ſouci.
Or à fin qu'vne fois pour toutes ie vous die
La ſeule occaſion de telle maladie,
Liſez ces vers, Madame, & vous verrez comment,
Et pourquoy ie me deuls d'amour inceſſamment.
Quand ie ſuis pres de vous, en vous voyant ſi belle,
Et vos cheueux friſez d'vne creſpe cautelle,

Qui vous ſeruent d'vn reth, où vous pourriez lier
Seulement d'vn filet vn Scythe le plus fier,
Et voyant voſtre front & voſtre œil qui reſemble
Le Ciel quand ſes beaux feux reluiſent tous enſemble,
Et voyant voſtre teint où les plus belles fleurs
Perdroyent le plus naïf de leurs viues couleurs,
Et voyant voſtre ris, & voſtre belle bouche
Qu'Amour baiſe tout ſeul, car autre ne la touche:
Bref voyant voſtre port, voſtre grace & beauté,
Voſtre fiere douceur, voſtre humble cruauté,
Et voyant d'autre part que ie ne puis attaindre
A vos perfections, i'ay cauſe de me plaindre
D'eſtre melancolique, & de porter au front
Les maux que vos beaux yeux ſi doucement me font.
I'ay peur que voſtre amour par le temps ne s'efface,
Ie doute qu'vn plus grand ne gaigne voſtre grace,
I'ay peur que quelque Dieu ne vous emporte aux Cieux:
Ie ſuis ialoux de moy, de mon cœur, de mes yeux,
De mes pas, de mon ombre, & mon ame eſt eſpriſe
De frayeur, ſi quelqu'vn auecques vous deuiſe.
Ie reſemble aux Serpens, qui gardent les vergers
Où ſont les Pommes d'or: ſi quelques paſſagers
Approchent du iardin, ces Serpens les banniſſent,
Bien que d'vn ſi beau fruit eux-meſmes ne iouïſſent.
Puis quand ie ſuis contraint d'aupres de vous partir,
Ie ſens hors de vos yeux vne vapeur ſortir
Qui entre dans les miens, dont ſoudain eſt ſaiſie
Ma raiſon qui ſe laiſſe aller par fantaiſie.
Alors ſans nulle tréue, à toute heure, en tous lieux
Voſtre belle effigie erre deuant mes yeux,
Qui le ſang & le cœur & l'ame me tourmente
Du deſir de reuoir voſtre perſonne abſente.
Mon eſprit qui ſe fait du meilleur de mon ſang,
Se deſrobe de moy, me laiſſe froid & blanc,

Et quittant ſa maiſon dedans vos yeux ſeiourne.
Quelquefois au logis ce traiſtre s'en retourne,
Et emmene mon cœur aueq' luy pour vous voir:
Mon ame court apres à fin de le rauoir,
Mais elle pour-neant dreſſe ſon entrepriſe:
Car ainſi que le cœur à la fin elle eſt priſe
En vn lieu ſi plaiſant, qu'elle perd ſouuenir,
Comme le cœur captif, de plus s'en reuenir.
Que ie hay mon penſer, qui fol prend hardieſſe
De s'en aller tout ſeul parler à ma Maiſtreſſe!
Ie l'aime & ſi le hay: ie l'aime pour-autant
Qu'il va fidelement mes peines racontant,
Et le hay pour raiſon que iamais ne m'appelle
Quand il s'enfuit de moy & va parler à elle.
Las! que n'eſt tout mon corps en penſers transformé?
La voyant nuict & iour ie ſerois mieux aimé.
Ie reſemble à celuy qui trop auare enſerre
Son plus riche treſor au plus creux de la terre:
Il a beau s'en-aller en pays eſtranger,
De terres & de mers & de villes changer,
L'auarice iamais de ſon col ne detache:
Car ſon cœur eſt touſiours où ſon treſor ſe cache.
Touſiours ie penſe en vous mon treſor, & ne puis
Viure ſi par penſer dedans vous ie ne ſuis.
Quand Phebus au matin vient eſclairer au monde,
Tirant dehors la mer ſa belle treſſe blonde,
Deux hoſtes differents, l'eſperance & la peur
Comme mes ennemis ſe campent en mon cœur:
L'vne me veut mener au lieu de mon martyre,
Me preſſe de la ſuiure, & l'autre m'en retire:
Ie ſens par leur diſcord deux effets dedans moy,
Maintenant le plaiſir, & maintenant l'eſmoy:
En ſi diuers combas tous les iours ie trauaille,
Et ſi ne puis gaigner ny perdre la bataille.

Puis quand la Lune au ſoir auecq' ſes noirs cheuaux
Va r'appellant la nuict, elle appelle mes maux,
Me reſueille les yeux, & la nuict qui appaiſe
Le ſouci des humains, ne reuient pour mon aiſe :
Ie ne fais dans le lict que virer & tourner,
Ie ne puis vn moment d'vn coſté ſeiourner
Sans me tourner ſur l'autre, & d'vne ardante eſpince
Amour toute la nuit m'eſgratigne & me pince.
Si ce Dieu me permet vn moment ſommeiller,
Incontinent en ſonge il me vient trauailler,
Et frayeur ſur frayeur dedans mon cœur aſſemble.
Tantoſt ie vous tiens priſe, & tantoſt il me ſemble
Que vous fuyez de moy, ainſi que bien ſouuent
S'enfuit vne fumée à l'arriuer du vent,
Ou comme fait vn Cerf voyant vn Loup ſauuage,
Ainſi loin de mes bras s'eſcarte voſtre image.
Tantoſt il vous transforme en Tygre ou en Lion,
Ou fait dedans mes yeux voller vn million
De figures en vain qui me tiennent en crainte,
Et qui ſont toute nuict la cauſe de ma plainte.
Or comme le Printemps porte touſiours les fleurs,
L'Eſté de ſa nature ameine les chaleurs,
Automne les raiſins, & l'Hyuer la froidure :
Ainſi Amour cruel apporte de nature
Dans le cœur de l'Amant le ſoin & la douleur,
La triſteſſe, l'ennuy, les pleurs & le malheur,
La crainte, le ſoupçon, les ſoucis & la peine,
Paſſions dont mon ame eſt pour vous toute pleine :
Puis doncq vous demandez, me voyant amoureux,
La cauſe qui me fait ſi triſte & langoureux !
Si de voſtre coſté vous auiez apperceüe
La moindre affection que pour vous i'ay receüe,
Et ſi vous, dont la flame a mon cœur tout eſmeu,
Auiez ſenti l'ardeur qui vient de voſtre feu,

Me iugeant pour vous-mesme, auriez la cognoissance
De mon propre malheur par vostre experience :
Vostre front seroit triste, & cognoistriez combien
Amour donne de maux pour vn bien qui n'est rien.

DISCOVRS I.

En forme d'Elegie.

Genéure, ie te prie, escoute ce discours
Qui commence & finist nos premieres amours :
Souuent le souuenir de la chose passée,
Quand on le renouuelle, est doux à la pensée.
Sur la fin de Iuillet que le chaud violant
Rendoit de toutes parts le Ciel estincelant,
Vn soir à mon malheur ie me baignoy dans Seine,
Où ie te vy danser sur la riue prochaine
Foulant du pied le sable, & remplissant d'amour
Et de ta douce voix tous les bords d'alentour.
Tout nud ie me vins mettre auecq' ta compaignie,
Où dansant ie bruslay d'vne ardeur infinie,
Voyant sous la clairté brunette du Croissant,
Ton œil brun à l'enui de l'autre apparoissant.
Là ie baisay ta main pour premiere accointance,
Autrement de ton nom ie n'auois cognoissance :
Puis d'vn agile bond ie m'eslançay dans l'eau
Pensant qu'elle esteindroit mon premier feu nouueau.
Il aduint autrement : car au milieu des ondes
Ie me senti lié de tes deux tresses blondes,
Et le feu de tes yeux qui les eaux penetra,
Maugré la froide humeur dedans mon cœur entra.

Dés le premier assaut ie perdi l'asseurance:
Ie m'en allay coucher sans aucune esperance
De iamais te reuoir pour te donner ma foy,
Comme ne cognoissant ny ta maison ny toy:
Ie ne te cognoissois pour la belle Genéure
Qui depuis me brusla d'vne amoureuse fiéure:
Aussi de ton costé tu ne me cognoissois
Pour Ronsard dont le nom a cours par les François.
Si tost que i'eu pressé les plumes ocieuses
De mon lict paresseux, les peines soucieuses
Qu'Amour pour me liurer aguise sur sa queux,
Vindrent dedans mon cœur allumer mille feux,
Eschaufant le desir de te pouuoir cognoistre,
Et de faire à tes yeux ma douleur apparoistre.
Aussi tost que l'Aurore eut appellé des eaux
Le Soleil souffle-iour du nez de ses cheuaux,
Ie saute hors du lict, & seul ie me promeine
Loin de gens sur le bord deuisant de ma peine.
Quelle fureur me tient? & quel nouueau penser
Me fait douteusement ma raison balancer?
Où est la fermeté de mon premier courage?
Et quoy, veux-ie rentrer en vn nouueau seruage?
Veux-ie que tout mon âge aille au plaisir d'amour?
Que me sert d'estre franc du lien qu'à l'entour
De mon col ie portois, quand Marie & Cassandre
Aux rêts de leurs cheueux captif me sceurent prendre?
Si maintenant plus meur, plus froid & plus grison,
Ie ne puis me seruir de ma sotte raison?
Et s'il faut qu'à tous coups comme insensé, ie soye
De ce petit Amour & la butte & la proye?
Non, il faut resister ce pendant que l'erreur
Ne fait que commencer, de peur que la fureur
Par le temps ne me gaigne, & dedans ma poitrine
Sans remede ou confort le mal ne s'enracine.

Ainſi tout Philoſophe & de conſtance plein,
Comme ſi Amour fuſt quelque choſe de ſain,
Gaillard, ie m'aſſeurois que iamais autre femme
N'allumeroit mon cœur d'vne nouuelle flame.
Plein de ſi beaux diſcours au logis ie reuins,
Où plus fort que iamais amoureux ie deuins.
Repaſſant vers le ſoir ie t'auiſe à ta porte,
Et là le petit Dieu qui pour ſes armes porte
La fleche & le carquois, ſi grand coup me donna,
Que ma pauure raiſon ſoudain m'abandonna :
Puis me naurant le cœur, en ſigne de conqueſte
De ſes pieds outrageux me refoula la teſte,
Me lia les deux mains, & ma voix deſlia
Qui pour auoir merci en ce poinct te pria :
Madame, ſi l'œil peut iuger par le viſage
L'affection cachée au dedans du courage,
Certes ie puis iuger en voyant ta beauté,
Que ton cœur n'eſt en rien taché de cruauté.
Auſſi Dieu ne fait point vne femme ſi belle,
Pour eſtre contre Amour de nature rebelle :
Cela me fait hardi de m'adreſſer à toy,
Puis que tant de douceur en ta face ie voy.
Or ainſi que Telephe alla deuant la ville
De Troye, pour prier le valeureux Achille
De luy guarir ſa playe : à toy ie viens ici
Las! pour guarir la mienne. & pour trouuer merci.
Harſoir en ſe iouant l'enfant de Cytherée
Faiſant de tes beaux yeux vne fleche acerée,
En m'ouurant l'eſtomac tout le cœur m'a percé,
Et tu ne ſçais, peut eſtre, ainſi m'auoir bleſſé.
Ceſte fleche mortelle aux os s'eſt arreſtée,
Et au faye vlceré de ſa pointe dentée,
Que ie ne puis oſter, tant mon ſang eſpandu
M'a laiſſé de raiſon & de ſens eſperdu.

Tout ainſi qu'vn Veneur deſireux de la chaſſe,
Qui de maints coups de traits mainte biche pourchaſſe,
De cent il en bleſſe vne, & ſi ne le ſçait pas,
Elle emporte la fleche, & haſtant ſon treſpas
S'enfuit par les rochers vagabonde & bleſſée,
Pour ſa playe guarir chercher la Panacée.
Tu es ma Panacée, à toy ie viens ici
Pour guarir de ma playe, & pour auoir merci.
Ce n'eſt le naturel d'vne Dame bien-née
De viure contre Amour fierement obſtinée
Aux Lions, aux Serpens qui ſont pleins de venin
Conuient la cruauté, non au cœur feminin,
Qui tant plus eſt benin, & tant plus, ce me ſemble,
Aux Dieux qui ſont benins de nature reſemble.
Tu n'auras grand honneur de me laiſſer mourir :
Il vaut mieux doucement ma langueur ſecourir,
Et me prendre chez toy pour ſeruiteur fidelle,
Que me tuer ainſi d'vne playe cruelle.
A peine auoy-ie dit, quand d'vn ſouſpir profond
(Enfant de l'eſtomac où les deſirs ſe font)
Breuement tu reſpons que ie perdois ma peine,
Que i'eſcriuois en l'eau, que ie ſemois l'areine,
Que la mort ſommeilleuſe eſteignoit ton flambeau,
Et que tous tes deſirs eſtoyent ſous le tombeau.
Voyant ainſi parler, confus ie m'en retourne,
Où triſte quatre iours au logis ie ſeiourne :
Le cinquieſme d'apres, de fureur tranſporté
Ie retourne pour voir l'appaſt de ta beauté.
Il ne faut, ce diſoy-ie, ainſi veincu ſe rendre :
Plus vne forte ville eſt difficile à prendre,
Plus apporte d'honneur à celuy qui la prend :
« Toute braue vertu ſans combat ne ſe rend.
Or en parlant à toy de cent choſes diuerſes,
Nous eſgarant tous deux d'amoureuſes trauerſes,

A la fin priuément tu t'enquis de mon nom,
Et si i'auois aimé d'autres femmes ou non.
Ie suis, dis-ie, Ronsard, & cela te suffise :
Qui ma belle science ay des Muses apprise,
Bien cognu d'Helicon, dont l'ardant aiguillon
Me fist danser au bal que conduit Apollon.
Alors que tout le sang me boüilloit de ieunesse,
Ie fis aux bords de Loire vne ieune Maistresse,
Que ma Muse en fureur sa Cassandre appelloit,
A qui mesme Venus sa beauté n'egaloit.
Ie m'espris en Anjou d'vne belle Marie
Que i'aimay plus que moy, que mon cœur, que ma vie :
Son païs le sçait bien, où cent mille chansons
Ie composay pour elle en cent mille façons.
Mais (ô cruel destin) pour ma trop longue absence
D'vn autre seruiteur elle a fait accointance,
Et suis demeuré veuf sans prendre autre parti
Dés l'heure que mon cœur du sien s'est departi.
Maintenant ie poursuy toute amour vagabonde :
Ores i'aime la noire, ores i'aime la blonde,
Et sans amour certaine en mon cœur esprouuer
Ie cherche ma fortune où ie la puis trouuer.
S'il te plaisoit m'aimer, par tes yeux ie te iure
Que d'vne autre amitié iamais ie n'aurois cure.
Mais dy-moy ie te pri' si l'Archerot veinqueur
Des hommes & des Dieux, t'a point blessé le cœur ?
Et si son trait poignant qu'en nostre sang il mouille,
Se veit iamais sanglant de ta belle despouille ?
Lors tu fis vn souspir, & tes beaux yeux souillant
De larmes, & ton sein goute à goute mouillant,
Tu me respons ainsi : Il n'y a que les marbres,
Les piliers, les cailloux, les roches & les arbres
Priuez de sentiment, qui se puissent garder
D'aimer, quand vn bel œil les daigne regarder.

Nous qui ſommes veſtus d'affections humaines,
De muſcles & de nerfs, de tendons & de veines,
Qui auons iugement, & qui point ne portons
Vn roc en lieu d'vn cœur, qui viuons & ſentons,
Il eſt bien mal-aiſé de ne ſentir la flame
Que le gentil Amour nous verſe dedans l'ame.
Quant-à moy, ie confeſſe auoir ſenti combien
Ce petit Archerot fait de mal & de bien:
S'il te plaiſt de l'oüir, ie m'en vay te le dire,
Et ne faut s'esbahir ſi mon cœur en ſoupire:
Il me plaiſt de nouueau mon dueil te deſcouurir,
Bien que d'vn ſi beau mal ie ne vueille guarir.
Six ans ſont ja paſſez qu'Amour conceut enuie
Deſſus la liberté nourrice de ma vie:
Et pour me rendre ſerue à luy qui peut oſter
Le feu le plus ardant des mains de Iupiter,
Me deſroba le cœur, & me fit amoureuſe
D'vn Amant dont i'eſtois contente & bienheureuſe,
Que ſeul i'auois choiſi ſi ſage & ſi parfait,
Qu'à la belle Cyprine il euſt bien ſatis-fait.
Il aimoit la vertu, il abhorroit le vice,
Il aimoit tout honneſte & gentil exercice,
Il ioüoit à la paume, il balloit, il chantoit,
Et le Luth doucement de ſes doigts retentoit:
Il ſçauoit la vertu des herbes & des plantes,
Il cognoiſſoit du Ciel les ſept flames errantes,
Leurs tours & leurs retours, leur ſoir & leur matin,
Et de là prediſoit aux hommes le deſtin.
De Nature la grace en tout il auoit eüe,
L'Eloquence en la bouche, & l'Amour en la veüe:
Et quand en luy le Ciel n'euſt pouſſé mon deſir,
Encor pour ſa vertu ie le deuois choiſir.
L'eſpace de cinq ans nous auons prins enſemble
Les plaiſirs que ieuneſſe en deux amans aſſemble,

Et ne se peut trouuer ny jeu ny passetemps,
Dont Amour n'ait rendu nos ieunes ans contens.
Venus ne garde point tant de douces blandices,
Tant de baisers mignards, tant d'amoureux delices
En ses vergers de Cypre à Mars son bien cheri,
Soit veillant en ses bras, soit au lit endormi,
Que mon amant & moy esbatant nos ieunesses,
Auons pris de plaisirs, d'esbats & de liesses.
Seul il estoit mon cœur, seule i'estois le sien,
Seul il estoit mon tout, seule i'estois son bien,
Seul mon ame il estoit, seule i'estois la sienne,
Et d'autre volonté il n'auoit que la mienne.
Or sans auoir debat en esbats si plaisans,
Nous auions ja passé l'espace de six ans,
Quand la cruelle mort ingrate & odieuse
Fut (malice du Ciel!) sur nostre aise enuieuse.
Ceste cruelle mort franche d'affection,
Qui iamais ne logea pitié ny passion,
Qui n'a ny sang ny cœur ny oreille ny veuë,
Dure comme vn rocher que la marine esmeuë
Bat au bord Caspien, me blessa de sa faulx
Plus que le trait d'Amour qui commença mes maux,
Me rendant comme fiere, execrable & inique,
(Ie meurs en y pensant!) mon amant hydropique.
De iour en iour coulant sa force s'escouloit:
Sa premiere beauté sans grace s'en-alloit
Comme vne ieune fleur sur la branche seichée,
Ou la neige d'hyuer du premier chaud touchée,
Que le foible Soleil distile peu à peu,
Ou comme fait la cire à la chaleur du feu.
Helas qu'eussé-ie fait! si ceste Parque fiere
Qui ne se peut flechir par humaine priere,
M'eust voulu pour victime, & si en m'assommant
Elle eust voulu sauuer la vie à vn amant:

Ie me fusse estimée vne vraye amoureuse
D'acheter par ma mort vne ame si heureuse !
Mais ceste vieille sourde, ingrate à mon desir,
Ne le voulut iamais, ainçois tout à loisir
Pour plus me martyrer & me rendre abusée,
De iour en iour tiroit le fil de sa fusée.
Ie n'eusse pas souffert qu'on se fust approché
Du miserable lict où il estoit couché:
Ou que sa propre sœur d'vn naturel office
Luy eust touché la main, ou luy eust fait seruice:
Seule ie le traitois sans secours d'estranger,
Car sans plus de ma main vouloit boire & manger.
Ainsi de tristes pleurs la face ayant mouillée
(Ny de nuict ny de iour sans estre despouillée)
I'estois pres de son lict pour luy donner confort,
Et pour voir si l'Amour pourroit veincre la Mort.
Or le iour qu'Atropos qui nos toiles entame,
Auoit tout deuidé les filets de sa trame,
Me voyant souspirer, gemir & tourmenter,
Me tordre les cheueux, crier & lamenter,
Debile r'enforça sa voix à demi-morte,
Et me tournant les yeux me dist en telle sorte:
Mon cœur, ma chere vie, appaise tes douleurs,
Ie me deuls de ton mal, & non dequoy ie meurs:
Car ie meurs bien content, puis que mourant ie laisse
Mon ame entre les bras de si chere maistresse:
Ie m'en-vois bien-heureux aux riues d'Acheron,
Heureux, puis qu'en mourant ie meurs en ton giron,
Ma léure sur la tienne, & tenant embrassée
La Dame que la mort n'oste de ma pensée.
Seulement ie me plains & lamente dequoy
Mourant entre tes bras tu lamentes pour moy.
Appaise ta douleur, Maistresse, ie te prie,
Appaise toy mon cœur, appaise toy ma vie.

Si trespassant on doit sa Dame supplier,
Par tes cheueux dorez qui me peurent lier,
Ie te prie & supplie, & par ta belle bouche,
Et par ta belle main qui iusqu'au cœur me touche,
Qu'encore apres ma mort tu me vueilles aimer,
Et dedans mon tombeau nos amours enfermer.
Ou bien si ta ieunesse encore fresche & tendre
Veut apres mon trespas nouueau seruiteur prendre,
Au moins ie te suppli' de vouloir bien choisir,
Et iamais en vn sot ne mettre ton desir,
A fin qu'vn ieune fat à mon bien ne succede,
Ains vn ami gaillard en mon lieu te possede.
Que ie serois marri, si aux enfers là bas
Quelqu'vn me venoit dire apres ce mien trespas,
Celle qui fut là haut ton cœur & ta pensée,
Qu'auecq' si grand trauail tu as si bien dressée,
Aime vn sot maintenant! ce despit me feroit
Plus grief que les tormens que Pluton me feroit.
Or adieu ie m'en-vois aux riues amoureuses,
Compagnon du troupeau des ames bien-heureuses,
Dessous la grand' forest des myrtes ombrageux,
Que l'orage cruel ny les vents outrageux
N'esfueillent tous les ans: où sans cesse souspire
Par les vermeilles fleurs le gracieux Zephyre.
Là portant sur le chef des roses en tout temps,
Et dedans mon giron les moissons du Printemps,
Couché dessous le bois à la frescheur de l'ombre,
I'iray pour augmenter des amoureux le nombre:
Comme bien asseuré que les gentils esprits
Qui iadis ont aimé, ne m'auront à mespris:
Pres d'eux me feront place, & si pense, Madame,
Qu'ils n'auront point là bas vne plus gentille ame.
Mais las! puis que mon corps qui t'a si bien aimé,
Sera tantost sans forme en poudre consumé,

Pour ſouuenance au-moins garde bien ma peinture
Où ſont tirez au vif les traits de ma figure:
La voyant, tu pourras de moy te ſouuenir,
Et ſouuent dans ton ſein cherement la tenir.
Et luy diras, Peinture, ombre de ce viſage
Qui mort & conſumé encores me ſoulage,
Que tu m'es douce & chere, ayant perdu l'eſpoir,
Si ce n'eſt par la mort, de iamais te reuoir!
O beau viſage feint, feinte teſte qui portes
Encor les aiguillons & les flammeches mortes
De ma premiere ardeur, ton faux m'eſt gracieux,
Et ſeulement de toy ſe repaiſſent mes yeux.
Ainſi tu parleras ayant quelque memoire
De moy qui vais loger dedans la foſſe noire,
Et qui rien au tombeau n'emporte auecques moy
Que le doux ſouuenir que i'emporte de toy.
Tels ou ſemblables mots d'vne bouche mourante
Me diſoit mon ami: & moy toute pleurante
D'vn cœur triſte & ſerré, rebaiſant mille fois
Sa ieune face aimée, ainſi luy reſpondois:
Mon tout, ie ne verray ſi toſt finir ta vie,
Que ta vie ne ſoit de la mienne ſuiuie:
Soit qu'elle aille aux enfers, ſoit qu'elle aille là haut,
Mourant ie la ſuiuray: car certes il ne faut
Que la faſcheuſe mort en vn iour deſaſſemble
Deux corps qui ont veſcu ſi longuement enſemble
En parfaite concorde & en parfaite amour.
Il faut que nous mourions tous deux en meſme iour,
Et qu'enſemble courions vne meſme auanture,
Et que ſoyons couuerts de meſme ſepulture.
Si toſt que ta chaleur en froideur ſe mu'ra,
L'exceſſiue douleur au dedans me tu'ra:
Ou bien s'elle ne peut, d'vn couteau tout ſur l'heure
Ie perceray mon cœur, à celle fin qu'il meure:

Ainsi de mesme playe aux ombres s'en-iront
L'esprit & la douleur, qui mon cœur desli'ront :
A fin qu'apres ta mort morte ie puisse suiure
Toy, de qui la beauté m'a fait mourir & viure.
Ce-pendant de ma bouche errante i'engardois
Que l'ame ne sortist de la sienne, & tardois
L'esprit qui bouillonnoit sur la léure au passage,
Sur son palle visage appuyant mon visage,
Pressant d'vn long baiser sa bouche, à celle fin
Que par vn doux baiser i'allongeasse sa fin.
Luy tirant vn souspir, sur ma face s'encline,
Et son chef lentement tomba sur ma poitrine,
Laissant pendre ses bras, puis il me dit ainsi :
Mon sang, mon cœur, mes yeux, mon amoureux souci,
Tu ne dois desloger de ceste vie humaine
Sans le congé de Dieu : pource demeure saine,
Viuante apres ma mort, & de ce mortel lieu
Ne bouge, ie te pri, sans le vouloir de Dieu.
Ie descens le premier où le destin m'enuoye
Te preparer là bas & la place & la voye :
Et si apres la mort il reste rien de nous,
Ie iure par tes yeux qui me furent si dous,
Que l'oubli ne perdra la chere souuenance
Que i'ay de ton amour, & tousiours ma semblance
En tous temps en tous lieux à toy viendra parler,
Et viendra sans frayeur ton esprit consoler :
Et si ie ne reuiens fantosme veritable,
Tu croiras que l'Enfer n'est sinon qu'vne fable.
Helas, il ne l'est pas ! & pource toute nuict
En dormant ie seray le Démon de ton lict :
De iour accompaignant ton corps en toute place,
Comme vn petit oiseau i'iray deuant ta face,
Ie voleray sur toy, te contant les esbas,
Les jeux & les plaisirs que ie prendray là bas,

Si i'en reçoy quelcun : mais ie ne ſçaurois croire
Qu'on prenne grand plaiſir ſous la tombe ſi noire.
Finiſſant ces propos, il deuint froid & blanc :
Vomiſſant de ſa bouche vn grand ruiſſeau de ſang,
Voilà, dit-il, ma vie en ſon ſang conſumée,
Qui t'a depuis ſix ans ſi cherement aimée :
Pren-la, ie te la donne. A-peine il acheua,
Que l'eſprit amoureux ſous les myrtes s'en-va :
Il tombe en mon girón ſans pouls & ſans parole,
Et pour ſon corps aimé ne reſta que l'idole.
Qui pourroit raconter l'ennuy que ie receu,
Quand deſur mon giron tout froid ie l'apperceu ?
Mes ſanglots au partir ne peurent trouuer place,
I'arrachay mes cheueux, i'eſgratignay ma face,
Ie baignay de mes pleurs ſon viſage & ſon ſein,
Nommant touſiours ſon nom, & l'appellant en vain.
Apres auoir preſſé de mes doigts ſes paupieres,
Et dit deſur ſon chef les paroles dernieres,
Ayant le cœur veincu de regret & d'ennuy,
Souſpirant aigrement ie me paſmay ſur luy.
Ce-pendant ſes amis qui treſpaſſé le virent,
Le tirerent du liɛt, & nud l'enſeuelirent
Fors le chef ſeulement, qui ſans eſtre caché,
Deſſus vn oreiller fut longuement couché :
Lors les parens du mort de la chambre m'oſterent,
Et comme vn tronc de bois ſur vn liɛt me porterent.
Mais ſi toſt que ie ſceu que le corps eſtoit ſeul,
Ie retourne en la chambre embraſſer le linceul,
Et voyant, ô douleur ! ſa face deſcouuerte,
De cent mille poignars mon ame fut ouuerte.
O, diſois-ie, l'honneur des conſtans amoureux
Qui es mort & qui vis entre les bien-heureux,
Si vif nous partiſſions enſemble nos moleſtes,
Pourquoy n'auray-ie part en tes ioyes celeſtes ?

Helas, apres ta mort noſtre ſort n'eſt égal,
Tout ſeul tu as le bien, & ſeule i'ay le mal,
Tu es franc de ſouci & ie ſuis en miſere,
Ton ame eſt deſliée & ie vis priſonniere
De peine & de ſouci & de regret, dequoy
Ie tarde ſi long temps ſans aller apres toy.
O beaux yeux où Venus tenoit ſa torche ardante!
O beau front où d'Amour la trouſſe eſtoit pendante!
Et d'où ſortoyent de feu tant de traits ſi eſpés!
O bouche, dont les mots m'eſtoyent autant de réts!
O main qui ſi long temps m'as priſe & retenue!
O grace qui du Ciel eſtois ici venue!
Las, vous n'eſtes plus rien! & tantoſt vous eſtiez
Le ſouſtien de ma vie & me reconfortiez!
Car de vous ſeulement pendoit mon aſſeurance,
Et vous perdant ie pers toute entiere eſperance.
Las, auant que partir parle encores à moy,
Deſrobe du ſommeil tes lumieres, & voy
En quelle paſſion tu m'as ici laiſſée,
Qui meurs de cent treſpas pour n'eſtre treſpaſſée.
Or adieu cher ami d'vn eternel adieu,
Pren de moy ce baiſer, & le garde au milieu
Des ondes d'Acheron, & maugré Proſerpine
Que touſiours ſon haleine eſchauſe ta poitrine.
Ie n'auois acheué qu'il fut mis au cercueil:
Les torches qui flamboyent & la pompe du dueil
L'attendoyent en la rue, où couché dans ſa biere
On le mena paſſer l'infernale riuiere.
Ie le ſuiui de loin tant que peurent mes yeux,
Nommant la Mort cruelle, & les Aſtres des Cieux
Aſtres fiers & cruels, qui m'auoyent condamnée
Si malheureuſement auant que d'eſtre née,
A me ronger le cœur ſans repos ny ſeiour,
Pour eſtre trop fidele aux embuſches d'amour.

Or ma douleur n'est point par le temps diuertie,
Et neuf mois sont passez que ie n'estois sortie
Du logis pour chercher quelque plaisir nouueau
Sinon hier au soir que tu me vis sur l'eau :
Car ie ne veux trouuer medecin secourable,
Cherissant mon ennuy comme chose incurable.
Ainsi toute pasmée & grosse de douleur,
Tu me fis par l'oreille entendre ton malheur,
Quand ie te respondi : Il n'est roche si dure
Qui molle ne pleurast d'vne telle auanture,
Et tout ce que l'Afrique allaite de ferin,
Et le vieillard Protée en son troupeau marin :
I'ay le corps tout debile & l'ame toute molle,
Qui me bat la poitrine au son de ta parolle.
I'ay les sens esblouis, i'ay le cœur esperdu
D'amour, & de pitié de t'auoir entendu
Aimer l'ombre d'vn mort : car c'est chose bien rare
De voir amitié telle en vn temps si barbare.
Toutesfois à ton mal il faut trouuer confort,
Il faut prendre vn viuant en la place d'vn mort :
Le mort est inutile à te faire seruice,
Le viuant pour aimer est duisant & propice,
Qui sent, qui oyt, qui voit, & qui peut discourir,
Et qui peut comme l'autre en te seruant mourir :
Car vn homme n'auroit ny cœur ny sang ny ame,
S'il ne vouloit mourir pour si gentille Dame.
Tu es encore ieune en la fleur de tes ans :
Vse donq de l'amour & de ses dons plaisans,
Et ne souffre qu'en vain l'Auril de ta ieunesse
Au milieu de son cours se ride de vieillesse.
Nos ans sans retourner s'en-volent comme trait,
Et ne nous laissent rien sinon que le regret
Qui nous ronge le cœur de n'auoir osé prendre
Les jeux & les plaisirs de la ieunesse tendre.

2.

Madame, croyez-moy, ce n'eſt pas la raiſon
Par vn fol iugement de trahir la ſaiſon
Dont le premier Auril en-jouuence ta face:
Et pource en ton amour donne moy quelque place.
Quand celuy qui là bas durement eſt couché,
Entendra nos amours, il n'en ſera faſché:
Car s'il faiſoit au monde encor ſa demeurance,
Il me feroit peut eſtre honneur & reuerence:
Puis ſuiuant ſon vouloir tu luy feras plaiſir
De n'auoir en ſa place vn ſot voulu choiſir.
I'acheuois de parler, lors que la nuict ombreuſe
Me fit prendre congé de ta main amoureuſe:
I'allay trouuer le lict, où ſans auoir repos
Me reuenoyent touſiours ton mort, & tes propos,
Comme ayant dans le cœur du trait d'Amour emprainte
Ta beauté, ton diſcours, tes larmes & ta plainte.

ADONIS.

Fictes, qui n'es point feint aux enfans de la Muſe,
Si ta charge publique au trauail ne t'amuſe,
Vien lire de Venus le bien & le malheur:
Car touſiours vn plaiſir eſt meſlé de douleur.
Amour voulant vn iour ſe venger de ſa mere,
Eſleut de ſon carquois la fleche plus amere:
Puis la tirant contre elle, au cœur la luy cacha,
Et l'amour d'Adonis au cœur luy attacha.
Adonis & berger & chaſſeur tout enſemble,
Qui en beauté parfaite aux Images reſemble:
Ses beaux yeux rayonnoyent comme vn Aſtre eſtoilé
Que Tethys en ſa robe a long temps recelé,

Puis tirant hors de l'onde vne viue etincelle,
Embellist tout le Ciel d'vne clairté nouuelle.
Vn petit poil follet luy couuroit le menton,
Gresle, prime, frisé, plus blond que le cotton
Qui croist desur les coings, ou la soye subtile
Qui couure au renouueau le dos d'vne chenille :
Ses léures combattoyent les roses, qu'au iardin
On voit espanouyr au leuer du matin,
Qu'vne ieune pucelle en son giron amasse
Auant que leur beau teint par le chaud ne s'efface.
Bref ce ieune Pasteur est tout ieune & tout beau,
Il semble vn pré fleury que le Printemps nouueau
Et la douce rosée en sa verdeur nourrissent,
Où de mille couleurs les fleurs s'espanouïssent :
C'est luy-mesmes Amour ! Venus n'eust sceu choisir
Vn amant plus aimable à mettre son desir.
Ceste belle Déesse en amour furieuse,
De soy-mesme n'est plus ny de rien soucieuse,
Le Ciel elle mesprise, & les honneurs des Dieux :
Ses bouquets agencez d'vn art ingenieux
Luy viennent à mespris, & tant Amour la donte
Qu'elle a perdu le soin d'Eryce & d'Amathonte :
Ses Cygnes, ses Pigeons qui souloyent la porter
Au throne venerable où se sied Iupiter,
Loin d'elle paissent l'herbe, & remplis de tristesse,
D'vn pitoyable chant lamentent leur maistresse,
Qu'vn Pasteur, qu'vn enfant tourmente sans repos,
Et du trait amoureux enuenime ses os.
Elle ne pense en rien qu'en ceste belle bouche,
Qu'en ses yeux où l'Archer luy dresse l'escarmouche,
Qu'en ses beaux cheueux d'or, & languissant d'ennuy
Soy-mesme s'oubliant ne pense plus qu'en luy,
Qu'en luy qui tient la clef de sa douce pensée,
Et la rend comme il veut ioyeuse & courroucée :

Iamais ne l'abandonne, ou ſoit que le Soleil
En piquant ſes cheuaux ſorte de ſon reſueil,
Soit au plus chaud midi, ſoit à l'heure qu'il guide
Son char en l'Ocean, & luy baiſſe la bride.
Dedans vne Cabane ils ſont au poinct du iour,
Ils ſont dedans vn antre à midi leur ſeiour,
Au ſoir ils ſont couchez ſous le plaiſant ombrage
Ou d'vn cheſne glandeux, ou d'vn mouſſu riuage,
Eſtendus deſſus l'herbe, où en cent mille tours
La mere des Amours exerce ſes amours.
En cent mille façons l'embraſſe & le rebaiſe:
Luy qui ſent en ſon ame vne pareille braiſe,
Entonne ſa Muſette, & pour la contenter,
Leurs plaiſantes ardeurs ne ceſſe de chanter.
Elle tient en l'oyant contenance diuerſe,
Tantoſt en ſon giron languiſt à la renuerſe,
Et tantoſt le regarde, & d'vn baiſer ſouuent
Entre-rompt ſes chanſons qui ſe perdent au vent.
Elle cognoiſt ſes chiens, les nomme & les appelle:
Porte la trompe au col, chaſſereſſe nouuelle,
En main le fort eſpieu, & encerne de rets
Et de filets tendus le milieu des foreſts:
Sçait le nom de ſes bœufs, & du belier qui meine
Paiſtre en lieu du berger les brebis en la plaine,
Deuançant brauement le troupeau d'vn grand pas,
Ainſi qu'vn Colonnel deuance ſes ſoldas.
O bien-heureux enfant! donc la belle Cythere,
La mere des Amours à toy ſeul veut complaire!
Seulette auecques toy veut tondre les brebis,
Et de ſa blanche main leur preſſurer le Pis:
Et te baiſant mener les bœufs en paſturage,
Eſcliſſer des paniers, & faire du froumage,
Et rapporter au ſoir en ſon giron trouſſé
Vn Aigneau que ſa mere aux champs auoit laiſſé.

Pourueu qu'elle ait tousiours sa bouche sur tes lévres,
Elle ne craint l'odeur de tes puantes Chéures :
Et pendue à ton col, ne veut point refuser
La nuict desur la dure à tes flancs reposer,
Desur le mol tapis des herbes rousoyantes,
T'embrassant au milieu de tes brebis bellantes,
Et de tes grans taureaux qui iusqu'au poinct du iour
Font (comme tu luy fais) aux genices l'amour.
Le Dieu Mars ce-pendant de regret se consomme,
S'appelle miserable, & se voudroit voir homme
Pour mourir de douleur : il est desesperé,
Qu'vn Veneur bocager soit à luy preferé !
Ialoux & furieux sa grande targe embrasse :
De sa pique esbranlant les montaignes de Thrace,
Son cœur plein de colere, & ses yeux de moiteur,
Ne pouuoyent endurer pour riual vn pasteur.
Or vn iour Adonis retournoit de la chasse
Pantois & las de suiure vn grand Cerf à la trace,
Auquel du iarret dextre auoit coupé le nerf,
Et veinqueur rapportoit la teste du grand Cerf.
Ami (disoit Venus) si tu cours d'auenture
Vne beste aux forests qui s'arme de nature,
Soit d'ongles soit de dents, ie te pri' ne la suy,
De peur que ta valeur ne cause mon ennuy :
Chasse les Daims legers, les Cheureux & les Chéures,
Et les cœurs effroyez des Connils & des Liéures :
Laisse en paix les Sangliers, les Tigres & les Ours,
Et n'assaux les Lions aux toiles ny aux cours :
Croy moy, mon cher ami, l'autre chasse est meilleure :
« Contre l'audacieux l'audace n'est pas seure.
Si tu mourois, helas ! de regret ie mourrois :
Car viure apres ta mort, helas ! ie ne pourrois.
Ainsi disoit Venus : mais les haleines molles
Des vents ont sans effet emporté ses parolles.

Il estoit nuict fermée, & les hommes lassez,
Dessus la plume oisiue auoyent les yeux pressez,
Enfermez du sommeil, que la basse riuiere
De Styx fait distiler desur nostre paupiere.
Ia les Astres au Ciel faisoyent leur demi-tour :
Le celeste Bouuier qui se roule à l'entour
De l'Ourse, estoit panché : tout ce qui vit és ondes,
Qui vit par les rochers, dans les forests profondes,
Poissons, Serpens, Lions, du labeur trauaillez,
Oublians le souci du somme estoyent sillez.
Vn seul Mars veille au Ciel, qui plein de frenaisie,
De rage, de fureur, d'ire, & de ialousie,
Ny d'yeux ny d'estomac ne reçoit le sommeil,
Mais veille dans le lict, sans raison ny conseil :
Tantost sur vn costé, & tantost il se vire
Sur l'autre, coup sus coup : il lamente, il souspire :
Nomme Venus ingrate, & bruslant de despit
Armé de teste en pied s'eslance de son lit :
Et comme la fureur brusquement le transporte,
Va resueiller Diane, & dit en ceste sorte :
Ma Sœur, de qui depend mon bien & mon secours,
I'embrasse tes genoux pour mon dernier recours :
O Nymphe que la chasse & l'honneste exercice,
Parmi les bois errante, ont esloigné du vice :
Que les Faunes cornus, les Satyres bouquins
Craignent, lors qu'en chassant tu as tes brodequins,
Et que l'egal troupeau de cent Nymphes compagnes
Enuironnent tes flancs par bois & par montagnes :
S'il te souuient du iour qu'Orion outrageux
Te voulut violer, lors que moy courageux
Ayant la hache au poing, luy fis lascher la prise,
Si qu'en lieu de ton corps n'eut rien que la chemise :
Toy Sœur rens la pareille à ton frere au besoin :
« On doit de ses parens au danger auoir soin.

Tu ſçais comment Venus qui ſouloit de ma vie
Tenir ſeule la clef, de moy s'eſt departie
Pour ſuiure vn paſtoureau, vn veneur, vn enfant.
Du reſte ie me tais : la honte me defend
De te conter comment vne telle Deeſſe
Deſſous vn Bergerot ſi vilement s'abaiſſe.
Ie ne l'euſſe pas creu, ſi de mes propres yeux
Ne l'euſſe regardée au milieu de ſes jeux,
Baiſant le Iouuenceau bras à bras toute nuë,
Dont de deſpit au cœur la fiéure m'eſt venuë.
Ie l'euſſe bien tué : mais ie ne veux ſouiller
Ma main en ſi bas ſang, qui ne ſçait deſpouiller
Que les Rois de la vie, & ne veux que ma gloire
Par la mort d'vn Paſteur ſe liſe en vne hiſtoire.
Ce ieune Damoiſeau delibere demain
Aller chaſſer au bois l'eſpieu dedans la main,
Sans chiens : pour faire voir à ſa tendre maitreſſe
Qu'autant qu'il eſt beau fils, qu'il eſt plein de prouëſſe.
Pour me venger, eſlance au deuant de ſes yeux,
Digne d'vn Meleagre, vn Sanglier furieux :
Enferme entre ſes dents les meurtres & la foudre,
Que palle il le terraſſe au milieu de la poudre,
Appellant pour-neant ſa dame à ſon confort,
Afin que mon amour ſe venge par ſa mort.
Ainſi diſoit ce Dieu : & elle de ſa teſte
Fauoriſant ſon frere accorda ſa requeſte.
A peine le Soleil ſe perruquoit de raiz,
Qu'il empoigne l'eſpieu, & court par les foreſts :
De buiſſon en buiſſon il reuient & retourne,
Et iamais en vn lieu pareſſeux ne ſeiourne.
Il regarde deçà, il regarde delà,
Il chaſſa longuement, & longuement alla
Sans trouuer nulle proye : à la parfin il treuue
Vn Sanglier, le malheur de ſa premiere preuue.

Ses yeux estoient de feu, & son dos courroussé
De poil gros & rebours se tenoit herissé:
Escumeux il bruyoit, comme par les vallées
Font bruit en escumant les neiges deuallées,
L'hyuer, quand les torrens se roulent contre-val,
Et font au laboureur & aux bleds tant de mal.
Il se tint ferme en pied pour enferrer la beste,
Et luy planter l'espieu à l'endroit où la teste
Se ioint auec le col: le Sanglier estonné
Se recule à costé, puis de front retourné,
De trauers luy poussa ses Defenses en l'haine,
Et tout palle & tout froid l'estendit sur la plaine.
Au cry de son amy la pauure amante vint,
Qui plus qu'vn marbre froid toute froide deuint:
Elle s'esuanouyt, puis estant reuenuë
Frappe la tendre chair de sa poitrine nuë,
S'arrache les cheueux, tesmoins de son mechef,
Et de vilain fumier des-honore son chef.
Tenant en son giron l'amoureuse despouille,
L'eschause de soupirs, de ses larmes la mouille,
Lamente, pleure, crie, & grosse de soucy,
En regardant le mort, faisoit sa plainte ainsi:
Donque, ma chere vie, apres tant de delices,
Tant de plaisirs receus, tant de douces blandices,
Apres t'auoir nommé mon cœur & tout mon bien,
Faut-il qu'en t'embrassant ie n'embrasse plus rien
Qu'vn rien, à qui la mort des beautez enuieuse
A fait baigner les yeux en l'onde Stygieuse!
Las! si tu m'eusses creu, tu n'eusses assailly
Vn plus fort: au besoin mon conseil t'a failly.
La Rose fuit ta léure, & au tour de ta bouche
Ne vit plus ton baiser: toutefois ie la touche,
Morte ie la rebaise, & sentir tu ne puis
Ny mon baiser ny moy, mes pleurs ny mes ennuis.

Helas pauure Adonis, tous les Amours te pleurent :
Par ta mort Adonis, toutes delices meurent !
Ton baiser seulement ne m'estoit pas plaisant,
Quand viuant tu baisois ma bouche en te baisant :
Mais en te baisant mort, encor ma triste peine
Se soulage vn petit d'vne liesse vaine :
Pource ie te reschause, & ne puis me garder
De te baiser souuent, & de te regarder.
Helas pauure Adonis, tous les Amours te pleurent :
Par ta fascheuse mort toutes delices meurent !
Adonis parle à moy, & me viens consoler,
Baise moy pour adieu auant que t'en-aller.
O belle face aimée, ô plaisante lumiere
Des yeux qui me tenoient doucement prisonniere !
O cheueux crespelus, ô deuis amoureux,
O souuenir du bien qui m'est trop douloureux,
O plaisante beauté, ô premiere ieunesse,
Qui mortelle auez pris le corps d'vne Déesse !
Làs ! vous n'estes plus rien, & ie me deuls dequoy
Ie suis, & que la mort n'a puissance sur moy.
Helas pauure Adonis, tous les Amours te pleurent :
Toy mourant, par ta mort toutes delices meurent !
Làs ! auecques ta mort est morte ma beauté,
Ma couleur est ternie, ainsi comme en esté
Se ternissent les fleurs : pour toy seul i'estois belle,
Et pour toy seulement ie voulois sembler telle.
Ie suis maintenant veufue, & porter ie ne veux
Ny des bagues aux doigts, ny l'or en mes cheueux,
Et si veux pour iamais (tant la douleur me tue)
Que la mere d'Amour de noir soit reuestue :
Ie veux que mon Ceston soit acoustré de noir,
Et que plus ie ne porte en la main de miroir.
Helas pauure Adonis, tous les Amours te pleurent :
Toy mort pauure Adonis, toutes delices meurent !

Les bois auecques moy lamentent ton trespas,
Les eaux te vont pleurant, Echo ne s'en taist pas,
Qui dedans ses rochers redoublant sa voix feinte,
Ayant pitié de moy, va resonnant ma pleinte!
Toute belle fleur blanche a pris rouge couleur,
Et rien ne vit aux champs qui ne viue en douleur.
Helas pauure Adonis, tous les Amours te pleurent:
Car auecques ta mort toutes delices meurent!
Las, helas tu es mort, tu es mort Adonis!
Tu me laisses au cœur des regrets infinis:
Mes plaisirs, mes esbats auec ta mort languissent,
Et pour ne mourir point mes douleurs ne finissent.
Furieuse d'esprit, criant à haute vois,
Ie veux escheuellée errer parmy les bois,
Pieds nuds, estomac nud: ie veux que ma poitrine
Se laisse esgrafiner à toute dure espine,
Ie veux que les chardons me deschirent la peau,
Folle ie veux grimper sur le haut du coupeau
De ce prochain rocher, & folle de pensée
Me ietter dedans l'onde à teste renuersée,
Pour conter aux poissons & aux fleuues le tort
Que la Parque m'a fait par ta fascheuse mort.
Helas pauure Adonis, tous les Amours te pleurent!
Les beautez par ta mort & les Charites meurent!
L'Amour ne vaut plus rien, la mort vaut beaucoup mieux,
Puis qu'elle prend à soy les delices des Dieux.
Vous ses Chiens qui plorez aux pieds de vostre maistre,
Que par nom il souloit appeller & cognoistre:
Vous toiles & filets, & vous mal-seur espieu,
Dites à vostre maistre vn eternel adieu,
Et courez és forests raconter aux Dryades,
Que du bel Adonis les plaisantes œillades,
Qui les bruloient d'amour, sont mortes, & qu'aussi
La mere des amours est morte de souci.

Helas pauure Adonis, tous les Amours te pleurent:
Toy mourant, par ta mort toutes delices meurent!
Vous mes Pigeons couplez, qui parmy l'air souuent
Trainez mon chariot aussi tost que le vent,
Montez dedans le ciel, & racontez aux nuës,
Que mes liesses sont vn songe deuenuës,
Lequel s'esuanouist, & sans effect se pert
Aussi tost que nostre œil par le iour est ouuert,
Ou comme l'onde coule, ou comme la fumée
Se perd du vent souflée en replis consommée.
Vous Cygnes qui estiez à mon Coche attelez,
Ie vous donne franchise, en liberté volez:
Volez parmy les prez, & contez aux fleurettes
Que Venus a versé autant de larmelettes
Que de sang Adonis: du sang la belle fleur
De la Rose vermeille a portrait sa couleur,
Et du tendre crystal de mes larmes menues
Les fleurs des Coquerets blanches sont deuenues.
Et vous fideles Sœurs mes Graces, qui plorez
Mon mal, & comme moy en larmes demeurez,
Allez, laissez moy seule, allez douces compagnes,
Allez & racontez aux plus sourdes montaignes,
Que mort en mon giron i'embrasse mon amy,
Qui ne resemble vn mort, mais vn homme endormy
Qu'encores le sommeil ne commence qu'à poindre.
Dites leur que d'odeurs son corps ne se peut oindre:
Mes odeurs, mes parfums sont à terre espandus,
Venus ne sent plus rien, tous mes ieux sont perdus,
Mes danses ont pris fin, mes plus douces liesses
Se tournent par sa mort en ameres tristesses,
Mon ris en desconfort, mon plaisir en malheur,
Et rien ne vit en moy que la mesme douleur.
Helàs pauure Adonis, tous les Amours te pleurent:
Car auecques ta mort toutes delices meurent!

Tondez vous mes enfans, mes Amours, & iettez
Vos cheueux ſur le mort : par pieces eſclattez
Vos carquois & vos arcs, eſteignez vos flameches,
Et en mille morceaux briſez toutes vos fleches :
Venez autour de moy, & vous lamentez fort,
Et faites en plorant les obſeques du mort.
Que l'vn, de ſes beaus doits, luy ſerre la paupiere,
L'vn ſouſlieue ſa teſte, & l'autre par derriere
L'eſuente de ſon aile, & l'vn porte de l'eau
Dans vn baſſin doré, pour nettoyer ſa peau.
Helas pauure Adonis, tous les Amours te pleurent :
Par ta faſcheuſe mort toutes delices meurent!
O trois fois bien-aimé, eſleue vn peu tes yeux,
Chaſſe vn peu de ton chef le ſomme obliuieux,
Afin que ma douleur à ton oreille vienne,
Et que ie mette encor ma léure ſur la tienne,
T'embraſſant en mon ſein pour la derniere fois :
Car là bas aux enfers Adonis tu t'en-vois!
Pour le dernier adieu baiſe moy ie te prie :
Autant que ton baiſer encores a de vie,
Baiſe moy pour adieu : ton haleine viendra
Dans ma bouche, & de là dans le cœur deſcendra,
Puis iuſqu'au fond de l'ame, à fin que d'âge en âge
Ie conſerue en mon ſein ceſt amoureux bruuage,
Qu'en tes léures baiſant d'vn long trait ie boiray :
Humant ie le boiray, & puis ie l'enuoiray
Pour le mettre en ta place au fond de ma poitrine :
Car de toy deſormais iouïra Proſerpine.
Ainſi diſoit Venus, qui ſa léure approchant
Sur les léures du mort, pleurante alloit cherchant
Les reliques de l'ame, & les humoit en elle,
Afin de leur ſeruir d'vne tombe eternelle :
Les baignoit de ſes pleurs, & d'vne haute vois
Rempliſſoit les rochers les riues & les bois,

S'esgratignoit la ioüe, & attainte de rage
Se rompoit les cheueux, & plomboit son visage.
Luy tournant vers le ciel les yeux, fist vn souspir,
Puis pressé de la mort il se laisse assoupir
Sans force & sans vigueur dans le bras de la belle,
Ainsi qu'on voit faillir sans cire vne chandelle.
Si tost qu'ell' le vit mort, Amour d'autre costé
Luy a plustost que vent son regret emporté,
Si qu'elle qui estoit n'agueres tant esprise
D'Adonis, l'oublia pour aimer vn Anchise,
Vn Pasteur Phrygien, qui par les prez herbeux
De Xanthe recourbé faisoit paistre ses bœufs.
Telles sont & seront les amitiez des femmes,
Qui au commencement sont plus chaudes que flames,
Ce ne sont que souspirs, mais en fin telle amour
Resemble aux fleurs d'Auril qui ne viuent qu'vn iour.

SECOND DISCOVRS

de Genéure en forme d'Elegie.

Ce me sera plaisir, Genéure, de t'escrire,
Estant absent de toy, mon amoureux martyre.
Helas ie ne vy pas! ou ie vy tout ainsi
Que languist en son lict vn malade transi,
Qui deçà qui delà se tourne & se remue :
Ayant dans le cerueau la fiéure continue,
Qui resue & se despite, & ne sçait comme il faut
(Ore entre la froideur & ore entre le chaud)
Gouuerner sagement sa raison estourdie
Des differens accez de telle maladie.

Ainſi quand le Soleil ſe plonge dans la mer,
Quand il vient le matin les Aſtres enfermer,
Et quand en plein midy tout ce monde il contemple,
Ie bruſle impatient : & mon mal ſert d'exemple
Aux ieunes amoureux qu'on ne doit point lier
Le col deſſous Amour, ou ſoudain l'oublier.
Certes celuy meurt bien qui meurt par fantaſie,
Lors que l'ame amoureuſe eſt tellement ſaiſie,
Qu'en fuyant de ſon corps pour re-viure autre part,
A ſon hoſte ancien ſes vertus ne depart :
Mais priué d'action demeure froid & palle,
Sans force & mouuement & ſans humeur vitalle,
Comme vn image fait de bronze ou de metal,
Qui (pour n'eſtre animé) ne ſent ny bien ny mal.
Ie ne voy rien icy qui regret ne m'ameine :
Le iour m'eſt ennuyeux, la nuict me tient en peine :
Et comme vn ennemy tres-dangereux ie fuy
Le lict, qui toute nuict redouble mon ennuy.
Quand le Soleil deſcend dans les ondes ſallées,
Ie me deſrobe és bois, ou me pers és vallées,
Ie me cache en vn Antre, & fuyant vn chacun
(De peur qu'à mes penſers ne ſe monſtre importun)
Ie parle ſeul à moy, ſeul i'entretiens mon ame,
Diſcourant cent propos d'amour & de ma Dame :
D'vn penſer acheué l'autre ſoudain renaiſt,
Mon cœur d'autre viande en amour ne ſe paiſt :
Il mourroit ſans penſer, le penſer eſt ſa vie
Et ta douce beauté que ſeule i'ay ſuiuie.
Ainſi par les deſerts tout le iour ie me deulx,
Puis quand l'obſcure nuict ſe perruque de feux,
Le ſolitaire effroy hors des bois me retire,
Et iuſques au logis Amour me vient conduire.
Quand ie ſuis en ma chambre, encore pour cela
Ie ne ſuis à repos, Amour deçà delà

M'efgratigne le cœur, & ma playe cruelle
Lors que ie voy mon lict, s'aigrift & renouuelle.
Pour ne me coucher point ie cherche à deuifer,
Ie lis en quelque liure, ou feins de compofer,
Ou feul ie me promeine & repromeine encore,
Effayant de tromper l'ennuy qui me deuore.
A la fin mes vallets qui portent fur les yeux
Et dans le nez ronflant le dormir ocieux,
Entre-fillez du fomme, ainfi me viennent dire :
Monfieur il eft bien tard, vn chacun fe retire,
la my-nuit eft fonné, qu'auez-vous à gemir ?
La chandelle eft faillie il eft temps de dormir !
Alors importuné de leur fotte priere
Ie laiffe tout mon corps pancher en vne chaire
Nonchallant de moy-mefme, & mes bras vainement
Et mon chef pareffeux pendant fans mouuement,
Ie fuis fans mouuement pareffeux & tout lâche.
L'vn m'ofte la ceintnre, & l'autre me detache,
L'vn me tire la chauffe, & l'autre le pourpoint :
Ils me portent au lict, & ie ne le fens point !
Puis quand ie fuis couché, Amour qui me trauaille,
Armé de mes penfers me donne la bataille :
Le lict m'eft vn enfer, & penfe que dedans
On ait femé du verre ou des chardons mordans :
Maintenant d'vn cofté, maintenant ie me tourne
Defur l'autre en pleurant, & point ie ne feiourne.
Amour impatient qui caufe mes regrets,
Toute nuict fur mon cœur aiguife tous fes traits,
M'aiguillonne me poingt me pique & me tormente,
Et ta ieune beauté toufiours me reprefente.
Mais fi toft que le coq planté defur vn pau
A trois fois falué le beau Soleil noueau,
Ie m'habille, & m'en-vois où le defir me meine
Par les prez non frayez de nulle trace humaine,

Et là ie ne voy fleur ny herbe ny bouton,
Qui ne me ramentoiue ores ton beau teton,
Et ores tes beaux yeux en qui Amour se iouë,
Ores ta belle bouche, ores ta belle iouë.
Puis foulant la rosée, en pensant ie m'en-vois
Trouuer quelque Genéure au beau milieu d'vn bois,
Où loin de toutes gens ie me couche à l'ombrage
De cest arbre grené, dont l'ombre me soulage:
Ie l'embrasse & le baise, & l'arraisonne ainsi,
Comme s'il entendoit ma peine & mon souci.
Genéure qui le nom de ma maistresse portes,
Au moins ie te suppli' que tu me reconfortes
Couché sous tes rameaux, puis qu'absent ie ne puis
Ny baiser ny reuoir la Dame à qui ie suis.
Ie te puis asseurer que l'arbre de Thessale
De Phœbus tant chery, n'aura loüange egale
A la tienne amoureuse, & mes escrits feront
Que les Genéures verds les Lauriers passeront.
Or-sus embrasse moy, ou bien que ie t'embrasse,
Abaisse vn peu ta cyme, afin que i'entrelasse
Mes bras à tes rameaux, & que cent mille fois,
Ie baise ton escorce, & embrasse ton bois.
Iamais du bucheron la penible cognee
A te couper le pied ne soit embesongnee,
Iamais tes verds rameaux ne sentent nul meschef:
Tousiours l'ire du Ciel s'eslongne de ton chef,
Foudres, gresles & pluye: & iamais la froidure
Qui ésueille les bois, n'ésueille ta verdure.
Tous les Dieux forestiers, les Faunes & les Pans
Te puissent honorer de bouquets tous les ans,
De guirlandes de fleurs, & leur bande cornuë
Face tousiours honneur à ta plante cognuë.
A l'entour de ton pied, soit de iour soit de nuit,
Vn petit ruisselet caquete d'vn doux bruit,

Murmurant ton beau nom par ses riues sacrées :
Où les Nymphes des bois & les Nymphes des prées
Couuertes de bouquets, y puissent tous les iours
En dansant main à main, te conter mes amours,
Pour les bailler en garde, en faisant leurs caroles,
A la Nymphe des bois qui se paist de paroles.
Ainsi ie parle à l'arbre, & puis en le baisant
Et rebaisant encor ie luy vois redisant :
Geneure bien-aimé, certes ie te resemble,
Auec toy le destin sympathizant m'assemble :
Ta cyme est toute verte, & mes pensers tous vers
Ne meurissent iamais : sur le Printemps tu sers
A percher les oiseaux, & l'Amour qui me cherche,
Ainsi qu'vn ieune oiseau desur mon cœur se perche :
Ton chef est herissé, poignant est mon souci,
Ta racine est amere, & mon mal l'est aussi :
Ta grene est toute ronde, & mon amour est ronde,
Constante en fermeté qui toute en elle abonde :
Ton escorce est bien dure, & dur aussi ie suis
A supporter d'Amour la peine & les ennuis.
Tu parfumes les champs de ton odeur prochaine,
Et d'vne bonne odeur m'amour est toute pleine :
Tu vis dedans les bois, & bocager ie vy
Solitaire & tout seul, si ie ne suis suiuy
D'Amour qui m'accompaigne, & iamais ne me laisse
Sans me representer nostre belle maistresse :
Nostre, car elle est mienne & tienne : puis ie croy
Que tu languis pour elle aussi bien comme moy.
Ainsi ie parle à l'arbre, & luy, branlant la cyme,
Fait semblant de m'entendre, & d'apprendre ma ryme,
Puis la rechante aux vents, & se dit bien-heureux
D'estre honoré du nom dont ie suis amoureux.
Voyla, chere maistresse, en quelle frenaisie
Amour m'a fait tomber, pour seule auoir choisie

Vostre ieune beauté, que l'imaginer sent
Au profond de l'esprit, bien qu'il en soit absent.
I'ay certes esprouué par mainte experience
Que l'amour se renforce & s'augmente en l'absence,
Ou soit qu'en discourant, le plaisant souuenir
Ainsi que d'vn apast la vienne entretenir,
Ou soit que les portraits des liesses passées
S'impriment freschement en l'ame ramassées,
Ou soit qu'elle ait regret au bien qu'elle a perdu,
Soit que le vuide corps plus plein se soit rendu,
Soit que la volupté soit trop tost perissable,
Soit que le souuenir d'elle soit plus durable:
Bref ie ne sçay que c'est: mais certes ie sçay bien
Que i'aime mieux absent qu'estant pres de mon bien.
Car quand il me souuient ou de ta belle face,
Ou de l'heure, ou du lieu, du temps, ou de la place
Qu'Amour si doucement me fist parler à toy,
D'vn extreme plaisir ie suis tout hors de moy.
Puis quand il me souuient de tes douces paroles,
De tes douces chansons desquelles tu m'affoles,
Me souuenant encor de tes honnestetez,
Et de ta courtoisie, & de tes priuautez,
Et de l'affection enuers moy si naïue
Quand mon corps est malade, ou mon ame pensiue:
Et bref me souuenant de l'extreme douceur
Qui part de tes beaux yeux dont ie nourris mon cœur,
Plus mon amour s'augmente, & plus mon estincelle,
Estant loin de mon feu, s'accroist & renouuelle.
Voyla mon naturel, & si trompé ie suis,
La faute vient d'Amour, non de moy qui ne puis
M'eslongner de l'ardeur de te re-voir presente:
Si ie suis abusé, mon abus me contente.
Maistresse, en attendant le bien de te reuoir,
Pour gages de mon cœur tu pourras receuoir

Ces vers que de ſa main Amour meſme te porte:
En eſcriuant de toy, mon cœur ſe reconforte.

ELEGIE III.

Si la foy des amans que l'Amour fauoriſe,
Euſt voulu mettre à fin ma parole promiſe,
Et ſi le fier Deſtin, dont chacun eſt donté,
N'euſt contre mon vouloir forcé ma volonté,
Penſif ie ne ſerois languiſſant de triſteſſe,
Et verrois accomplie enuers vous ma promeſſe.
Mais puis que le malheur & les cieux ennemis,
Ialoux de mon plaiſir, tel bien ne m'ont permis,
Il faut que le papier icy vous repreſente
Le plaiſant deſplaiſir qui le cœur me tourmente.
O quantefois depuis voſtre ennuyeux depart,
Solitaire & penſif, ay-ie ſeul à l'eſcart
Erré par les rochers! & quantefois aux plaines
Et aux ſablons deſerts ay-ie conté mes peines,
Et l'enuieux regret que i'ay de ne reuoir
Voſtre face qui peut les rochers eſmouuoir!
Tout ainſi qu'vn paſſant qui parmy la nuict brune
Errant dedans vn bois ſans ayde de la Lune
S'eſgare en mille lieux, & de chaque coſté
Le chemin luy eſt clos, faute de la clarté:
Ainſi faute de voir voſtre belle lumiere,
Qui eſtoit de mes yeux la clarté couſtumiere,
I'erre ſeul egaré: car mon œil ne cognoiſt
Autre iour que celuy qui de vous apparoiſt.
Ie m'en-vois bien ſouuent dans les foreſts deſertes,
Sur le bord des ruiſſeaux, & par les riues vertes,

Où le pied me conduit, poussé du souuenir
Qui vous fait par image à mes yeux reuenir.
Là soit que i'apperçoiue vn arbre solitaire,
Vn rocher, vne fleur, vne fontaine claire,
Ie pense en les voyant vous voir, & si ne puis
Penser en autre part qu'en vous à qui ie suis:
Ainsi bien loin de vous, de vous i'ay la presence,
Et la longueur des lieux n'est cause de l'absence.
L'astre qui me domine auant que d'estre né,
M'auoit pour estre esclaue icy predestiné:
Et ne puis eschapper que tousiours ie ne viue
Serf de peine & d'ennuy, quelque part que ie suiue.
Si ie suis longuement en ceste Court icy,
Ie seray prisonnier de dueil & de soucy:
En ceste Court fascheuse, odieuse & remplie
D'erreurs, d'opinions, de troubles & d'enuie,
Où rien ne m'est plaisant: car cela qui me plaist,
Ainsi comme il estoit, pour ceste heure n'y est:
I'entens vostre beauté, qui m'est plus agreable
Que de mes propres yeux la lumiere amiable:
Et si ie vais au lieu où vous faites seiour,
Ie seray prisonnier de ce fascheux amour.
Mais vne liberté telle prison i'appelle,
Pour vous sçauoir en tout si parfaite & si belle,
Qu'vn Dieu le plus puissant s'estimeroit heureux
D'estre de vos beaux yeux idolatre amoureux.
Ce-pendant ie vous pri' (par vostre belle face,
Par vos crespes cheueux, dont le lien m'enlace
Non seulement le corps, mais l'esprit & le cœur,
Et ie ne sçay comment s'en fait maistre & veinqueur)
D'accuser ma fortune à mon vouloir contraire,
Et non pas le desir que i'auoy de vous faire
En chemin compagnie, & vous suiure en tous lieux,
Pour iouyr sans repos du plaisir de vos yeux:

Et receuez en gré ceste Lettre qui vole
Vers vous, pour vn adieu, en lieu de la parole
Qui ne vous peut, helas! en partant de ce lieu
Ainsi qu'elle deuoit, dire humblement adieu.
Hà, que ie suis marry que mon corps n'a des ailes
Pour voler comme vent où sont vos Damoiselles,
Ie leur dirois adieu, & plus de mille fois
En diuerses façons leurs yeux ie baiserois:
Ie baiserois leur sein, & leur bouche vermeille
Qui resemble en beauté l'Aurore qui s'esueille,
Bouche de qui le ris d'entre les perles sort,
Qui donne tout ensemble & la vie & la mort.
Mais puis que dans le ciel des beautez ie ne vole,
Seulement du penser absent ie me console,
Et par le souuenir qui est le seul secours
Des amans eslongnez, ie vous voy tous les iours:
Car l'absence des lieux ne peut rendre effacée
L'amour qui se nourrist du bien de la pensée.

ELEGIE IIII.

Celuy deuoit mourir de l'esclat d'vn tonnerre,
Qui premier descouurit les Mines de la terre,
Qui becha ses boyaux, & hors de ses rongnons
Tira l'argent & l'or, deux meschans compagnons.
Il ne fut pas content de les tourner en lames,
De les batre au marteau, les affiner aux flames,
Les mettre en la coupelle, & les refondre afin
Que l'Or ne fust qu'esprit, & qu'il deuint plus fin:
Mais il les deguisa de cent sortes nouuelles
Decouppez par morceaux & par tenues roüelles,

Et furent ſes morceaux en eſcus transformez,
En-noblis du portrait des grands Princes armez,
Tenans droite l'eſpée, ou portans ſur la teſte
Vn rameau de Laurier, ſigne de leur conqueſte,
Ou grauez d'vne Croix, dont la ſaincte vertu
A touſionrs ſans combat le monde combatu.
Meſmes les puiſſans Dieux, qui n'ont point indigence
Des biens qui ſont acquis par noſtre diligence,
Voyant l'Or ſi luiſant, en firent honorer
Leurs Images pompeux, & leurs temples dorer.
Iuſtice en fiſt iaunir ſa balance ſacrée,
Tant de ce ſainct metal la ſplendeur luy agrée.
Les hommes forcenez enragerent apres:
Ils vendirent leur foy pour l'amaſſer eſpés,
Pour captif l'enfouir en des foſſes cauées,
Ou pour le faire battre en vaiſſelles grauées,
Afin que la viande en vn plat iauniſſant
Allaſt des conuiez les yeux esblouyſſant,
Et leur buffet chargé de riche orféurerie
Fiſt vn iour de la nuict par telle piperie.
Ils ont eſtraint leur col de groſſes chaiſnes d'Or,
Ils ont fait des anneaux à leurs doigts, & encor
Des carquans à leurs bras, ſigne que leur franchiſe
Eſt ſerue de richeſſe, & que l'Or la tient priſe.
Ils furent ſi deceus, qu'ils ne cognurent pas
Que ce metal eſtoit cauſe de leur treſpas.
Par luy ſortit au iour la diſcorde enragée,
Par luy ſe renuerſa mainte ville aſſiegée,
Par luy vint le procez, les guerres & le fer,
Et tout ce qui habite au portique d'Enfer.
Luy ſeul borna les champs: par luy le propre frere
N'eſt pas frere au beſoin, ny le pere n'eſt pere:
Par luy la foy ſe fauſſe, & mille maux diuers
Par luy ſe ſont campez en ce grand vniuers,

Qui de toute bonté les terres desolerent :
Puis Iustice & Vergongne au ciel s'en-reuolerent.
Les hauts Pins qui auoient si longuement esté
Sur la cyme des monts plantez en seureté,
Sentirent la congnée, & tournez en nauire
Voguerent aux deux bords où le Soleil se vire,
Passerent sans frayeur les ondes de la mer,
Virent Scylle & Charybde asprement escumer,
Conduits d'vn gouuerneur, dont la mordante enuie
D'amasser des lingots baille aux ondes sa vie,
Afin de rapporter des pays estrangers
Quelques lingots cherchez par cent mille dangers.
O bien-heureux le siecle, où le peuple sauuage
Viuoit par les forests de glan & de fruitage!
Qui sans charger sa main d'escuelle ou de vaisseau,
De la bouche tiroit les ondes d'vn ruisseau :
Qui les antres auoit pour maisons tapissées,
Et pour robbe l'habit des brebis herissées!
Le velours n'auoit lieu, la soye, ny le lin,
Ny le drap en-yuré des eaux du Gobelin.
Les marchez n'estoient point, ny les peaux des oüailles
Ne seruoient aux contracts : les paisibles orailles
N'entendoient la trompette ; ains la Tranquillité,
La Foy, la Preud'hommie, Amour & Charité
Regnoient aux cœurs humains, qui gardoient la Loy sainte
De Nature & de Dieu sans force ny contrainte :
L'ardante ambition ne les tormentoit pas :
Ils ne cognoissoient point ny Escus ny Ducats,
Nobles ny Angelots, ny ces Portugaloises
Qui sement dans les cœurs des hommes tant de noises.
Certes Dieu qui tout peut, deuoit (sage Baillon)
Faire que les rochers seruissent de Billon,
Et les fueilles des bois qui tombent par la voye,
Se prinsent en payment ainsi que la monnoye :

Chacun à chaque pas ſans peine ny ſans ſoin
Euſt trouué par les champs ſecours à ſon beſoin
Sans mendier ceſt Or qui ne nous veut attendre,
Mais tant plus eſt ſuiuy, & moins ſe laiſſe prendre,
Volant comme vn oiſeau, ou comme vn trait pouſſé
Par la courbe roideur d'vn arc bien enfoncé.
Or quant à moy, Baillon, ce metal ie deteſte,
Ie l'abhorre & le fuy & le hay comme peſte,
Et certes à bon droit : car i'ay touſiours par luy,
En forçant ma nature, enduré trop d'ennuy.
Pour le penſer gaigner i'ay courtizé les Princes,
Et les grands Gouuerneurs des royales prouinces :
I'ay ſué, trauaillé, eſcrit & composé,
Quatre heures en la nuict à peine ay repoſé,
Ie me ſuis tourmenté ſans nulle recompenſe :
Car enuers mes labeurs trop ingrate eſt la France.
Mais puis que ce metal, ceſt Or ſi glorieux
Eſt ores le veinqueur de tout victorieux,
Et que le cours du temps la puiſſance luy donne
Commander auiourd'huy à chacune perſonne :
Et qu'on ne vit pas tant de l'air ny du Soleil,
Qu'on vit du iaune eſclair de ceſt Or nonpareil :
Encor que ie l'abiure & l'abhorre & le fuye,
Si eſt-ce toutesfois qu'à ce coup ie le prie
De paſſer par tes mains, pour s'en-venir loger
Chez moy, qui le tiendra comme vn hoſte eſtranger,
Sans trop le careſſer : car ie ne fais pas conte
D'vn homme, fuſt-il Roy, quand l'Argent le ſurmonte :
Il en faut ſeulement pour la neceſſité,
Et pour nous ſecourir en noſtre aduerſité :
Le reſte eſt ſuperflu, qui ne ſert qu'à nous faire
Ou proye des larrons, ou fable du vulgaire.

ELEGIE V.

Madame oyez le mal que ie reçoy
Pour le plaisir de n'estre plus à moy,
Perdant du tout l'esperance de l'estre :
« Contre vn grand Dieu vn homme n'est pas maistre.
Ce petit Dieu qui porte dans la main
Vn trait laué de nostre sang humain,
Qui ne se plaist que d'allumer nos ames
Du chaud brandon de ses cruelles flames,
Qui peut donter les hommes & les Dieux,
Fut l'autre iour de mon aise enuieux.
Rendant ma vie à ses pieds estoufée,
De ma franchise augmenta son trofée,
M'osta le sens, l'esprit & la raison,
Puis m'enferma dedans vostre prison,
Et me lia d'vne si douce sorte,
Que i'ay plaisir des liens que ie porte.
Tous prisonniers, tant soient-ils enferrez,
Dessous la terre à l'obscur enserrez,
Flatent leur mal, & viuent d'esperance
D'auoir en bref de leurs maux deliurance,
Et de reuoir du Soleil la clairté,
Estans remis en douce liberté.
Or dés le iour que la belle lumiere
De vos yeux prist mon ame prisonniere,
Ie n'ay voulu pour hoste receuoir
Nulle esperance, & n'en veux point auoir,
Bien que flateuse à toute heure elle essaye
De soulager ma prison & ma playe,

Me promettant de me faire iouyr
De liberté : mais ie ne veux l'ouyr,
Ny luy donner dedans mon cœur paſſage,
De peur, helas ! que mon penſer volage
Ne m'aſſeuraſt de me faire partir
De la priſon d'où ie ne veux ſortir.
Ceſte eſperance au ſoir quand ie me couche,
Et au matin quand ie ſors de ma couche,
Vient toute ſeule, afin de m'offenſer,
Secretement pratiquer mon penſer
Pour me trahir : mais plus elle s'efforce
D'entrer chez moy, ie reſiſte à ſa force,
Ie la repouſſe & point ne la reçoy,
Pour ne loger mon ennemy chez moy.
Il ne faut point qu'vne autre tant ſoit belle,
Penſe esbranler ma conſtance fidelle :
Autre beauté ie ne ſçaurois aimer.
Ie ſuis ſemblable au Polype de mer,
Qui aime tant les branches de l'Oliue,
Qu'il ſort de l'eau, & vient deſur la riue
Les careſſer feſtoyer embraſſer,
Et tellement il ſe laiſſe enlaſſer
En l'arbre aimé, que glaiue ny eſpée
Dedans ſon ſang mille fois re-trampée
Ne peut l'oſter d'vn tel embraſſement :
Ains en ſerrant touſiours obſtinément,
N'a peur de voir ſa vie conſommée,
Mourant ioyeux deſur la branche aimée.
Pareille mort ie voudrois receuoir,
Si dans mes bras ie vous pouuois auoir :
Souffrez au-moins qu'icy ie vous accuſe
De me charmer ainſi qu'vne Meduſe.
Toutes les fois que ie ſens approcher
Vos yeux ſur moy, ie deuiens vn rocher

Sans ſentiment : & mon ame gelée,
Qui par frayeur au cœur s'en eſt allée,
De froide peur me glace tout le ſang :
Sans reſpirer ie demeure tout blanc,
Palle, em-pierré, comme vne roche dure,
En qui ſe voit d'vn homme la figure.
Telle en Sipyle apparoiſt Niobé
Dans vn rocher deſſus la mer courbé.
Ie cognois bien que ie ne ſuis pas ſage,
Et que l'ardeur a forcé mon courage,
Que mes deſſeins ne ſont point auancez :
Ie ſuis aueugle, & ſi ie voy aſſez
Que i'aime trop le mal qui me tourmente :
Et toutefois ſi vous eſtiez contente
Pour vous donner les biens que i'aime mieux,
Mon ſang, mon cœur, mon eſprit & mes yeux,
Ie le ferois ſans aucune priere :
Mon cœur, mon ſang, ny ma douce lumiere,
Ame ny vie, helas ! ne me ſont rien
Au pris de vous qui eſtes tout mon bien.
Or pour la fin ceſt eſcrit ie vous donne
Pour le donner à vne autre perſonne
S'ainſi vous plaiſt, ou pour le retenir :
Rien ne ſçauroit de voſtre part venir
Qui ne m'apporte vne ioye parfaite,
Si par mon mal ie vous voy ſatisfaite.

ELEGIE VI.

De moy ſeul ennemy, voire traiſtre ie ſuis.
De fortune ennemie & de vous ie me puis

Lamenter à bon droict, qui par vn traict de veuë
Auez de ſon rempart ma raiſon deſpourueuë :
Si qu'en lieu d'eſtre Dame à mon dam ie la ſens
Vne raiſon eſclaue obeyr à mes ſens,
Trompant ma fantaiſie, & me donnant pour maiſtre
Vn aueugle, vn enfant, qui ne vient que de naiſtre.
Or de vous ie me plains, qui tenez ſi haut lieu,
Que pour eſtre ſeruie il vous faudroit vn Dieu :
Mais plus que de nous deux ie me plains de Fortune,
Qui cruelle à mon mal ſans ceſſe m'importune,
Me r'engrege ma playe, & me fait amoureux
De vous, dont le bon-heur m'a rendu malheureux :
Car pour aimer trop haut, & pour n'auoir egale
Ma puiſſance à la voſtre, helas ! ie ſuis Tantale
Qui meurs de ſoif en l'onde, & qui ne puis toucher
Au doux fruict que ie voy ſur ma léure approcher.
Ainſi pour eſtre moindre, & vous ſuperieure
De race & de grandeur, ie languis à toute heure,
Et re-vis ſans eſpoir de iamais acquerir
Ce doux mal qui me fait ſi doucement mourir.
Quand Pyrrhe & ſon mary peuploient les vuides terres,
Ruant parmy les champs les ſemences des pierres,
Peres du genre humain : les cailloux qu'ils iettoient,
En dignité pareille egalement eſtoient :
En dignité pareille il nous faudroit donq eſtre,
Si voulions reſembler les autheurs de noſtre eſtre,
Sans que race ou credit ou le bien temporel
Rompiſt l'equalité de noſtre naturel.
Maudits ſoient les preſens, dont la taſſe feconde
De la belle Pandore a remply tout le monde !
Le peuple qui auoit egalement veſcu,
Se vit d'ambition & de gloire veincu.
De là vint la grandeur, de là vint la richeſſe,
De là vint le haut nom de Royne & de Princeſſe,

Tiltres ambitieux : & de là vint encor
Le desir d'enchasser les gemmes dedans l'or.
Lors la simplicité abandonna la place
Aux credits, aux faueurs, aux grandeurs, à la race :
Et quittant les citez, les villes & les Rois,
Auecques les pasteurs habita par les bois.
Le doux fils de Venus, qui simple & nud desdaigne
Que toute maiesté le suiue pour compaigne,
Print l'arc dedans la main, & aiguisant ses traits
Pas à pas la suiuit par les hautes forests,
Et tirant doucement ses fleches moins cruelles
Dedans le cœur loyal des simples pastourelles,
Entre les durs rochers, les bois, & les deserts,
A la frescheur d'vn antre, ou sous les arbres verds,
Les apprint à aimer d'vne amitié non feinte
En toute liberté, sans danger ny sans creinte :
Les apprint à baiser, à toucher, à taster,
Et de la simple amour simples se contenter,
Loin d'inequalité, qui trop est dangereuse,
Et presque insupportable à toute ame amoureuse.
L'ennuy qui plus m'offense & plus me fait de mal,
C'est qu'à vostre grandeur ie ne suis pas egal,
Et le cognoissant bien, ie cherche en toute sorte
D'oster hors de mon cœur l'amour que ie vous porte :
Mais plus ie veux l'oster, & tant plus mon desir
Se laisse r'engluer de son noueau plaisir,
Dressant à ma douleur contre mon esperance
Vn rampart fait du temps & de perseuerance.
Ainsi plus ie desire à couurir ma douleur,
Plus ce m'est de plaisir de dire mon malheur,
Me combatre moy-mesme, & resister aux peines
Dont ces hautes amours difficiles sont pleines :
Tantost i'espere tout, puis ie n'espere rien,
Tantost desur le vent i'asseure tout mon bien :

I'ay des ailes de cire, en volant ie m'abaisse,
Et pour auoir bon cœur ie pers la hardiesse.
Madame, ie vous pri' que vous n'ayez esgard
A la noble grandeur dont vostre race part,
Et faites s'il vous plaist, que cela ne vous garde
Que vostre œil amoureux vn iour ne me regarde.
Ie sçay que ie suis fol d'aimer si hautement :
Mais volontiers Amour erre sans iugement,
Et tousiours la raison ne guide la pensée,
Quand elle est par Amour doucement insensée.
Tout bon cœur est suiet aux passions d'aimer :
On ne voit seulement les hommes s'enflamer
D'vn si gentil desir, mais les Dieux n'ont pas honte
D'abaisser leur grandeur quand Amour les surmonte :
Et vestant maintenant les plumes d'vn oiseau,
Ou le poil d'vn Satyre, ou celuy d'vn Toreau,
Abandonnent le Ciel pleins d'amoureuses flames,
Pour estre seruiteurs de nos mortelles femmes.
En imitant ces Dieux s'il vous plaisoit vn iour,
Prenant pitié de moy, me donner vostre amour,
Ie mettrois telle peine à vous faire seruice,
Que vous auriez en moy vn seruiteur sans vice :
Et vous repentiriez que plustost ie n'aurois
Receu vostre faueur qui est digne des Rois,
Faueur que ie ne puis à ma douleur promettre,
Et qui d'homme mortel au ciel me pourroit mettre.
I'ay comme auentureux en diuers lieux aimé,
Tousiours sage & discret des Dames estimé :
Ie sçay de quel honneur on respecte la grande,
Ie sçay bien quel seruice vne veufue demande,
Vne fille, vne femme, & si sçay bien comment
On se doit en tel faict gouuerner sagement :
Ie n'y fis iamais faute & ne pourrois le faire,
Comme predestiné pour aux Dames complaire.

Mais ſi par trait de temps ma ſerue loyauté
Ne peut trouuer en vous que toute cruauté,
Et ſi contre ma foy vous deuenez ſi fiere,
Que ie ne puiſſe, helas! vous flechir par priere:
Pour me donner ſecours i'appelle à mon confort
Contre voſtre rigueur Nemeſis & la Mort,
Pour deſlier enſemble & ma plainte & ma vie,
Afin que mon amour de la mort ſoit ſuiuie.

ELEGIE VII.

I'ay cherché mille fois, & fuy tout enſemble,
Que la longueur du temps qui l'amour deſ-aſſemble,
Ou diſgrace, ou fortune, ou voyage lointain,
Ou maladie oſtaſt voſtre amour de mon ſein.
Mais plus i'opiniaſtre à vous ſeruir, Madame,
Plus les ans vont fuyant, & plus ie porte en l'ame
Maugré tous accidens, ſans iamais eſtre franc,
Voſtre beau nom, qu'Amour m'a coulé dans le ſang.
Tant s'en-faut que l'ardeur de mon feu diminue,
Que nourry de vos yeux touſiours il continue
De renaiſtre en mon cœur, & touſiours s'accroiſſant
S'augmente de ſa flame & deuient plus puiſſant.
Dans les fourneaux de Cypre (où le metal liquide
Se coule à la chaleur) ſe voit la Pyralide
Animal nay de feu, qui ſe nourriſt au feu:
Le feu luy eſt ſon bien, ſon plaiſir & ſon ieu:
Sa naiſſance eſt le feu, le brazier eſt ſa vie,
Et le feu ſeulement eſt toute ſon enuie.
Ie luy ſemble du tout: car viure ie ne puis
Sinon au feu d'amour dont embraſé ie ſuis:

Sa braise est mon plaisir : telle est ma destinée,
Qu'on ne voirra iamais en autre part tournée
Qu'à vous suiure, Madame, & vos yeux, tout ainsi
Que le cours du Soleil est suiuy du Souci :
Sans repenser en vous, sans vous voir, sans vous suiure
Ie pers tout sentiment : car vos yeux me font viure.
Ie deuiens vn corps mort, palle, exangue & glacé,
Que l'ame son hosteſſe en sortant a laiſſé
Sans esprit, sans chaleur, sans puiſſance ny force,
N'estant plus rien que terre ou qu'vne rude escorce.
Ainsin en vous perdant ie pers tout mon pouuoir :
Vous me faites marcher, ouyr, parler & voir,
Vous me donnez l'esprit, qui ses actions vire
Autour de vostre obiect que tout seul il desire :
Il depend de vos yeux si gracieux & dous,
Et ne veut adorer autre Dame que vous.
Qu'il ne soit vray, Madame, alors que l'esperance
Se perdoit de me ioindre à vous par alliance,
Alors qu'vn autre amy se venant presenter
Me contraignit vn temps de vos yeux m'absenter
Pour viure par les bois errant & solitaire
Comme vn homme sauuage à qui rien ne peut plaire :
Et lors que ie cognu apres si long retour,
Que m'auiez ordonné vn compaignon d'amour,
Que vous fauorisiez peut-estre d'auantage :
Et lors que i'apperceu que l'amoureux langage
Que nous soulions tenir en nos deuis premiers,
Se tournoit en propos communs & familiers,
Tels qu'on tient aux amis quand d'acquit on deuise,
Et que le feu d'amour les courages n'attise :
Et lors qu'en vous voyant vn chacun cognoiſſoit
Que de vostre costé l'amitié decroiſſoit :
Alors plus viuement mon cœur fist resistance,
Et contre le malheur i'opposay ma constance,

Et plus qu'au-parauant ie m'armay de ma foy,
Ne voulant que Fortune eust l'honneur desur moy :
Et comme desireux de vostre belle face,
I'essayay tous moyens de reschaufer la glace
Qui froidement serroit vostre cœur au dedans,
Defendant le passage à mes souspirs ardans,
Pour m'oster hors de doute, & pour voir si sans feinte
Vous auiez dans le cœur agreable ma pleinte.
Puis ie disois ainsi : Tant plus vn bon Soudart
Se rend opiniastre à garder le rempart,
Plus il est assiegé d'vne puissante armée,
Et tant plus il s'acquiert de bonne renommée
S'il resiste au danger, & si braue de cœur
Il se fait au combat des ennemis veinqueur :
Et pource en imitant le vaillant Capitaine,
« Combatons le malheur : l'honneur gist en la peine.
Ie disois à par-moy de tels braues propos,
Qui m'eschaufoient le cœur, me rendirent dispos,
Plus prompt que de coustume à vous faire seruice,
Afin qu'en vous aimant mon destin ie suiuisse.
Seule ie vous appelle à tesmoin de cecy,
Seule vous cognoissez mon mal & mon soucy
Sans rien vous reprocher : non qu'en pleurant ie pense
Tirer de mon seruice aucune recompense
(Vous seule cognoissez si ma fidelité
Merite d'estre bien ou d'estre mal traité)
Mais afin que ma playe icy vous fust déclose :
Ou si vostre memoire heureuse en autre chose,
Ou si vostre bel œil ne faisoit son deuoir,
Ce papier quelque fois vous peust ramenteuoir
Le tourment que i'endure, en vous faisant entendre
Mon mal que vostre orgueil n'a iamais sceu comprendre.
Donques à tel effect garderez cest escrit,
Afin qu'en le lisant, vostre gentil esprit

4.

S'asseure que le Temps ny la Mort ny Fortune,
Ny tout ce qui depend d'enuie ou de rancune,
Ne sçauroient empescher ny ce bien ny cest heur
Que ie ne sois tousiours vostre humble seruiteur
Esclaue de vos yeux, où Amour mist l'enseigne
Qui le chemin d'honneur & de vertu m'enseigne.
Car tant plus ie verray mon fait desesperé,
Plus ie verray mon cœur d'esperance asseuré,
Et feray fondement d'une perseuerance
Quand de plus esperer ie perdray l'esperance:
Mon mal d'vn tel discord se contente & se plaist,
Puis d'une autre viande Amour ne se repaist.
L'accord & le discord luy seruent de pasture.
De tel arbre tel fruit: c'est d'Amour la nature.

ELEGIE VIII.

A I. HVRAVLT,

Sieur de la Pitardiere.

Voicy le temps, Hurault, qui ioyeux nous conuie
Par l'amour, par le vin, d'esbattre nostre vie:
L'an reprend sa ieunesse, & nous monstre comment
Il faut ainsi que luy, raieunir doucement.
Ne vois-tu pas, Hurault, ces ieunes arondelles,
Ces Pigeons tremoussans & du bec & des ailes,
Se baiser goulument, & de nuict & de iour
Sur le haut d'vne tour se soulasser d'amour?
Ne vois-tu pas comment ces Vignes enlassées
Serrent des grands Ormeaux les branches embrassées?

Regarde ce bocage, & voy d'vne autre part
Les bras longs & tortus du lierre grimpart
En ſerpent ſe virer à l'entour de l'eſcorce
De ce cheſne aux longs bras, & le baiſer à force.
N'ois-tu le Roſſignol, chantre Cecropien,
Qui ſe plaint toute nuict du forfait ancien
Du malheureux Terée, & d'vne langue habile
Gringoter par les bois la mort de ſon Ityle?
Il reprend, il retient, il recoupe le ſon
Tantoſt haut, tantoſt bas, de ſa longue chanſon,
Appriſe ſans nul maiſtre, & d'vne forte haleine
Raconte de ſa ſœur les larmes & la peine.
Ne vois-tu d'autre part les Nymphes en ces prez
Eſmaillez, peinturez, verdurez, diaprez,
D'vn poulce delicat moiſſonner les fleurettes
Qui deuoient eſtre proye aux gentilles auettes,
Leſquelles en volant de ſillons en ſillons,
De iardins en iardins auec les papillons,
A petits branles d'aile amaſſent meſnageres
Des printanieres fleurs les odeurs paſſageres?
Cela nous admoneſte en ces mois ſi plaiſans
De ne frauder, Hurault, l'vſufruict de nos ans.
Voicy la Mort qui vient, le vieille rechignée,
D'vne ſuite de maux touſiours accompagnée.
Il faut en deſpit d'elle empoigner le plaiſir,
Non en ce mois de May, où l'âge & le loiſir
Autheurs que noſtre ſang autour du cueur bouillonne,
Sang chaud qui noſtre cœur au plaiſir aiguillonne.
Mais lors que ſoixante ans nous viendront renfermer,
Il faut le Triquetraq & les Cartes aimer,
Sans ſe laiſſer domter à la rigueur de l'âge,
Qui nous fera là-bas faire vn ſi long voyage,
D'où plus on ne reuient, au moins comme l'on dit,
Si Catulle a menti ma faulte eſt à credit.

Tu prens (ie le sçay bien) le conseil pour toy-mesme
Que tu m'as ordonné : tu n'as point le teint blesme
Ny le front renfrongné : & pense qu'à te voir
Tu es vn gaillard homme, & prompt à t'esmouuoir,
Quand tu as pres de toy quelque gentille Dame,
Dont la ieune beauté te fait resiouir l'ame :
Puis tu sers Apollon, qui t'eschause le sein,
Et le Pere Bacchus ne te vient à desdain.
Ie t'en ressemble mieux : car en ma fantaisie
N'entra iamais ny dol ny fard n'hypocrisie.
Ie courtize Bacchus, Erycine, Apollon :
Les trois picquent mon cœur d'vn poignant aiguillon.
Ie les prens sobrement : si ie faux d'auenture,
La faute n'est pas mienne, elle vient de nature.

ELEGIE IX.

Bien que l'obeyssance & l'amour que ie doy
Au seruice de Dieu, de l'Eglise & du Roy,
Me retiennent au camp au milieu des alarmes,
Animé d'vn courage aussi fort que les armes :
Si est-ce que le trait qui sortit de vos yeux
Pour me blesser le cœur, m'accompagne en tous lieux,
Tousiours il me combat, & la douce memoire
De vos perfections luy donne la victoire.
Soit que ie sois à pied auecques les soldars,
Ie sens tousiours d'Amour les fleches & les dars,
Soit que i'aille à cheual armé par la campaigne,
Tousiours ce petit Dieu en croupe m'accompaigne :
Iamais ne m'abandonne, & comme mon veinqueur
Met l'enseigne à mon front & se campe en mon cœur.

La nuict quand les soldars sur la terre sommeillent
De la guerre lassez, mes pensers me resueillent,
L'vn presente à mes yeux vostre ieune beauté,
L'autre vostre douceur pleine de cruauté,
L'autre vos doux propos que ie garde dans l'ame :
Puis l'esperance vient, qui tout le cœur m'enflame
D'vn desir tresardent d'aller bien tost reuoir
Vos yeux qui me font viure & sentir & mouuoir.
Las ie les aime tant, que ie ne pourroy viure
Vne heure sans les voir, dont l'esclair me fait suiure
L'honneur & la vertu & le chemin des cieux,
Tant ie suis redeuable à leur feu gracieux !
Ie mourrois sans aimer leur gentille lumiere,
Qui m'embraza le cœur d'vne flame premiere,
Et qui me fist sentir combien est fort & chaud
L'amour venant d'vn lieu si honorable & haut.
Ie suis la Salemandre, & ne suis à mon aise
Si mon cœur n'est tousiours au milieu d'vne braise :
Le feu de vos beaux yeux tant seulement me plaist,
Et mon cœur en bruslant se nourrist & se paist.
Si d'vn crystal bien net ma poitrine estoit faite,
Vous voirriez clairement mon amitié parfaite,
Vous cognoistriez sans fard ma flame estinceler,
Qui esclaire plus loin quand ie la veux celer :
(« Toute gentille ardeur esprise en bonne place
« Ne se cele iamais, quelque chose qu'on face.)
Vous voirriez en mon cœur viuement imprimez
Vostre front, vostre bouche, & vos yeux tant aimez,
Vos cheueux, les liens qui prisonnier me tiennent,
Vos paroles suiet des pensers qui me viennent,
Et vos mains qui mon cœur emprisonnent contraint :
Vous voirriez au naïf vostre visage peint,
Vos graces, vos beautez si diuines & saintes,
Par le pinceau d'Amour dedans mon cœur empraintes.

Et lors ie ſuis certain qu'en regardant le trait
Imprimé dans mon ſang de voſtre beau portrait,
Vous auriez de ma foy parfaite cognoiſſance,
Et ſeriez aſſeurée en mon obeïſſance.
Madame, ie ſçay bien que tout ſeul ie ne ſuis
Qui deſire le lieu que gaigner ie ne puis:
Vn homme ſeulement en terre ne regarde
La clairté du Soleil qui les rayons nous darde.
Ie ſçay que vos grandeurs, vos biens & vos honneurs
Ont le ſeruice acquis de deux braues Seigneurs,
Grans de race & de biens, de qui la renommée
Reluiſt comme vne eſtoile à mi-nuict allumée,
Qui portant le harnois & le glaiue pointu
Ont fait par leurs combas paroiſtre leur vertu:
Si eſt-ce toutefois bien qu'ils vantent leur race,
Courageux & remplis de Martiale audace,
Ie ne leur cede en rien: ou ſoit pour faire armer
Les galeres bien loin ſur les flots de la mer,
Soit pour combatre en terre, & le fer de ma lance
Arrouſer dans le ſang des ennemis de France:
Mais ainſi que la nuict s'efface par le iour,
Tant ſoyent-ils amoureux, ie paſſe leur amour.
Or ſi c'eſt bien aimer touſiours penſer en celle
Qu'on eſtime en beauté ſur toutes la plus belle,
Ne ſonger ne parler, & ne reſuer ſinon
En ſa douce beauté, en ſa grace, en ſon nom,
Et n'auoir en penſant pour ſuiet qu'vne choſe,
Eſtre plein d'vn eſprit qui iamais ne repoſe,
Ne viure plus en ſoy, remourir mille fois,
Ne parler qu'à demi, entre-rompre ſa vois,
Diſcourir ſans diſcours, viure de fantaſie,
Tantoſt eſpris de peur, tantoſt de ialouſie,
Se desfier de tout, ne s'aſſeurer de rien,
Diſſimuler le mal, ſe promettre le bien,

Si cela eſt aimer, ie confeſſe, Madame,
Que ie vous aime mieux que ie n'aime mon ame,
Mes yeux, mon ſang, mon cœur : car ie ne veux aimer
Moy-meſmes, que d'autant qu'il vous plaiſt m'eſtimer.
Ia deux ans ſont paſſez que vous eſtes certaine
Combien pour voſtre amour i'ay de mal & de peine :
Et s'il faut preferer celuy qui le premier
Oſe d'vn gentil cœur ſa Maiſtreſſe prier,
Sur mes deux compagnons ie doy gaigner la place,
Comme ayant le premier deſiré voſtre grace :
« Dieu puniſt les ingrats, & pource gardez-vous
(Si vous me traitez mal) d'irriter ſon courrous.
Depuis que la Fortune ou que la Deſtinée
Eut pour vous obeïr ma nature inclinée,
Ie deuins voſtre eſclaue : & n'ay ceſſé depuis
De chercher voſtre amour où deſtiné ie ſuis.
Lors de ma liberté vous fuſtes la maiſtreſſe,
Lors ie vous honoray ainſi qu'vne Deeſſe :
Vous fuſtes mon eſpoir, & ſur le haut du front
Ie portay les ſoucis que vos beaux yeux me font :
Ie vous contay mon mal qui vous fut agreable,
Et pris en voſtre amour vne place honorable.
Pource ie deuiendroy de douleur conſommé,
Si vn autre cueilloit le champ que i'ay ſemé,
Et ſi par vn malheur la moiſſon qui m'eſt deuë,
Eſtoit deuant mes yeux d'vne autre main tonduë.
Certes l'obeïſſance & la premiere foy
Que ſi benignement vous receuſtes de moy,
Et l'extreme deſir que i'ay de vous complaire,
Vous aimer, honorer, & ſeruice vous faire,
Et ceſte fermeté d'auoir tant eſperé,
Merite iuſtement que ie ſois preferé.
Puis vous ne deſirez abandonner la France,
L'air de voſtre païs & de voſtre naiſſance.

Mais comment voudriez-vous la France abandonner,
Quand tous les estrangers y veulent retourner?
« Du païs naturel la douceur nous attire,
« Et chacun de son feu la fumée desire.
« C'est à faire aux poissons qui courent par les eaux,
« Aux bestes des forests, aux vagabons oiseaux
« De changer de païs, & n'arrester vne heure:
« Mais l'homme bien rassis en sa terre demeure.
Et bien que l'Italie ait l'air delicieux,
Mere des Empereurs, des Rois victorieux,
Qui par armes ont fait aux autres peuples honte:
Si est-ce qu'auiourd'huy la France la surmonte
En hommes, en Citez, & en Rois, dont le nom
Des premiers Empereurs efface le renom.
Au reste ie sçay bien qu'vne Dame sans vice
Comme vous, n'a le cœur entaché d'auarice:
C'est vn vilain peché, deshonneste, odieux,
Ennemi capital des hommes & des Dieux.
Donq puis que l'influence enuers vous ne fut chiche,
De vous faire sur toute, honneste belle & riche,
Il ne faut resembler à l'esponge qui boit,
Et tant plus elle a d'eau, & tant plus en voudroit.
« Le vray contentement ne gist en l'abondance,
« Il gist à la mesure & à la suffisance:
« Le but de la richesse est d'en sçauoir vser.
On pourroit vne femme indigente excuser
Qui court apres les biens pour nourrir sa famille:
Mais vne riche Dame amoureuse & gentille,
Qui a l'esprit bien né, se fait vn mauuais tour
Quand par trop d'auarice elle vend son amour.
Or si vostre grandeur aux richesses regarde,
De trouuer vn mary iamais vous n'auez garde,
Il vous faudroit vn Dieu: l'homme qui est mortel,
N'est pas digne d'auoir vn mariage tel.

Mais ſi vous regardez au port & à la face,
Aux grandeurs des maiſons, au ſang & à la race,
Aux illuſtres vertus, indigne ie ne ſuis
D'auoir en voſtre amour le bien que ie pourſuis.
Et bref vous me ſerez ou gracieuſe ou braue,
Maugré voſtre rigueur ie ſeray voſtre eſclaue.
I'eſpere tant de vous & de voſtre pitié,
Qu'vn iour i'auray le fruict de ma longue amitié:
Ou bien ſi le Deſtin empeſche ma fortune,
Ie veincray le Deſtin d'vne amour importune:
Ie vous aimeray tant, & vous ſeruiray tant,
Ie ſeray ſi loyal, ſi ferme & ſi conſtant,
Que voſtre cœur veincu (bien que cruel & rude)
M'oſtera quelque iour le ioug de ſeruitude:
Ou bien s'il ne le veut, ie fuiray dans ces bois,
Où tout deſeſperé maintenant ie m'en-vois
Mourir ſous vn rocher: là paſſant d'auanture
Faites grauer ces vers deſur ma ſepulture:
Celuy qui giſt ici, mourut pour la beauté
D'vne Dame qui fut Phœnix en cruauté,
Qui tua ſon ami pour luy ſembler trop belle,
Et mort ſous ce tombeau ſouſpire encor' pour elle.

LA MORT DE NARCISSE

en forme d'Elegie.

A Iean Daurat ſon precepteur.

Sus, dépan, mon Daurat, de ſon croc ta Muſette,
Qui durant tout l'hyuer auoit eſté muette,
Et loin du populace allons ouyr la vois
De dix mille oiſelets qui ſe plaignent és bois.

Ia des monts contre-val les tiedes neiges chéent,
Ia les ouuertes fleurs par les campaignes béent,
Ia l'espineux rosier desplie ses boutons
Au leuer du Soleil, qui semblent aux tetons
Des filles de quinze ans, quand le sein leur pommelle,
Et s'eleue bossé d'vne enfleure iumelle.
Ia la mer gist couchée en son grand lit espars,
Ia Zephyre murmure, & ja de toutes pars
Calfeutrant son vaisseau le Nocher hait le sable,
Le pastoureau le feu, & le troupeau l'estable,
Qui desire dés l'Aube aller brouter les prez
Costoyez des ruisseaux aux Naiades sacrez.
Ia l'arbre de Bacchus rampe en sa robbe neuue,
Se pend à ses chéureaux, & ja la forest veuue
Herisse sa perruque, & Cerés du Ciel voit
Desia crester le blé qui couronner la doit:
Ia pres du verd buisson sur les herbes nouuelles
Tournassent leurs fuseaux les gayes pastourelles,
Et d'vn long lerelot aux forests d'alentour,
Et aux prochaines eaux racontent leur amour.
Ceste belle saison me remet en memoire
Le Printemps où Iason espoinçonné de gloire
Esleut la fleur de Grece, & de son auiron
Baloya le premier de Tethys le giron:
Et me remet encor la meurtriere fontaine
Par qui le beau Narcis aima son ombre vaine,
Coulpable de sa mort: car pour trop se mirer
Sur le bord estranger, luy conuint expirer.
Vne fontaine estoit nette claire & sans bourbe,
Enceinte à l'enuiron d'vn beau riuage courbe
Tout bigarré d'esmail: là le rosier pourpré,
Le glayeul, & le lis à Iunon consacré
A l'enui respiroyent vne suaue haleine,
Et la fleur d'Adonis, iadis la douce peine

De la belle Venus, qui chetif ne ſçauoit
Que le deſtin ſi toſt aux riues le deuoit,
Pour eſtre le butin des vierges curieuſes
A remplir leurs coſins des moiſſons amoureuſes.
Nulle Nymphe voiſine ou bœuf ou paſtoureau,
Ny du haut d'vn buiſſon la cheute d'vn rameau,
Ny ſangler embourbé n'auoyent ſon eau troublée.
Or' le Soleil auoit ſa chaleur redoublée,
Quand Narciſſe aux beaux yeux pantoiſement laſſé
Du chaud, & d'auoir trop aux montaignes chaſſé,
Vint là pour eſtancher la ſoiſ qui le tourmente.
Mais las! en l'eſtanchant vne autre luy augmente:
Car en beuuant à front, ſon ſemblant apperceut
Sur l'eau repreſenté, qui fraudé le deceut.
Helas que feroit-il, puis que la deſtinée
Luy auoit au berceau ceſte mort ordonnée?
En vain ſon ombre il aime, & ſimple d'eſprit croit
Que ce ſoit vn vray corps de ſon ombre qu'il voit,
Et ſans auoir raiſon ſottement il s'affolle
Regardant pour-neant vne menteuſe idole:
Il admire ſoy-meſme, & ſur le bord fiché
Bée en vain deſſus l'eau, par les yeux attaché.
Il contemple ſon poil, qui renuerſé ſe couche
A rebours ſur ſa face, il voit ſa belle bouche,
Il voit ſes yeux ardents plus clairs que le Soleil,
Et le luſtre roſin de ſon beau teint vermeil:
Il regarde ſes doigts & ſa main merueillable,
Et tout ce dont il eſt luy-meſmes admirable.
Il ſe priſe, il s'eſtime, & de luy-meſme aimé
Allume en l'eau le feu dont il eſt conſumé:
Il ne ſçait ce qu'il voit, & de ce qu'il ignore
Le deſir trop goulu tout le cœur le deuore,
Las! & le meſme abus qui l'incite à ſe voir,
Luy nourriſt l'eſperance, & le fait deceuoir.

Quantes-fois pour-neant de ſa léure approchée
Voulut toucher ſon ombre, & ne l'a point touchée?
Quantes-fois pour-neant de ſoy-meſmes épris,
En l'eau s'eſt voulu prendre, & ne s'eſt iamais pris?
Leue, credule enfant, tes yeux, & ne regarde
En vain comme tu fais, vne idole fuyarde:
Ce que tu quiers, n'eſt point: ſi tu verſes parmi
L'onde vn pleur ſeulement, tu perdras ton ami:
Il n'a rien propre à ſoy, l'image preſentée
Que tu vois dedans l'eau, tu l'as ſeul apportée,
Et la remporteras auecques toy auſſi,
Si tu peux ſans mourir te remporter d'ici.
Ny faim, ny froid, ny chaud, ny de dormir l'enuie
Ne peurent retirer ſa miſerable vie
Hors de l'eau menſongere, ains couché ſur le bord
Ne fait que ſouſpirer ſous les traits de la mort:
Ne ſans tourner ailleurs ſa ſimple fantaſie
De trop ſe regarder ſes yeux ne reſſaſie,
Et par eux ſe conſume: à la fin s'eleuant
Vn petit hors de l'eau, tend ſes bras en auant
Aux foreſts d'alentour, & plein de pitié grande
D'vne voix caſſe & lente, en plourant leur demande:
Qui, dites moy, foreſts, fut onques amoureux
Si miſerablement que moy ſot malheureux?
Hé viſtes-vous iamais, bien que ſoyez agées
D'vne infinité d'ans, amours ſi enragées?
Vous le ſçauez, foreſts: car mainte & mainte fois
Vous auez recelé les amans ſous vos bois.
Ce que ie voy, me plaiſt, & ſi ie n'ay puiſſance,
Tant ie ſuis deſaſtré, d'en auoir iouyſſance,
Ny tant ſoit peu baiſer la bouche que ie voy,
Qui ce ſemble me baiſe, & s'approche de moy.
Mais ce qui plus me deult, c'eſt qu'vne dure porte,
Qu'vn roc, qu'vne foreſt, qu'vne muraille forte

Ne nous ſepare point ſeulement vn peu d'eau
Me garde de iouyr d'vn viſage ſi beau.
Quiconque ſois, enfant, ſors de l'eau ie te prie :
Quel plaïſir y prens-tu ? ici l'herbe eſt fleurie,
Ici la torte vigne à l'orme s'aſſemblant
De tous coſtez eſpand vn ombrage tremblant :
Ici le verd lierre, & la tendrette mouſſe
Font la riue ſembler plus que le ſommeil douce.
A peine il auoit dit, quand vn pleur redoublé
(Qui coula dedans l'eau) ſon plaiſir a troublé :
Où fuis-tu ? diſoit-il : celuy qui te ſupplie,
Ny ſa ieune beauté n'eſt digne qu'on le fuye.
Las ! demeure : où fuis-tu ? les Nymphes de ces bois
Ne m'ont point deſdaigné, ny celle qui la vois
Fait retentir és monts d'vne complainte lente,
Et ſi n'ont point iouy du fruit de leur attente.
Car alors de l'amour mon cœur n'eſtoit eſpoint
Pour aimer maintenant ce qui ne m'aime point.
Las ! tu me nourriſſois tantoſt d'vne eſperance :
En l'onde tu tenois la meſme contenance
Que baiſſé ie tenois : ſi mes bras ie pliois,
Tu me pliois les tiens : moy riant, tu riois,
Et autant que mon œil de pleurs faiſoit eſpandre,
Le tien d'autre coſté autant m'en venoit rendre.
Si ie faiſois du chef vn clin tant ſeulement,
Vn autre clin ton chef faiſoit egalement :
Et ſi parlant i'ouurois ma bouchette vermeille,
Tu parlois, mais ta voix ne frappoit mon oreille.
Ie cognois maintenant l'effet de mon erreur,
Ie ſuis meſme celuy qui me mets en fureur,
Ie ſuis meſmes celuy, celuy meſmes que i'aime,
Rien ie ne voy dans l'eau que l'ombre de moy-meſme.
Que feray-ie chetif ? priray-ie, ou ſi ie doy
Moy-meſme eſtre prié ? ie porte auecques moy

Et l'amant & l'aimé, & ne sçaurois tant faire
Las! que de l'vn des deux ie me puisse desfaire.
Mais seray-ie tousiours couché dessus le bord
Comme vn froid simulachre, en attendant la mort?
O bien-heureuse mort, haste toy ie te prie,
Et me tranche d'vn coup & l'amour & la vie,
A fin qu'auecques moy ie voye aussi perir
(Si c'est quelque plaisir) ce qui me fait mourir.
Il auoit acheué, quand du front goute à goute
Vne lente sueur aux talons luy degoute,
Et se consume ainsi que fait la cire au feu,
Ou la neige de Mars, qui lente peu à peu
S'escoule sur les monts de Thrace ou d'Arcadie,
Des rayons incertains du Soleil attiedie.
Si bien que de Narcis qui fut iadis si beau,
Qui plus que laict caillé auoit blanche la peau:
Qui de front, d'yeux, de bouche, & de tout le visage
Resembloit le portrait d'vne Adonine image,
Ne resta seulement qu'vne petite fleur
Qui d'vn iaune safran emprunta la couleur,
Laquelle n'oubliant sa naissance premiere,
Suit encor auiourd'huy la riue fontainiere,
Et tousiours pres des eaux apparoist au Printemps,
Que le vent qui tout soufle, abat en peu de temps.
Aux arbres la Nature a permis longue vie:
Ceste fleur du matin ou du soir est rauie.
Ainsi l'ordre le veut & la necessité,
Qui dés le premier iour de la natiuité
Allonge ou raccourcist nos fuseaux, & nous donne
Non ce que nous voulons, mais cela qu'elle ordonne.

ELEGIE X.

Quiconque oſte par force vne ieune pucelle
Loin des bras de celuy qui meurt pour l'amour d'elle,
Il a le cœur de roche & l'eſtomac de fer,
Et l'humaine pitié ne le peut eſchaufer.
Il a ſuccé le laict d'vne rouſſe Lionne,
Au fond d'vne cauerne vne Tygre ſelonne
L'a nourry de chair crue, & n'a dedans le cœur
Que vagues, que rochers endurcis de rigueur.
O Dieux! i'aimerois mieux, ſi i'eſtois Roy d'Aſie,
Que la guerre m'oſtaſt mon ſceptre, que m'amie.
L'homme vit aiſément en ce mortel ſeiour
Sans avoir vn royaume, & non pas ſans amour,
« Amour qui eſt la vie & des Dieux & des hommes.
Que ſert d'amonceler des treſors à grands ſommes,
Eſtre Prince, eſtre Roy, ſans prendre le doux fruict
D'vne ieune Maiſtreſſe en ſes bras toute nuict?
Ah! le iour & la nuict viennent pleins de triſteſſe
A celuy fuſt-il Dieu, qui languiſt ſans Maiſtreſſe.
Las! ſi quelque voleur ou pirate de mer
Faiſant en ce païs ſes galeres ramer,
M'auoit oſté la mienne, ou quelque eſtrange Prince,
Patience forcée il faudroit que ie prinſe,
Et ne me chaudroit point de pleurer ſur le bord,
Faiſant maugré moy place à la rigueur du ſort:
Voyant flotter la nef i'accuſerois Fortune,
Qui me ſeroit (peut-eſtre) auec mille commune:
Mais vn parent me l'oſte, ô fiere cruauté!
Iamais entre parens n'habita loyauté!

Au temps de la famine, en vengence la foudre
Sa caue & son grenier puisse reduire en poudre,
Et luy en la plus dure & plus froide saison
Se puisse reschauser au feu de sa maison,
Aille chercher son pain : ses fils venus en âge,
Contre luy despitez luy puissent faire outrage
Par procez embrouillez de mille mechans tours,
Pour la punition de rauir mes amours.
Sa femme soit publique, & soit par la contrée
Au doigt de tout chacun vilainement monstrée :
Soit tousiours en tauerne ayant vendu ses biens,
Et face deshonneur comme putain aux siens.
Dormez en doux repos, ô cendre Icarienne,
Dessous les myrtes verds vostre Idole se tienne
Pour auoir bien aimé : si vous auez vendu
Vostre bien ieunement, pour vne despendu
Qui certes n'estoit pas digne de vostre race,
Dormez en doux repos : Dieu vous face sa grace,
Tel vous pourra blasmer deuant les gens, qui sçait
Et cognoist en son cœur que vous auez bien fait.
Ie ne suis pas celuy qui censeur vous accuse,
Mais bien ie suis celuy qui courtois vous excuse,
Vous resemblant d'humeur, & qui suis desireux
Mourir ainsi que vous tresfidelle amoureux.
Mon Dieu ! que sert d'aimer à la Court ces Princesses ?
Iamais telle grandeur n'apporte que tristesses,
Que noises que debats : il faut aller de nuit,
Il faut craindre vn mari, toute chose leur nuit :
Puis pour leur recompense ils ne reçoiuent d'elles
Que le mesme plaisir des simples Damoiselles.
Ils n'ont pas le tetin ni l'en-bon-poinct meilleur,
Ny les cheueux plus beaux, ny plus belle couleur,
Ny quand on vient au poinct, les graces plus friandes.
Il n'est (ce disent-ils) que d'aimer choses grandes,

Que d'aimer en grand lieu. Perisse la grandeur
Qui tousiours s'accompaigne & de crainte & de peur!
Le ieune Dorillas en donne experience,
Qui pour aimer trop haut n'eut iamais patience
Malheureux de son heur: Perisse la grandeur
Qui tousiours s'accompaigne & de crainte & de peur!
Tu diras au contraire, Vne riche Princesse
Est pleine de faueurs, d'honneurs & de richesse,
De pages, d'estafiers. Hà, quand on vient au bien
Du plaisir amoureux, la suite ne vaut rien,
Il se faut cacher d'elle: en cela l'abondance
De trop de seruiteurs porte grande nuisance.
Ou quand on aime bas, iamais on n'est épris
(Comme estant seule à seul) de crainte d'estre pris:
Ou bien s'on est surpris, ce n'est que moquerie
Qui n'apporte à l'amant querelle ny furie.
Quant à moy, bassement ie veux tousiours aimer,
Et ne veux champion pour les Dames m'armer
Sans grande occasion: toute amour outragée,
Hostesse d'vn bon cœur desire estre vangée.
Auant qu'estre amoureux, louer ie ne pouuois,
Comme simple au mestier, la guerre de deux Rois
Pâris & Menelas, qui troublerent l'Asie
Et l'Europe en faueur d'vne si belle amie.
Or Menelas fist bien de la redemander
Par armes, & Pâris par armes la garder:
Car le tendre butin d'vne si chere proye
Valoit bien vn combat de dix ans deuant Troye.
Ie les absous du fait, ie serois bien contant
La demander dix ans, & la garder autant.
Achille, ne desplaise à ton poëte Homere,
Il t'a fait vn grand tort! car apres ta colere
Ieunement irritée encontre Agamemnon,
Il te fait appointer pour ton mort compagnon.

Tu ne deuois, ſuperbe, entrer en telle rage,
Ou tu deuois garder plus long temps ton courage.
O le braue amoureux ! des cheuaux viſtes-pieds,
Des femmes, des talens, des citez, des trepieds
Te firent oublier ton ire genereuſe,
Qu'à bon droit tu conceus pour ta belle amoureuſe !
Tu deuois courroucé, ſans te flechir apres,
Bruſler ou voir bruſler les nauires des Grecs.
Mais qui auroit, dy moy, de te loüer enuie,
Quand as plus eſtimé ton ami que t'amie ?
As-tu daigné coqu embraſſer Briſeïs,
Apres qu'Agamemnon tes plaiſirs a trahis,
Honniſſant tes amours ? & quoy qu'il iuraſt d'elle,
Tu ne deuois penſer qu'il la rendiſt pucelle,
Elle ieune & luy ieune, apres auoir eſté
Couchez en meſme lict la longueur d'vn Eſté.
Va, tes geſtes ſont beaux : mais ton amour legere
Deshonore tes faits, & les chanſons d'Homere.
Quant-à-moy, ny talens ny femmes ny cité
Ne ſçauroyent appaiſer mon courroux deſpité,
Que ie ne porte au cœur vne haineuſe flame
Contre ce faux parent qui m'a raui mon ame.

ELEGIE XI.

I'ay ce matin amaſſé de ma main
Ce beau bouquet digne de voſtre ſein,
Si vn bouquet, tant ſoit digne, merite
Toucher le ſein d'vne telle Charite,
Dont la ieuneſſe enfante mille fleurs,
Mille beautez ſuiet de mes douleurs.

Ce gay bouquet qu'ici ie vous presente,
Est fait de fleurs, que la terre plaisante
Fait de son sein les premieres sortir
Quand le Printemps la daigne reuestir :
Fleur qui le nom porte, tant elle est belle,
D'vn Dieu, d'vn Mois, de la Mer, & de celle
Qui la seconde en amour me gaigna,
Et d'vn grand feu le cœur m'accompaigna.
Or tout ainsi que ceste fleur ne porte
Couleur qui soit d'vne semblable sorte :
Vostre beauté diuerse tout ainsi
Change de teint & de graces aussi.
Elle est vermeille, & vous estes vermeille,
Sa blancheur est à la vostre pareille :
Elle est d'azur, vostre esprit & vos yeux
Ont pour couleur le bel azur des Cieux.
Elle a le gris pour sa parure mise,
Et vous aimez la belle couleur grise :
Elle bigarre & colore son teint,
De cent beautez vostre visage est peint :
Elle sent bon, & vostre odeur est bonne :
Gaye est sa face, & le Ciel qui vous donne
Dés la naissance vne naïueté,
Vous tient tousiours en plaisante gay'té :
Son teint est ieune, en ieunesse vous estes :
Parfaite elle est, vous estes des parfaites :
Bref, telle fleur ne dure qu'vn Printemps,
Et vos beautez ne durent pas long temps.
Le bouquet est tout semé de pensées,
I'en porte au cœur vn millier amassées :
Maint ieune brin de Fenoil & de Thin
Vont honorant ce mien present, à fin
Qu'en les voyant vous eussiez souuenance
Qu'Amour moqué ameine vne vengence.

Ceux qui ont feint les fables, ont conté
Que le Fenoil & le Thym ont esté
Filles iadis, qui furent transformées
Pour ne vouloir en ieunesse estre aimées :
Pource à bon droit Cupidon se vangea,
Qui leurs beaux corps en fleurettes changea,
Pour vous monstrer par exemple notable
Qu'vn cœur cruel est tousiours detestable.
Tout le bouquet d'vn filet delié
Est bien serré, & i'ay le cœur lié
Au vostre ainsi qu'vne vigne se lie
Quand de ses bras aux ormeaux se marie :
Lien qui peut, tant il est dur & fort,
Rompre le cours du Temps & de la Mort.
Plus il ne reste à vous dire, Maistresse,
Que tout ainsi que ceste fleur se laisse
Passer soudain, perdant grace & vigueur,
Et tombe à terre atteinte de langueur
Sans estre plus des Amans desirée,
Comme vne fleur toute desfigurée :
Vostre âge ainsi verdoyant s'en-ira,
Et comme fleur sans grace perira.
Donq' ce-pendant que vostre âge fleuronne,
Et que Venus de ses dons vous couronne,
Si m'en croyez ne laissez perdre vn iour
Sans folastrer ou manier l'amour,
Pour n'auoir point regret en la vieillesse
D'auoir perdue en vain vostre ieunesse.

L'ORPHEE,

en forme d'Elegie.

Ie chante ici, de Bray, les antiques faits d'armes
Et les premiers combats de ces nobles gend'armes,
Fameux Arge-Nochers qui hardis les premiers
Sillonnerent la mer, hazardeux mariniers.
Ie veux en les chantant me ſouuenir d'Orfée,
Qui auoit d'Apollon l'ame toute eſchaufée,
Et qui laiſſant à part ſeiourner l'auiron,
Oſa pincer la Lyre, & reſpondre à Chiron.
Ce fut au poinct du iour que la belle courriere
Du Soleil apportoit aux hommes la lumiere,
Ouurant tout l'Orient & le ſemant de fleurs,
Qui tomboyent de ſon ſein en diuerſes couleurs :
Quand du mont Pelion la verdoyante croupe
Apparut à Tiphys qui conduiſoit la troupe.
Incontinent Tiphys commanda de ramer,
Et à coups d'auirons de renuerſer la mer :
La Nauire les ſuit, & la vague qui roüe
A l'entour du vaiſſeau fait eſcumer la proüe.
A-tant ils ſont venus dans le port deſiré,
La voile fut pliée & le pont fut tiré :
Ils ſautent au riuage, & couchez ſur la dure
S'endormirent au bruit de l'onde qui murmure.
Il eſtoit preſque nuict, & Veſper qui venoit,
Deſia le grand troupeau des Aſtres amenoit,
Quand le pere d'Achille eſpoux de l'Immortelle
Thetis miſt en auant une parolle telle :
Mes plus chers compaignons choiſis entre les Grecs,
Leuant vn peu les yeux vous verrez ici pres

Au feste de ce mont dans vn antre effroyable,
La maison de Chiron Centaure venerable :
C'est luy qui la loy donne aux habitans d'ici,
Il aime la Iustice & d'elle il a souci :
Il cognoist sans faillir par longue experience
Des herbes & des fleurs la force & la puissance :
Il pousse quelquefois la Lyre, & quelquefois
Il enfle le cornet, quelquefois le haubois,
Et sa voix & sa main exerce en la Musique :
Car de l'vn & de l'autre il entend la pratique.
A peine mon enfant, mon petit Achilin,
Mon petit mignonnet, mon petit poupelin
Auoit trois ans parfaits, que Thetis le desrobe,
Et de nuict le cachant dans le plis de sa robe,
A Chiron l'apporta pour auoir ce bon-heur
D'apprendre la vertu sous vn tel gouuerneur.
Ie brusle de le voir, l'amitié paternelle
Ne sçauroit plus durer sans en sçauoir nouuelle.
Allon voir le Centaure & l'Antre & mon enfant :
S'il vous plaist d'y venir ie marcheray deuant.
Ainsi disoit ce Duc qui le premier s'auance
Deuers l'Antre où Chiron faisoit sa demeurance.
Si tost qu'ils sont venus dedans l'Antre sacré,
Ils ont à la renuerse estendu rencontré
Le Centaure pelu, lequel pressoit la terre
De ses pieds de Cheual, appuyé d'vne pierre.
Il auoit à main dextre Achille l'enfançon,
Qui poussoit sur la Lyre vne belle chanson :
Chiron s'en resiouist, le baise & le caresse,
Et le flattant l'appelle vn vray fils de Deesse.
Si tost qu'il vit entrer dedans son Antre ombreux
Par cas inesperé ces magnanimes Preux,
Met sa main en leurs mains, leur fist la bienvenue,
Les appelle par nom, les baise & les salue,

Repara son manoir de beaux tapis velus,
Dedans des vaisseaux d'or versa des vins eslus,
Les fist seoir contre terre, & ioyeux les festie
De viande de porc & de chéure rostie.
Apres que le desir de manger fust osté,
Et que le vin dernier par ordre fust gousté,
Le Centaure s'eleue, & pincetant sa Lyre
Pour inuiter Orphée vne chanson va dire:
L'homme perd la raison qui se moque des dieux:
Ils sont de nostre affaire & de nous soucieux,
Et du Ciel ont là haut toute force & puissance
Sur tout cela qui vit & prend ici naissance.
Iadis viuoit en Crete vn homme, dont le nom
Estoit Ligde, assez bas d'auoir & de renom,
Qui haissoit à mort la race feminine,
Comme race inutile, enuieuse & maline.
Quand son espouse fut prochaine d'accoucher,
Luy dist, Ma Teletuse, autant que ie suis cher
A toy que ie cognois fidelle à ma famille,
Quand tu accoucheras, si tu fais vne fille,
Ie te pri sans pitié qu'on la face mourir,
Et si c'est vn garçon qu'on le face nourrir:
La charge d'vne fille est tousiours odieuse,
Et celle d'vn garçon n'est iamais soucieuse.
Le soir que Teletuse eut ce commandement,
Lucine s'apparut à son lict clairement
Auecques Bubastis, Anubis & Osire,
Et le Dieu qui defend de son secret ne dire:
Et luy dist, Teletuse, il ne faut perdre cœur,
Bien que de ton mari dure soit la rigueur,
Ie n'ay pas reietté ta requeste en arriere,
I'ay tes vœux exaucez, tes pleurs & ta priere:
Et pource hardiment t'asseurant sur ma foy,
Garde l'enfantement qui sortira de toy,

Ou ſoit fille ou ſoit fils. Ainſi diſt l'Immortelle,
Et ſoudain la pauurette enfante vne femelle,
Laquelle, ô Teletuſe, en cachette tu fis
Nourrir pour vn garçon, & la nommas Iphis
Du nom de ſon ayeul. Or ſa face fut telle,
Qu'autant elle ſembloit vne ieune pucelle
Qu'vn ieune damoiſeau, tenant le milieu d'eux,
Et ſon accouſtrement eſtoit propre à tous deux.
Si toſt que quatorze ans ſes tetins firent poindre,
Son pere la voulut par mariage ioindre
Aueq' la fille Ianthe, Ianthe dont les yeux
S'eſtoyent de mille amans rendus victorieux.
Ils s'entr'aimoyent tous d'eux, mais d'vne amour diuerſe:
O que tu es, Venus, vne dame peruerſe,
Qui fais en accordant deux cœurs deſ-accorder!
Vne vierge aime l'autre, & ne peuuent s'aider,
Leur ſexe le defend : puis nulle creature
Ne peut forcer ſoy-meſme & les loix de nature.
Deux ou trois iours deuant qu'il falluſt eſpouſer,
Le pauure fiancé ne pouuoit repouſer,
Et diſoit à par-ſoy, Que ie ſuis miſerable!
Fut-il oncques amour à la mienne ſemblable?
Amour fait vne eſpreuue en moy d'vn nouueau feu,
Feu qui n'auoit iamais en ſon regne eſté veu.
Le ſouci qui me tient, eſt monſtrueux prodige:
Le vouloir de mon pere à Ianthe m'oblige,
Nature m'en abſoult. las! & puis que les cieux
Me furent en naiſſant ennemis enuieux
Me faiſant vne femme, ils deuoyent tout ſur l'heure
M'enuoyer au riuage où Cerbere demeure.
Vne pucelle m'aime, ô cruauté d'aimer!
Et pucelle ne puis ſa flame conſommer.
Tu exerces, Amour, ſur mon cœur ta malice.
On ne voit qu'vne vache aime vne autre genice,

La iument la iument, la brebis la brebis :
La biche n'aime point l'autre biche : & ie ſuis
Seule pucelle au monde aimant vne pucelle,
Forçant la maieſté de la loy naturelle.
Las ! ie ſuis d'vn païs où les monſtres ont lieu.
Iadis Paſiphaé la fille de ce Dieu
Qui conduit par le ciel le beau cours de l'année,
S'enflama d'vn Toreau d'amour deſordonnée.
Mais s'il faut dire vray, de cela qu'elle aimoit
Elle eſperoit iouyr : l'ardeur qui l'enflamoit
Promettoit guariſon à ſa peſte enragée :
Auſſi de ſa fureur elle fut ſoulagée.
Mais quand pour mon ſecours Dedale reuiendroit,
Mon ſexe feminin changer ne ſe voudroit
En celuy d'vn garçon, & ſon art inutile
Ne pourroit transformer ma nature debile.
Que veux-tu dire Iphis ? change de penſement,
Ne te laiſſe tromper d'amour ſi ſottement :
Chaſſe moy loin ce feu que tu ne peux eſteindre,
Et n'eſpere monter où tu ne peux atteindre.
Ce que tu es regarde, ô pauure fille, & mets
En vn lieu concedé tes amours deſormais :
Ne t'enfle point le cœur d'eſperance incertaine,
Car apres auſſi bien l'effet la rendroit vaine.
Las ! ne vois-tu pas bien que rempart ny chaſteau,
Ny rocher, ny foreſt, ny abondance d'eau,
Ny la crainte d'vn pere, ou la garde d'vn frere,
La ſuite d'vne ſœur, le preſche d'vne mere
Ne t'empeſchent d'aimer, & de iouïr du bien
Que Nature plus forte empeſche d'eſtre tien ?
Les Cieux, bien que cruels, m'ont fait naiſtre tresbelle,
Mon pere à mon deſir ne ſe monſtre rebelle,
De rien ſinon du mien mon cœur n'eſt deſireux :
Et toutefois helas ! il ne peut eſtre heureux :

Nature ne le veut, qui la miſere egale
Me fait ſouffrir ici du babillard Tantale :
Ie meurs de ſoif en l'eau & ſi l'eau ne me fuit,
Et de faim au milieu des pommes & du fruit.
Ianthe d'autre part non moins paſſionnée
Qu'Iphis, de iour en autre appelloit Hymenée,
La pronube Iunon, & beaucoup luy tardoit
Que la torche nopciere à la porte n'ardoit :
Mais au contraire Iphis contrefait la malade,
Elle ferme ſa chambre, elle a la couleur fade
Iaune comme ſafran : le ſourcil & le front
Tombez ſur le menton de triſteſſe luy ſont.
Apres auoir long temps vſé de ſes desfaites,
Diſſimulant ſon mal par langueurs contrefaites,
Plus ne reſtoit qu'vn iour qu'on les deuoit lier,
Et ſolennellement enſemble marier,
Quand Teletuſe oſtant l'ornement de ſa teſte
Vint au temple d'Iſis, & fiſt ceſte requeſte,
Sa fille la ſuiuant : O Deeſſe, qui tiens
Et Memphis & Pharos, & toy fleuue qui viens
Par ſept portes ouuert au ſein de la marine,
Preſte moy ton oreille exorable & benine :
I'ay ſuiui ton conſeil, par toy ſeule i'ay fait
(Si forfait il y a) l'equitable forfait,
Ma fille n'en peut mais, ô puiſſance treshaute :
Si malheur en auient, à nous en eſt la faute,
A toy de commander & à moy d'obeïr!
« Les Dieux qui ſont benins, ne voudroyent pas trahir
« Par leur commandement l'humaine creature :
« Leur parole autrement ne ſeroit qu'vne iniure!
Ainſi diſt Teletuſe, & le Temple immortel,
Le Ciſtre, les Flambeaux, les Portes & l'Autel
S'eſmeurent tout d'vn coup, ſigne que la Deeſſe
Vouloit comme certaine accomplir ſa promeſſe.

Hors du Temple ſortie à peine n'eſtoit pas
La mere, quand Iphis la ſuit d'vn plus grand pas :
En lieu d'vn teint vermeil, vne barbe follette
Cottonne ſon menton : ſa peau tendre & doüillette
Deuint forte & robuſte, & la maſle vigueur
Luy eſchaufa le ſang, les membres & le cœur :
Ses cheueux ſont plus courts que de couſtume : & ſomme
En lieu d'vne pucelle elle deuint vn homme.
A-tant ſe teut Chiron, & d'vne autre façon
Orphée en ſouſpirant commence vne chanſon :
Que ie ſerois heureux ſi iamais Hymenée
Ne m'euſt en mariage vne femme donnée !
Le regret de ma femme eſt cauſe que les pleurs
M'accompaignent les yeux & le cœur de douleurs.
Vn iour qu'elle fuyoit l'amoureux Ariſtée,
Le long d'vne prairie, en vn val eſcartée,
Elle fut d'vn Serpent qui vers elle accourut,
Morſe dans le talon, dont la pauure mourut.
Apres que le troupeau des Nymfes l'eut gemie,
Clochante elle deſcend toute palle & bleſmie
Là bas dans les Enfers : & moy ſous vn rocher
Voyant le Soleil poindre & le voyant coucher,
Sans ceſſe ie pleurois, ſoulageant ſur ma Lyre,
Bien que ce fuſt en vain, mon amoureux martyre.
A la fin deſireux de retrouuer mon bien,
Deſeſperé ie ſaute au creux Tenarien,
I'entray dans le bocage effroyable de crainte ;
Ie vy les Manes vains qui ne volent qu'en feinte,
Et le cruel Pluton des hommes redouté,
Et ſa femme impiteuſe aſſiſe à ſon coſté,
Dure fiere rebelle impudente inhumaine,
Dont le cœur n'eſt flechi par la priere humaine :
Vers Pluton ie m'adreſſe, & rempli de ſouci,
Ayant la Lyre au poing ie le ſupplie ainſi.

O Prince qui par ſort es Roy de ce bas monde,
Où deſcend tout cela que Nature feconde
A conceu de mortel! ô Prince l'heritier
De tout le bien qui croiſt dedans le monde entier,
Ie ne viens pas ici pour enchaiſner Cerbere,
Ni pour voir les cheueus de l'horrible Megere:
Ma femme qu'vn Serpent a morſe dans le pié,
Me fait venir vers toy pour y trouuer pitié.
I'ay long temps differé vn ſi faſcheux voyage,
Mais Amour a veincu mes pieds & mon courage:
C'eſt vn Dieu qui là haut eſt bien cognu de tous,
Et ie croy qu'ici bas il l'eſt auſſi de vous,
Et comme nous au cœur auez receu ſa playe,
Si la fable qu'on dit de Proſerpine eſt vraye.
Pource ie te ſuppli par ces lieux pleins d'effroy,
Par ce profond Chaos, par ce ſilence coy,
Par ces images vains, redonne moy ma femme,
Et refile à ſa vie vne nouuelle trame:
Toute choſe t'eſt deuë, & le cruel treſpas
Auſſi bien à la fin nous ameine çà bas:
Nous tendons tous ici, à ta grand'Court planiere
Qui reçoit vn chacun, eſt la noſtre derniere,
« Et ne ſe faut challoir mourir en quelque endroit:
« Car pour venir à toy le chemin eſt tout droit.
Donques, ô puiſſant Roy, ſi onques Proſerpine
Par vne douce amour t'eſchauſa la poitrine,
Redonne moy ma femme: apres qu'elle aura fait
Le cours determiné de ſon âge parfait,
A toy s'en reuiendra: ma requeſte n'eſt grande,
Sans plus vn vſufruit pour preſent ie demande.
Ou bien ſi les rochers t'enuironnent le cœur,
Et ſi fier tu ne veux alleger ma langueur,
Si tu es comme on dit vn Prince inexorable,
Ie veux mourir ici ſur ce bord miſerable:

Ie ne veux retourner ſans ma femme, & tu peux
Ici te reſiouir de la mort de tous deux.
Faiſant telle oraiſon, les ames ſont venues
Ainſi que greſillons greſlettes & menues,
Pepier à l'entour de mon Luth qui ſonnoit
Et de ſon chant piteux les Manes eſtonnoit.
La Parque que iamais pleurer on n'auoit veuë,
Eſcoutant ma chanſon à pleurer fut eſmeuë:
Tantale n'eut ſouci de ſa punition,
Siſyphe de ſon roc, de ſa roüe Ixion:
En repos fut la cruche & la main des Belides,
Et dit-on que long temps des fieres Eumenides
La face en larmoyant de pitié ſe pallit,
Tant ma douce chanſon le cœur leur amollit!
Pluton qui eut pitié d'vn mary ſi fidelle,
Me redonna ma femme à condition telle
De ne retourner point en arriere mes yeux,
Tant que i'euſſe reueu la clairté de nos Cieux.
Vn ſentier eſt là bas tout obſcur & tout ſombre,
Entremeſlé de peur & de frayeur & d'ombre:
Par ce chemin ie ſors, & ja preſque i'auois
Paſſé le port d'Enfer, les riues & le bois,
Quand, las! veincu d'amour ie regarde en arriere,
Et mal-caut ie iettay ſur elle ma lumiere,
Faute aſſez pardonnable en amour, ſi Pluton
Sçauoit helas! que c'eſt que de faire pardon.
Là mon labeur fut vain s'eſcoulant en riſée,
Là du cruel Tyran la pache fut briſée:
Ie voulois l'embraſſer, quand ſa piteuſe vois
Comme venant de loin i'entendi par trois fois:
Quel malheureux deſtin nous perd tous deux enſemble?
Quelle fureur d'amour noſtre amour deſ-aſſemble?
Pour m'eſtre trop piteux tu m'as eſté cruel,
Adieu mon cher eſpoux d'vn adieu eternel:

Le destin me r'appelle en ma place ancienne,
Et mes yeux vont noüant dedans l'eau Stygienne.
Or adieu mon ami ! ie re-meurs de rechef,
Vne nuict ombrageuse enuironne mon chef.
Par trois fois retourné ie la voulu reprendre,
Et l'ombre par trois fois ne me voulut attendre
Se desrobant de moy, & s'en-vola deuant
Comme vn leger festu s'en-vole par le vent.
Helas, qu'eussé-ie fait ? de quelle autre priere
Eussé-ie pu flechir Proserpine si fiere ?
Ma pauure femme estoit desia de l'autre bord !
Et le nocher d'Enfer ne m'offroit plus le port.
Ie fus sept mois entiers sous vn rocher de Thrace,
Pres du fleuue Strymon couché contre la place,
Pleurant sans nul confort, & souspirant dequoy
Ie n'estois retourné la demander au Roy.
Las (disois-ie à par-moy) que ie suis miserable !
Apres auoir trouué Pluton si fauorable,
Ie deuois retourner pour chanter deuant luy :
Et s'il n'eust eu pitié de mon extreme ennuy,
Ie deuois enuoyer l'ame desconfortée
Hors de ce pauure corps sous l'onde Acherontée,
Et noyer dessous l'eau mon corps & mon souci,
Pour ne languir en vain si longuement ainsi.
De iour en iour suiuant s'amenuisoit ma vie,
Ie n'auois de Bacchus ny de Cerés enuie,
Couché plat contre terre, & de moy ne restoit
Qu'vne voix qui ma femme en mourant regrettoit :
Quand oyant d'Helicon ma plainte si amere,
Auecques ses huit sœurs voici venir ma mere
Qui me leua de terre, & repoussa la Mort
Qui desia de mon cœur auoit gaigné le fort.
Mon fils, ce me disoit, l'amour qui est entrée
Dans ton cœur, s'enfuira si tu changes contrée.

« *En trauersant la terre, & en passant la mer*
« *Tu perdras le souci qui vient de trop aimer.*
Pource, si le desir de louange t'anime,
Resueille la vertu de ton cœur magnanime,
Et suy les nobles preux, qui loin de leur maison
S'en-vont desur la mer compagnons de Iason.
Ainsi pour mon profit me disoit Calliope,
Ainsi fuyant mon mal ie vins en ceste trope:
Non tant pour voir la mer, ses vents & ses poissons,
Que pour guarir d'amour, & ouir tes chansons.
A-tant se teut Orphée, & les bestes sauuages
Erroyent deuant la porte : oiseaux de tous plumages
Voletoyent desur luy, & les Pins qui baissoyent
Les testes pour l'oüir, deuant l'Antre dansoyent,
Tant leur plaisoit le son d'vne si douce Lyre,
Que depuis dans le Ciel les Dieux ont fait reluire.

ELEGIE XII.

Des faits d'Amour Diotime certaine,
Dist à bon droit qu'Amour est Capitaine
De nos Démons, & qu'il a le pouuoir
De les contraindre, ou de les esmouuoir.
Comme celuy qui Coulonnal preside
A leurs cantons, & par bandes les guide:
Et qu'Amour peut vn homme accouardi
D'vn beau trait d'œil rendre chaud & hardi,
Quand il luy plaist l'eschaufer de sa flame,
Et d'vn beau soin luy espoinçonner l'ame.
Auant, Brinon, que ie fusse amoureux,
I'estois honteux, soupçonneux & peureux:

Si i'entr'oyois quelque chofe en la rue
Grouler de nuict, i'auoy l'ame efperdue,
Deçà delà tout le corps me trembloit:
Autour du cœur vne peur s'affembloit,
Gelant mes os, & mes faillantes veines
En lieu de fang de froideur eftoient pleines,
Et d'vn horreur tous mes cheueux dreffez
Sous le chapeau fe tenoyent heriffez:
Mais par fus tout ie perdoy le courage
Quand ie paffoy de nuict par vn bocage,
Ou pres d'vn antre, & peureux me fembloit
Que quelque efprit tout le fang me troubloit.
Ores fans peur i'eleue au ciel la tefte:
Ie ne crain vent ne grefle ny tempefte,
Ny le larron d'vn faux mafque habillé,
Par qui l'amant eft fouuent defpouillé:
Ny les Démons des Antres folitaires,
Ny les efprits des ombreux Cimetaires.
Car le Démon qui leur peut commander,
Me tient efcorte, & me fait hazarder
De mettre à fin tout ce que ie propofe:
Ou fi ie crain, ie ne crains autre chofe
Que le babil, l'enuie & le courroux
D'vne voifine, ou d'vn mari ialoux:
Ou qu'vn plus riche auec fon or ne vienne
Troquer m'amie, & ne la face fienne.
Doncques, Brinon, fi tu te plais d'auoir
L'eftomac plein de force & de pouuoir,
Sois amoureux, & tu auras l'audace
Plus forte au cœur, que fi vne cuirace
Veftoit ton corps, ou fi vn camp armé
De legions te gardoit enfermé.
Puis que la mort à l'homme eft naturelle,
Belle eft la mort pour vne chofe belle.

ELEGIE XIII.

Nous fiſmes vn contract enſemble l'autre iour,
Que tu me donnerois mille baiſers d'amour,
Colombins, tourterins, à léures demi-cloſes,
A ſouſpirs ſouſpirans la meſme odeur des roſes,
A langue ſerpentine, à tremblotans regars,
De pareille façon que Venus baiſe Mars,
Quand il ſe paſme d'aiſe au ſein de ſa Maiſtreſſe.
Tu as parfait le nombre, helas! ie le confeſſe:
Mais Amour ſans milieu, ami d'extremité,
Ne ſe contente point d'vn nombre limité.
Qui feroit ſacrifice à Bacchus pour trois grapes,
A Pan pour trois aigneaux? Iupiter, quand tu frapes
De ton foudre la terre, & poitriſſant en l'air
Vne poiſſeuſe nue enceinte d'vn eſclair,
Ta maieſté ſans nombre eſlance peſle-meſle
Pluye ſur pluye eſpaiſſe & greſle deſſus greſle
Sur champs & ſur foreſts, ſans regarder combien.
Vn Prince eſt indigent qui peut nombrer ſon bien.
A ta maiſon celeſte appartient l'abondance.
En terre ma Maiſtreſſe a ſemblable puiſſance.
Toy Deeſſe cent fois plus belle que n'eſtoit
Celle qu'aux bords de Cypre vne Conque portoit,
Preſſurant les cheueux de ſa teſte immortelle
Encores tous moiteux de la mer maternelle,
Tu ne deurois conter les baiſers ſauoureux
Que tu donnes trop chiche à ton pauure amoureux.
Si tu ne contes point les ſoucis ny les peines
Ny les larmes qui font de mes yeux deux fontaines,

Tu ne deurois conter les biens que ie reçoy,
Non plus que moy les maux que ie ſouffre pour toy.
Car ce n'eſt la raiſon de donner par meſure
Tes baiſers quand des maux innombrables i'endure.
Donne moy donc au lict enſemble bien vnis
Des baiſers infinis pour mes maux infinis.

ELEGIE XIIII.

Sans ame, ſans eſprit, ſans pouls & ſans haleine
Ie n'auois ny tendon ny artere ny veine,
Qui diſſoute ne fuſt du combat amoureux.
Mes yeux eſtoyent couuerts d'vn voile tenebreux,
Mes oreilles tintoyent, & ma langue ſeichée
Eſtoit à mon palais de chaleur attachée.
A bras demi-tombez ton col i'entrelaçois :
Nul vent de mes poulmons paſmé ie ne pouſſois :
I'auois deuant les yeux ce royaume funeſte
Qui iamais ne iouiſt de la clairté celeſte,
Royaume que Pluton pour partage a voulu,
Et du vieillard Caron le bateau vermoulu.
Bref i'eſtois demi-mort, quand tes poumons s'enflerent,
Et d'vne tiede haleine en ſouſpirant soufflerent
Vn baiſer en ma bouche entrecoupé de coups
De ta langue lezarde, & de ton ris ſi doux :
Baiſer viuifiant, nourricier de mon ame,
Dont l'alme douce humide & reſtaurante flame
Eſloigna de mes yeux mon treſpas & ma nuict,
Et feit que le bateau du vieillard qui conduit
Les ames des amans à la riue amoureuſe,
S'en alla ſans paſſer la mienne langoureuſe.

Ainsi ie fus guary par l'esprit d'vn baiser.
Il ne faut plus, Maistresse, à tel prix appaiser
Ma chaleur Cyprienne, & mesmement à l'heure
Que le soleil ardent sous la Chienne demeure,
Et que de son rayon chaudement escarté
Il brusle nostre sang, & renflame l'esté.
En ce temps faisons tréue, espargnons nostre vie:
De peur que mal-armez de la Philosophie
Nous ne sentions soudain, ou apres à loisir,
Que tousiours la douleur voisine le plaisir.

ELEGIE XV.

Si i'estois à renaistre au ventre de ma mere
(Ayant, comme i'ay fait, pratiqué la misere
De ceste pauure vie, & les maux iournaliers
Qui sont des cœurs humains compaignons familiers)
Et que la Parque dure en filant me vint dire,
Lequel veux-tu, Ronsard, des animaux eslire
Pour viure à ton plaisir? certes i'amerois mieux
Reuiure en vn oiseau, & voler par les Cieux
Tout plein de liberté: avoir vn beau plumage
Bigarré de couleurs, & chanter mon ramage
De tailliz en tailliz, de buissons en buissons,
Et aux Nymphes des bois apprendre mes chansons,
Et de mon bec cornu parmy les champs me paistre,
Que par deux fois vn homme en ce monde renaistre.
I'aimerois mieux vestir vn poisson escaillé,
Et fendre de Tethys le seiour esmaillé
De bleu meslé de pers, & du ply de l'eschine
Flotter de vague en vague au gré de la marine:

Puis au plus chaud du iour, ſortant du fond des eaux,
Pareſſeux me ranger aux monſtrueux troupeaux
Du vieil berger Protée, & dormir ſur le ſable,
Que me voir derechef vn homme miſerable.
I'aimerois mieux renaiſtre en vn cerf bocager,
Portant vn arbre au front, ayant le corps leger
Et les ergots fourchus, & ſeul & ſolitaire
Faire aupres de ma biche és buiſſons mon repaire,
Saulter parmy les fleurs, errer à mon plaiſir,
Et me laiſſer conduire à mon premier deſir,
Et la freſcheur des bois & des fontaines ſuiure,
Que me voir derechef en vn homme reuiure.
De tous les animaux le plus lourd animal
C'eſt l'homme, le ſuiet d'infortune & de mal,
Qui endure en viuant le peine que Tantale
Là bas endure mort dedans l'onde infernale,
Et celle de Siſyphe, & celle d'Ixion.
Vif ſon enfer il porte, ou par ambition,
Ou par crainte de mort qui touſiours le tourmente:
Et plus vn mal finiſt, & plus l'autre s'augmente.
Toutefois à l'ouyr diſcretement parler,
Vous diriez que ſa gloire au ciel s'en-doit voler,
Tant il fait en parlant de la beſte entendue,
Ignorant que les Dieux luy ont trop cher vendue
Ceſte pauure Raiſon, qui malheureux le fait,
D'autant que par-ſus tous il s'eſtime parfait.
Ceſte pauure Raiſon le conduit à la guerre,
Et dedans du Sapin luy fait tourner la terre
A la mercy du vent, & ſi luy fait encor
Pour extreme malheur chercher les mines d'or:
Ou le fait Gouuerneur des royales prouinces,
Et qui pis eſt, le meine au ſeruice des Princes:
Luy apprend les meſtiers dont il n'auoit beſoin,
Et comme d'vn poinçon l'aiguillonne de ſoin:

Et pour trop raiſonner, miſerable il demeure
Sans ſe pouuoir garder qu'à la fin il ne meure.
Au contraire les cerſs qui n'ont point de raiſon,
Les poiſſons, les oiſeaux, ſont ſans comparaiſon
Trop plus heureux que nous, qui ſans ſoin & ſans peine
Errent de tous coſtez où le plaiſir les meine:
Ils boiuent de l'eau claire, & ſe paiſſent du fruict
Que la terre ſans art d'elle meſme a produict.
Que ſert (dit Salomon) toutes choſes entendre,
Rechercher la nature & la vouloir comprendre,
Mourir deſſus vn liure, & vouloir tout ſçauoir,
Vouloir parler de tout, & toutes choſes voir,
Et vouloir noſtre eſprit par eſtude contraindre
A monter iuſqu'au ciel où il ne peut attaindre?
Tout n'eſt que vanité & pure vanité:
Tel deſir eſt bourreau de noſtre humanité.
Car ſi nous cognoiſſions noſtre pauure nature,
Et que nous ſommes faits d'vne matiere impure,
Et meſme que le ciel ſe monſtre amy plus dous
Et pere plus benin aux animaux, qu'à nous
Qui plourons en naiſſant, & qui par le ſupplice
D'eſtre au berceau liez (comme ſi ce fuſt vice
De ſortir hors du ventre) à viure commençons,
Et touſiours en tourmens la vie nous paſſons.
Las! ſi nous cognoiſſions que nous n'auons point d'ailes
Pour voler au ſeiour des choſes ſupernelles,
Nous ne ſerions iamais ſongneux ny curieux
D'apprendre les ſecrets eſlongnez de nos yeux:
Ains contents de la terre & des traces humaines
Viurions ſans affecter les choſes ſi hautaines!
Mais que ſçauroit voir l'homme au monde de nouueau?
C'eſt touſiours meſme Hyuer & meſme Renouueau,
Meſme Eſté, meſme Automne, & les meſmes années
Sont touſiours pas à pas par ordre retournées.

Ce Soleil qui reluit, luy-mesme reluisoit
Quand le bon Iosué son peuple conduisoit,
Et nostre Lune aussi c'estoit la Lune mesme
Qui luisoit à Noé: & la voute supréme
Du Ciel qui tout contient, c'est ceste mesme-là
Où sur le char flambant Helie s'en-vola.
Ce qui est a esté, & cela qui doit estre,
De ce qui est passé doit receuoir son estre:
Le fait sera desfait, & puis sera refait,
Et puis estant refait se verra re-desfait:
Bref, ce n'est qu'inconstance & que pure mensonge
De nostre pauure vie, ainçois de nostre songe.
L'homme n'est que misere, & doit mourir expres
Afin que par sa mort vn autre viue apres:
L'vn meurt, l'autre re-vit, & tousiours la naissance
Par la corruption engendre vne autre essence.
Mais tout ainsi, la Haye, honneur de nostre temps,
Qu'entre les animaux par les champs habitans
On en voit quelques vns qui en prudence valent
Plus que leurs compagnons, & les hommes egalent
De sagesse & d'esprit: souuentefois aussi
Entre cent millions d'hommes qui sont icy,
On en voit quelques vns qui dans leurs cœurs assemblent
Tant de rares vertus, qu'aux grands Dieux ils resemblent,
Comme toy bien appris, bien sage & bien discret,
Qui m'as diminué bien souuent le regret
De viure trop icy: car quand vn soin me fasche,
Ie me descouure à toy, & mon cœur ie te lasche.
Lors de mes passions desquelles ie me deuls
Tu gouuernes la bride, & ie vais où tu veux.
Tout ainsi qu'il aduient quand vne tourbe esmuë
Qui deçà qui delà ardente se remuë
De courroux forcenée, & d'vn bras furieux
Pierres, flames & dards fait voler iusqu'aux cieux:

Si de fortune alors vn graue perſonnage
Suruient en telle eſmeute, elle abat ſon courage,
Et d'oreille dreſſée elle s'arreſte coy,
Voyant ce ſage front paroiſtre deuant ſoy
Qui doucement la tance, & d'vn gracieux dire
Luy flatte ſon courage & tempere ſon ire.
Ainſi lors que mon Sens de ma Raiſon veinqueur,
De mille paſſions me tourmente le cœur,
Tu luy ſerres le frein, corriges ſon audace,
Abaiſſes ſa fureur & le tiens en ſa place:
Puis me parlant de Dieu tu m'enleues l'eſprit
A cognoiſtre par foy que c'eſt que Ieſus Chriſt,
Et comme par ſa mort de la mort nous deliure,
Et par ſon ſang nous fait eternellement viure.
En ce poinct de ta voix plus douce que le miel
Tu me rauis du corps & m'emportes au ciel,
Tu romps mes paſſions, & ſeul me fais cognoiſtre
Que rien plus ſainct que l'homme au monde ne peut naiſtre.

ELEGIE XVI.

Ie veux, mon cher Belleau, que tu n'ignores point
D'où, ne qui eſt celuy, que les Muſes ont ioint
D'vn nœud ſi ferme à toy, afin que des années,
A nos neueux futurs, les courſes retournées
Ne celent que Belleau & Ronſard n'eſtoient qu'vn,
Et que tous deux auoient vn meſme cœur commun.
Or quant à mon anceſtre, il a tiré ſa race
D'où le glacé Danube eſt voiſin de la Thrace:
Plus bas que la Hongrie, en vne froide part,
Eſt vn Seigneur nommé le Marquis de Ronſart,

Riche d'or & de gens, de villes & de terre.
Vn de ses fils puisnez ardant de voir la guerre,
Vn camp d'autres puisnez assembla hazardeux,
Et quittant son pays, faict Capitaine d'eux
Trauersa la Hongrie & la basse Allemaigne.
Trauersa la Bourgongne & la grasse Champaigne,
Et hardy vint seruir Philippes de Valois,
Qui pour lors auoit guerre encontre les Anglois.
Il s'employa si bien au seruice de France,
Que le Roy luy donna des biens à suffisance
Sur les riues du Loir : puis du tout oubliant
Freres, pere & pays, François se mariant
Engendra les ayeux dont est sorty le pere
Par qui premier ie vy ceste belle lumiere.
Mon pere fut tousiours en son viuant icy
Maistre-d'hostel du Roy, & le suiuit aussi
Tant qu'il fut prisonnier pour son pere en Espaigne:
Faut-il pas qu'vn seruant son Seigneur accompaigne
Fidele à sa fortune, & qu'en aduersité
Luy soit autant loyal qu'en la felicité?
Du costé maternel i'ay tiré mon lignage
De ceux de la Trimouille, & de ceux du Bouchage,
Et de ceux des Roüaux, & de ceux des Chaudriers
Qui furent en leurs temps si vertueux guerriers,
Que leur noble vertu que Mars rend eternelle
Reprint sur les Anglois les murs de la Rochelle,
Où l'vn fut si vaillant qu'encores auiourd'huy
Vne rue à son los porte le nom de luy.
Mais s'il te plaist auoir autant de cognoissance
(Comme de mes ayeux) du iour de ma naissance,
Mon Belleau, sans mentir ie diray verité
Et de l'an & du iour de ma natiuité.
L'an que le Roy François fut pris deuant Pauie,
Le iour d'vn Samedy, Dieu me presta la vie

L'onzieme de Septembre, & presque ie me vy
Tout aussi tost que né, de la Parque rauy.
Ie ne fus le premier des enfans de mon pere,
Cinq dauant ma naissance en enfanta ma mere :
Deux sont morts au berceau, aux trois viuans en rien
Semblable ie ne suis ny de mœurs ny de bien.
Si tost que i'eu neuf ans, au college on me meine :
Ie mis tant seulement vn demy an de peine
D'apprendre les leçons du regent de Vailly,
Puis sans rien profiter du college sailly.
Ie vins en Auignon, où la puissante armée
Du Roy François estoit fierement animée
Contre Charles d'Autriche, & là ie fus donné
Page au Duc d'Orleans : apres ie fus mené
Suiuant le Roi d'Escosse en l'Escossoise terre,
Où trente mois ie fus, & six en Angleterre.
A mon retour ce Duc pour page me reprint :
Long temps à l'Escurie en repos ne me tint
Qu'il ne me renuoyast en Flandres & Zelande,
Et depuis en Escosse, où la tempeste grande
Auecques Lassigni, cuida faire toucher
Poussée aux bords Anglois la nef contre vn rocher.
Plus de trois iours entiers dura ceste tempeste,
D'eau, de gresle & d'esclairs nous menassant la teste :
A la fin arriuez sans nul danger au port,
La nef en cent morceaux se rompt contre le bord,
Nous laissant sur la rade, & point n'y eut de perte
Sinon elle qui fut des flots salez couuerte,
Et le bagage espars que le vent secoüoit,
Et qui seruoit flottant aux ondes de iouet.
D'Escosse retourné, ie fus mis hors de page,
Et à peine seize ans auoient borné mon âge,
Que l'an cinq cens quarante auec Baïf ie vins
En la haute Allemaigne, où la langue i'apprins.

Mais làs! à mon retour vne aſpre maladie
Par ne ſçay quel deſtin me vint boucher l'ouie,
Et dure m'accabla d'aſſommement ſi lourd,
Qu'encores auiourd'huy i'en reſte demy-ſourd.
L'an d'apres en Auril, Amour me fiſt ſurprendre,
Suiuant la Cour à Blois, des beaux yeux de Caſſandre:
Soit le nom faux ou vray, iamais le temps veinqueur
N'effacera ce nom du marbre de mon cœur.
Conuoiteux de ſçauoir, diſciple ie vins eſtre
De d'Aurat à Paris, qui cinq ans fut mon maiſtre
En Grec & en Latin: chez luy premierement
Noſtre ferme amitié print ſon commencement,
Laquelle dans mon ame à tout iamais, & celle
De noſtre amy Baïf ſera perpetuelle.

ELEGIE XVII.

Oyant vn iour redoubler mes ſouſpirs,
Les ſeurs teſmoins des cœurs qui ſont martyrs,
Pitié vous priſt de me voir en deſtreſſe
Pour aimer trop quelque belle Maiſtreſſe,
Ce diſiez-vous, & que pour elle ainſi
En y penſant i'auois le cœur tranſi:
Car pour n'auoir le moyen à toute heure
D'aller au lieu où ſa beauté demeure,
Et ne pouuoir ſouuent la viſiter,
Le ſouuenir me forçoit de ietter
Tant de ſouſpirs, qui donnoient cognoiſſance
Qu'vne Maiſtreſſe auoit ſur moy puiſſance.
Or vous voyant encores auiourd'huy
En ceſt erreur, croyant que mon ennuy

Vienne d'aimer vne autre Damoiſelle,
C'eſt bien raiſon qu'icy ie vous reuelle
Ma paſſion, & pourquoy tant de fois
Tant de ſouſpirs m'entre-rompent la vois,
A celle fin de vous faire certaine
Par ceſt eſcrit d'où procede ma peine.
Helas ma Dame, & à vous & à moy
Vous faites tort de douter de ma foy:
Car vous eſtant telle comme vous eſtes,
Ayant du ciel tant de graces parfaites,
Vos vertus ſont vn ſuiet plantureux
Pour trauailler vn eſprit amoureux.
S'il vous plaiſoit l'accueillir de careſſe,
Et d'abaiſſer voſtre braue hauteſſe
Pour l'eſtimer, le priſer & le voir,
Et ſes propos doucement receuoir,
Comme il vous plaiſt de me faire, ma Dame,
Et tel plaiſir ie ſens iuſques en l'ame:
Le ſeruiteur qui ne le ſentiroit,
En lieu d'vn cœur vn rocher porteroit.
Mais plus grand tort vous me faites encore,
Sçachant aſſez combien ie vous honore:
Puis autrefois m'ayant fait ceſt honneur
De m'honorer & me faire faueur,
Il ſemble à voir que voſtre amour cognue
En mon endroit ſe change & diminue,
Quand vous penſez qu'eſtimer ie ne puis
Voſtre vertu dont eſclaue ie ſuis,
Ou l'eſtimant, qu'aſſez ie ne reuere
Sa grand'valeur comme choſe treſchere.
Pource ie ſuis contraint de ſouſpirer,
Quand pres de vous ie me ſens retirer
En contemplant les traits de voſtre face
Qui de beauté les plus belles efface,

Dont ie reçoy trop plus d'honnesteté
Et de faueur que ie n'ay merité.
Or vous voyant si belle & si aimable,
Courtoise, douce, honneste, desirable,
Pleine d'honneur & de perfection,
Dont vous gaignez de tous l'affection :
Puis cognoissant (telle est ma destinée)
A vous aimer ma nature enclinée,
A vous priser, honorer & chercher,
Et vostre amour sur toutes pourchasser :
Ie me resouls d'abandonner la bride
A mon destin lequel me sert de guide,
Et au tourment qui me rend langoureux,
En m'asseurant que l'homme est malheureux
Qui fuit le iour, & dont l'ame grossiere
Ne daigne voir du Soleil la lumiere.
Malheureux est qui ne veut s'enflamer
D'vn beau visage, & qui ne l'ose aimer.
Celuy vrayment de la vertu n'a cure,
Et fut conceu de quelque roche dure,
En lieu d'esprit a du plomb au cerueau,
Puis qu'en viuant il n'aime rien de beau.
Vous aimant donq comme chose tres-belle,
Ie veux souffrir toute peine cruelle,
Et pour loyer ie ne veux autre bien
Sinon l'honneur que de n'estre plus mien,
M'estant perdu sous vostre obeyssance,
Dont le malheur m'est trop de recompence.
Car quand ie voy le lieu que vous auez,
Ce que ie puis & ce que vous pouuez,
Et en quel rang estes icy tenuë,
Ma petitesse & vostre grand' valuë,
Et que mon sort au vostre n'est égal,
Amour adonc qui redouble mon mal,

Me desespere, & la bride retire
A mon penser qui vainement desire.
Puis la raison qui ma faute reprend,
Telle conqueste en amour me defend
Comme trop haute, & dont ie ne suis dine :
« Car pour les Dieux est la chose diuine.
Voyla le poinct & la cause pourquoy
Tant de souspirs deslogent de chez moy.
Or la raison qui resiste à ma flame,
L'opinion diuerse qui s'enflame
Par les rayons de vostre grand' beauté,
Ont vn combat en mon cœur arresté :
Et de là vient l'eternelle abondance
De mes souspirs dont auez cognoissance.
Donq' ie vous pri' desormais ne pensez
Que ces souspirs hors de moy soient poussez
Pour autre effect que pour rompre la glace
De vostre cœur, afin d'y trouuer place.
Et si alors que vous n'entendiez point
L'occasion pour qui i'estois espoint
A souspirer, comme douce & humaine
Auiez pitié dequoy i'estois en peine :
Maintenant donq' que vous cognoissez bien
L'occasion de mon mal & mon bien,
Et de tous deux estes la cause vraye,
Soyez moy douce, & guarissez ma playe,
Ayez pitié de me voir en langueur :
Vn mal mortel ne souffre la longueur.
Outre qu'en tout vous estes tres-aimable,
On vous dira courtoise & pitoyable :
Vostre beauté qui tousiours fleurira,
De vos vertus tout ce monde emplira :
Ainsi serez par vn bon œuure faite
Tant en vertu comme en beauté parfaite.

ELEGIE XVIII.

Ie ſuis brulé, le Gaſt, d'vne double chaleur,
L'vne haſle mon front, l'autre enflame mon cœur :
Le haſle de mon front ſe refraichiſt ſans peine,
Ou laué dans les eaux d'vne froide fontaine,
Ou par le frais d'vn Antre, ou deſſous la froideur
D'vn cheſne, dont les bras s'oppoſent à l'ardeur,
Mes plaiſirs de l'Eſté, demeures ſolitaires.
Mais ie ne puis chaſſer le chaud de mes arteres,
Ny l'oſter de mon ſang, tant vn Amour nouueau
Fait ſon nid en mon cœur, & ſe change en oiſeau.
Semblable au Roſſignol qui apres ſon aimée
Va volant au Printemps de ramée en ramée,
De bocage en bocage, & chanſon ſur chanſon
Va deſgoiſant ſa peine. En la meſme façon
Ceſt Amour emplumé ſans demeure certaine
Paſſe de nerfs en nerfs, paſſe de veine en veine,
En mon foye, en mon cœur, en mes os, en mon ſang :
Tantoſt il eſt mon hoſte, & tantoſt en mon flanc
De ſon traict fait vn huis, & lors que plus i'eſſaye
Qu'il ne face en mon corps pour ſortir, vne playe,
Me vient ouurir la bouche, & ſi fort il l'eſtraint
Que maugré que i'en aye, à chanter la contraint.
La langue il me deſlie, & luy-meſmes inuente
En ma bouche caché, tous les vers que ie chante.
Luy ſeul me les inſpire, & i'eſcris ſeulement
Non pas ce que ie veux, mais ſon commandement.
L'homme ne peult tromper ſa rude deſtinée.
Hé, n'eſt-ce pas grand cas qu'en moins d'vne iournée

Ceſt amour par les yeux a gaigné ma Raiſon,
Et s'eſt fait non amy, mais roy de ma maiſon :
Et ſans auoir eſgard aux neiges de ma teſte
(Comme de ſa victoire vne deſpouille preſte)
Nourriſt mon cœur en braiſe & au feu qui me perd,
Qui bruſle d'autant mieux que le bois n'eſt plus verd ?
Ceſt Amour, ceſt oiſeau, car oiſeau ie l'appelle,
Eſuente quelquefois ma chaleur de ſon aile,
Et me fait par eſpoir quelquefois reſpirer,
Me trahiſſant afin de mieux me martyrer :
Comme fait le Vautour dont la faim arreſtée
Ne ronge coup ſur coup le cœur de Promethée,
Ains allongeant ſa peine il le laiſſe à ſeiour
Vne nuict repoſer pour le manger le iour.
Ie ne ſçaurois par art, eſtude ny couſtume
Cognoiſtre bien ce Dieu qui eſt veſtu de plume :
Eſtrange eſt ſon plumage, & ie crains à loger
(Pour n'eſtre point deceu) vn ſi ieune eſtranger.
Tous les autres oiſeaus en quelque place naiſſent,
Ou d'herbes ou de fruicts ou de graines ſe paiſſent,
Et viuent entre nous, & ſont parmy les bois
Ou cognus par leur plume, ou cognus par leurs vois.
Le mien m'eſt incognu, ſon nom & ſa nature,
Ny d'herbe ny de fruicts il ne prend ſa paſture :
Mais d'vn ſouſpir cuiſant & d'vn penſer profond
Qui s'enfante au cerueau & ſe tient ſur le front :
Se repaiſt d'vn ſoucy que d'vn autre il allonge,
Et en lieu d'abruuoir en nos larmes ſe plonge.
Les autres en volant amoureux & contents
Font vne fois leur nid au retour du Printemps :
Et le mien auſſi toſt qu'en mon cœur il priſt place,
Fiſt ſes œufs, puis couua, puis me fiſt vne race
De petits amoureaux, qui de iour & de nuit
Demandent la bechee & menent vn grand bruit.

En vn iour les petits deuiennent grands & volent,
Ils volent ſur mon cœur, me mangent & m'affolent :
Car ie n'ay ny le ſang ny le foye baſtant
Pour loger telle engence & pour en nourrir tant.
I'ay tendu des gluaux & des pans pour les prendre,
I'ay tendu des filets : ils ne veulent m'attendre,
Ils deçoiuent ma main, & en les pourſuiuant,
En lieu de les happer ie ne pren que du vent.
Ils ne ſont pas, le Gaſt, de nature groſſiere,
De froide, lente & ſombre & peſante matiere:
Ils ſont prompts & ſubtils, & d'vn ioyeux ſourci
Comme d'autre lignée & d'autre nid auſſi.
Ils ne ſont Touranjaux, mais bien de la contrée
Où Laure iuſqu'au cœur de ſon Petrarque entrée
Fiſt pour elle ſi haut chanter ce Florentin,
Que Cygne par ſes vers ſurmonta le Deſtin :
Si qu'auiourd'huy le Rhoſne & Sorgue & Valecluze
Murmurant ſon renom, ſont cognus par ſa Muſe.
Toy le Gaſt, dont l'honneur, les graces & l'attrait
Monſtrent qu'vn bel Amour t'a bleſſé d'vn beau trait,
Et que tu as au cœur quelque belle penſée,
A qui Mars & la Muſe en vn ſeul amaſſée
Ont prodigué leurs dons, & t'ont fait valeureux
Et enſemble ſçauant & enſemble amoureux,
Portant deſſus le front l'vne & l'autre couronne
Que Mars & que Venus à ſes pourſuiuans donne,
Dy moy par courtoiſie (ainſi puiſſes touſiours
Quelque part que tu ſois, iouir de tes amours)
Par quel rét auſſi beau que ſes cheueux de ſoye
Pourrois-ie enuelopper vne ſi chere proye?
Ie voudrois me ſauuer par vn meſme moyen,
Ou rompant le filet, ou ſerrant le lien :
C'eſt le poinct du ſecours, auquel ie veux entendre,
Car il me plaiſt, le Gaſt, d'eſtre pris & de prendre.

ELEGIE XIX.

Seule apres Dieu la forte Destinée
Commande en terre à toute chose née,
Et son lien nous enlasse si fort,
Que rien ne peut le trancher que la Mort.
Ny pour voguer par les mers poissonneuses,
Ny pour tracer les Syrtes sablonneuses,
Pour se cacher dans l'Antre d'vn rocher,
Ou sous la terre, on ne peut empescher
Le cours fatal, qu'importun ne nous suiue,
Et que chacun par contrainte ne viue
Dessous la loy qu'il receut en naissant :
Tant le decret du Destin est puissant.
Ainsi du iour que ie vous vy Madame,
Vous fustes seule emprainte dans mon ame,
Et le Destin ne m'a permis depuis
Aimer ailleurs, tant condamné ie suis
A vous seruir, ne sentant autre braise,
Ny ne voyant autre bien qui me plaise.
Quand ie vous voy (il n'en faut point mentir)
Vostre beauté au cœur me fait sentir
Cent passions diuerses, & me semble
Que tout le corps passionné me tremble,
Tant le regard qui part de vos beaux yeux,
De tous mes sens se fait victorieux.
Voylà pourquoy mon ame qui s'oublie,
Pour vous aimer si fermement se lie,
En me laissant, à la vostre, qu'elle est
Tousiours collée au plaisir qui luy plaist,

Sans ſe ſouler de telle iouyſſance.
Et pour cela nos noms, comme ie penſe,
Sont accordans : Car nous ne ſommes pas
Deux cœurs en vn liez iuſqu'au treſpas :
Mais le Deſtin qui les amans aſſemble,
Nous a liez de meſmes noms enſemble
Comme de cloux, pour tenir l'amitié
Qui nous conioint ſans changer de moitié.
Làs ! ie ne puis changer d'autre penſée,
Tant la mienne eſt en la voſtre paſſée,
Mon cœur au voſtre, & plus rien ie ne ſuis
Sinon vous meſme, & rien de moy ne puis :
Toute dans vous ie ne ſuis nulle choſe,
Et n'ay beſoin d'autre metamorphoſe,
S'il ne vous plaiſt vous meſmes vous changer,
Et vous desfaire & rompre & deſloger
Hors de chez vous : autre malheur extréme
Ne peut forcer moy qui ſuis vn vous meſme.
Pource, Madame, eſperer il vous faut
Vn ſeruiteur loyal & ſans defaut,
Comme ie ſuis, qui pour voſtre ſeruice
Se veut ſoy-meſme offrir en ſacrifice
A vos beautez, dont de iour & de nuit
Le beau portrait de toutes parts me ſuit :
Bien que ſouuent ou par doute ou par crainte,
Ou par reſpect ou par autre contrainte,
En vous voyant, tout penſif & tremblant,
De voir vos yeux ie n'ay pas fait ſemblant,
Comme monſtrant par froide contenance
Qu'en autre part i'auois fait alliance,
Faiſant entrer les hommes en ſoupçon
Que mon ardeur n'eſtoit plus qu'vn glaçon,
Et la chaleur au-parauant ſi forte,
Par trait de temps languiſſoit toute morte.

Mais ie cachois d'vne cendre le feu
Qui me bruſloit : afin qu'il ne fuſt veu
Par le dehors, que le dedans, Madame,
Ardoit pour vous d'vne ſi chaude flame.
Non, ie ne ſuis vn amant incertain
Qui prend & laiſſe amour auſſi ſoudain
Qu'vn veſtement, c'eſt vn acte volage.
Amour m'eſt tout, amour m'eſt heritage
Comme eſt mon ſang, mes veines & mon cœur,
Que ny le temps, deſeſpoir ny rigueur
Ne peut m'oſter : il faudroit me desfaire,
Mais ie ne veux que l'importun vulgaire,
Menteur, cauſeur, cognoiſſe rien de moy,
Pour ne commettre à ſa langue ma foy.
Qui veut garder vne amour bien entiere,
Ne faut donner au meſdiſant matiere
De caqueter : il faut diſſimuler :
Souuent le taire a veincu le parler :
Puis l'amitié qui eſt bien commencée,
Sans parler parle auecques la penſée.

ELEGIE XX.

Troiſieſme pour Geneure.

Le temps ſe paſſe & ſe paſſant, Madame,
Il fait paſſer mon amoureuſe flame :
Si que le feu d'Amour qui me bruſloit,
Ne bruſle plus mon cœur comme il ſouloit :
Et maintenant ſa flame eſt auſſi lente
Qu'auparauant elle eſtoit violente,

Quand viue & claire en mon ame croissoit
Et sur mon front luisante apparoissoit :
Si qu'on disoit me voyant en la sorte,
Qu'au cœur i'auois vne fièure bien forte.
Tous les tesmoins qui decelent Amour
Logeoient chez moy : ie souspirois le iour,
Le lict m'estoit vn dur camp de bataille,
Et toute nuict i'auois vne tenaille
Qui foye & cœur & poumons me pinsoit :
Ore ma face honteuse pallissoit,
Puis rougissoit : ma voix mal prononcée
De longs souspirs estoit entre-cassée.
De mes propos ie n'acheuois le quart,
Comme vn resueur qui songe en autre part :
I'auois tousiours votre face celeste
Deuant mes yeux, les graces & le geste,
Le chant, le pas que vous auiez alors
Que ie vous vy danser dessus les bors
De vostre Seine, où i'auallay l'amorce
Qui me tira d'vne gentille force
De l'estomac le cœur, qui bien-heureux
Se confessoit de se voir amoureux :
Deux iours apres que ie receu la playe,
Ie cours en poste à sainct Germain en Laye
Seruir mon Roy, bien qu'Amour plus grand Roy
Pour le seruir m'appellast tout à soy.
Ny pour picquer, ny pour donner carriere
A mon cheual, ie ne laissay derriere
Le chaud desir qui dans mon cœur viuoit,
Et compagnon en croupe me suiuoit :
Ny pour passer le large dos de Seine,
Qui se ioüant quatre fois se r'ameine
D'vn vague ply retors & reglissant,
Et quatre fois se remonstre au passant :

Ie n'eſtoufay pour les eaux de ce fleuue
Le feu bouillant d'vne chaleur ſi neuue,
Qui comme ſoulfre ou paille s'allumoit,
Et tout mon cœur en flames conſumoit.
Le court chemin d'vn ſi petit voyage
Me fut plus long que le glacé riuage
Que le Soleil n'eſchauſe de ſes yeux,
Tant il m'eſtoit faſcheux & ennuyeux :
Vn beau ſentier me ſembloit vne orniere,
Vne fontaine vne creuſe riuiere,
Les bleds vn champ de la bize batu,
Vn plain chemin vn paſſage tortu :
Et me ſembloit, tant inſenſé i'eſtoye,
Que ce n'eſtoient que deſerts en ma voye :
Si qu'en marchant il me ſembloit marcher
Sur vne eſpine ou deſur vn rocher.
Or à la fin picqué d'amour extréme,
Ie picque tant mon cheual & moy-meſme,
Que tout penſif, & le cœur hors du ſein,
Troublé d'eſprit i'arriue à ſainct Germain.
Là i'oubliay toute ma Poëſie,
Là ie perdy raiſon & fantaiſie :
Car ne pouuant ainſi que ie voulois
Chanter mes vers aux oreilles des Rois,
Comme affollé d'vne fiéure trop folle,
Ie perdy cœur, langue, eſprit & parole :
Si que mon Prince en riant cognut bien
A ſignes tels que ie n'eſtois plus mien.
La nuict ſuruint (qui des liens du ſomme
Plus doux que miel ſerre les yeux de l'homme,
Par le preſent du repos adoucy)
Fermant du cœur la peine & le ſoucy,
Mais non le mien : car autant que la Lune
Laiſſa courir ſa belle coche brune,

Qu'vn camp de feux ſuiuoit tout à l'entour,
Ie ſouſpiray impatient d'amour,
Dedans mon lict, tournant de place en place :
Tous vos propos, vos geſtes, voſtre grace,
Qui toute nuict priſonnier me tenoient,
L'vn apres l'autre au cœur me reuenoient,
Et par-ſur tous ce conte lamentable
Où vous pleuriez voſtre amy regretable :
Si que rauy & confus me ſembloit
Que voſtre main me fendoit, & m'embloit
Le cœur du ſein, comme à l'heure premiere
Que ma raiſon demeura priſonniere.
Mais auſſi toſt que l'Aube aux doigts roſins
Eſcheuelée, eut tous les lieux voiſins
Remply de iour, & que la treſſe blonde
Du grand Soleil s'eſparpilla ſur l'onde,
Ie m'en-allay comme rauy d'eſmoy,
Non courtizan au leuer de mon Roy,
Non bonneter vn Seigneur qui peut faire
Plaiſir à ceux qui luy veulent complaire :
Mais me tuant de mon propre couteau,
I'erre tout ſeul dans le parc du chaſteau,
Penſant, reſuant à ce gentil viſage,
Dont maugré moy i'auois au cœur l'image.
Si quelque amy venoit me careſſer
Entre-rompant mes pas & mon penſer,
Ie l'abhorrois, maudiſſant la fortune
D'auoir trouué vne langue importune :
Mon corps d'ahan goute à goute ſuoit,
En cent façons ma face ſe mouuoit,
Ne reſpondant ne parlant, & ma bouche
A l'importun eſtoit comme vne ſouche,
Monſtrant aſſez que tout ce qu'il diſoit,
Comme la mort ou plus me deſplaiſoit.

A la parfin Amour qui ſe promeine
Auecque moy, hors du bois me r'ameine,
Et me plantant deſſus le haut du mont,
Droit vers Paris me fiſt tourner le front.
Lors m'allegeant d'vne ruze gentille
Ie humois l'air de ceſte grande ville
Coup deſſus coup, qui m'entroit dans le cœur,
Et m'empliſſoit de force & de vigueur,
Comme penſant humer la douce haleine
De la beauté qui me tenoit en peine.
Puis ie diſois, Hà! ville qu'à bon droit
Tu n'as egale au monde en nul endroit,
Non pour le nom ſi fameux que tu portes,
Non pour auoir plus que Thebes de portes,
Riche de biens, riche de citoyens,
Sang genereux de ces premiers Troyens,
Que Francion fiſt abreuuer en Seine
Quand il baſtit au milieu de la plaine
Tes murs ſeiour de toute Royauté :
Mais pour celer en ton ſein la beauté
D'vne ſans pair comme toy, qui eſt telle
Que tout eſt laid en ce monde aupres d'elle :
Il me le ſemble, & ſi ie l'ay mal ſçeu,
En lieu du vray le faux m'a bien deceu.
Que viens-ie faire en ceſte Court pour eſtre
Seul dans ce parc comme vn homme champeſtre?
La Cour peuplée, & qui aux autres ſert
De paſſe-temps, m'eſt vn vuide deſert.
Veux-ie emporter du Roy quelque largeſſe,
Quand à Paris eſt toute ma richeſſe?
Ny Court ny Roy ne vallent s'abſenter
Du moindre trait qui me fait lamenter,
Et des rayons d'vne ſi belle Dame
Qu'au cœur ie porte & que ie ſens en l'ame.

Veux-ie languir en ſi triſte ſeiour
Sans plus reuoir la clarté de mon iour?
Veux-ie penſif, deſert & ſolitaire
Sans courtizer, ſans prier, ſans rien faire,
Faſcheux, honteux, ſans ayde & ſans confort
Eſtre à la Court la proye de la mort?
Pource parton & retournon vers celle
Où de l'amour la chance nous appelle.
Ie n'auois dit que ie monte à cheual,
Au grand galop ie deſcens contre-val
Au premier port, & puis ayant paſſée
Seine au long cours en elle entre-laſſée,
D'vn fort eſpron ie broſſe le chemin
Qui me ſembloit paué de ioſimin,
Et Amour fiſt ma courſe ſi agile,
Que i'arriuay comme vn ſonge à la ville,
Vn peu deuant que le Soleil couchant
Allaſt le iour dans les ondes cachant.
Lors de fortune en paſſant par la ruë,
Eſtant la nuict plus noire deuenuë,
Ie vous auiſe à l'eſſueil de voſtre huis
Comme vn qui penſe & reſue en ſes ennuis.
Lors vous voyant ſi triſte contenance,
De teſte en pied à trembler ie commence,
Et tellement me laiſſa la raiſon,
Que tout muet ie r'entre en la maiſon,
N'oſant troubler voſtre face abaiſſée,
Ny vous plongée en ſi longue penſée.
Incontinent que le ciel eſtoilé
Du manteau noir de la nuict fut voilé,
Et que le Somme enfant de la riuiere
De Styx, verſa ſur ma lente paupiere
Ie ne ſçay quelle agreable liqueur,
Il me ſembla qu'Amour m'ouurit le cœur

Me ſeparant en deux parts la poitrine,
Et me plantoit vne viue racine
Non de Laurier, le prix de la vertu,
Mais d'vn Genéure & poignant & pointu,
Tout heriſſé comme il a de couſtume,
Et plein d'vn fruit tout remply d'amertume :
Et toutefois amer ne me ſembloit,
Tant en mon cœur de douceur aſſembloit.
Des mains d'Amour la racine plantée
En vn moment deuint ſi augmentée,
Et le ſommet de fueilles ſi couuert,
Que tout mon cœur n'eſtoit qu'vn arbre vert.
Tous les penſers que i'auois pour la belle,
Venoient ſous l'ombre en la fueille nouuelle
Deçà delà, comme ieunes oiſeaux
Qui vont volant au frais des arbriſſeaux
Quand la rouſée arrouſe leurs plumages,
Salüans l'Aube en cent mille langages.
De mes ſouſpirs l'arbre prenoit chaleur,
Sa viue humeur s'engendroit de mon pleur,
Dont le Genéure abondoit d'auantage,
Me transformant moy-meſme en ſon ombrage.
Toute la nuict Amour me trauailla,
Me reſueilla cent fois & reſueilla
En me diſant : Sois ioyeux ie te prie,
Ie vien d'ouurir l'eſtomac de ta vie :
Comme i'ay mis vn beau Genéure au tien,
Vn beau Roſier i'ay planté dans le ſien,
Que d'elle-meſme en penſant elle arroſe :
Pource auſſi toſt que l'Aube aux doigts de roſe
Aura verſé le beau iour de ſon ſein,
Va-t'en vers elle, & luy baiſe la main.
Ainſi l'Amour ce grand Dieu me conſeille :
Mais auſſi toſt que l'Aurore vermeille

Allant deuant les cheuaux du Soleil,
Fist l'Orient de roses tout vermeil,
Ie sors du lict, ie m'habille & m'appreste,
I'allay vers vous & vous fy ma requeste
A voix tremblante, en tout obeyssant
A ce grand Dieu si doux & si puissant.
Lors vous trouuant aussi douce & traitable
Qu'auparauant vous n'estiez accostable,
L'aspre fureur qui mes os penetra
S'esuanouyt, & Amour y entra.
La difference est grande & merueilleuse
D'entre l'amour & la rage amoureuse.
Adonc la vraye & simple affection
Loin de fureur, de rage & passion
Nourrit mon cœur, passant de veine en veine,
Qui ne fut point ny friuole ny vaine :
Car vous ayant de mon amour pitié,
Me contraignez de pareille amitié.
Comme au Printemps on voit vne belle ente
S'essencier en la nouuelle plante,
Et de deux corps par vn accord commun
Se ioindre ensemble & se coller en vn :
Ainsi tous deux n'estions que mesme chose,
Vostre ame estoit dedans la mienne enclose,
La mienne estoit en la vostre, & nos corps
Par sympathie & semblables accords
N'estoient plus qu'vn : si bien que vous Madame,
Et moy n'estions qu'vn seul corps & qu'vne ame,
Ayant communs & pensers & desirs.
Ah! quand ie pense aux extremes plaisirs
Que ie receu durant toute vne année,
I'ay du penser l'ame si estonnée
Qu'elle me fait tout tremblant deuenir,
Tant du penser m'est doux le souuenir.

Quand le Printemps pouſſoit l'herbe nouuelle,
Qui de couleurs ſe faiſoit auſſi belle
Qu'eſt la couleur d'vn gaillard Papegay
Bleu, pers, gris, iaune, incarnat & verd-gay,
Dés le matin auant que les Auettes
Euſſent ſuccé la douceur des fleurettes
Qui embaſmoient les iardins d'enuiron,
Vous amaſſiez dedans voſtre giron
Comme vne fleur entre les fleurs aſſiſe
La couleur iaune, incarnate & la griſe,
Tantoſt la rouſſe à la blanche, & auſſi
Le rouge œillet au iauniſſant ſoulci,
La paſquerette aux petites penſées :
L'vne ſur l'autre en vn rond amaſſées,
Vn beau bouquet faiſiez de voſtre main,
Que vous cachiez vne heure en voſtre ſein :
Puis me baiſant au ſortir de la porte
Me le donniez d'vne ſi douce ſorte,
Que tout le iour i'en ſentois reuenir
La fleur à l'œil, au cœur le ſouuenir.
A mon retour des champs ou de la ville,
D'vne main blanche à preſſer bien ſutille
Vous m'accolliez, & en cent & cent lieux
Vous me baiſiez & la bouche & les yeux
De voſtre langue à baiſer bien appriſe.
Tantoſt fronciez les plis de ma chemiſe,
A chaſque ply me baiſant ou mordant
D'vn petit trait mon front de voſtre dent :
Tantoſt friziez de voſtre main vermeille
Mes blonds cheueux à l'entour de l'oreille,
Ou me pinſiez, chatoüilliez, & i'eſtois
Si hors de moy que rien ie ne ſentois,
Mort de plaiſir, tant le plaiſir extréme
Auoit perdu ma raiſon & moy-meſme.

Mais ce plaisir que i'allois receuant,
En peu de iours se perdit comme vent,
Et l'amitié chaudement allumée
S'assoupit toute & deuint en fumée,
Fust que le ciel le commandast ainsi,
Fust vostre faute ou fust la mienne aussi,
Fust par malheur ou par cas d'auenture,
Fust que chacun ensuiuant sa nature
Par trop encline aux nouuelles amours,
Ah! fier destin, nous rompismes le cours
Sans y penser, de l'amitié premiere,
Quand plus l'ardeur couroit en la carriere:
Si que laissant le vieil pour le nouueau
Par inconstance & fureur de cerueau,
Tous deux picquez d'estranges frenaisies
En autre part mismes nos fantaisies,
Si que tous deux faschez de trop de loy
Fusmes contens de rompre nostre foy
Pour la donner à de moindres peut estre.
Ainsi Amour de toutes choses maistre,
Ainsi le Ciel & la saison des temps
Furent & sont & seront inconstans,
Puis de tel fait la faute est excusable.
Venus qui fut Déesse venerable,
Naurée au cœur des flames & des dards
De son enfant, aima bien le Dieu Mars
Ce grand guerrier nourrisson de la Thrace,
Peste & terreur de nostre humaine race:
Puis en quittant les amours de ce Dieu
Elle choisit Adonis en son lieu:
Puis se faschant d'Adonis, fut esprise
D'vn pastoureau du Phrygien Anchise
Qui habitoit le sommet Idean:
Puis en laissant ce pasteur Phrygian,

Aima Pâris de la mefme contrée,
Tant elle fut de fon plaifir outrée.
Elle fift bien d'auoir de tous pitié :
« Rien n'eft fi fot qu'vne vieille amitié.

ELEGIE XXI.

C'eftoit au poinct du iour, que les fonges certains
D'vn faux imaginer n'abufent les humains,
Par la porte de corne entrez en nos penfées,
Des labeurs iournaliers debiles & laffées :
Songes qui fans tromper par vne vanité,
Deffous vn voile obfcur monftrent la verité.
Ainfi que ie dormois donnant repos à l'ame,
En fonge m'apparut l'image d'vne Dame,
Qui monftroit à fon port n'eftre point de bas lieu,
Ains fembloit à la voir fœur ou femme d'vn Dieu.
Ses cheueux eftoient beaux, & les traicts de fa face
Monftroient diuerfement ie ne fçay quelle grace
Qui dontoit les plus fiers, & d'vn tour de fes yeux
Euft adoucy le cœur d'vn Scythe furieux.
Elle portoit au front vne maiefté fainte,
Sa bouche en fou-riant de rofes eftoit painte :
Elle eftoit venerable, & quand elle parloit
Vn parler emmiellé de fa lèure couloit :
Elle auoit le fein beau, la taille droicte & belle :
Et foit qu'elle marchaft, foit qu'on approchaft d'elle,
Soit riant, foit parlant, foit en mouuant le pas,
Deuifant, difcourant, elle auoit des apas,
Des rets, des hameçons, & de la glus pour prendre
Les credules efprits qui la vouloient attendre :

Car on ne peut fuyr, ſi toſt qu'on l'apperçoit,
Que de ſon doux attrait priſonnier on ne ſoit,
Tant elle a de moyens, d'engins & de manieres
Pour captiuer à ſoy les ames priſonnieres.
Sa robe eſtoit dorée à boutons pardeuant,
Elle auoit en ſes mains des ballons pleins de vent,
Des ſacs pleins de fumée, & des bouteilles pleines
D'honneurs & de faueurs & de paroles vaines :
Si quelque homme aduiſé les caſſoit de la main,
En lieu d'vn ferme corps n'en ſortoit que du vain :
Telle enfleure ſe voit és torrens des vallées,
Quand le dos eſcumeux des ondes empoullées
S'enfle deſſous la pluye en bouteilles, qui ſont
Vne montre d'vn rien, puis en rien ſe desfont.
Autour de ceſte Nymphe erroit vne grand'bande
Qui d'vn bruit importun mille choſes demande,
Seigneurs, ſoldats, marchans, courtiſans, mariniers :
Les vns vont les premiers, les autres les derniers,
Selon le bon viſage & ſelon la careſſe
Que leur fait en riant ceſte braue Déeſſe.
Elle allaicte vn chacun d'eſperance, & pourtant
Sans eſtre contenté chacun s'en-va contant :
Elle donne à ceux cy tantoſt vne accollade,
Tantoſt vn clin de teſte, & tantoſt vne œillade :
Aux autres elle donne & faueurs & honneurs,
Et de petits valets en fait de grands ſeigneurs.
A ſon coſté pendoit vne grande eſcarcelle
Large, profonde, creuſe, où ceſte Damoiſelle
Mettoit cent mille biens, & les cachoit au fond :
Seulement par dehors, comme les marchans font,
En eſtalloit la montre, à fin qu'on euſt enuie,
Voyant l'ombre du bien, de luy ſacrer la vie.
Dedans ceſte eſcarcelle eſtoient les Eueſchez,
Abbayes, Prieurez, Marquiſats & Duchez,

Comtez, Gouuernemens, Penſions, & ſans ordre
Pendoit au fond du ſac ſainct Michel & ſon ordre,
Credits, faueurs, honneurs, eſtats petits & haults,
Conneſtables & Pairs, Mareſchaux, Admiraulx,
Chancelliers, Preſidens, & autre maint office
Qu'elle promet à fin qu'on luy face ſeruice.
Tous les peuples eſtoient enuieux & ardans
D'empoigner l'eſcarcelle & de fouiller dedans :
Admiroient ſon enfleure, & auoient l'ame eſmeuë
D'extreme ambition, ſi toſt qu'ils l'auoient veuë.
Ils ne penſoient qu'en elle, & ſans plus leurs deſſeins
Eſtoient de la ſurprendre, & d'y mettre les mains :
Et pource ils accouroient autour de l'eſcarcelle,
Comme gueſpes autour d'vne grappe nouuelle.
Quand quelqu'vn murmuroit, la Dame l'appaiſoit :
Car de ſa gibeciere vn leurre elle faiſoit,
Qu'elle monſtroit au peuple, & comme trop legere
Aux vns eſtoit maraſtre, aux autres eſtoit mere.
L'vn deuenoit content ſans s'eſtre tormenté,
L'autre attendoit vingt ans ſans eſtre contenté,
L'autre dix, l'autre cinq : puis au lieu d'vne Abbaye
Ou d'vne autre faueur, luy donnoit vne baye,
Ou bien, vn Attendez, *ou bien,* Il m'en ſouuient :
Mais oncques en effect ce ſouuenir ne vient.
Le peuple ce-pendant ſouffloit à groſſe haleine,
Et ſuant & preſſant & courant mettoit peine
De courtizer la Nymphe, & d'vn cœur indonté
Sans craindre le trauail, luy pendoit au coſté.
En pompe deuant elle eſtoit dame Fortune,
Qui ſourde aueugle ſotte, & ſans raiſon aucune
Par le milieu du peuple à l'auenture alloit
Abaiſſant & hauſſant tous ceux qu'elle vouloit,
Et folle & variable & pleine de malice
Meſpriſoit la vertu, & cheriſſoit le vice.

Au bruit de telle gent, qui murmuroit plus haut
Qu'vn grand torrent d'hyuer, ie m'eſueille en ſurſaut,
Et voyant pres mon lict vne Dame ſi belle,
Ie m'enquiers de ſon nom, & deuiſe auec elle :
Déeſſe approche toy, conte moy ta vertu,
D'où es-tu? d'où viens-tu? & où te loges-tu?
A voir tant ſeulement ta braue contenance,
D'vn pauure laboureur tu n'as prins ta naiſſance :
Tes mains, ton front, ta face & tes yeux ne ſont pas
Semblables aux mortels qui naiſſent icy bas.
Ainſi ie luy demande, & ainſi la Déeſſe
Me reſpond à ſon tour, Ronſard, *ie ſuis* Promeſſe,
Dont le pouuoir hautain, ſuperbe & ſpacieux
Commande ſur la mer, en la terre & aux cieux :
La troupe que tu vois me ſuit à la parole,
Et pour vn petit mot qui de ma bouche vole,
Ie ſuis crainte & ſeruie, & ſi puis esbranler
Le cœur des plus conſtans, m'ayans ouy parler :
I'habite ces palais & ces maiſons Royalles,
Ie loge en ces chaſteaux, & en ces grandes ſalles
Qui ont les ſoliueaux argentez & dorez,
Superbes en piliers de marbre elabourez :
Les Rois, les Empereurs, les Seigneurs & les Princes
Ne peuuent rien ſans moy, ie garde leurs prouinces,
Ie flatte leurs ſuiets, & puiſſante ie fais
La guerre quand ie veux, les tréues & la paix :
Ie deſtruy les Citez, ie perds les Republiques,
Ie corromps la Iuſtice & les loix politiques,
Ie fay ce que ie veux, tout tremble deſſous moy,
Et ma ſeule parole eſt plus forte qu'vn Roy.
Le ſoldat pour moy ſeule abandonne ſa vie :
Celle du marinier des ondes eſt rauie
Flottant à mon ſeruice : & tout homme ſçauant
Pour penſer m'acquerir, met la plume en auant.

Le barbu Philosophe en son cœur me desire,
Le Theologien en ma faueur respire,
Le Poëte est à moy, à moy l'Historien,
L'Architecte & le Peintre & le Musicien:
L'Aduocat en mon nom preste sa conscience,
Le braue Courtisan se destruit de despense,
Le sot Protenotaire icy vient pour m'auoir,
Mesmes les Cardinaux sont ioyeux de me voir:
Le President amy de la loy plus seuere,
Le graue Conseiller m'estime & me reuere.
I'ay tousiours au costé pendu quelque importun,
Ie ne chasse personne, & retiens vn chacun,
Non pas egalement: car les vns ie colloque
Aux supremes honneurs, des autres ie me moque:
Ie les tiens en suspens, puis quand ils sont grisons,
Mourir ie les renuoye aupres de leurs tisons:
Les autres finement ie deçoy d'vne ruse,
Les autres doucement ie pipe d'vne excuse:
Ie flatte en commandant, & tellement ie sçay
Mesler bien à propos le faux auec le vray,
Que paissant vn chacun d'vne vaine esperance,
Chacun est asseuré sans auoir asseurance.
Or si tu veux me suiure & venir de ma part,
Ie n'vseray vers toy de fraude ny de fard,
Ie te tiendray parole, & auras en peu d'heure
Comme ceux que tu vois, la fortune meilleure:
Tu es trop escollier, laisse tout & me suy,
Et deuiens habile homme à l'exemple d'autruy.
Ie suis, ie n'en mens point, bien aise quand ie trompe
Ces fardez Courtisans enflez de trop de pompe,
Qui tousiours importuns à mes oreilles sont:
Mais honteuse ie porte vne vergongne au front,
Quand il me faut tromper par trop d'ingratitude,
Ou les hommes de guerre, ou les hommes d'estude:

Les vns gardent le peuple, & les autres des Rois
Eterniſent l'honneur par vne docte vois.
Ie crain plus les derniers, d'autant que blanche ou noire
Ils font, comme il leur plaiſt, des hommes la memoire.
I'ay touſiours bon vouloir, mais touſiours ie ne puis
Contenter vn chacun, tant quelquefois ie ſuis
D'affaires accablée : & alors comme ſage
Ie me ſers au beſoin d'vn gracieux langage
Pour retenir les cœurs des humains : autrement
Ie perdrois mon credit en vn petit moment.
La parole, Ronſard, eſt la ſeule Magie :
L'ame par la parolle eſt conduite & regie,
Elle eſmeut le courage, eſmeut les paſſions,
Eſmeut les volontez & les affections :
Par elle l'Amoureux peut flechir ſa Maiſtreſſe,
Par elle l'vſurier adoucit ſa rudeſſe
Preſtant ſans intereſt, & le courroux des Dieux
S'appaiſe par l'effort d'vn parler gracieux :
Ie m'en aide ſouuent comme d'vn artifice
Qui contraint vn chacun à me faire ſeruice,
Et c'eſt le ſeul moyen qui mon nom fait veinqueur,
Car touſiours la parolle eſt maiſtreſſe du cœur.
Dieu meſme qui tout peut, ne ſçauroit iamais faire
Que ſa volonté puiſſe à tous hommes complaire :
L'vn deſire la pluye, & l'autre le beau temps,
Et iamais ici bas on ne les voit contens :
Mais vne heure à la fin accomplit toutes choſes.
Touſiours vne ſaiſon ne produit pas les roſes,
Et touſiours des humains le ſort n'eſt pas egal,
Il faut l'vn apres l'autre endurer bien & mal :
Et l'homme qui ſe deult d'vne telle auanture,
Peche contre les loix du Ciel & de Nature.
Ainſi diſoit Promeſſe : & ie luy reſpondi,
O viſage effronté, impudent & hardi !

Apres m'auoir trompé quinze ans ſans recompenſe
De tant de beaux labeurs dont i'honore la France,
Me veux-tu re-tromper? va-t'en, ie te promets
Par mon ſaint Apollon, de ne t'aimer iamais:
Ce n'eſt pas d'auiourd'huy que ton fard ie deſcouure,
Ie t'ay mille fois veuë en ces ſalles du Louure,
Et tu m'as mille fois par ton langage beau
Pipé à ſainct Germain & à Fontaine-bleau,
Et en ces grand's maiſons ſuperbes & Royales,
Où iamais on ne voit les promeſſes loyales:
Pource va-t'en d'ici, car ie te hay plus fort
(Et certes à bon droit) que ie ne hay la mort:
Tu as comme vne ingrate, impudente & ruſée,
De tes appas trompeurs ma ieuneſſe abuſée:
Tu m'as nourri d'eſpoir, tu m'as fait aſſeurer,
Tu m'as fait eſperer pour me deſeſperer.
De toy, cruelle, ingrate, & digne de martyre,
Qui me donnes la baye, & ne t'en fais que rire,
Tu ne gardes iamais ny parolle ne foy,
Ce n'eſt que piperie & menſonge que toy,
Que fard, que vanité: & pour les cœurs attraire
Tu penſes d'vne ſorte, & parles au contraire.
Tu as à ton ſeruice vn tas de Courtiſans,
De moqueurs, de flateurs, de menteurs, de plaiſans,
Tes valets eshontez, qui ſont faits à ta guiſe:
L'vn en faiſant le fin toutes choſes deſguiſe,
L'autre fait l'entendu, & l'autre le ruſé:
Ainſi l'homme de bien eſt touſiours abuſé.
Malheureux eſt celuy, qui te ſuit pour ſe faire
Le iouët de ta fraude, & fable du vulgaire!
Tant s'en faut que ie vueille à tes loix me ranger,
Que ie ne voudrois pas tant ſeulement loger
Vn quart d'heure chez toy: ſors d'ici pipereſſe,
Tu portes à grand tort l'eſtat d'vne Deeſſe.

Ainsi tout furieux la Nymphe ie tançois,
Quand elle me respond que i'estois vn François,
Inconstant & leger, & vrayment vn Poëte,
Qui a le cerueau creux & la teste mal-faite.
Il faut, ce me disoit, corrompre ton destin,
Changer ton naturel, te leuer au matin,
Te coucher à mi-nuict & apprendre à te taire,
Et qui plus est, Ronsard, à n'estre volontaire.
Il faut les grans Seigneurs courtizer & chercher,
Venir à leur leuer, venir à leur coucher,
Se trouuer à leur table, & discourir vn conte,
Estre bon importun, & n'auoir point de honte:
Voila le vray chemin que tu dois retenir,
Si tu veux promptement aux honneurs paruenir,
Et non faire des vers ou iouër de la lyre,
Ce sont pauures mestiers dont on ne fait que rire.
Au temps des Rois passez i'auois le front menteur,
Le parler d'vn trompeur, les yeux d'vn affronteur:
Maintenant ie suis ferme, & pleine d'asseurance,
Car auiourd'huy la Royne a toute ma puissance:
Elle a le cœur entier magnanime & hautain,
Et sa seule personne est vn arrest certain:
Sa bouche est vn oracle, & sa voix prononcée,
Comme celle d'vn Dieu, ne dément sa pensée.
Auant que de promettre elle songe long temps:
Apres auoir promis ses propos sont constans,
Et l'importunité ne la sçauroit combatre:
Car de promettre à deux, ou à trois, ou à quatre,
C'est signe d'inconstance, & le cœur genereux
Ne doit iamais promettre vn mesme bien à deux:
C'est à faire aux enfans, & aux simples pucelles
Qui n'ont rien de vertu ny de parfait en elles,
Et non à la Princesse, à qui le Ciel a mis
Dessous sa Maiesté tant de peuples soumis,

Lesquels tous d'vn accord admirent sa prudence,
Qui poise tant de peuple en egale balance:
(Ouurage mal-aisé) toutefois elle fait
Que chacun vit sous elle heureux & satisfait.
Ceste Royne de biens & d'honneurs couronnée,
Ne veut comme autrefois se voir importunée,
Ou que par la priere on force son plaisir:
Sa prouidence veut elle mesme choisir
Les hommes vertueux, & en credit les mettre,
Les faisant bien-heureux auant que leur promettre:
Et c'est le vray moyen d'auoir des seruiteurs,
Et non pas d'auancer des sots ny des flateurs
Qui sont autour des Rois eleuez en la sorte
Qu'est vn pillier muet sous vne image morte.
Si tu as rien conceu de gentil au cerueau,
Estreine sa grandeur d'vn ouurage noueau,
Et tout ainsi qu'on voit en mieux changer l'année,
Tu pourras voir changer en mieux ta destinée.
Ainsi disoit Promesse, & bien loin de mes yeux,
S'enfuyant de mon lict, se perdit dans les Cieux.

ELEGIE XXII.

Comme vn guerrier refroidi de prouësse,
Qui a perdu sa peine & sa ieunesse,
Voire son sang, le tesmoin de sa foy,
Suiuant le camp d'vn Seigneur ou d'vn Roy,
Apres qu'il voit que son Prince & son Maistre
Ne veut ingrat son labeur recognoistre,
En barbe blanche & en cheueul grison
Seul se retire à part en sa maison,

Et là pensant en l'honneur qu'il merite,
Se passionne & s'enfle & se despite,
Croizant les bras & regardant les Cieux
Iure, proteste & atteste les Dieux
De ne vestir iamais en nulle place
Pour guerroyer, ny armet ny cuirace :
Mais quand il oit le tabourin sonner,
Chaud de la guerre il y veut retourner,
Et sans respect de serment ny d'iniure
Prend son harnois & suit son auanture.
Ie suis ainsi : car ayant fait seiour
Long temps en vain sous la charge d'Amour,
Ayant porté longuement son enseigne,
Tenu sous luy l'amoureuse campaigne,
Receu sa soude, & long temps trauaillé,
Couru, cherché, assailli, bataillé,
Enflé de gloire & de perseuerance,
Ce fier tyran pour toute recompense
De mon seruice & de ma loyauté,
M'a outragé d'extreme cruauté :
Si que despit contre si meschant maistre,
Ie fis serment de ne vouloir plus estre
Son seruiteur comme i'auois esté,
Et n'engager iamais ma liberté :
Mais mon serment s'en-vola dans la nue :
« Serment d'Amant iamais ne continue.
Car aussi tost que i'apperceu vos yeux,
Yeux ie me trompe, ains deux Astres des cieux,
Et vos cheueux mes liens, dont le moindre
Pourroit vn Scythe en seruage contraindre,
Et quand i'ouy vostre parler qui fait
Foy que l'esprit est diuin & parfait,
Lors i'oubliay mes sermens & mes peines.
Vn soulfre ardant s'esprit dedans mes veines

Par vos rayons, lequel ſe fiſt veinqueur
De ma raiſon, & m'alluma le cœur
Du haut deſir de conſacrer ma vie
A vous, que i'ay pour Maiſtreſſe ſuiuie,
Maiſtreſſe non, mais Deeſſe qui tient
Si bien mon cœur que plus ne m'en ſouuient.
Ie ſçay combien ceſte heureuſe naiſſance
Qui vous honore, eſt haute de puiſſance:
Ie cognois trop (& de là vient mon mal)
Qu'à voſtre ſang le mien n'eſt pas egal,
Et ſi voy bien que i'ay taille trop baſſe
Pour deuancer l'honneur qui me ſurpaſſe:
Et le voyant, ie ſuis deſeſperé
De paruenir au bien tant deſiré,
S'il ne vous plaiſt abaiſſer la victoire,
Et m'eſtimer digne de voſtre gloire:
Car autrement ſans à vous m'appeller,
En ſi haut lieu ie ne ſçaurois aller.
Souffrez, Maiſtreſſe, aumoins que ie vous aime
Plus que mon cœur, que mes yeux, que moy-meſme,
Et permettez que ie puiſſe honorer
Voſtre beauté qu'on deuroit adorer,
Tant l'abondante & prodigue Nature
Pour vous orner ſur toute creature
A deſpouillé tous les Cieux, & a fait
En vous, Madame, vn chef-d'œuure parfait.
Ou s'il vous plaiſt de n'eſtre point aimée,
Ne ſoyez plus ſur toutes eſtimée,
Oſtez des yeux ceſte viue clairté,
Oſtez du front l'honneur & la beauté,
Oſtez la grace, oſtez ces belles roſes
Sur voſtre teint tout fraiſchement eſcloſes:
Oſtez la bouche, oſtez le ris, oſtez
Ceſte douceur par qui vous ſurmontez

Hommes & Dieux, oſtez ceſte belle ame,
Vous n'aurez plus de ſeruiteurs Madame :
Car vos beautez ſont cauſe que chacun
Vous preſſe & prie & vous eſt importun.
Encore l'homme eleue la paupiere
Vers le Soleil, & vit de la lumiere,
Bien que le trait de ſes feux radieux
En le voyant luy aueugle les yeux.
Souffrez ainſi qu'à mon dam ie vous voye,
Et que l'autheur de mon malheur ie ſoye,
Puis qu'il me plaiſt de mourir regardant
Voſtre bel œil ſi clair & ſi ardant.
Au temps paſſé les Deeſſes plus grandes
Quittant des Dieux les immortelles bandes,
Ont bien choiſi çà bas pour ſeruiteurs
Non pas des Rois, mais de ſimples paſteurs,
Et Iupiter plein d'amoureuſes flames,
Laiſſant Iunon a bien aimé nos femmes :
Car volontiers Amour & Maieſté
En meſme lieu n'ont iamais habité.
Si vous eſtiez en l'amour bien appriſe,
Vous ne feriez d'vn grand Seigneur eſpriſe :
Touſiours l'amour d'vn Prince nous deçoit,
Dont tout le peuple à la fin s'apperçoit
Comme d'vn feu qui bruſle vne campagne :
Car la raiſon ſa fureur n'accompagne.
Mais quand Amour vient allumer le cœur
D'vn gentilhomme, en ſeruant il eſt ſeur,
Obeiſſant & craignant de deſplaire,
Et ne commet ſon plaiſir au vulgaire :
Ains au rebours, à fin qu'il ne ſoit veu,
Cache ſa playe & recele ſon feu,
Le nourriſſant d'vne douce penſée
Sans que ſa Dame en ſoit point offenſée,

Comme ie fais : par la diſcretion
Ie veux aimer, non par ambition
De m'eleuer pour plus haut entreprendre,
Mais ſagement : auſſi tant plus la cendre
Cache l'ardeur qui nous bruſle au dedans,
Et plus du feu les brandons ſont ardans.
Que pleuſt à Dieu que par experience
De mon ardeur vous euſſiez cognoiſſance !
Lors ie pourrois par eſpreuue monſtrer,
Qu'vn plus loyal ne ſe peut rencontrer,
M'eſtimant Dieu, s'il vous prenoit enuie
Qu'en vous ſeruant i'employaſſe ma vie :
Cent mille fois ie ne craindrois mourir,
Si ie penſois vn iour vous acquerir.
En ce-pendant voſtre cœur magnanime
Ne doit trouuer mauuais ſi ie l'eſtime,
Si ie le priſe, & ſi vous adorant
Ie vay pour vous ſi doucement mourant :
Car Dieu cent fois plus grand que vous encore
N'eſt pas faſché que le peuple l'adore.

ELEGIE XXIII.

Pour vous aimer, Maiſtreſſe, ie me tue,
I'ay iour & nuict la fiéure continue,
Qui me conſomme & haſte mon treſpas,
Mourant pour vous, & ne vous en chaut pas :
Vous n'auez ſoin ny eſgard qu'à vous meſme :
Pour trop aimer vous n'eſtes iamais bleſme,
Fiéure ne mal pour aimer ne vous poingt,
Et pour aimer vous ne ſouſpirez point.

Franche d'esprit en vain estes priée,
Loin des filets de l'amour desliée,
Libre fuyez comme il vous plaist, ainsi
Mocquant vostre âge, Amour & mon souci.
Beauté trop belle assise en fier courage,
Quelque lionne en quelque bois sauuage
Vous allaita, vn rocher vous conceut,
Et pour marraine vn tigre vous receut.
Depuis trois ans vous paissez de mes larmes
M'ensorcelant de ie ne sçay quels charmes,
Dont l'amiable & courtoise douceur
Hume mon sang, & altere mon cœur,
Qui d'autant plus me trahist qu'elle est douce:
Mais la plus fiere & amere secousse
Que pour ma mort vous mettez en auant,
C'est ne vouloir de seruiteur seruant.
Quoy? pensez-vous que l'amour soit la bouche?
Autant vaudroit embrasser vne souche
Sans mouuement, que vos léures baiser,
Sur vos tetins enflez se reposer,
Presser vos yeux, les succer sans reuanche,
Toucher le sein, taster la cuisse blanche:
Ce n'est que vent, & tel plaisir ne vaut
Quand de l'amour le meilleur poinct defaut.
Mais se reioindre en vn & se remettre,
Et à l'ami toute chose permettre,
Se r'assembler ainsi qu'au premier temps,
C'est ce qui rend les amoureux contens.
Il faut s'aimer d'vne amour mutuelle,
Non par la bouche, & non par la mammelle,
Non par les yeux: ce ne sont instrumens
Propres assez pour nos rassemblemens:
Mais pour se ioindre, il faut à l'auanture
Remettre en vn les outils de Nature.

Et quoy? cruelle, & quoy? voudriez-vous bien,
Vous qui du Ciel receustes tant de bien,
A qui la grace & l'heureuse influence
Des feux du Ciel ont orné la naissance,
Voudriez-vous bien d'vn cœur malicieux
Trahir Nature & mespriser les Cieux,
Et resister à leur loy venerable?
Les fiers Geans d'vn orgueil miserable
Contre le Ciel eleuerent ainsi
Le vain orgueil de leur braue sourci:
Eux à la fin accablez de la foudre,
Noirs & puans broncherent sur la poudre,
Pour chastiment d'auoir si foulx esté
Que des grans Dieux forcer la maiesté.
Voudriés-vous, Dame en beauté tresparfaite,
Pleine, en bon-poinct, de ieunesse refaite,
Courtoise, honneste & d'vn abord si dous,
Trahir les dons que vous portez en vous?
Ie croy que non: mais l'honneur vous abuse,
Honneur friuole & de trop vaine excuse,
Qui n'est que fraude, & qui se fait par art
Honneur ici, & vice en autre part:
Voila comment tel honneur se demeine
Comme il nous plaist par fantaisie humaine.
Et bien Madame, encores que la foy
De ce païs donnast vne autre loy,
Seuere loy qui nos cœurs emprisonne!
Auez-vous pas la nature assez bonne,
Assez de cœur & assez de moyen,
Assez d'esprit pour rompre ce lien?
Certes ouy: toute femme amoureuse
Est de nature assez ingenieuse.
Ne mettez donc le temps à nonchaloir,
Tant seulement ne faut que le vouloir:

« *La volonté inuente toute chose:*
« *Et tout cela que nostre esprit propose*
« *Est acheué ou par temps ou soudain:*
« *Car du vouloir chambriere est la main.*
Ie sçay combien la femme nous decoupe
Alors qu'assise au milieu d'vne troupe
Se va plaignant des Amoureux qui n'ont
Ny foy au cœur, ny honte sur le front:
Et s'aigrissant d'vne parole noire,
Dit contre nous mainte tragique histoire,
Et vous oyant les hommes diffamer,
Faites alors vn serment de n'aimer.
Ie sçay, Madame, & honteux ie confesse
Que maint Amant a laissé sa Maistresse:
Mais du peché la faute en est à vous,
Qui nous trompez & changez à tous coups,
Nous harassez & irritez de sorte,
Que la serueur de l'amour deuient morte,
Et lors l'Amant qui reprend sa raison,
Par le desdain s'eschappe de prison.
Femmes de Court & les femmes des villes
Sont à tromper dispostement habiles:
Car elles sont sçauantes, & ont leu
Ce qui attise ou amortist le feu:
Sçauent que c'est martel & ialousie,
Feindre & tromper, changer de fantaisie,
Dissimuler & forger maint escrit,
Où la rustique & pauurette d'esprit
Suit la Nature, & rude d'artifice
Prend son plaisir sans fraude ne malice.
Vous qui auez l'esprit gaillard & bon,
Née & nourrie en ville de renom,
Qui n'ignorez les presens de Mineruе,
Ne voulez point de seruiteur qui serue

Aux doux plaiſirs des amoureux combas.
Vous le voulez & ne le voulez pas,
Vous le voulez & ſi ne l'oſez dire:
Ne le diſant, vn amoureux martyre
Ard voſtre cœur en feu continuel,
Pour reſiſter au plaiſir mutuel.
Si toute Dame en ce poinct vouloit faire,
Le monde fuſt vn deſert ſolitaire,
Villes & bourgs, bourgades & citez,
Maiſons, chaſteaux ſeroyent deshabitez.
Par ce plaiſir bien ſouuent on engendre
Vn grand Achille, vn Monarque Alexandre:
Princes & Rois ſe font par tel moyen.
Quoy? voudriez-vous empeſcher vn tel bien?
Pource iadis la ville Helleſpontique
Fiſt vn grand Temple au vieil Priape antique
Comme au grand Dieu de generation,
Pere germeux de toute nation.
Doncques ma chere & plus que chere vie,
Si vous auez dedans le cœur enuie
Que ie vous ſerue, il faut ſans long ſeiour
Eſtroitement pratiquer noſtre amour
En-ce-pendant que les vertes années
Pour ceſt effect du Ciel nous ſont données,
Sans pour-neant noſtre âge conſommer.
Vn temps viendra qui nous gardra d'aimer
Par maladie ou par mort ou vieilleſſe:
Lors regrettant en vain noſtre ieuneſſe,
Et regardant nos membres tous perclus,
Nous le voudrons & ne le pourrons plus.

DISCOVRS.

Doncques voici le iour qu'en triomphe eſt menée
Madame ſous la loy du nopcier Hymenée!
Donques elle eſt menée aux rayons du flambeau,
Qui mieux euſt deu mener ſon eſpoux au tombeau!
Donq' ſes cheueux frappez par petites remiſes
Des vents, ſur qui i'ay dit cent & cent mignardiſes,
Sont couronnez de fleurs! cheueux que d'amour fol
I'ay baiſez & liez mille fois à mon col.
Faut-il qu'vn eſtranger me rauiſſe Madame?
Faut-il qu'vn autre corps iouyſſe de mon ame
Et d'amoureux efforts du mariage armez
Face breche aux rampars que l'honneur a fermez?
Que maintenant le cours de nature ſe change,
Que tout ſoit transformé, que rien ne ſoit eſtrange,
Le chardon ſoit la roſe, & la vermeille fleur
De l'œillet Aiacin prenne blanche couleur,
Puis que tu m'as trompé, donnant la meſme dextre
Que tu m'auois promiſe, à l'eſtranger ton maiſtre.
M'auois-tu pas promis qu'alors que les ſaiſons
Feroyent nos fronts ridez & nos cheueux griſons,
Qu'eſloignez du vulgaire irions par les vallées,
Par les monts, par les bois, par les eaux reculées,
Herbes, plantes & fleurs & racines cueillir:
Puis les faiſant ou cuire, ou ſeicher, ou bouillir,
Au feu les diſtiler en eaux alembiquées,
Pour frauder le cizeau des trois Parques moquées,
Et de remedes promts arracher hors des mains
Le tribut de Pluton heritier des humains?

Telle fut Oenoné, & nostre Melusine,
Et la vieille Manton, fatidique heroïne:
Tels furent Zoroastre, Hippocrate, & Chiron,
Qui sauuant par tel art les peuples d'enuiron,
Firent d'estranges faits, & donnerent aux herbes
Les noms dont elles sont encores si superbes:
Tant vaut en mesprisant les honneurs & les biens,
Profiter à soymesme, au public & aux siens.
Au matin quand l'Aurore eut tiré la lumiere
Hors du sein de Tethys, toy marchant la premiere,
Ou moy marchant deuant, eussions de cent couleurs
Cueilli de main soigneuse vne moisson de fleurs.
A midi quand Phebus plus hautement gouuerne
Les brides de son char, ou dans vne cauerne,
Ou dessous vn vieil chesne, ou le long d'vn ruisseau
Eussions en ramassant en vn nostre monceau,
Trié toutes les fleurs, puis les ayant contées
Les eussions vers le soir ensemble remportées,
Les vnes au giron, les autres en la main,
Non pas en vn Palais aux grans piliers d'airain,
Aux soliueaux dorez, mais en nostre hermitage
Tapissé de lierre & de vigne sauuage,
Seiour plus gracieux que ces braues chasteaux
Qui ont senti la scie, ou le fer des marteaux.
Ainsi seruant à tous par si belle pratique,
Eussions gaigné les cœurs de la troupe rustique,
Et apres que cent ans eussent nos yeux fermez,
De roses nos tombeaux eussent esté semez.
Mais tu ne l'as voulu, desmentant ta promesse,
Aimant mieux vn mary, qu'estre faite Deesse.
Thetis fist comme toy lors qu'elle s'allia
Espouse d'vn mortel, tant elle s'oublia.
Quiconque fut la vieille ententiue au message
Et premiere brassa ton maudit mariage,

Que les maſtins paillards la compiſſent touſiours,
Hurlant apres ſon ombre entre les carrefours:
Que la ſoif en tous temps la gorge luy deſſeiche:
Tant plus elle boira, tant plus ſente vne meiche
De chaleur en la bouche, & crache à tous les coups
Les dents deſſus ſon ſein esbranlé de la toux:
Puis ſa genciue eſtant de rempars deſarmée,
Soit d'vne lente faim à la fin conſommée.
Toy Corneille & Piuert, oiſeaux mal-encontreux
A ceux qu'Hymen accouple au colier malheureux,
Deuiez, à main ſeneſtre en trauerſant la voye,
Garder que ce voleur ne priſt ma chere proye.
Hà tu deuois, ô Terre, à fin de l'empeſcher,
Faire deuant ſon coche eleuer vn rocher
Pour rompre ſes cheuaux, & verſer par les bouës
Cheuaux, cocher, limons, attellages & rouës!
Tel que les pourſuiuans d'Hippodamie, alors
Que Myrtile froiſſa leurs coches & leurs corps
Empeſtrez au cordage, & à teſte briſée
Rencontrerent la mort en lieu d'vne eſpouſée.
Tel qu'Hippolyte fut, quand les monſtres marins
Effroyerent de peur ſes courſiers aux longs crins,
Et en luy deſchirant les muſcles & les veines
Le renuerſerent mort ſur les blondes areines.
O terre, ſi le ſang euſt eſté reſpandu
De ce mechant voleur, i'euſſe cent fois pendu
Vœus, offrandes & dons au plus haut des entrées
De ton temple qui s'ouure à cent portes ſacrées.
I'euſſe mis vn tableau de durable renom,
Où ſes cheuaux verſez & ſa cheute & ſon nom
Euſſent eſté portraits, à fin que dans ton temple
Eſtrangers & voiſins euſſent veu par exemple
Qu'on ne doit deſrober les amours hors du ſein
De ceux qui ont la Muſe & la plume en la main.

Que i'aime la ſaiſon, où le mari de Rhée
Gouuernoit ſous ſa faux la terre bien-heurée!
Lors Hymen n'eſtoit Dieu, & encores le doy
Ne cognoiſſoit l'anneau, le Preſtre, ny la Loy.
Le plaiſir eſtoit libre, & l'ardeur neceſſaire
De Venus la germeuſe eſtoit par tout vulgaire,
Sous vn arbre, en vn antre, en vn chemin fourché,
Et la honte pour lors n'eſtoit encor peché.
Encores s'ignoroit l'amour acquiſe à force,
Dots, anneaux & contracts, la plainte & le diuorce,
Et le nom de mari, qui ſemble ſi cruel,
Et pour vn petit mot vn mal perpetuel.
Si tu n'euſſes, contant, ta liberté vendue,
Ie t'euſſe plus celebre & plus noble rendue
Que les trois feux des trois à Rome ſi cognus,
Precepteurs delicats des enfans de Venus,
Qui ont chanté Lesbie & Cynthie & Corinne,
Et les chantent encor deſſous l'ombre Myrtinne.
Telle ie t'euſſe fait, & me l'auoit promis
Cypris, qui pour parade en ſes cheueux a mis
Le Myrte entortillé, & qui donna pour proye
Helene Amycléenne au beau berger de Troye.
Quand la Mort, dont l'horreur eſpouuante vn chacun,
Nous euſt conduit là bas au paſſage commun,
Ces trois en reliſant mes vers deſſus ta face,
Pour l'honneur de mon nom t'euſſent quitté leur place.
Encor' qu'ils ſoyent premiers : de Nature le ſein
Eſt touſiours tetineux pour tout le genre humain :
Chacun le peut ſuccer, & ſa vertu feconde
Ne ſe vieilliſt iamais non plus que fait le monde.
Ie reſue, & mon eſprit s'en-eſt volé de moy :
Ie n'aduiſe en voyant la choſe que ie voy :
Ie faux, ceſt eſtranger ne l'a point eſpouſée :
Venus en ma faueur ſoudain a compoſée

Vne image en lieu d'elle, à fin que ſans deduit
Vne idole en ſes bras ſe couchaſt toute nuict,
Vn ſquelette ſeiché, vne carcaſſe etique,
Vn fantoſme de corps fiéureux & pulmonique.
Venus l'a transferée aux vergers Cypriens,
Et entre les odeurs des prez Idaliens,
Où ſe paiſſant de fleurs entretient la Deeſſe,
La conduit en ſon temple & la ſert de Preſtreſſe,
L'encenſe & la ſupplie, & le reſte du iour
Comme vn petit enfant ſe ioüe auecque Amour.
Ha ie ne ſuis trompé, ha ce n'eſt pas feintiſe:
I'oy le peuple amaſſé qui bruit deuant l'Egliſe:
I'oy les hault-bois ſonner, & la pompe deuant:
Ie voy ſes beaux cheueux eſparpillez au vent.
C'eſt elle, ie la voy, ie cognoy ſon viſage,
Qui m'a tenu quatre ans en l'amoureux ſeruage:
Ie recognoy ſes yeux, ie voy comme dedans
Amour forge ſes traits & ſes flambeaux ardans.
Phebus, s'il eſt ainſi que tu ſois noſtre pere,
Refuſe à ceſte nopce auiourd'huy ta lumiere:
Tenebres ſoyent par tout, ou ſi le iour eſt clair,
Que ce ſoit par le feu d'vn flamboyant eſclair
Eſclatté du tonnerre, & ſur la cheminée
Les Corbeaux & Hiboux chantent ſon Hymenée.
Que pour ſigne certain de ſes futurs ennuis
Elle hurte ſon pied contre le ſueil de l'huis
Sortant de la maiſon, & danſant à ſa feſte,
Du doigt tombe ſa bague, & les fleurs de ſa teſte:
Sa ceinture ſe rompe, & touſiours deſdaigneux
Son mary la harcelle, & luy ſoit rechigneux.
Pareſſeux au meſtier qu'enſeigne la Cyprine,
De ſa femme iamais n'eſchauffe la poitrine:
Ains morne par le froid qui le germe defend,
Iamais entre ſes bras ne branle ſon enfant,

A fin qu'elle cognoiſſe abhorrant ſa malice,
Qu'vn bon cœur ne vend point l'amour pour l'auarice.

Le Poëte.

Quand Veſper, que Venus aime ſur tous les feux
Qui reluiſent au ſoir, apparut ſur la nue,
Et que les yeux brunets des aſtres furent veus
Regarder à l'enui la Lune reuenue,
Deux vieilles, dont la treſſe eſtoit toute chenue,
Ayans le chef griſon de chardons couronné,
De pauots & d'ortie & de ronce pointue
Ont le lict nuptial trois fois enuironné:
Puis d'vn charme à ſous-voix l'ayant empoiſonné,
Et faſciné la chambre en tournant leurs caroles,
D'vn parler enroüé, d'vn poil heriſſonné,
Reſpondant l'vne à l'autre ont dit telles paroles.

LES VIEILLES.

1. Vieille.

O Hymen, dont iamais le flambeau ne faillit,
O Hymen, qui le Ciel à la terre maries,
Graces, Muſes, Amours, ne chantez en ce lit,
Mais y chante la Parque & toutes les Furies.

La ſeconde Vieille.

La Noiſe & le Diſcord y danſent à l'entour,
Et meſme ceſte nuict, des nopces la plus belle,
Qu'ils deuroyent s'embraſſer, baiſer, faire l'amour,
Ce ne ſoit que refus, morſures & querelles.

I.

Son mari la deçoiue, & volage & chagrin
Cherche autre amour nouuelle, ainſi que fiſt Theſée,
Quand pariurant ſa foy deſſus le bord marin
A la proye des loups laiſſa ſon eſpouſée.

II.

Deçoiue ſon mari, ainſi que conſentit
Eriphyle à la mort du Prophete Amphierre,*
Quand vn goufre béant à Thebes l'engloutit,
Et vif & tout armé trebucha ſous la terre.

* Amphierre, pour Amphiare, e en a changée par licence poëtique.

I.

Le Myrte touſiours double à Venus dedié,
De ſes rameaux Cyprins iamais ce lict n'embraſſe,
Mais comme vn ſep de vigne à l'orme non lié,
Sans enfans, ſans amour, tombe contre la place.

II.

De puant Tamarin, ennemi de Venus,
Soit la chambre ombragée, & non de Marjolaine:
L'herbe qui prend le nom des Satyres cornus,
Ne naiſſe point ici, ny la plante d'Helaine.

I.

Les filles, dont les ans croiſſent en leurs printemps,
N'y chantent point Hymen, mais bien ces ſurannées
Qui ont deſia paſſé la vigueur de leurs temps,
Et ſans fleur & ſans fruit s'en-vont toutes fanées.

II.

Ne verſez ſur ce lict des bouquets bien tiſſus
De la fleur d'Adonis, ny la Roquette vtile
A reſchaufer l'amour, mais reſpandez deſſus
La poudre où s'eſt veautrée vne mule ſterile.

I.

Tous baiſers en ſoyent loin, qui moiteux vont baignant
Les léures des amans à langues mi-ſorties :
Que la nuict leur ſoit longue, & le lict plus poignant
Que s'ils eſtoyent couchez au milieu des orties.

II.

Adieu corps aſſemblez de differente humeur,
Adieu, de trop chanter i'ay la voix enroüée :
Auſſi bien en ce coing i'aduiſe le charmeur
Qui tient entre ſes mains l'eſguillette noüée.

Le Poëte.

Comme elles s'en alloyent, i'en pris vne aux cheueux,
Et liant tout ſon corps de cordes & de nœus
Ie l'arreſtay captiue ainſi que fut Protée :
Puis ie luy demanday, O vieille radotée,
Dy moy par quel moyen ie rompray le ſouci
Qui me tient en langueur pour ceſte Dame ici.
Dy moy quelle magie, ou charme, ou charactere
Pourront deſraciner mon amoureux vlcere,
A fin que libre & franc ie viue ſans eſmoy,
Pour chanter deſormais aux Muſes & à moy.
Si tu me fais ce bien, vn tourteau ie t'appreſte
Fait d'aulx & de pauot pour endormir ta teſte.

Ceste vieille en toussant & son chef secouant,
Et trois fois dessus moy ses prunelles roüant,
Me respondit ainsi,

La Vieille.

Tu es vn fat de croire
Qu'vn charme qui n'est rien, sur l'Amour ait victoire.
L'amour est naturelle, & la faut secourir
Par la mesme Nature à fin de la guerir.
Si les charmes forçoyent la fleche desbandée
De l'arc que porte Amour, la sorciere Medée
Eust arresté Iason, & Circe eust arresté
Vlysse dans son lict si doucement traité.
Mais charmes & magie, images & paroles,
Et figures & poincts en amour sont friuoles :
On ne se peut guerir par telle fiction :
Ce n'est que Poësie & folle inuention,
Il faut venir au fait. Maintenant que l'année
Est en son mois de May ieunement retournée,
Voyage, si tu peux, & changeant de païs
Laisse moy tes parens au logis esbahis.
Fay toy tirer du sang, & chasse de tes veines
Par vn rouge canal tes soucis & tes peines :
Attache ton esprit à contr'imaginer
Quelque entreprise haute, à fin de destourner
L'impression d'amour par vne autre nouuelle.
Souuienne toy des iours où tu ne la vis belle,
Rememore en l'esprit ce qu'elle auoit de laid :
Hante tes compaignons, ne va iamais seulet :
Et si quelque lacquais de ses lettres t'apporte,
Fuy-le comme la peste, & luy ferme la porte.
Si tu as de ses dons, ou bagues, ou tableaux,
Chifres, lettres, cheueux, romp-les en cent morceaux,

De peur qu'en les voyant, la flamme consumée
Par vn petit obiect ne retourne allumée,
Estant plus que iamais son esclaue & vassal.
« La recheute souuent est pire que le mal.
Or si tu veux trouuer vne santé parfaite,
Il ne faut consulter Apollon le Prophete,
Ses trepieds ny son temple : en deux mots breuement
Ie te rendray gaillard, & te diray comment.
Va où le cours de Seine en deux bras se diuise,
Baignant ce grand Paris : cherche Ieanne la grise,
De Venus courratiere, & entre le troupeau
Des filles qu'elle garde au logis le plus beau,
Eslis d'vn œil accort celle qui plus ressemble
A ta Dame, & soudain en te saoulant assemble
Ton flanc contre le sien, & de gaillards efforts
L'humeur pris en ses yeux reiette dans son corps.
Long temps ceste diete en chambre continue.
Si ta fiéure amoureuse apres ne diminue,
Pense que tu es né sous vn mauuais destin.
Va faire ta neuuaine ou à saint Auertin,
Ou à saint Mathurin, & croy que ta furie
De long temps à iamais ne se verra guerie.

ELEGIE XXIIII.

Quiconque aura premier la main embesongnée
A te couper, forest, d'vne dure congnée,
Qu'il puisse s'enferrer de son propre baston,
Et sente en l'estomac la faim d'Erisichthon,
Qui coupa de Cerés le Chesne venerable,
Et qui gourmand de tout, de tout insatiable,

Les bœufs & les moutons de ſa mere eſgorgea,
Puis preſſé de la faim, ſoy-meſme ſe mangea:
Ainſi puiſſe engloutir ſes rentes & ſa terre,
Et ſe deuore apres par les dents de la guerre.
Qu'il puiſſe pour vanger le ſang de nos foreſts,
Touſiours nouueaux emprunts ſur nouueaux intereſts
Deuoir à l'vſurier, & qu'en fin il conſomme
Tout ſon bien à payer la principale ſomme.
Que touſiours ſans repos ne face en ſon cerueau
Que tramer pour-neant quelque deſſein nouueau,
Porté d'impatience & de fureur diuerſe,
Et de mauuais conſeil qui les hommes renuerſe.
Eſcoute, Bucheron (arreſte vn peu le bras)
Ce ne ſont pas des bois que tu iettes à bas,
Ne vois-tu pas le ſang lequel degoute à force
Des Nymphes qui viuoyent deſſous la dure eſcorce?
Sacrilege meurdrier, ſi on pend vn voleur
Pour piller vn butin de bien peu de valeur,
Combien de feux, de fers, de morts, & de deſtreſſes
Merites-tu, meſchant, pour tuer des Deeſſes?
Foreſt, haute maiſon des oiſeaux bocagers,
Plus le Cerf ſolitaire & les Cheureuls legers
Ne paiſtront ſous ton ombre, & ta verte criniere
Plus du Soleil d'Eſté ne rompra la lumiere.
Plus l'amoureux Paſteur ſur vn tronq adoſſé,
Enflant ſon flageolet à quatre trous perſé,
Son maſtin à ſes pieds, à ſon flanc la houlette,
Ne dira plus l'ardeur de ſa belle Ianette:
Tout deuiendra muet, Echo ſera ſans voix:
Tu deuiendras campagne, & en lieu de tes bois,
Dont l'ombrage incertain lentement ſe remue,
Tu ſentiras le ſoc, le coutre & la charrue:
Tu perdras ton ſilence, & haletans d'effroy
Ny Satyres ny Pans ne viendront plus chez toy.

Adieu vieille forest, le iouët de Zephyre,
Où premier i'accorday les langues de ma lyre,
Où premier i'entendi les fleches resonner
D'Apollon, qui me vint tout le cœur estonner :
Où premier admirant la belle Calliope,
Ie deuins amoureux de sa neuuaine trope,
Quand sa main sur le front cent roses me ietta,
Et de son propre laict Euterpe m'allaita.
Adieu vieille forest, adieu testes sacrées,
De tableaux & de fleurs autrefois honorées,
Maintenant le desdain des passans alterez,
Qui bruslez en Esté des rayons etherez,
Sans plus trouuer le frais de tes douces verdures,
Accusent vos meurtriers, & leur disent iniures.
Adieu Chesnes, couronne aux vaillans citoyens,
Arbres de Iupiter, germes Dodonéens,
Qui premiers aux humains donnastes à repaistre,
Peuples vrayment ingrats, qui n'ont sceu recognoistre
Les biens receus de vous, peuples vraiment grossiers,
De massacrer ainsi nos peres nourriciers.
Que l'homme est malheureux qui au monde se fie!
O Dieux, que veritable est la Philosophie,
Qui dit que toute chose à la fin perira,
Et qu'en changeant de forme vne autre vestira :
De Tempé la vallée vn iour sera montagne,
Et la cyme d'Athos vne large campagne,
Neptune quelquefois de blé sera couuert.
La matiere demeure, & la forme se perd.

ELEGIE XXV

en forme d'inuectiue.

Pource, mignon, que tu es ieune & beau
Vn Adonis, vn Amour en tableau,
Frizé, fardé, qui es yssu d'vn pere
Aussi douillet & peigné que ta mere :
Qui n'as iamais sué ny trauaillé,
A qui le pain en la main est baillé
Dés ton enfance, & qui n'as autre gloire
Qu'auoir au flanc vne belle escritoire
Peinte, houpée, & qui n'as le sçauoir
De lire, escrire, & faire ton deuoir,
Ny d'exercer ta charge qui demande
Vne ceruelle & plus saine & plus grande :
Tu oses bien au milieu des repas,
Ayant les mains le premier dans les plats,
Gorgé de mets & de riches viandes,
De vins fumeux & de saulses friandes :
Tu oses bien te mocquer de mes vers,
Et te gauchant les lire de trauers,
A chaque poinct disant le mot pour rire !
Si tu sçauois qu'ils coustent à escrire,
Si tu auois autant que moy sué,
Refueilleté Homere & remué
Pour la science auec labeur apprendre,
Tu n'oserois, petit sot, me reprendre :
Mais tout raui de merueille & d'esmoy,
En me chantant tu dirois bien de moy,

Et me voyant vn Aſtre de la France,
Aurois mon nom en crainte & reuerence.
Ie ne ſuis pas (petit mignon de Court)
Vn importun qui court & qui recourt
Apres tes pas, quand vn Grand luy ordonne
Vn froid preſent, qui au matin te donne
Bonnet, genoux pour ta grace acquerir :
Ie ne ſuis tel, i'aimerois mieux mourir,
Ie ſuis yſſu de trop gentille race :
Ce n'eſt pour toy que le papier ie trace,
C'eſt pour moy ſeul quand i'en ay le loiſir,
Et c'eſt, mignon, faute d'autre plaiſir :
En me plaiſant ie veux bien te deſplaire.
Or ſi ta baue eſchauſe ma colere,
Et ſi ta langue en ton palais n'eſt coy,
Les chiens, les chats piſſeront deſſus toy
Parmi la rue, & mille harangeres
Te piqueront de leurs langues legeres,
Et d'vn broquard qui poingt iniurieux,
Te ietteront la honte ſur les yeux.
En ce-pendant pour bien viure à ton aiſe
Ie te ſouhaite vne femme punaiſe,
Ie te ſouhaite vn coquu bien cornu,
Et pour brauer vendre ton reuenu.
Puis ne pouuant au Roy tes comptes rendre,
A Mon-faucon tout ſec puiſſes-tu pendre,
Les yeux mangez de corbeaux charongneux,
Les pieds tirez de ces maſtins hargneux,
Qui vont grondant heriſſez de furie,
Quand on approche aupres de leur voirie.
Autre tombeau tu n'as point merité,
Qui as meſdit de la Diuinité.
Hé, qu'eſt-il rien plus diuin qu'vn Poëte ?
Eſprit ſacré, qui tantoſt eſt Prophete

Haut ſur la nue, & tantoſt il eſt plein
D'vn Apollon, qui luy enfle le ſein?
Enfant du Ciel & non pas de la Terre,
Qui fait touſiours aux ignorans la guerre,
Ainſi qu'à toy ſottelet eshonté,
Enfant aiſné de toute volupté,
Touſiours ſuiui de muguets tes ſemblables,
Moqueurs, cauſeurs, eſcornifleurs de tables,
Qui bien repeus autant de nez te font,
Qu'a de proboſce vn vieil Rhinoceront?
Et toutefois tu fais de l'habile homme,
Comme nourri à Naples ou à Romme,
Poiſant tes mots en balançant le chef,
Feignant de craindre vn dangereux mechef
Sur noſtre France: & curant ta dent creuſe
D'vne lentiſque eſcumeuſe & baueuſe
Trompes ainſi les pauures abuſez,
En la façon que les marchans ruſez,
Qui ſafraniers par mechantes pratiques
N'ont point de draps aux ſecondes boutiques,
Mais monſtrant tout dés le premier abord
Font bonne mine, & ſe vantent bien fort.
Ainſi mignon, ſans auoir dedans l'ame
Rien de vertu, tu counres ton diffame
D'vn maſque faux & d'vn front eshonté:
Ainſi fardé de toute volupté,
Comme vn boufon ton viſage ſe monſtre
Vn vray hibou de mechante rencontre.
Dieu qui ne prend les hommes pour conſeil,
N'aima iamais les hommes pleins d'orgueil,
Hommes poitris de limonneuſe terre,
Freſles & prompts à caſſer comme vn verre.
Il hait Briare, & tous ces orgueilleux
Geans mondains, qui tirent apres eux

(Pour n'auoir point de compagnons) l'eſchelle
Des grans faueurs & des biens, par laquelle
Ils ſont montez en haute dignité:
Et ce-pendant ils preſtent charité
A quelque ſot qui pour Dieux les adore,
Et tels les penſe, ainſi que fait vn More
Qui peint les Dieux auſſi noirs comme luy,
Et à ſoy-meſme il accompare autruy.
Mais ſi le fat vieilliſſant temporiſe
Iuſqu'à porter au menton barbe griſe,
Il les verra trebucher d'vn beau ſault,
Ou ſes enfans en verront l'eſchafaut.
« Touſiours du Ciel la bruyante tempeſte
« Des hauts rochers vient ſaccager la teſte,
« Où les eſclats des foudres trebuchans
« Vont pardonnant aux collines des champs.
Heureux celuy qui du coutre renuerſe
Son gras gueret d'vne peine diuerſe,
Tanſtot ſemant, labourant & cueillant,
Dés le matin iuſqu'au ſoir trauaillant!
Si tant d'orgueil autour de luy n'habite,
Si tant de biens qui s'eſcoulent ſi viſte,
A tout le moins il loge en ſa maiſon
Moins de faueur, & beaucoup de raiſon,
Dont il gouuerne en repos ſa famille,
Loin du Palais, du Prince & de la ville:
Où tu languis aux portes bien ſouuent
Des grans Seigneurs pour vn petit de vent,
Pour la faueur qui s'enfuit comme vn hoſte
Que la Fortune en quatre iours nous oſte.
Beaucoup de biens tu apprens d'acquerir,
Mais tu n'apprens, petit ſot, à mourir,
Ny d'eſtre aimé, ny à ſauuer ta vie,
Ny à tromper la rancune & l'enuie

Qui te pourſuit d'vne haine en ſon cœur,
Et tout le Ciel accuſe de rigueur
Dequoy tu vis, & dequoy le tonnerre
Ton chef maudit n'eſcraze contre terre.

FIN DES ELEGIES.

LES HYNNES DE

PIERRE DE RONSARD.

A TRES-ILLVSTRE PRINCESSE

MARGVERITE DE FRANCE,

DVCHESSE DE SAVOYE.

EPISTRE

D'ESTIENNE IODELLE

PARISIEN, A MADAME MARGVERITE,

DVCHESSE DE SAVOYE.

Si deſormais vers toy, ſous qui doit eſtre ſerue
L'impudente ignorance, on adreſſe, ô Minerue,
Tant d'œuures auortez, à qui leurs peres font
Porter effrontément ton beau nom ſur leur front :
Comme ſi lon vouloit ſa ſauuegarde faire
Sous la targue qu'on voit au poing de l'aduerſaire :
Si meſme dans ton Temple impatient ie voy
Quelque enroué Corbeau croüaſſer deuant toy,
Qui ſe pouſſant au rang des Cygnes les plus rares
Vienne ſouiller ton nom dedans ſes vers barbares,
Et qui tout bigarré d'vn plumage emprunté,
Ne couche iamais moins qu'vne immortalité :
Ie ne ſeray point moins deſpit, ny nos Charites
Tes neuf ſçauantes Sœurs ne ſeront moins deſpites,

Que ſi nous auions veu dans ton Temple Troyen
Ou Aiax Oilée, ou le Laërtien,
L'vn pour forcer encor ta Preſtreſſe Caſſandre,
L'autre pour ton portrait gardien vouloir prendre
D'vne ſanglante main, indigne de toucher
A cela que la Troye auoit tenu ſi cher.
Car pareil à ceux cy eſt celuy qui s'efforce
De bon gré maugré faire aus Muſes toute force.
C'eſt en lieu de gouſter ſur Parnaſſe les eaux
Des Muſes, aualler la bourbe des ruiſſeaux,
Pour d'vne main ſouillée au bourbier d'ignorance
Toucher au ſacré los d'vne Pallas de France,
Faiſant tort à ton Temple, à moy ton Preſtre ſaint,
Voire à ſon nom qu'on voit dés ſa naiſſance eſteint.
Mais auſſi quand ie ſçay qu'vn Ronſard qui eſtonne
Et contente les Dieux, à qui ſes vers il donne,
Vient humble dans ton Temple à tes pieds apporter
Ce qui peut aux neueux, voire aux peres oſter
La gloire des beaux vers, bien que lon me viſt eſtre
Ton plus cher ſeruiteur, ton plus fauory Preſtre,
Te repaiſſant ſans fin d'vn vers qui vient à gré,
Quand il vient d'vn Iodelle à toy ſeule ſacré:
Ie ne ſuis moins ioyeux que la Preſtreſſe antique
Du deuin Apollon, quand au temple Delphique
Le grand Roy Lydien prodiguant ſon treſor
Vint enrichir ce lieu de mille preſens d'or,
Eſchangeant les vaiſſeaux d'argille bien tournée
Aux vaiſſeaux maſſifs d'or, où la troupe eſtonnée
Des deuots pelerins abordez en ce lieu
Beuuoient de longue ſuite aux feſtes de ce Dieu.
Car les riches preſens qui or' chez toy ſe treuuent
Preſentez par Ronſard, tout ainſi nous abreuuent,
Inuitans tout vn monde à loüer ton honneur,
Inuitans tout vn monde à louër ton donneur,

Qui recule en l'autel de ma grand'Marguerite
Pour faire place à l'or, mon argille petite,
Où deuant ie faisois l'offrande à ta grandeur,
Non pas d'vn pareil pris, mais bien d'vn pareil cœur.
« Malheureux sont ceux-là, de qui les ialousies
« Pour les genner tous seuls ont les ames saisies :
« Malheureux est celuy, qui pour penser gaigner
D'vn admirable ouurier veut la gloire espargner.
Dans les Antres ombreux le ialoux d'vn bel œuure
Doit viure, s'il ne veut que sa rage on descœuure.
Qu'est-ce qui fait les vers & leurs saints artisans
Seruir d'vne risée à tant de courtisans ?
Et que les grands qui font leur but de la Memoire,
Dédaignent à tous coups l'ouurier de telle gloire,
Aimant mieux se priuer mesme de leur espoir,
Portans tout au cercueil, qu'en viuant receuoir
Les vangeurs de leur mort ? hé, qui fait que la France
Charge souuent d'honneurs son asnesse Ignorance,
Si ce n'est vne enuie ? enuie qui ne veut
Souffrir vne vertu, qui trop plus qu'elle peut,
Se perdant pour la perdre ? Il faut, il faut des autres
Vanter les beaux labeurs pour donner force aux nostres.
Tel admire souuent ce qu'il doit admirer,
Qui de soy-mesme fait d'auantage esperer.
« Car quant au poinct d'honneur, tant plus vn homme en quitte,
« Et plus il en retient, & plus il en merite.
Ie seray tousiours franc : l'honneur que i'ay de toy,
Au rebours de tout autre esueille vn cœur en moy,
Vn cœur prompt & gentil, qui fait que gay i'adore
Celuy qui comme moy ma grand' Mineruе honore
Et si fait que de luy ie m'accompagne, afin
Que ton nom & le sien vole au monde sans fin.
Aux coüards soit l'enuie : oncques on ne vit estre
L'enuie dans l'esprit courageux & adestre.

Nul ne ſçauroit ſi bien ſe faire plaire aux Dieux,
Que ie ne deſiraſſe encor qu'il leur pleuſt mieux.
Quand on a le cœur tel, bien qu'encore on ne face
Ses traits du tout parfaits, ce braue cœur efface
Par vne opinion le traict le plus parfait :
Puis de l'opinion la verité ſe fait.
Ainſi l'œuure d'autruy doit ſeruir à la vie
D'vn encouragement, & non pas d'vne enuie.
Tant s'en-faut qu'enuieux de nos hommes ie ſois,
Que ie iure ton chef, qu'entre tous nos François
(Tant l'honneur du pays m'a peu touſiours eſpoindre)
Ie voudrois qu'on me viſt (tel que ie ſuis) le moindre :
Ie ne ſeruirois plus fors qu'à ton ſacré los
D'inciter, languiſſant, les eſprits plus diſpos.
Mais puiſque nous voyons croiſtre en France vn tel nombre
De brouilleurs, qui ne font ſinon que porter ombre
A la vertu naiſſante, il te faut prendre au poing
Ton glaiue & ton bouclier pour m'aider au beſoin :
Et tant qu'encourageant mes forces à l'exemple
Du veinqueur Vandomois, ie ſorte de ton Temple
Pour ſur les ignorans redoubler les efforts,
Et voir ces auortons auſſi toſt nais que morts,
Afin que l'heur de France & des Muſes ie garde,
Faiſant apres Ronſard la ſeure arrieregarde.
Ie les verray ſoudain ſous mes traits s'effroyer,
Ie les verray ſoudain ſous ta Gorgon muer,
Mais non pas de beaucoup : car eſtans demi-pierre
De l'eſprit il ne faut ſinon que lon reſerre
Leur mouuement d'vn roc, afin qu'on oſte à tous
Le pouuoir de ſe nuire eux-meſmes de leurs coups,
Arreſtant par les yeux de Meduſe auec l'ame
Le malheureux Demon qui ſi mal les enflame.
Or ce pendant qu'ainſi ton ſecours i'attendray,
Et redoutable à tous au combat me rendray,

Embraſſe moy ces vers, que la harpe meilleure
Pour ta ſainᶜte grandeur a ſonnez à ceſte heure:
Embraſſe embraſſe & fay ces beaux Hynnes ſonner,
Freres de ceux qu'on vit à ſon Odet donner:
Tant que depuis ton Temple entendent les eſtranges
Des hommes & des Dieux les plus belles louanges,
Confeſſans qu'en ce ſiecle ingrat, aueugle & las
Des troubles de la guerre, on voit vne Pallas,
Qui fait de nos vertus & de nos Muſes conte,
Autant qu'à l'ignorance & au vice de honte:
Prenant pour les faueurs que fait ſa Deité,
L'vſure qu'elle attend en noſtre eternité.

LE PREMIER LIVRE

DES HYNNES DE PIERRE DE RONSARD.

A TRES-ILLVSTRE PRINCESSE MARGVERITE DE FRANCE,

Ducheſſe de Sauoye.

HYNNE DE L'ETERNITE'.

Tourmenté d'Apollon, qui m'a l'ame eſchaufée,
Ie veux plein de fureur, ſuiuant les pas d'Orfée,
Rechercher les ſecrets de nature & des Cieux,
Ouurage d'vn eſprit qui n'eſt point ocieux :
Ie veux, s'il m'eſt poſſible, attaindre à la louange
De celle qui iamais par les ans ne ſe change :
Mais bien qui fait changer les ſiecles & les temps,
Les mois & les ſaiſons & les iours inconſtans,
Sans iamais ſe muer, pour n'eſtre point ſuiette,
Comme Royne & maiſtreſſe, à la loy qu'elle a faite.

Trauail grand & faſcheux: & toutefois l'ardeur
D'oſer vn ſi haut faict m'en conuie au labeur:
Puis ie le veux donner à vne qui merite
Qu'auec l'Eternité ſa vertu ſoit eſcrite.
Donne moy s'il te plaiſt, immenſe Eternité,
Pouuoir de celebrer ta grande Deité:
Donne l'archet d'airain & la Lyre ferrée,
D'acier donne la corde & la voix acerée,
Afin que ma chanſon ſoit viue autant de iours,
Qu'eternelle tu vis ſans voir finir ton cours:
Toy la Royne des ans, des ſiecles & de l'âge,
Qui as eu pour ton lot tout le Ciel en partage,
La premiere des Dieux, où bien loin de ſoucy
Et de l'humain trauail qui nous tourmente icy
Par toy-meſme contente & par toy bienheureuſe
Tu regnes immortelle en tous biens plantureuſe.
Tout au plus haut du Ciel dans vn throne doré
Tu te ſieds en l'habit d'vn manteau coloré
De pourpre rayé d'or, paſſant toute lumiere
Autant que ta ſplendeur ſur toutes eſt premiere:
Et là tenant au poing vn grand Sceptre aimantin,
Tu eſtablis tes loix au ſeuere Deſtin,
Qu'il n'oſe outrepaſſer, & que luy-meſme engraue
Fermes au front du Ciel: car il eſt ton eſclaue,
Ordonnant deſſous toy les neuf temples voutez
Qui dedans & dehors cernent de tous coſtez,
Sans rien laiſſer ailleurs, tous les membres du monde
Qui giſt deſſous tes pieds, comme vne boule ronde.
A ton dextre coſté la Ieuneſſe ſe tient,
Ieuneſſe au chef creſpu, de qui la treſſe vient
Par flots iuſqu'aux talons d'vne enlaſſeure entorſe,
Enflant ſon eſtomac de vigueur & de force.
Ceſte belle Ieuneſſe au teint vermeil & franc,
D'vne boucle d'azur ceinte deſur le flanc,

Dans vn vaſe doré te donne de la deſtre
A boire du Nectar, afin de te faire eſtre
Touſiours ſaine & diſpoſte, & afin que ton front
Ne ſoit iamais ridé comme les noſtres ſont.
Elle de l'autre main vigoreuſe Déeſſe
Repouſſe l'eſtomac de la triſte Vieilleſſe,
Et la baniſt du Ciel à coups de poing, afin
Que le Ciel ne vieilliſſe & qu'il ne prenne fin.
A ton autre coſté la Puiſſance eternelle
Se tient debout plantée, armée à la mammelle
D'vn corſelet graué qui luy couure le ſein,
Branlant de nuict & iour vne eſpée en la main,
Pour fidele garder les bords de ton Empire,
Ton regne & ta richeſſe, afin que rien n'empire
Par la fuite des ans, & pour donner la mort
A quiconque voudroit ramener le Diſcord,
Diſcord ton ennemy, qui ſes forces aſſemble
Pour faire mutiner les Elemens enſemble
A la perte du Monde & de ton doux repos,
Et voudroit, s'il pouuoit, r'engendrer le Chaos.
Mais tout incontinent que ceſt ennemy braſſe
Trahiſon contre toy, la Vertu le menaſſe,
L'eternelle Vertu, & le chaſſe en Enfer
Garroté pieds & mains de cent chaiſnes de fer.
Bien loin derriere toy, comme ta chambriere
La Nature te ſuit, Nature bonne mere,
D'vn baſton appuyée, à qui meſmes les Dieux
Font honneur du genoul quand elle vient aux cieux.
Saturne apres la ſuit, le vieillard venerable
Marchant tardiuement, dont la main honorable
Bien que vieille & ridée, eſleue vne grand'faux.
Le Soleil vient apres à grands pas tous egaux,
Et l'An qui tant de fois tourne, paſſe & repaſſe,
Gliſſant d'vn pied certain par vne meſme trace.

O grande Eternité, eternels ſont tes faits !
Tu nourris l'Vniuers en eternelle paix :
De chainons enlaſſez les ſiecles tu attaches,
Et couué ſous ton ſein tout le monde tu caches,
Luy donnant vie & force, autrement il n'auroit
Membres ame ne vie, & ſans forme mourroit :
Mais ta viue vertu le conſerue en ſon eſtre
Touſiours entier & ſain ſans amoindrir ne croiſtre.
Tu n'as pas les humains fauoriſez ainſi,
Que tu as heritez de peine & de ſouci,
De vieilleſſe & de mort qui eſt leur vray partage,
Faiſant bien peu d'honneur à noſtre bas lignage,
Qui ne peut conſeruer ſa generation
Sinon par le ſuccez de reparation,
A laquelle Venus incite la nature
Par plaiſir mutuel de chaque creature,
Pour garder ſon eſpece, & touſiours reſtaurer
Sa race qui ne peut eternelle durer.
Mais toy ſans reſtaurer ton eſtre & ton eſſence,
Viue tu te ſouſtiens de ta propre puiſſance,
Sans craindre les cizeaux des Parques : le treſpas
Ne regne point au Ciel comme il regne icy bas
Le lieu de ſon empire, où malin il exerce
Par mille eſtranges morts ſa malice diuerſe,
« *N'ayant non plus d'eſgard aux Princes qu'aux Bouuiers,*
« *Peſle-meſle egalant les Sceptres aux leuiers.*
Quand tes lois au conſeil l'eſtat du monde ordonnent,
En parlant à tes Dieux qui ton throne enuironnent
(Throne qui de regner iamais ne ceſſera)
Ta bouche ne dit point, Il fut, ou Il ſera :
C'eſt vn langage humain pour remarquer la choſe :
Le temps preſent tout ſeul à tes pieds ſe repoſe,
Sans auoir compaignon : car tout le temps paſſé,
Et celuy dont le pas n'eſt encor auancé,

Sont presens à ton œil qui d'vn seul clin regarde
Le passé, le present, voire & celuy qui tarde
A venir quant à nous, & non pas quant à toy,
Ny à ton œil qui voit tous les temps deuant soy.
Nous autres iournaliers, nous perdons la memoire
Des siecles ia coulez, & si ne pouuons croire
Ceux qui sont à venir, comme estans imparfaits,
Et d'vne masse brute inutilement faits,
Aueuglez & perclus de sa saincte lumiere,
Que le peché perdit en nostre premier pere:
Mais ferme tu retiens dedans ton souuenir
Tout ce qui est passé, & ce qui doit venir,
Comme haute Déesse eternelle & parfaite,
Et non ainsi que nous de masse impure faite.
Tu es toute dans toy, ta partie & ton tout,
Sans nul commencement, sans milieu ne sans bout,
Inuincible, immuable, entiere & toute ronde,
N'ayant partie en toy qui en toy ne responde,
Toute commencement, toute fin, tout milieu,
Sans tenir aucun lieu, de toutes choses lieu,
Qui fais ta Deité en tout par tout estendre,
Qu'on imagine bien, & qu'on ne peut comprendre.
Regarde moy Déesse au grand œil tout-voyant,
Mere du grand Olympe au grand tour flamboyant,
Grande mere des Dieux, grande Royne & Princesse:
Si ie l'ay merité, concede moy Déesse,
Concede moy ce don: c'est qu'apres mon trespas
(Ayant laissé tomber ma despouille çà bas)
Ie puisse voir au Ciel la belle Marguerite
Pour qui i'ay ta loüange en cest Hynne descrite.

HYNNE

DE CALAYS ET DE ZETHE'S.

A elle-mesme.

Ie veux donner cest Hynne aux enfans de Borée,
Deux freres emplumez, qui d'vne aile dorée
Peinte à plumes d'azur (monstrueux iouuenceaux)
De vistesse passoient les vents & les oiseaux.
Leurs costez en naissant d'ailes ne se vestirent :
Mais quand ils furent grands, grandes elles sortirent
A l'enuy de la barbe, & leur dos s'en orna
Si tost qu'vn poil follet leur menton cottonna.
Ie sçay que ie deurois, Princesse Marguerite,
D'vn vers non trafiqué chanter vostre merite,
Sans louër autre nom, & des Grecs estrangers
N'emprunter desormais les discours mensongers :
Le vostre est suffisant à quiconque desire
Gaigner le premier bruit de bien sonner la Lyre,
Mais vous le desdaignez, & dites qu'il ne faut
Sinon louer le Dieu qui habite là haut,
De qui la gloire doit tousiours estre chantée.
Ainsin on vous desplaist quand vous estes vantée,
Et tousiours rougissez, si d'vn vers importun
Quelcun bat vostre oreille en louant trop quelcun,
Ou secouez la teste, ou d'vn œil venerable
Monstrez qu'vn vil flateur ne vous est aggreable.
Pource illustre Princesse, au signe que i'ay veu
Il faut ne vous louer, ou vous louer bien peu,

Et ſuiure ſon ſuiet ſans vous penſer complaire
Par louanges ainſi qu'on plaiſt au populaire.
Quand Iaſon l'Argonaute à l'aide de Pallas
Eut pouſſé d'auirons & de force de bras
Au port Bithynien la barque qui premiere
De rames balloya l'eſchine mariniere,
Les preux dedans Argon comme en vn ventre enclos,
Laſſez d'auoir tourné tout le iour tant de flots,
D'vn ancre au bec crochu la gallere arreſterent,
Puis au ſoir pour dormir au riuage ſauterent.
Là Iaſon deſcendit qui ne faiſoit encor
Que friſer ſon menton d'vn petit creſpe d'or,
Iaſon le gouuerneur de toute la nauire,
Qui luiſoit en beauté comme au ſoir on voit luire
L'eſtoile de Venus, lors que la nuict n'a pas
Encor du tout voilé les terres de ſes bras.
Apres luy deſcendit le cheuelu Orfée
Qui tenoit en ſes mains vne harpe eſtofée
De deux coudes d'yuoire, où par rang ſe tenoient
Les cordes, qui d'enhaut inegales venoient
A bas l'vne apres l'autre en biais cheuillées:
En la façon qu'on voit les pennes esbranlées
Des Faulcons en volant, qui depuis les cerceaux
Vont ſe ſuiuant eſpais à rangs tous inegaux.
Ce noble Chantre auoit par-ſur tous priuilege
De ne tirer la rame, ains aſſis en ſon ſiege
Au plus haut de la prouë auecque ſes chanſons
Donnoit courage aux Preux, animez de ſes ſons:
Maintenant par ſes vers r'appellant en memoire
De leurs nobles ayeux les geſtes & la gloire,
Maintenant ſe tournant vers Argon, la haſtoit
D'vn chant perſuaſif que le bois eſcoutoit.
Là fut le ſage Idmon, lequel (bien que l'augure
Luy euſt ſouuent predit ſa mort eſtre future

Au bord Mariandin s'il alloit en Colchos)
Eſpoint d'vn grand deſir de s'acquerir du los,
Aima mieux viure peu perdant ceſte lumiere,
Que de trainer ſans gloire vne ame caſaniere.
« O belle & douce gloire hoſteſſe d'vn bon cœur!
« Seule pour la vertu tu nous oſtes la peur.
Là print riuage Idas, & ſon frere Lyncée
Qui ſouuent de ſes yeux la terre auoit percée,
De ſes yeux qui voyoient, tant ils furent aigus,
Les Manes des enfers & les Dieux de là ſus.
Là deſcendit Phlias, là deſcendit Eupheme,
Augé fils du Soleil, Acaſte & Polypheme,
Polypheme qui fut ſi viſte & ſi diſpos
Qu'il couroit à pied ſec ſur l'eſcume des flots:
La vapeur ſeulement de la vague liquide
Tenoit vn peu le bas de ſes talons humide.
Là ſauta ſur l'arene Ancé qui ne portoit
Iamais cuiraſſe au dos, ſeulement ſe veſtoit
(Comme cil qui penſoit qu'on ne trompe ſon heure)
De la peau d'vn grand Ours qu'il veſtoit pour armeure:
Luy ſecoüant au poing vn brand armé de cloux
A la poincte d'acier, qui tranchoit des deux bouts,
Marchoit comme vn Gean, & en lieu d'vne creſte
La queuë d'vn cheual luy pendoit à la teſte.
Là print riuage Argus, Telamon, & Tiphys,
Et celuy qui auoit Achille pour ſon fils,
Et celuy qui deuoit aux riues Euboées
Rendre des Grecs veinqueurs les nauires noyées.
Là deſcendit auſſi l'indonté iouuenceau
Cænée, à qui le fer rebouchoit ſur la peau
Et contre-bondiſſoit, comme on voit peſle-meſle
Bondir au temps d'hyuer ſur l'ardoiſe la greſle:
Ou deſſus vne enclume vn marteau par compas
Reſſauter, quand Vulcan la frappe à tour de bras.

On dit que ce Cænée au milieu de la guerre
De busches accablé alla vif sous la terre,
Quand luy qui trop hardy en sa peau se fia,
Les Centaures tout seul au combat desfia.
Là Mopsus aborda, grand Augure & Prophete,
Des secrets d'Apollon veritable interprete,
Mais chetif qui ne sçeut prophetiser sa mort:
Vn rameau de Laurier pour panonceau luy sort
Du haut de la salade, & vne robbe blanche
De houpes d'or frangée alloit iusqu'à la hanche.
Plus bas que les replis de son voile de lin
Ses pieds estoient chaussez d'vn rouge brodequin,
Duquel sur le deuant vne corne s'esleue
Qui se recoquilloit iusqu'à demy la gréue.
Làs! le pauure Mopsus, Mopsus qui ne sçauoit
Qu'aux bords Pagazeans ramener ne deuoit
Argon, & que sa rame en regrettant sa perte
Chommeroit sans rien faire en sa place deserte:
Car d'vn tel auiron les ondes il rouloit,
Que nul apres sa mort sa place ne vouloit.
Là Castor & Pollux fleur de Cheualerie
Prindrent du bord marin la froide hostellerie,
L'vn qui eust mieux piqué vn beau cheual guerrier
Aux champs Laconiens, que d'estre marinier:
L'autre mieux escrimé que suer sous la rame.
Tout au haut de leur teste vne nouuelle flame
Sembloit desia reluire, & de larges rayons
Trembler sur le sommet de leurs beaux morions,
Morions façonnez d'inuention gentille
Sur le mesme portrait de l'oualle coquille,
Que l'vn & l'autre auoit dessus la teste, alors
Qu'vn œuf de ses deux bouts les esclouyt dehors.
Vne robe de pourpre ainsi que feu tremblante
Pendoit de leurs collets iusqu'au bas de leur plante,

Dont leur mere Leda pour vn present exquis
Auoit au departir honoré ses deux fils,
Ouuriere entrelaſſant d'vne ſecrete voye
De petits filets d'or à des filets de ſoye.
Au milieu de l'habit Taygette apparoiſſoit,
Où le Cheual Cyllare entre les fleurs paiſſoit:
Et plus bas ſur le bord de ceſte robe neuue
Eurote s'eſgayoit, ſerpentant en ſon fleuue
A longs tortis d'argent, où en maintes façons
Deſſus le bord luitoient les filles aux garçons.
Vn œuf eſtoit portraict ſur l'herbe de la riue
Entre-eſclos à demy, où la peinture viue
De Caſtor à vn bout naiſſant ſe preſentoit,
Et celle de Pollux à l'autre bout eſtoit.
Au droit de l'eſtomac de ſoye blanche & fine
Voloit au naturel la ſemblance d'vn Cygne,
Ayant le col ſi beau & le regard ſi dous,
Que chacun euſt penſé que Iupiter deſſous
Encor' aimoit caché, tant l'image portraite
Et du Cygne & de Lede eſtoit viuement faite.
Là Zethe & Calays les derniers du bateau
Sortirent pour dormir au premier front de l'eau,
Auſquels de tous coſtez comme deux belles ondes
Les cheueux d'or flottoient deſſus les ailes blondes,
Et pleins de liberté s'entremeſloient dedans
Les plumes peſle-meſle à l'abandon des vents.
Telle troupe d'Heros, l'eſlite de la Grece,
Accompaignoient Iaſon d'vn cœur plein d'allegreſſe
Qui toute nuict couchez ſur le riuage nu
Dormirent iuſqu'au poinct que le iour fut venu.
Auſſi toſt que du iour l'aube fut retournée,
Voicy venir au bord le mal-heureux Phinée
Qui plus qu'homme mortel enduroit de torment:
Car le pauure chetif n'eſtoit pas ſeulement

Banny de son pays, & vne aueugle nue
N'estoit (ô cruauté!) dessus ses yeux venue
Par le vouloir des Dieux, qui luy auoient osté
(Pour trop prophetiser) le don de la clarté:
Mais à tous ses repas les Harpies cruelles
Demenans vn grand bruit & du bec & des ailes,
Luy pilloient sa viande, & leur griffe arrachoit
Tout cela que Phinée à sa léure approchoit,
Vomissant de leur gorge vne odeur si mauuaise,
Que toute la viande en deuenoit punaise.
Tousiours d'vn craquetis leur maschoire cliquoit,
Tousiours de palle faim leur bec s'entrechoquoit.
Comme la dent d'vn Loup, quand la faim l'espoinçonne
De courre apres vn Beuf, la maschoire luy sonne,
Et béant & courant & faisant vn grand bruit
Fait craqueter sa gueule apres le Cerf qui fuit:
Ainsi bruyoient les dents de ces monstres infames,
Qui du menton en haut sembloient de belles femmes,
De l'eschine aux oiseaux, & leur ventre trembloit
De faim, qui de grandeur vn bourbier resembloit,
Et pour iambes auoient vne acrochante griffe
En escailles armée, ainsi qu'vn Hippogrife.
Ce chetif ne viuoit que de petits morceaux
Qui tomboient infectez du bec de ces oiseaux,
Et fust mort de douleur sans la ferme esperance
Qu'il auoit de trouuer quelque iour deliurance
Par les fils Boreans, que le noble Iason
Deuoit par là conduire allant à la Toison.
Aussi tost que Phinée au riuage ouyt bruire
Les Princes esueillez au siflet du nauire,
Il se leua du lict ainsi qu'vn songe vain,
Appuyant d'vn baston sa tremblotante main,
Et tastonnant les murs sortit hors de sa porte
D'vn pied foible & recreu, lequel à peine porte

Le corps vieil & moisy, l'eschine de son dos
Ne monstroit aux voyans qu'vne carcasse d'os
Sous vne peau crasseuse, & sa perruque dure
Comme poil de cheual se herissoit d'ordure.
Luy sortant de sa chambre affoibly des genous
Se trainoit vers le bruit bronchant à tous les coups :
Or' vn estourdiment tout le cerueau luy serre,
Ore tout à la ronde il pensoit que la terre
Chancelloit dessous luy, & ores il dormoit
Accablé d'vn sommeil qui son chef assommoit.
Aussi tost que les Preux sur le bord l'auiserent,
De merueille estonnez au vieillard deuiserent
Piteux de sa fortune : à la fin souspirant
D'vne debile voix qu'à peine alloit tirant
De son foible estomac, & roüant la paupiere
De ses yeux orphelins de la douce lumiere,
Et virant pour-neant ses prunelles en l'air,
Se tourna vers le bruit, & commence à parler :
O troupe dés long temps en mes vœux attendue,
S'il est vray que soyez la mesme troupe eslue
Que Iason maistrisé des destins de son Roy
Au riuage Colchide emmene auecque soy,
Sillonnans les premiers de vos rames fameuses
Le marbre renuersé des vagues escumeuses :
O troupe genereuse, enfans des Dieux yssus,
Ou bien estans des Dieux ou nepueux ou conceus,
Ottroyez moy de grace vne pauure demande.
Par le Roy Iupiter, & par Iunon la grande
Ie vous prie & supplie, & par Pallas aussi
Qui si loin vous conduit, & de vous a soucy :
Ne me desdaignez point Prince tres-miserable,
Ains auant que partir soyez moy secourable.
Vn celeste courroux n'a seulement mes yeux
Faict orfelins du iour, ny le faix odieux

De la triste vieillesse auec tremblante peine
D'vn baston appuyé seulement ie ne traine:
Mais vn plus grand malheur me donte que ceux cy,
C'est quand ie veux manger (Dieux que dy-ie!) voicy
Comme ces tourbillons qui deuancent les pluyes,
Venir de tous costez les friandes Harpyes
Rauder desur ma nape, & d'vn bec passager
Desrober tout le bien que ie deurois manger:
Coup sur coup à mon nez retournent & reuiennent,
Puis se perdans en l'air loin de terre se tiennent
Hautes dessus le vent: derechef espiant
Ma viande du ciel, deuallent en criant,
Et sans les aduiser fondent à l'impourueüe
Dessus ma table, ainsi qu'on voit fondre vne nuë
De tempestes armée, alors que le feu pers
De tonnerre ensouffré saccage les bleds verts.
Ie ne puis euiter ces gourmandes cruelles:
Ie tromperoy plus tost mon ventre affamé, qu'elles,
Tant elles sont au guet: car si tost que du doy
Ie touche la viande, elles vollent sur moy,
Et mon pauure manger hors des mains me rauissent,
Et de mauuaise odeur les plats empuantissent:
De leurs morceaux tombez sans plus, ie me nourris:
Mais ils sont si puants, si ords & si pourris,
Que de cent pas autour vn homme n'en approche,
Eust-il le nez de fer & l'estomac de roche,
S'il n'estoit comme moy de faim espoinçonné,
Ou bien à tel malheur par les Dieux condamné.
De tels morceaux puants ie traine au iour ma vie,
Maugreant Atropos qu'elle n'a point enuie
De trancher mon filet. Fussé-ie trespassé
Quand du grand Iupiter le veuil i'outrepassé,
Par mes oracles vrais rendant trop manifeste
Aux hommes d'icy bas la volonté celeste!

Ce ſeul monſtre importun qu'on ſurnomme la Fain,
Qui de iour & de nuiƈt me tourmente le ſein,
Pour nourrir mon malheur, iette dedans mon ventre
Vn repas, qui puant vilainement y entre:
« Ventre ingrat & malin, la cauſe de mes maux,
« Combien ſeul aux mortels donnes-tu de trauaux!
Toutefois le Ciel veut que les fils de Borée
Compaignons du labeur de la toiſon dorée,
Allegent ma douleur: d'autres ne le pourroyent,
Et quand ils le voudroyent certes ils ne ſçauroyent,
S'il eſt vray que ie ſois Phinée Roy de Thrace,
Et qu'Apollon encore en mon cœur ait ſa place:
Et s'encore il eſt vray qu'en ma premiere fleur
Autrefois i'eſpouſay Cleopatre leur ſœur:
Et s'encor il eſt vray qu'Agenor fut mon pere,
Ayant pour ſœur Europe, & Cadmus pour mon frere.
La pitié naturelle alla le cœur ſerrer
De Zethés, qui ſe print chaudement à pleurer,
Meu du nom de ſa ſœur: puis prenant la parole
Luy touche dans la main, & ainſi le conſole:
Ceſſe tes cris, vieillard, nous ſerons ton confort,
Et comme tes parens nous ferons noſtre effort
A venger pour le moins l'vne de tes iniures,
Pourueu que par ſerment à haute voix tu iures
Que le courroux des Dieux qui s'auance à loiſir,
Nos chefs ne foudroyra pour t'auoir fait plaiſir:
Car ce n'eſt la raiſon de gaigner en ſalaire
L'ire de Iupiter pour te vouloir bien faire.
« Quand vne fois les Dieux ſe ſentent irritez,
« Soudain n'offenſent ceux qui les ont deſpitez,
« Mais en temporiſant puniſſent le merite
« Au double de celuy qui penſoit eſtre quite:
Pource en leuant tes mains iure icy deuant tous,
Que la rancœur des Dieux ne tombera ſus nous.

Adonques le vieillard eſclata des aſtelles,
Et reſpandit le ſang d'vn taureau deſſus elles,
Qu'on auoit aſſommé le chef encontre-mont :
Il fiſt trois petits feux en cerne tout en rond,
Il meſla dans du laict l'eau de la mer ſalée,
Il arroſa de vin la victime immolée,
Effondra le taureau, entrailles & iambons
De ſel bien ſaupoudrez ietta ſur les charbons :
Puis ayant ſur le chef vne couronne pleine
De Myrique prophete, & de chaſte Veruene,
Eſtendant pour-neant ſes paupieres aux cieux,
Par ſerment ſolennel atteſta tous les Dieux :
Sache le grand Soleil qui voit tout en ce monde,
Sache la Mer, la Terre & l'abyſme profonde,
Et l'aueugle bandeau qui me ſille à l'entour
Les yeux, pour ne iouyr de la beauté du iour,
Et le ſçachent auſſi les meſchantes Furies
Qui me pillent ma vie en forme de Harpies,
Que nul de tous les Dieux (i'en iure) contre vous
Pour m'auoir ſoulagé n'enuoyra ſon courrous.
I'ay préueu dés long temps la fin de ma miſere,
Ie ſçay que Iupiter ne tient plus ſa colere
(De ſa grace) ſur moy, lequel pour mon ſupport
A fait aux fils des Grecs en ce lieu prendre port.
Ainſi parloit Phinée, & ia deſſus le ſable
Les valets de ce Prince auoient dreſſé la table
La chargeant à foiſon l'vn ſur l'autre de plats,
De ces meſchans oiſeaux le dernier repas.
Là Zethe & Calays en vne chaire ornée
De gazons firent ſoir le malheureux Phinée,
Le priant de manger, & de ietter bien loin
Aux ondes & au vent ſa famine & ſon ſoin.
Auſſi toſt que ſes doigts toucherent la viande,
On entendit en l'air ceſte troupe gourmande

Criailler d'vn grand bruit, comme on oit dans vn bois
Pres le bord de la mer vne confuse vois
Des Palles & Butors, quand vn larron ils trouuent
Qui remarque leurs nids & leurs femmes qui couuent.
Puis en fondant du ciel sans les apperceuoir
(Ainsi qu'vn foudre ardent qui prompt se laisse choir
S'esclattant d'vn grand bruit) dessus luy se percherent,
Et de leurs becs crochus la viande arracherent
Hors de ses vuides mains, haletant vne odeur
Qui empuantissoit des Cheualiers le cœur.
Là quelque peu de temps en mangeant seiournerent,
Et comme tourbillons en l'air s'en retournerent.
Lors Zethe & Calays happerent leurs boucliers,
Dont l'acier reluisoit comme des Astres clairs,
Puis de leur gaine large à cloux d'or diaprée
Tirerent brusquement leur flamboyante espée,
Commandant aux valets d'vn pied prompt & leger
Rapporter sur la table encores à manger.
A peine à peine estoient les viandes seruies,
Que voicy derechef les friandes Harpies
Tourner dessus la table, & de leur bec pillard
Rauissant la viande, affamer le vieillard.
Zethes du premier coup son aile ne remue,
Ny Calays la sienne: ains ainsi qu'vne Gruë
Auance vne eniambée, ou deux ou trois auant
Qu'abandonner la terre, & se donner au vent:
Ainsi deux ou trois pas en sautant eniamberent
Les enfans d'Aquilon, puis en l'air s'esleuerent
Pendus dedans le Ciel, secoüant d'vn grand bruit
Les ailes, que leur pere entre deux airs conduit
Pour leur donner vitesse: autrement par trop lentes
N'eussent iamais attaint les Harpies volantes,
Qui de legereté les foudres egaloient,
Venant ou retournant à l'heure qu'elle' alloient

Deuorer les repas de l'aueugle Phinée
Condamné par les Dieux à telle destinée.
Les Preux desur le bord s'arresterent béans,
Accompaignans des yeux ces grands Monstres fuyans
Tant qu'ils peuuent en l'air, ayant l'ame surprise
Du desir de sçauoir la fin de l'entreprise.
Ainsi que deux Faucons qui parmy l'air s'en vont
Hautains apres leur proye, & volent front à front,
Ces Cheualiers voloient, secoüant en la dextre
L'espée, & le bouclier en l'autre main senestre.
Les Monstres en voyant leurs ennemis ailez,
Tournant autour du bord ne s'en sont en-volez
Guieres haut dedans l'air: sans plus leur volerie
Ressembloit au Milan qui l'aile ne deplie:
Mais quand sifler l'espée ils ouyrent au vent
Des freres, qui de pres les alloient poursuiuant,
Ils doublerent le vol, & de leurs gueules pleines
Rendirent les morceaux pour voler plus hautaines,
Comme on voit vn Heron sa gorge descharger
Quand il sent le Faucon, pour estre plus leger:
Ores dedans le Ciel les Harpies se pendent,
Ores plus bas en l'air à pelotons descendent,
Et ores en laissant pres de terre ramer
Les ailes vont razant les plaines & la mer.
Comme vn liévre pressé d'vne importune suite
De chiens par mainte ruze entre-coupe sa fuite
Maintenant d'vn destour, maintenant d'vn retour,
Pour tromper les chasseurs amusez à l'entour:
Tout ainsi ces oiseaux de ruzes & d'entorces
Errant puis çà puis là, mettoient toutes leurs forces
De tromper ces guerriers, qui sans fin ne repos
Haletant les suiuoient, & leur pendoient au dos,
Tousiours du fer tranchant martelant sur leurs plumes:
Mais autant eust valu frapper sur des enclumes:

Car iamais nulle playe à la chair ne prenoit,
Et du coup ſur l'eſpée aucun ſang ne venoit.
Ainſi que les bateurs qui frappent dans vne aire
Par compas les preſens de notre antique mere,
L'aire faict vn grand bruit, le fleau qui ſe roidiſt,
Contre le bled battu dedans l'air rebondiſt:
Ainſi ces Boreans à grands coups d'alumelles
Chamailloient ſur le chef, ſur les flancs, ſur les ailes,
D'vn coup ſuiuy menu: le dos en gemiſſoit,
Et ſans playe l'eſpée en hault rejaliſſoit.
Si eſt-ce qu'à la fin ils les euſſent tuées
Sur l'onde Ionienne aux iſles ſituées
Entre des grands rochers (iſles dictes des Grecs
Plôtes en premier nom, en ſecond nom apres
Pour le retour d'iceux Strophades ſe nommerent)
Sans que les Cheualiers de là s'en retournerent,
S'apparoiſſant Iris qui du Ciel deſcendit,
Et de paſſer plus outre ainſi leur defendit:
Il ſuffiſt (dit Iris) race Aquilonienne,
De banir iuſqu'icy la race Typhéenne:
De paſſer plus auant il ne faut attenter,
Ny de chaſſer plus loin les chiens de Iupiter:
Lequel (bien qu'vne Aegis luy ſerue de cuiraſſe,
Et qu'il laiſſe tomber vne flambante maſſe
Pour ſon dard, quand il veut, de ſes ardentes mains)
Tels chiens il a choiſi pour punir les humains.
Et pource retournez: la choſe eſt ordonnée
Qu'ils ne mangeront plus les viures de Phinée:
Iunon le veut ainſi, i'en iure par les eaux
(Qu'on ne doit pariurer) des mareſts infernaux.
A-tant Iris s'en-vole au Ciel en ſa retraite,
Et ces monſtres s'en vont dans vn antre de Crete,
Où depuis enfermez ne ſont plus détachez
Si ce n'eſt pour punir des hommes les pechez.

Au mandement d'Iris la fille Thaumantide
Les freres ont ſerré leur eſpée homicide :
Et ſans plus à longs traicts leurs ailes esbranler,
D'vn voller ſuſpendu ſe repoſoient en l'air.
Les Princes ce-pendant demeurez au riuage
Arraiſonnent Phinée, & luy donnent courage,
Luy lauent tout le corps, luy baillent habits neufs
Et le font arrenger à la table aupres d'eux.
Luy qui mouroit de faim, de haſtiueté grande,
Diſpos à toutes mains rauiſſoit la viande,
Et mordoit goulument, comme vn homme en ſongeant
Reſue apres la viande, & s'engouë en mangeant.
Il beniſt de Cerés le preſent ſauourable,
Et du gentil Bacchus la liqueur ſecourable,
Il beniſt la viande, & tout ce qu'on dreſſoit,
Ioyeux de le manger, affamé beniſſoit.
Apres qu'il eut du tout ſa famine appaiſée,
Et qu'il eut la parole en ſes flancs plus aiſée :
Iaſon qui vers le ſoir encor ne voyoit point
Les freres de retour, d'vn grand deſir eſpoint
De ſçauoir les perils que luy gardoit Fortune,
La fin de ſon voyage, & les flots de Neptune,
Soucieux vers Phinée arriere ſe tourna,
Et d'vn parler en crainte ainſi l'arraiſonna :
Sage fils d'Agenor qui cognois les augures,
Qui ſçais prophetiſer toutes choſes futures :
Puis que par mon moyen maintenant ton ſouhait
Deſiré dés longtemps à ton vueil eſt parfait,
Entens à mon labeur, & amy prophetiſe
Quelle certaine iſſue aura mon entrepriſe.
L'eſpouſe à Iupiter & ſa fille Pallas
Ont charpenté ma nef, & ne me repen pas
D'auoir ſuiuy leurs voix : car iuſques à ceſte heure
Ie n'euſſe ſceu iouyr de fortune meilleure.

Mais plus i'arriue pres du Phase & de Colchos,
Plus vne froide peur s'escoule par mes os:
Quand ie pense aux toreaux qui ont la flame enclose
Au nez, & au dragon qui iamais ne repose,
Ie suis desesperé, & tremblant tout de peur
Ie crain de n'acheuer vn si fascheux labeur:
Pource ie te suppli' de m'annoncer l'issue
De la charge que i'ay sous Pelias receuë.
Apres auoir aux Dieux tant aux bas comme aux hauts
Sacrifié le sang de quatre grands toreaux,
Deux noirs à ceux d'embas, & deux blancs aux celestes,
Le vieillard allegé de ses premiers molestes,
Frais dispos & refait, & qui plus ne portoit
Vn visage affamé, mais bien qui reuestoit
De graue maiesté sa face venerable,
Ouurit de tels propos sa bouche veritable:
Valeureux fils d'Aeson, des Dieux le fauoris,
A bonne fin viendra ton voyage entrepris.
Car Iunon qui vous sert de Déesse propice,
Ne souffrira iamais que sa barque perisse,
Laquelle doit vn iour de ses feux radieux
Par les Astres nager & vaguer par les cieux.
Au démarer d'icy selon vos destinées
Il vous faudra passer les roches Cyanées,
Roches pleines d'effroy qui se choquent de front,
Et courent sans auoir des racines au fond,
Comme deux grands belliers qui surpris de furie
Se hurtent teste à teste au bout d'vne prairie:
La mer en bouillonnant qui ses montaignes suit
En tortis escumeuse, abaye d'vn grand bruit:
Aucunesfois ouuerte en deux elle se créue,
Et s'abysme aux enfers, aucunefois s'esleue
Dedans le Ciel pendue, & d'vn horrible tour
Se roulle en groumelant aux riues d'alentour,

Et vague deſſus vague en eſcumant s'aſſemble.
Ces rochers tout ainſi que s'ils iouoient enſemble,
S'eſlongnent quelque peu, puis courent pour s'outrer
L'vn l'autre à la rencontre, & à leur rencontrer
Vn feu ſort de leur front, ainſi que le tonnerre
Qui choquant rudement la nue qui l'enſerre,
Au milieu de la nuict, des pluyes & du vent,
Fait vn iour de ſon feu qui ſe va reſſuyant,
Brillant à longue poincte, & la flame eſlancée
Des pauures cœurs humains eſtonne la penſée.
Ainſi ſe vont hurtant ces rochers vagabons:
Mais plus ſe hurteront, & tant plus ſoyez pronts
De pouſſer d'vn accord la rame à la poitrine,
Et à grands tours de bras forcez moy la marine :
Bandez-vous au labeur : car ſi toſt que ſerez
Entre les deux rochers deſia preſque enſerrez,
Iunon auec Pallas vos deux cheres compaignes
Arreſteront le choq de ces dures montaignes
L'vne çà l'autre là, les ouurant de leurs mains,
Vn Heron vous guidant ſauues, gaillards & ſains.
Puis dés le meſme iour ſans eſtre plus errantes
Neptune attachera de racines leurs plantes
Au profond de la Mer (ainſi le veut ce Dieu)
Pour n'abandonner plus leur riue ny leur lieu.
Apres vous ramerez pres l'eſcumeuſe entrée
Du fleuue Thermodon, coſtoyant la contrée
Des femmes ſans mammelle, où par les champs eſpars
En trois grandes citez habitent en trois pars.
Ces femmes ne ſont pas comme nos femmelettes
Qui font par le meſtier promener les nauettes
En ourdiſſant la toile, ou tournent le fuſeau,
Ou tournent le filet autour d'vn deuideau,
Ou ſe teignent les doigts aux couleurs des ouurages:
Elles n'ont que la guerre empreinte en leurs courages,

Le brandir de la pique, & de bien manier
Sur le ſablon poudreux vn beau cheual guerrier,
Ou de ruer la hache & de faire la guerre
Aux hommes qui voudroient aborder à leur terre:
Pource n'approchez pas, n'approchez de leur bord,
Vous n'auriez autre gain que d'y trouuer la mort.
Apres vous ſurgirez dedans l'iſle deſerte
D'habitans laboureurs, mais bien toute couuerte
D'oiſeaux qui ont la plume à poincte comme eſpics,
Et la dardent des flancs ainſi que Porcs-eſpics.
Suiuant la grande Mer qui de ſes ondes raſe
Les pieds demy-mangez du haut mont de Caucaſe,
Vous oirrez tout le Ciel re-bruire aux enuirons
D'vn Aigle dont le vol eſt plus long qu'auirons:
C'eſt l'oiſeau qui ſe paiſt du cœur de Promethée,
Vous oirrez les hauts cris de ſa voix ſanglotée,
Et les gemiſſemens retrainez en langueur
Du larron imager, quand l'Aigle mord ſon cœur.
Entre-coupant le cours du grand Phaſe Colchide,
Forçant le cours de l'eau ioignant le bord humide
Dedans vn verd taillis, pres le temple de Mars,
Vous voirrez la Toiſon deſſus vn cheſne eſpars
Houpuë en laine d'or, qui reluit claire & nette
Comme reluit au ſoir quelque belle Planette.
Que vous diray-ie plus? le Deſtin me defend
De vous prophetiſer vos fortunes de rang,
Ny comment vous voirrez voſtre vie gardée
Des arts Hecateans de la ieune Medée.
I'ay peché lourdement autresfois de vouloir
Faire aux hommes mortels de poinct en poinct ſçauoir
La volonté des Dieux, qui veulent leurs Oracles
Eſtre touſiours voilez de ne ſçay quels obſtacles,
Et manques en partie, afin que les humains
Dreſſent touſiours au Ciel & le cœur & les mains,

Et qu'humbles enuers Dieu à Dieu ſecours demandent,
Quand au ſommet du chef les miſeres leur pendent.
Dedans le champ de Mars deſſous vn ioug d'acier
D'vne chaiſne de fer il vous faudra lier
Deux toreaux dont les pieds ſont d'airain, & la gorge
Reſemble vne fournaiſe où le feu ſe regorge.
Comme deux grands ſouflets qu'vn mareſchal boiteux
A ſa forge ententif comble d'eſprit venteux,
Puis haut puis bas tirant & repouſſant l'haleine
Du vent en ſes ſoufflets, dont leur poictrine eſt pleine,
Auecques vn grand bruit fait ronfler ſes fourneaux:
Ainſin en reniflant les nez de ces toreaux
Iettent à pelotons vne flame allumée
Par ondes noirciſſante en obſcure fumée,
Deçà delà roüez à l'abandon du vent:
Mais à force de mains courbé ſur le deuant
Tirant encontre-bas leurs cornes par outrance,
Vous les ferez broncher à genoux ſur la panſe
Dontez deſſous le ioug, & fendant les ſillons
Les picquerez aux flancs à grands coups d'aiguillons.
Semant en laboureur la fertile contrée
Des dents d'vn grand ſerpent: comme d'vne ventrée
Les mottes enfantront en lieu de blez germez
Vne fiere moiſſon de Cheualiers armez.
On ne voit point la nuict tant d'eſtoiles flambantes
Driller au firmament, quand les nuës pendantes
Ont deſuoilé le Ciel, comme en ce champ de Mars
Vous voirrez flamboyer d'eſcus & de ſoudars,
De harnois, de boucliers, de picques, & de haches,
Et de clairs morions creſtez de longs panaches.
Cet eſcadron voudra deſur vous ſe ruer:
Mais d'vn reuers d'eſpée il le faudra tuer,
Ou le rendre mutin d'vne ciuile guerre:
Les vns deſia tous grands marcheront ſur la terre,

Les autres à grand' peine auront le chef ſorty :
Aux vns le corps en deux ſera demy-party,
Du col iuſqu'au nombril ayant eſtre & figure,
Et du nombril aux pieds ce ſera terre dure :
Les autres mani'ront les iambes en à-bas,
Qui n'auront point encor d'eſpaules ny de bras :
Et les autres du chef donneront cognoiſſance,
Leuant la motte en hault, de leur prompte naiſſance.
Comme vn homme duquel le champ eſt en debat,
De bon matin s'eſueille, & de ſa faulx abat
En haſte la moiſſon toute verte tombée :
Il ſie à toutes mains : la faucille courbée
Ne pardonne aux ſillons : en la meſme façon
Vous trancherez ſoudain la guerriere moiſſon
Des hommes terre-nez qui ne feront que d'eſtre,
Et ſentiront la mort auſſi toſt que le naiſtre :
Les ſillons de leur ſang à grands flots ondoyront,
Les vns deſſus le front, les autres tomberont
Renuerſez ſur le dos, les autres de cholere
En trepignant mordront les mottes de leur mere :
Et les autres tranchez autant qu'iceux adonc
Eſleueront le corps : la moitié de leur tronc
Coulera dans le Phaſe aux poiſſons la paſture,
Et l'autre engreſſera les champs de pourriture.
Par charmes vous pourrez endormir le ſerpent
Qui couue ſous le ventre en largeur vn arpent.
De creſtes perruqué, à qui iamais le ſomme
Tant ſoit peu, iour ne nuict les paupieres n'aſſomme :
Il a le chef horrible, il a les yeux ardans,
Sur la maſchoire large il a trois rangs de dents,
Et ſa langue en ſifflant ſible d'vne voix telle,
Que les petits enfans ſe muſſent ſous l'aiſſelle
De leur mere en tremblant, quand luy faiſant vn bruit
Garde la Toiſon d'or & veille toute nuict.

Comme on voit bien ſouuent (quand vn Paſteur qui garde
Ses troupeaux dans vn bois, & laiſſe par meſgarde
Choir en vn cheſne creux quelque tizon de feu,
La flame en tournoyant s'augmente peu à peu
Dés le commencement, puis le feſte s'allume,
Puis toute la foreſt s'embraze & ſe conſume)
Vn repli de fumée entre-ſuiui de pres,
Puis vn autre & vn autre, & puis vn autre apres
Se voute en ondoyant: ainſi de ceſte beſte
Le dos ſe va courbant de la queuë à la teſte
De plis longs & tortus: toutefois prenez cœur,
Vn ſeul enchantement vous en fera veinqueur,
Et gaignerez la peau de fils d'or en-noblie,
Puis vous retournerez veinqueurs en Theſſalie.
A-peine ce vieillard aux Oracles des Dieux
Sans ordre auoit mis fin, quand voici dans les Cieux
Les freres de retour, faiſant par la nuict ſombre
Aux rayons de la Lune apparoiſtre leur ombre:
Ils furent longuement à tourner dedans l'air,
Puis d'vne pointe en bas ſe laiſſerent caler
Sur le bout de l'antenne, & de là ſur le ſable,
Où trouuerent encor leurs compagnons à table.
Ainſi que deux Faucons qui ont chaſſé long temps
Ou par faim qui les preſſe, ou pour leur paſſe-temps,
Ayant ouy la voix des maiſtres qui les penſent,
Reuiennent à leur cri, puis en fondant s'eſlancent
En pointe de roideur ſur le leurre ietté:
Ainſi les Boreans apres auoir eſté
Longuement attendus, contre-bas ſe baiſſerent,
Et de leurs pieds legers le riuage preſſerent
Battant leur ſein de vent, comme ceux qui auoyent
Encore aſſez d'haleine, & leur vol acheuoyent.
Ils content à laſon iuſques en quelle place
Aux Harpyes en l'air ils ont donné la chaſſe,

Et comme Iris iura par le fleuue d'embas
Que plus ne reuiendroyent desrober les repas
Du vieillard, qui ioyeux les embrasse & les loüe :
Il leur baise la main, il leur baise la ioüe,
Et de mille mercis rend grace aux deux enfans
Qu'Aquilon engendra le plus viste des vents.
En ce-pendant Tiphys qui vit flamber l'Aurore,
Esueilla du sifflet ceux qui dormoyent encore :
Il les fist soir de rang, les priant d'auoir soing
D'empoigner brusquement les auirons au poing.
Adoncque la galere egalement tirée
Alloit à dos rompu dessus l'onde azurée,
Et de longs plis courbez s'entre-coupant le dos
Se trainoit en ronflant sur les bosses des flos :
Le riuage s'enfuit, & rien n'est manifeste
A leurs yeux que la mer & la voute celeste.
Or' adieu Cheualiers aux armes excellans,
Adieu noble Iason, adieu freres volans :
Ou soit que vous soyez hommes de saintes vies,
Philosophes constans, qui chassez les Harpyes
De la table des Rois, les flateurs, les menteurs
Qui deuorent leur bien, & de leurs seruiteurs :
Ou soit que vous ayez la plante si legere
Qu'on ait feint de vous deux la fable mensongere
Que vous passez les vents (car la viste Aëllon,
Celenon & sa sœur ne denotent sinon
Les soufflets rauissans des vents & des orages)
Voguez heureusement aux Colchides riuages.
Vostre Hynne est acheué, ie ne vous lou'ray plus,
Ie me veux souuenir de Castor & Pollux
Enfans de Iupiter, pour rendre leur memoire
Par les peuples François fleurissante de gloire.
Ils meritent mes vers : aussi bien de ce temps
Les auares Seigneurs ne sont guiere contens

Qu'on descriue leurs faits, & si quelqu'vn attire
Par caresse vn Poëte à ses gestes descrire,
Il fera le bragard, & ne voudra penser
De vouloir par biens-faits les Muses auancer:
Bufles, qui aiment mieux faire grande leur race,
Ou bastir des Palais, que d'acquerir la grace
D'Apollon: ô les sots, qui ne cognoissent pas
Qu'à la fin leurs chasteaux trebucheront à bas,
Et qu'en moins de cent ans leurs races incognues
Se traineront sans nom par les tourbes menues!
Qu'ils meurent sans honneur, puis qu'ils veulent mourir,
Engloutis en leur tombe: & faisons refleurir
Celuy de ces Iumeaux, de ces freres d'Heleine,
Qui viuent à leur rang au celeste domaine:
Ils m'en sçauront bon gré, si l'art industrieux
Des Muses peut monter si haut que iusqu'aux Cieux.

HYNNE DE HENRY

DEVXIESME DE CE NOM,

Roy de France.

Muses, quand nous voudrons des Dieux nous souuenir,
Il faut, les celebrant, commencer & finir
Au pere Iupiter, comme au Dieu qui la bande
Des autres fait trembler, & maistre leur commande.
Mais lors que nous voudrons chanter l'honneur des Rois,
Il faudra par Henry Monarque des François
Commencer & finir, comme au Roy qui surpasse
En grandeur les plus grans de ceste terre basse.
« L'honneur est le seul prix que demandent les Dieux:
« Aussi l'homme mortel ne leur peut donner mieux.

12.

Et Iupiter apres la ſanglante victoire
Des Geans ne voulut receuoir autre gloire
Sinon d'ouir ſonner à ſon fils Apollon
Comme ſon trait armé d'vn flambant tourbillon
D'eſclats, de bruit, de peur, de ſoulfre & de tonnerre,
Auoit eſcarbouillé leur cerueau contre terre
Par les champs Flegreans, & comme leurs grans corps
Et leurs cent bras armez eſtoyent renuerſez morts
Sous les monts qu'ils portoyent, & comme pour trophée
De ſa victoire Etna flamboya ſur Typhée.
Sus donc diuines Sœurs, de vos dons aidez moy
Pour dignement orner voſtre frere mon Roy.
Le Bucheron qui tient en ſa main la coignée,
Entré dedans vn bois pour faire ſa iournée,
Ne ſçait où commencer : ici le tronc d'vn Pin
Se preſente à ſa main, là celuy d'vn Sapin :
Ici du coin de l'œil marque le pied d'vn Cheſne,
Là celuy d'vn Fouteau, ici celuy d'vn Freſne :
A la fin tout penſif de toutes parts cherchant
Lequel il coupera, tourne le fer tranchant
Sur le pied d'vn Ormeau, & par terre le rue
A fin d'en charpenter quelque bonne charrue.
Ainſi tenant és mains le luth bien appreſté,
Entré dans ton Palais deuant ta Maieſté,
Tout penſif ie ne ſçay quelle vertu premiere
De mille que tu as ſera miſe en lumiere.
Tes vertus, tes honneurs, ta iuſtice & ta foy,
Ta bonté, ta pitié d'vn coup s'offrent à moy,
Ta vaillance au combat, au conſeil ta prudence :
Ainſi ie reſte pauure, & le trop d'abondance
De mon riche ſuiet m'engarde de penſer
A laquelle de tant il me faut commencer.
Si faut-il toutefois qu'à l'vne ie commence :
Car i'oy deſia ta voix d'vn coſté qui me tance,

Et de l'autre cofté ie m'entens accufer
De ma lyre, qu'en vain ie la fais trop mufer.
Or qui voudroit conter l'abondante largeffe
Dont le Ciel a verfé deffus toy fa richeffe,
Il n'auroit iamais fait, & fon vers tournoyé
Aux flots de tant d'honneurs feroit bien toft noyé.
Il t'a premierement quant à la forte taille,
Fait comme vn de ces Dieux qui vont à la bataille,
Ou de ces Cheualiers qu'Homere nous a peins
Si vaillans deuant Troye, Aiax & les germains
Rois pafteurs de l'armée, & le difpos Achille,
Qui rembarrant de coups les Troyens à leur ville,
Comme vn loup les aigneaux, par morceaux les hachoit,
Et des fleuues le cours d'hommes morts empefchoit :
Mais bien que ceft Achille ait le nom de pied-vifte,
De coureur, de fauteur, pourtant il ne merite
D'auoir l'honneur fur toy, foit à corps eflancé
Pour fauter vne haye, ou franchir vn foffé,
Ou foit pour voltiger, ou pour monter en felle
Armé de tefte en pied, quand la guerre t'appelle.
Or parle qui voudra de Caftor & Pollux
Enfans jumeaux d'vn œuf, tu merites trop plus
D'honneur que tous les deux, d'autant que tu affemble'
En toy ce qu'ils auoyent à departir enfemble.
L'vn fut bon Cheualier, l'autre bon efcrimeur :
Seul de ces deux meftiers tu as le double honneur.
Car où eft l'efcrimeur tant foit bon, qui s'approuche
De toy fans remporter au logis vne touche ?
Ou foit que de l'efpée il te plaife iouër,
Soit qu'en la gauche main te plaife fecouër
La targue ou le bouclier, ou foit que lon s'attache
Contre toy pour branler ou la pique ou la hache :
Nul mieux que toy ne fçait comme il faut démarcher,
Comme il faut vn coup feint fous les armes cacher,

Comme on garde le temps, & comme on ſe meſure,
Comme on ne doit tirer vn coup à l'auanture.
Quant à bien manier & piquer vn cheual,
La France n'eut iamais ny n'aura ton egal,
Et ſemble que ton corps naiſſe hors de la ſelle
Centaure mi-cheual, ſoit que poulain rebelle
Il ne vueille tourner, ou ſoit que façonné
Tu le faces volter, d'vn peuple enuironné
Qui pres de toy s'acoude au long de la barriere,
Ou ſoit qu'à ſauts gaillars, ou ſoit qu'en la carriere,
Ou ſoit qu'à bride ronde, ou en long manié
Ta main ait au cheual auec le frein lié
Vn entendement d'homme, à fin de te complaire,
Et enſemble esbahir les yeux du populaire.
D'vne ſueuſe eſcume il eſt tout blanchiſſant,
De ſes nazeaux ouuerts vne flame eſt yſſant,
Le frein luy ſonne aux dents, il bat du pied la terre :
Il hannit, il ſe tourne, aucunefois il ſerre
Vne oreille derriere, & fait l'autre auancer,
Il tremble tout ſous toy, & ne peut r'amaſſer
Son vent entre les flancs, monſtrant par vn tel ſine
Qu'il cognoiſt bien qu'il porte vne charge diuine.
I'ay, quand i'eſtois ton page, autrefois ſous Granual
Veu dans ton eſcurie vn ſemblable cheual
Qu'on ſurnommoit Hobere, ayant bien cognoiſſance
De toy quand tu montois : car d'vne reuerence
Courbé te ſaluoit : puis ſans le gouuerner
Se laiſſoit de luy-meſme en cent voltes tourner
Si viſte & ſi menu, que la veüe & la teſte
Tournans s'esbloüiſſoyent, tant ceſte noble beſte
Auoit en bien ſeruant vn extreme deſir,
Te cognoiſſant ſon Roy, de te donner plaiſir.
Or quand tu ne ſerois ny Monarque ny Prince,
Encor on te voirroit par toute la prouince

Comme le plus adroit deſſus tous eſtimé,
Et bien toſt d'vn grand Roy, ou d'vn grand Prince aimé
Pour les dons que le Ciel t'a donnez en partage,
Plein d'vn cœur heroïque & d'vn braue courage.
Teſmoin eſt de ton cœur ceſte ieune fureur
Dont tu voulus pres Marne aſſaillir l'Empereur,
Lequel ayant paſſé les riues de la Meuſe,
Re-menaçoit Paris ta grand' cité fameuſe:
Tu luy euſſes deſlors ta vertu fait ſentir,
Et ſe tirant le poil mille fois repentir
D'eſtre en France venu, ſans vne paix fardée
Par qui fut ſon armée & ſa vie gardée.
La liberté des Rois eſt mal-ſobre en propos,
Ou point ou peu ne donne à ſa langue repos,
Ou iure ou ſe deſpite, ou ſe vante ou blaſpheme,
Ou ſe mocquant d'autruy, ſe mocque d'elle-meſme:
Mais tu n'es point iureur, blaſphemeur ne menteur,
Colere ne deſpit, ne mocqueur ne vanteur:
Tu es ſobre en propos, penſif & taciturne,
Qui ſont les plus beaux dons de l'aſtre de Saturne.
Il n'y eut iamais Prince en l'antique ſaiſon
Ny en ce temps ici mieux garni de raiſon
Ny d'apprehenſion que toy, ny de memoire.
Or quant à ta memoire, on ne la ſçauroit croire,
Qui familierement ne t'auroit pratiqué.
Si tu as vne fois vn homme remarqué
Sans plus du coin de l'œil, allaſt-il aux Tartares,
Nauigaſt-il à l'Inde, ou aux Iſles barbares
Où de l'humaine chair viuent les habitans,
Voire & ſans retourner ſeiournaſt-il vingt ans:
S'il reuient de fortune vn iour en ta preſence,
Tu auras tout ſoudain de luy recognoiſſance:
Ce qui eſt neceſſaire à vn Prince d'auoir,
Pour iamais n'oublier ceux qui ſont leur deuoir:

« Car pourneant vn homme au danger met ſa vie
« Pour ſon Prince ſeruir, ſi ſon Prince l'oublie.
Que dirons-nous encor? plus que les autres Rois
Tu es dur au trauail: s'ils portent le harnois
Vne heure ſur le dos, ils ont l'eſchine arnée,
Et en lieu d'vn rouſſin prennent la hacquenée:
Mais vn iour, voire deux tu ſouſtiens le labeur
Des armes ſur l'eſchine, & iuges la ſueur
Eſtre le vray parfum qui doit orner la face
D'vn Roy, qui pour combatre a veſtu la cuirace.
Auſſi deuant le temps le poil blanc t'eſt venu,
Et ja tu as le chef & le menton chenu,
Signe de grand trauail & de grande ſageſſe,
Qui de leurs beaux preſens decorent ta ieuneſſe,
Luy adiouſtant le poids de meure grauité.
Comme Prince aduiſé tu as touſiours eſté
Prompt à croire conſeil: car tu ne deliberes
Sinon par le conſeil des vieux & ſages Peres,
Qui pratiques par l'âge ont iugement certain,
De peur de rencontrer par vn aduis ſoudain
Du vieil Epimethé la fille Repentance,
Comme les autres Rois qui n'ont point de prudence.
Le riche deſſous toy ne craint point que ſon bien
Par faux accuſement ne demeure plus ſien:
Le volleur, le meurtrier impunis ne demeurent,
Les hommes innocens par faux Iuges ne meurent
Corrompus par argent: les coulpables auſſi
Enuers ta Maieſté trouuent peu de merci.
Ta bonté toutefois au coulpable pardonne,
S'il a par les combas ſouſtenu ta couronne.
Car tu n'es pas cruel, & ta royale main
Ne ſe reſiouyſt point du pauure ſang humain,
A l'exemple de DIEV, *qui ſes foudres retarde,*
Et en lieu de nos chefs, pour nous eſtonner darde

Ou les ſommets d'Athos, ou les Ceranniens,
Ou les cheſnes branchus des bois Dodoniens,
Ou le haut des citez, & du boulet qu'il rue
Touſiours nous eſpouuante & peu ſouuent nous tue.
De toutes les vertus qui te logent aux Cieux,
Ta liberalité te rend egal aux Dieux,
Qui donnent à foiſon, eſtimans l'auarice
Vn peché monſtrueux, eſcole de tout vice:
Laquelle plus eſt ſaoule, & plus cherche à manger
De l'or treſ-miſerable acquis à grand danger:
Mais tu ne veux ſouffrir qu'vn treſor dans le Louure
Se moiſiſſant en vain d'vne roüille ſe couure.
On ne voit artiſan en ſon art excellant,
Ny ſoudart eſtimé par les troupes vaillant,
A qui ta pleine main de grace n'eſlargiſſe
Vn condigne loyer de ſon noble artifice:
Et c'eſt l'occaſion, ô magnanime Roy,
Que chacun te recherche, & veut chanter de toy.
Tu n'es à tes ſuiets ſeulement debonnaire:
Si quelque Potentat eſt preſſé de miſere,
De perte de pays, de menace de mort,
Ayant pitié de luy tu luy donnes ſupport,
Et de ta grande main à ce fait couſtumiere
Chez luy tu le remets en liberté premiere,
Et plus haut que deuant luy fais dreſſer le front
Maugré ſes ennemis qui la guerre luy font.
Que diray plus de toy? & de l'obeyſſance
A ton pere portée en ta premiere enfance?
L'honorant tellement comme ton pere & Roy,
Que les autres enfans prenoyent exemple à toy,
Tant peut la charité: de rechef tu l'honores
Comme vn fils pitoyable apres ſa mort encores,
Enuironnant ſon corps d'vn tombeau ſomptueux
Où le docte cizeau d'vn art preſomptueux

A le marbre animé de batailles grauées,
Et des guerres par luy iadis paracheuées.
Dedans ce Mausolée enclos en mesme estuy
Tes deux freres esteints dorment auecques luy,
Et ta mere à ses flancs : lesquels t'aiment & prisent,
Et du Ciel où ils sont, tes guerres fauorisent.
Tes freres sont au Ciel resiouys de te voir
Sans eux faire si bien en France ton deuoir :
Et ton pere dequoy son heritier en terre
Tu le passes d'autant (quant aux faits de la guerre)
Qu'Achille fait Pelée, & qu'Aiax Telamon,
Et que le vieil Atré le grand Agamemnon.
Tu as (quelque dessein que ton cœur delibere)
Tousiours de ton costé la fortune prospere
Auecques la vertu : & c'est ce qui te fait,
Pour t'allier des deux, venir tout à souhait.
Vray est quant à tes faits, tu veux sur toute chose
Qu'aux gestes de ton pere homme ne les prepose :
Mais la Fame qui vole & parle librement,
Qui suiette n'est point à ton commandement,
Donne l'honneur aux tiens, & en ceste partie
De tes humbles subiets ta loy n'est obeye.
O mon Dieu, que de ioye & que d'aise reçoit
Ta mere quand du Ciel ça bas elle te voit
Si bien regir ton peuple, & garder l'heritage
De sa noble Duché qui luy vint en partage!
Laquelle a plus de ioye & de plaisir receu
De t'auoir en son ventre heureusement conceu,
Que Thetis d'enfanter Achille Peleïde,
Ou Argie la Grecque en conceuant Tydide.
Si tost qu'elle se vit voisine d'accoucher,
Et que ja la douleur son cœur venoit toucher,
S'en vint à saint-Germain, où la bonne Lucine
Luy osta la douleur que lon sent en gesine.

Adonc toy, fils ſemblable à ton pere, naſquis,
Et ſans armes naiſſant vn Royaume conquis.
Lors les Nymphes des bois, des taillis & des prées,
Des plaines & des monts & des foreſts ſacrées,
Les Naiades de Seine, & le pere Germain,
Te couchant au berceau te branloyent en leur main,
Et diſoyent: Crois enfant, enfant pren accroiſſance
Pour l'ornement de nous & de toute la France:
Iamais tant Iupiter ſa Crete n'honora,
Hercule iamais tant Thebes ne decora,
Apollon ſa Delos, comme ta renommée
Rendra France à iamais ſur toutes eſtimée.
Ainſi en te baiſant prophetiſoyent ces Dieux,
Quand vn Aigle volant bien haut dedans les Cieux
(Augure bon aux Rois) trois fois deſſus ta teſte
Fiſt vn grand bruit ſuiui d'vne gauche tempeſte.
Ceux auſquels Iupiter enuoye ce bon-heur
En naiſſant il les fait Monarques pleins d'honneur,
Poſſeſſeurs de grans biens, dont le Ciel aura cure,
Et n'auront point au monde vne louange obſcure.
Artemis aux veneurs, Mars preſide aux guerriers,
Vulcan aux mareſchaux, Neptune aux mariniers:
Les Poëtes Phebus & les Chantres fait naiſtre:
Mais du grand Iupiter les Rois prennent leur eſtre.
Au monde on ne voit rien ſi haut ne ſi diuin
Que ſont les Rois ſceptrez, ne qui tant ſoit voiſin
Du grand Iupiter qu'eux, dont la main large & grande
Aux ſoudars, aux chaſſeurs, & aux chantres commande,
Et bref à tout chacun: car ſçauroit-on rien voir
En terre qui ne ſoit plié ſous le pouuoir
Des Rois enfans du Ciel, qui leurs Sceptres eſtandent
De l'vne à l'autre mer, & apres Dieu commandent?
Iupiter eſt leur pere, & generalement
Il fait des biens à tous, mais non egalement:

Car les vns ne ſont Rois que d'vne petite Iſle,
Les autres d'vn deſert ou d'vne pauure ville,
Les autres ont leur regne en vn païs trop froid,
Glacé, ſouflé de vent, les autres ſous l'endroit
Du Cancre chaleureux, où nul vent ne ſoulage
En Eſté tant ſoit peu leur bazané viſage :
Mais le noſtre a le ſien en vn lieu temperé,
Long large bien peuplé, de villes remparé,
De chaſteaux & de forts, dont les murs qui ſe donnent
Au Ciel, de leur hauteur les eſtrangers eſtonnent.
Ce grand Dieu bien ſouuent des Princes l'appareil
Tranche au milieu de l'œuure & leur rompt le conſeil :
Les vns font en vn an leurs longues entrepriſes,
Des autres à neant les affaires ſont miſes,
Et tout cela qu'ils ont, bien que ſages, penſé,
S'enfuit comme le vent ſans eſtre commencé.
Quant aux petits deſſeins que noſtre Roy commence
A penſer, ils ſont faits auſſi toſt qu'il les penſe,
Quant aux grans, s'il les penſe en ſon lict au matin,
Vers le ſoir par effect il en voirra la fin :
Tant Iupiter l'honore, & tant il eſt proſpere
Aux courageux aduis que ſon cœur delibere.
Mais Muſe, ou ie me trompe, ou ſans fraude ie croy
Que Iupiter a fait partage auec mon Roy :
Il a pris pour ſa part les greſles & les nues,
Les cometes, les vents & les pluyes menues,
Les neiges, les frimas & le vague de l'air,
Et ie ne ſçay quel bruit entourné d'vn eſclair
Et d'vn boulet de feu qu'on appelle tonnerre :
Mais pour ſoy noſtre Prince a retenu la Terre,
Terre pleine de biens, de villes & de forts,
Et d'hommes à la guerre & aux Muſes accorts.
Si Iupiter ſe vante au Ciel auoir en pompe
Plus de Dieux que tu n'as, de beaucoup il ſe trompe.

S'il vante ſon Vulcan, s'il vante ſon fils Mars,
Tu en as plus de cent, qui meinent tes ſoldars,
Qui fondent ton metal, & comme Salmonée
Ont vne foudre humaine aux hommes r'amenée.
Et ſi par deſſus toy il ſe vante d'auoir
Vn Mercure pour faire en parlant ſon deuoir,
Tu en nourris vn autre, accort prudent & ſage,
Et trop plus que le ſien facond en ſon langage.
S'il ſe vante d'auoir vn Apollon chez luy,
Tu en as plus de mille en ta Court auiourd'huy,
Vn Carle, vn Saint-Gelais, & ie m'oſe promettre
De ſeconder leur rang, ſi tu m'y daignes mettre.
Doncques, que Iupiter en ſon Palais là haut
Se braue auecq' ſes Dieux, mon grand Prince, il ne faut
Qu'on l'accompare à toy, qui nous monſtres à veuë
De quelle puiſſance eſt ta Maieſté pourueuë.
Nul Monarque d'Europe en ſa main ne tint onq'
Vn Royaume qui ſoit ſi large ny ſi long,
Qui produiſt à foiſon bleds, vins, foreſts & prées:
Auſſi le trop de chaud n'offenſe nos contrées,
Ny le trop de froideur, ny le vent ruineux,
Ny le trac eſcaillé des dragons venimeux,
Ny rochers infertils, ny ſablons inutiles.
Que diray plus de toy? de cinq ou de ſix villes
Tu n'es Roy ſeulement, mais mille & mille encor
Auec vn million pleines de gens & d'or
Te font obeyſſance, & t'honorent pour maiſtre:
Sur leſquelles on voit ton Paris apparoiſtre
Comme vn pin eleué ſur les petits buiſſons:
Où cent mille artiſans en cent mille façons
Exercent leurs meſtiers: l'vn aux lettres s'adonne,
Et l'autre Conſeiller tes ſaintes loix ordonne,
L'vn eſt peintre, imager, armurier, entailleur,
Orféure, lapidaire, engrauèur, eſmailleur:

Les autres nuict & iour fondent artillerie,
Et grans Cyclopes nuds font vne baterie
A grans coups de marteaux, & auec tel compas
D'ordre l'vn apres l'autre en haut leuent les bras,
Et puis frappent si dru sur le metal qui sonne,
Que l'Arcenal prochain & le fleuue en resonne.
Pour toy le iour se leue en ta France, & la Mer
Fait pour toy tout autour ses vagues escumer :
Pour toy la Terre est grosse, & tous les ans enfante :
Pour toy des grans forests la toison renaissante
Tous les ans se refrise, & les fleuues sinon
Ne courent dans la mer que pour bruire ton nom.
Pourroit-on voir enclume, ou flame ingenieuse,
Ou forge en quelque part, qui ne fust curieuse
De fondre du metal, & soigneuse grauer
Ton visage au naïf, à fin de t'eleuer
Comme vn Dieu par le peuple ? il n'y auroit ny rue
Ny place où lon ne vist ta royale statue
Pour la faire adorer du populaire bas,
Si tu l'eusses voulu : mais tu ne le veux pas,
Et laisses à bon droit au Roy qui se desfie
N'estre aimé, qu'vn marteau son renom deïfie.
Si tost que le Destin t'eut du Ciel ordonné
D'estre en lieu de ton pere en France couronné,
Lors que chacun pensoit que tu courois la lance,
Que tu faisois tournois & masques pour la dance,
Et qu'en ris & qu'en jeux & passetemps plaisans
De lente oisiueté tu roüillois tes beaux ans :
Au bout de quinze iours France fut esbahie
Que tu auois desia l'Angleterre enuahie,
Et sans en faire bruit, par merueilleux efforts
Tu auois ja conquis de Boulongne les forts,
Et par armes contraint ceste arrogance Angloise
A te vendre Boulongne & la rendre Françoise.

Tu ne fus ſatisfait de ce premier honneur:
Mais ſuiuant ta fortune & ton premier bonheur,
Deux ou trois ans apres tu mis en la campagne
Ton camp pour affranchir les Princes d'Allemagne.
Adoncque toy veſtu non des armes que feint
Homere à ſon Achille, où tout le Ciel ſut peint:
Ains armé de bon cœur, de force & de prouëſſe,
Tu ne mis ſeule aux champs la Françoiſe ieuneſſe:
Mais Anglois, Eſcoſſois, Italiens & Grecs
Eſtonnez de ton nom, voulurent voir de pres
Le port de ta grandeur, & tous s'aſſuiettirent
A tes loix, & pour toy les armures veſtirent:
Où la crainte & l'honneur furent de toutes pars
Si ſaintement gardez entre tant de ſoudars
(Bien qu'ils fuſſent diuers de face & de langage)
Que meſme l'ennemi ne ſentit le pillage,
(Merueille) & pour ce coup l'eſpée & les harnois
Par ton commandement obeirent aux lois.
Tu pris Mets en paſſant: puis venu ſur la riue
Du grand Rhin, t'apparut l'Allemagne captiue,
Laquelle auoit d'ahan tout le dos recourbé,
Ses yeux eſtoyent cauez, ſon viſage plombé,
Son chef ſe heriſſoit à treſſes deſpliées,
Et de chaiſnes de fer ſes mains eſtoyent liées:
Elle vn peu s'acoudant de trauers ſur le bord
Du Rhin, ainſi te prie: O Prince heureux & fort,
Si Nature & Pitié aux Monarques commandent
D'aider les pauures Rois qui ſecours leur demandent,
Et s'il faut par pitié ſecourir nos parens,
S'il faut de nos amis ſoigner les differens,
Las! pren compaſſion de ma ſerue miſere,
Et fils, donne ſecours à moy qui ſuis ta mere.
Quand Francus ton ayeul de Troye fut chaſſé,
Il vint en mon pays: puis ayant amaſſé

Vn camp de mes enfans, alla veincre la France,
Et des miens & de luy les tiens prindrent naiſſance.
Ainſi dit l'Allemagne, & à peine n'eut pas
Acheué, que ſes fers luy tomberent en bas,
Son doz redeuint droit, & ſes yeux & ſa face
Reueſtirent l'honneur de leur premiere grace :
Et ſoudain de captiue en liberté ſe vit,
Tant vn grand Roy de France au beſoin luy ſeruit,
Ainſi qu'vn bon enfant qui de ſa mere a cure,
Et n'eſt point entaché d'vne ingrate nature.
Eſtant ſaoul de la terre, apres tu fis armer
La flotte de tes naux, & l'enuoyas ramer
Deſſus la mer Tyrrhene, où elle print à force,
Maugré le Geneuois, la belle iſle de Corſe,
Pour mieux faire ſçauoir aux eſtrangers lointains
Combien vn Roy de France a puiſſantes les mains.
Bref, apres auoir fait à l'ennemi cognoiſtre
Que par mer tu eſtois & par terre ſon maiſtre,
Forcé de ton deſtin & de tes nobles faits,
Humble te vint prier de luy donner la paix :
Lors voulant à toy-meſme & à luy ſatisfaire,
Pour le repos de tous la paix tu voulus faire.
Deſia la douce Paix vous accordoit tous deux,
Quand il voila ſes yeux d'vn bandeau rancuneux,
A fin de ne preuoir le ſien futur dommage,
Et que Dieu par tes mains le puniſt dauantage.
Or la paix eſt rompue, & ne faut plus chercher
Qu'à ſe meurdrir en guerre & à ſe detrancher :
La Foy n'a plus de lieu, la Pitié s'eſt bannie,
En ſa place commande Horreur & Tyrannie :
On oit de tous coſtez les armeures ſonner,
On n'oit pres de la Meuſe autre choſe tonner
Que mailles & bouclièrs, & Mars qui ſe promeine
A coſté de Meſiere & des bois de l'Ardéne,

S'esgaye en son harnois dedans vn char monté
De quatre grans coursiers horriblement porté,
La Fureur & la Peur leur conduisent la bride,
Et la Fame emplumée allant deuant pour guide,
Laisse auec vn grand flot çà & là parmi l'air
Sous le vent des cheuaux son pennage voler.
Ce Dieu qui de son char les espaules luy presse,
D'vn espieu Thracien contraint de la Deesse
Les langues à crier des bruits & vrais & faux,
Pour effroyer l'Europe & la remplir de maux.
Tu seras, mon grand Roy, le premier des gendarmes
Contre les ennemis, qui vestiras les armes
Enceint de ta Noblesse: & le premier seras
Qui de ta lance à iour leurs bandes faulseras.
Apres que d'vn grand cœur tu auras sceu desfaire
Tes ennemis veincus, lors tu auras affaire
De mes Muses, ô Prince, & les voudras priser
Honorant mon merite, à fin d'eterniser
Toy & tes coups de masse, & tout ce que ta lance
Aura paracheué d'vne heureuse vaillance.
Si d'vn cœur liberal tu m'inuites chez toy,
Ton Palais me voirra menant auecque moy
Les maistres des chansons Phebus & Calliope,
Pour te celebrer Roy le plus grand de l'Europe:
« *Tousiours auecq' l'honneur le labeur est vtil,*
« *Quand on cultiue vn champ qui est gras & fertil.*
Vn Roy, tant soit-il grand en terre ou en prouesse,
Meurt comme vn laboureur sans gloire, s'il ne laisse
Quelque renom de soy: & ce renom ne peut
Venir apres la mort, si la Muse ne veut
Le donner à celuy qui doucement l'inuite,
Et d'honneste faueur compense son merite.
Mais quoy? Prince, on dira que ie suis demandeur,
Il vaut mieux acheuer l'Hynne de ta grandeur:

Car desia ie t'ennuye oyant chose si basse,
Puis ja ma voix s'enrouë & mon pouce se lasse.
Or puis que nos deux Rois les plus grans des humains
N'ont voulu receuoir la paix entre leurs mains
Que Dieu leur enuoyoit comme sa fille eslue,
A fin que tous les ans le soc de la charue
Eust cultiué les champs, & que par les preaux
Les troupeaux engraissez eussent de mille saux
Resiouy le pasteur en venant à l'estable :
Et à fin que l'araigne artizane admirable,
Surpendant son ouurage, eust ourdi de ses piez
A l'entour des harnois ses filets deliez :
Bref, à fin que chacun eust fait son œuure en ioye,
Il vaut mieux prier Dieu qu'aux François il enuoye
Contre nos ennemis victoire, à celle fin
Que d'vn mauuais effect vienne vne bonne fin,
Et que tant de combats tournent à nostre gloire.
Escoute donc ma voix, ô Deesse Victoire,
Qui guaris des soudars les playes, & qui tiens
En ta garde les Rois, les villes & leurs biens :
Qui portes vne robe empreinte de trofées,
Qui as de ton beau chef les tresses estofées
De Palme & de Laurier, & qui monstres sans peur
Aux hommes comme il faut endurer le labeur :
Soit que tu sois au Ciel voisine à la couronne,
Soit que ta Maiesté grauement enuironne
Le throne à Iupiter, ou l'armet de Pallas,
Ou le bouclier de Mars : vien Deesse ici bas
Fauoriser Henry, & d'vn bon œil regarde
La France pour iamais, & la pren sous ta garde.

COMMENDATRIX EPIST.

Michaelis Hoſpitalij, viri doctiſſimi,
ad Carolum Cardinalem
Lotharenum.

Quàm facilè in multis antiqui norat Homeri
Carmen Ariſtarchus, miſſum ſimul ore fuiſſet :
Tam citò cognoſces, ac nullo penè labore
Cuius & hoc ſit vatis opus : nempe illius omneis
Qui veteres vnus ſcribendi laude Poëtas
Æquauit, dubiámque facit tibi Mantua palmam.
Aſpice quàm ſe tollit humo, quámque arduus altum
Fert cœlo caput, & clara inter ſydera condit :
Quos, vbi ſæua canit magnorum prælia Regum,
Dat ſonitus, quæ verba ruit, vel fulminis inſtar
Vel torrentis aquæ, quantas è diuite vena
Fundit opes : quàm mox fertur ſedatus, & ore
Compoſito memorat iucundæ tempora pacis :
Et quibus auxiliis, quo ſit reſpublica more
Geſta domi, laudémque togæ fulgentibus armis
Comparat, & pulchris linguæ mel ſuaue triumphis.
Iámque tui dotes animi quàm ſedulus omneis
Exequitur, quæq; hoc biſſenos Rege per annos
Geſſeris, incipiens à primo flore iuuentæ,
Vt nunc implicitum bellis, quæ maxima noſtrum
Circunſtant Regem, necdum ſatis vnde tuentem
Soluere militibus ſtipendia poſſit auaris,
Expedias : lingua varios & moribus, abſque
Seditione regas eadem intra caſtra maniplos.

13.

Sic velut in tabula non, Carole, pictus Apellis
Parrhasiive manu es, sed nobilis arte Poëtæ,
Et calamo vatum nulli cedente priorum :
Vt quoties hærebis imagine fixus in illa,
Non solùm oblectêre bonis tibi munere Diuûm
Concessis : sed durus & asper censor, in horas
Sis memor inq; dies, à te (non credulus) ipso
Tanquam depositæ rationem poscere summæ :
Ne qua tibi virtus pulchro decedat aceruo,
Ne qua suum perdat vitiis infecta decorem,
Ne vel mentitum hunc, quum scriberet, esse Poëtam,
Vel dicant homines pòst, te peiora secutum.
Atque his carminibus propè tanquam pignore certo
Obstrictam Regique fidem patriæq; memento
Esse tuam : vt laudum posthac quæcunque tuarum
Absuerit, scriptis huius celebrata, requirat
Continuò Populus : te Rex & regius omnis
Appellet tanquam ex tabulis pactóque Senatus.
Hæc erit vtilitas, præclarum hunc, Carole, fructum
Versibus his capies & multum & sæpe terendis :
Ludicra ne posthac & inania carmina vatum
Esse putet quisquam, & tantùm palpare legenti.
Talia cùm scribat Ronsardus Apolline digna,
Scribat ei, teretes puero cui Cynthius aureis
Præbuit : alterius nec laudis egere videntur,
Nec prece, nec studio commendatoris amici.
Illa (scio) passis manibus, velóque patente
Excipies, excepta leges relegésque libenter.
Nam neque tu poteras alio sat carmine dignè
Laudari : atque huius qui carminis æquet honorem,
Et patria eximio reddat præconia vati,
Nullus erit : quis enim Ronsardo digna reponat ?

HYNNE DE LA IVSTICE,

à Charles Cardinal de Lorraine.

Vn plus ſçauant que moy, ou plus cheri des Cieux,
Chantera les combas de tes nobles ayeux,
Dira de Godefroy l'auantureuſe armée,
Et la palme conquiſe en la terre Idumée,
Et le cours du Iourdain qui fut ſi plein de morts
Que le ſang infidele outre-couloit ſes bords :
Chantera de Damas la muraille forcée,
Chantera Ceſarée Antioche & Nicée,
Galilée Iturée, & comme Godefroy
De Tyr & de Sidon par armes ſe fiſt Roy,
De Rhodes & de Cypre, & de Hieroſolyme,
Et des peuples ſuiets au ſceptre de Solyme.
Apres en r'amenant tes ayeux d'outre-mer
Les fera pour la gloire aux batailles armer
Pres la grande Heſperie, & veincre ceſte terre
Où le fardeau d'vn mont vn grand Geant enſerre,
Lequel luy fut iadis par les Dieux enuoyé
Quand il tomba du Ciel à demi foudroyé.
Puis leur fera planter l'eſcuſſon de Lorraine
Sur le fameux tombeau de l'antique Serene.
Apres il chantera les magnanimes faits
Que ton grand frere, ainçois que tes freres ont faits,
Donnant de leurs vertus à tout le monde exemple :
Si bien que le Soleil qui tout voit & contemple
Lors qu'il tire ou qu'il plonge en l'Ocean ſes yeux,
Ne voit point icy bas Princes plus vaillans qu'eux,

Soit pour donner conſeil, ſoit pour donner bataille,
Soit pour prendre ou garder les forts d'vne muraille.
Mais moy foible d'eſprit, qui ne puis entonner
Si hautement l'airain pour leur gloire ſonner,
Il me ſuffiſt, Prelat, ſi chantant ie puis dire
L'vne de tes vertus deſſus ma baſſe lyre,
Vne ſeule & non plus : car quand i'entreprendrois
De toutes les chanter, impuiſſant ie ſaudrois,
Comme choſe trop haute, & m'euſt fait la Nature
Plus que bronze ou metal la langue & la voix dure.
Dieu fiſt naiſtre Iuſtice en l'âge d'or ça bas
Quand le peuple innocent encor ne viuoit pas
Comme il fait en peché, & quand le vice encore
N'auoit paſſé les bords de la boete à Pandore:
Quand ces mots Tien & Mien en vſage n'eſtoyent,
Et quand les Laboureurs du ſoc ne tourmentoyent
Vlcerant par ſillons les entrailles encloſes
Des champs qui produiſoyent de leur gré toutes choſes,
Et quand les Mariniers ne palliſſoyent encor'
Sur le dos de Tethys pour amaſſer de l'or.
Ceſte Iuſtice adonc, bien qu'elle fuſt Déeſſe,
S'apparoiſſoit au peuple au milieu de la preſſe,
Et en les careſſant les aſſembloit le iour
Au milieu d'vne rue ou dans vn carrefour,
Les preſchant & priant d'euiter la malice,
Et de garder entr'eux vne ſaincte police,
Fuyr procez, debats, querelle, inimitié,
Et d'aimer charité, paix, concorde & pitié :
La loy n'eſtoit encor' en airain engrauée,
Et le Iuge n'auoit ſa chaire encor' leuée
Haute dans vn Palais, & debout au Parquet
Encores ne vendoit l'Aduocat ſon caquet
Pour damner l'innocent, & ſauuer le coupable.
Ceſte ſeule Deeſſe au peuple venerable

Les faisoit gens de bien, & sans aucune peur
Des loix, leur engrauoit l'equité dans le cœur,
« Qu'ils gardoyent de leur gré : mais toute chose passe,
« Et rien ferme ne dure en ceste terre basse.
Si tost que la malice au monde eut commencé
Son trac, & que ia l'or se monstroit effacé,
Pallissant en argent sa teinture premiere,
Plus Iustice n'estoit aux hommes familiere
Comme elle souloit estre, & ne vouloit hanter
Le peuple qui desia tendoit à se gaster,
Et plus visiblement le iour parmy la ruë
Les hommes ne preschoit : mais vestant vne nuë,
Hurlante en piteux cris, son visage voila,
Et bien loing des Citez és forests s'en vola :
Car elle desdaignoit d'estre icy bas suiuie
Des hommes forlignans de leur premiere vie.
Aussi tost que la nuict les ombres amenoit,
Elle quittoit les bois, & pleurante venoit
Crier sur le sommet des villes les plus hautes,
Pour effroyer le peuple & reprendre ses fautes,
Tousiours le menaçant qu'il ne la voirroit plus,
Et qu'elle s'en iroit à son pere là sus.
« L'œil de Dieu, ce disoit, toutes choses regarde,
« Il voit tout, il sçait tout, & sur tout il prend garde,
« Il sera courroucé dequoy vous me chassez :
« Pource repentez-vous de vos pechez passez,
« Il vous fera pardon : il est Dieu debonnaire,
« Et comme les humains ne tient pas sa colere :
« Sinon, de pis en pis au feste paruiendrez
« De tout vice execrable, & puis vous apprendrez
« Apres le chastiment de vos ames meschantes
« Combien les mains de Dieu sont dures & pesantes.
Ainsi toute la nuict la Iustice crioit
Sur le haut des citez, qui le peuple effrayoit,

Et leur faisoit trembler le cœur en la poitrine,
Craignant de leurs pechez la vengeance diuine.
Mais ce peuple mourut: & apres luy nasquit
Vn autre de son sang qui plus meschant vesquit:
Lors le siecle de fer regna par tout le monde,
Et l'Orque despiteux de la fosse profonde
Icy haut enuoya les Furies, à fin
De pressurer au cœur des hommes leur venin.
Adonc fraude & procez enuahirent la terre,
Poison, rancœur, debat, & l'homicide guerre,
Qui faisant craqueter le fer entre ses mains
Marchoit pesantement sur le chef des humains,
Et violoit par tout de sa hache meurtriere
Des vieux siecles passez la concorde premiere.
Ce que voyant Iustice ardante de fureur
Contre le mechant peuple empoisonné d'erreur,
Qui pour suiure discord, rompoit ses loix tranquilles,
Vint encore de nuict se planter sur les villes:
Où plus, comme deuant, le peuple ne pria,
Mais d'vne horrible voix hurlante s'escria
Si effroyablement que les murs & les places
Et les maisons trembloyent au bruit de ses menaces.
Meschant peuple auorton, disoit-elle, est-ce ainsi
Qu'à moy fille de Dieu tu rens vn grand merci
De t'auoir si long temps couué dessous mes ailes,
Te nourrissant du laict de mes propres mammelles?
Ie m'en-vole de terre, & ie te dis adieu,
Adieu peuple auorton, ie t'asseure que Dieu
Vangera mon depart d'vne horrible tempeste,
Que ja desia son bras eslance sur ta teste.
Las! où tu soulois viure en repos plantureux,
Tu viuras desormais en trauail malheureux:
Il faudra que les bœufs aux champs tu aiguillonnes,
Et que du soc aigu la terre tu sillonnes,

Et que ſoir & matin le labeur de ta main
Nourriſſe par ſueur ta miſerable fain:
Pour la punition de tes fautes malines
Les champs ne produiront que ronces & qu'eſpines:
Le Printemps qui ſouloit te rire tous les iours,
Se changeant en hyuer, perdra ſon premier cours,
Et ſera departi en vapeurs chaleureuſes,
Qui halleront ton corps de flames douloureuſes,
En frimas & en pluye & en glace qui doit
Faire tranſir bien toſt ton pauure corps de froid:
Ton chef deuiendra blanc en la fleur de ieuneſſe,
Et iamais n'atteindras les bornes de vieilleſſe,
Comme ne meritant pour ton faict vicieux
De iouïr longuement de la clairté des cieux.
Si peu que tu viuras, tu viuras en moleſte,
Et touſiours vne fiéure, vn caterre, vne peſte
Te ſuiuront ſans parler venans tous à la fois:
Dieu les faiſant muets deſrobera leurs vois,
A fin que ſans mot dire ils te happent à l'heure
Que tu eſtimeras ta vie eſtre plus ſeure.
Qui pis eſt, indigence & la famine auſſi
Hoſtes de ton hoſtel te donneront ſouci.
Tout ſera corrompu, les eſpouſes muables
N'enfanteront des fils à leurs eſpoux ſemblables:
Tout ſera deprauė, bourgs, villes & maiſons
Fouruoyantes du traq des premieres ſaiſons.
Dieu te fera mourir au milieu des batailles,
Accablė l'vn ſur l'autre, & fera les murailles
De tes grandes citez deſſous terre abyſmer,
Et la foudre perdra tes nauires en mer;
Si le peuple m'euſt creu, il euſt ſans nulle peine
Heureuſement franchi cette carriere humaine,
Et fuſt mort tout ainſi que ceux à qui les yeux
S'endorment dans le lict d'vn ſommeil gracieux.

Mais il viura tousiours en douleur asseruie,
Fraudé des passetemps & des biens de la vie:
Puis à la fin la mort en tourment & en dueil
Dans vn lict angoisseux luy viendra fermer l'œil.
Qui plus est, ce grand Dieu qui de son œuure a cure,
Enuoira ses Démons couuerts de nue obscure
Par le monde espier les vicieux, à fin
De les faire mourir d'vne mauuaise fin,
Ou par guerre ou par peste, ou par longue famine:
Et lors vn vain regret rongera ta poitrine
Dequoy tu m'as chassée en lieu de me cherir,
Qui te soulois, ingrat, si cherement nourrir.
Ainsi pleuroit Iustice, & d'vne robe blanche
Se voilant tout le chef iusqu'au bas de la hanche,
Auec ses autres sœurs, quittant ce val mondain
Au Ciel s'en retourna d'vn vol prompt & soudain:
Comme on voit quelquefois singler à tire d'ailes
En vn temps orageux cinq ou six Colombelles,
Qui de peur de la gresle au logis s'en-reuont,
Et vistes parmi l'air volent toutes d'vn front.
Si tost que dans le Ciel Iustice fut venue,
Long temps deuant le throne à genoux s'est tenue
Du Pere tout-puissant, puis d'vn cœur despité
Sans respect de personne a son faict recité.
Pere, t'esbahis-tu dequoy ie suis tremblante,
Dequoy i'ay de frayeur la poitrine haletante,
Quand là bas à grand peine ay-ie peu garantir
De mort ma pauure vie, auant que de partir?
Ce peuple malheureux auquel i'estois allée
Par ton commandement, n'a sans plus violée
La reuerence deuë à ta grand' Maiesté,
Mais il a, qui plus est, dans son cœur proietté
(Tant il est arrogant) de te faire la guerre,
Et rauir de tes mains ton Sceptre & ton tonnerre.

Celuy qui maintenant vit le plus entaché
De meurtre, de malice, & bref de tout peché,
Est le plus vertueux: ils pillent, ils blasphement,
Et rien que fraude & guerre & mechancetez n'aiment :
Ils desdaignent tes loix, & n'ont plus en souci
Ny toy, ni ton sainct Nom, ny tes temples aussi,
Et tant en leur audace & malice se fient,
Qu'en se mocquant de toy, ta puissance desfient.
Pource si quelque soin de ton honneur te tient,
Et si iusques au cœur ma priere te vient,
Et si d'vne fureur iustement tu t'irrites,
Ren leur le chastiment selon les demerites,
Et n'endure, Seigneur, que lon vienne outrager
D'vn cœur presomptueux ton Nom sans le vanger.
A-tant se teut Iustice, & pour faire cognoistre
Que son pere l'aimoit, s'alla seoir à la dextre
De son throne diuin, d'où la terre & les cieux
Abaissez à ses pieds regarde de ses yeux.
Iupiter irrité des larmes de sa fille,
Des Dieux incontinent assembla le concile,
Lesquels obeyssans à son commandement,
Par troupes arrangez vindrent soudainement :
Ceux du Ciel du haut bout les chaires ont tenues,
Les marins le milieu, & les tourbes menues
Des petits demi-Dieux confusément se sont
Plantez deçà-delà tout debout en vn rond :
Puis quand chacun eut pris en son ordre sa place,
Il prononça tels mots tous remplis de menace :
Vne flame de feu de ses yeux s'escartoit,
Et vn glaiue trenchant de sa bouche sortoit.
Ce qui m'esmeut iadis de verser toute l'onde
De la mer sur la terre, & noyer tout le monde,
Ne fut que pour punir les faits malicieux
Que commettoyent là bas les hommes vicieux,

Lesquels si obstinez en leur malice furent,
Que iamais endurcis changer ne se voulurent,
Ny me crier pardon, bien que par maints sermons
Aduerti ie les eusse en songe & par Démons.
Pource ie les noyay, & delaschay les brides
De mes pluyes du Ciel, & des mers homicides
Par sept iours sur la terre, & ne s'en sauua qu'vn
Que tout ne fust raui du naufrage commun.
Ie pensois r'animer de la terre la face
D'vne plus innocente, & plus diuine race,
Qui s'abstiendroit du mal, de peur de n'encourir
Le pareil chastiment, duquel ie fis mourir
Ses ayeux obstinez qui m'oserent desplaire :
Mais il en est allé, ô Dieux, tout au contraire :
Car ce peuple nouueau commet plus de forfait
En vn iour, qu'en cent ans le premier n'auoit fait.
Pource ie veux par feu luy consommer la vie
Des grans iusqu'aux petits, & que nul ne me prie
Ainsi que l'autrefois de luy faire pardon :
Ie ne le feray pas, car vn seul ne vit bon.
Par trois iours tous entiers ie ru'ray mon tonnerre,
Pluuant flames du Ciel dessus toute la terre,
Et feray sans pitié tous les corps enflamer
Qui marchent sur la terre, & nagent dans la mer,
Pour leur mechanceté, & la terre bruslée
Ne sera (ie le veux) iamais renouuellée
D'vn autre genre humain : car qui le referoit,
D'âge en âge suiuant tousiours pire seroit.
Est-il pas bien ingrat ? il sçait que toutes choses
Qui sont dedans le rond de mon grand Ciel encloses,
Sont faites pour luy seul, & qu'à luy i'ay permis
Que tous les animaux sous ses pieds seroyent mis,
Ceux des champs, & tous ceux qui en la mer respirent,
Et ceux qui parmi l'air s'allongent & se virent.

Le malheureux sçait bien que ma main l'a fait tel
Que rien ne luy defaut que le poinct d'immortel:
Car il est quant au reste aussi noble qu'vn Ange,
Tant ie l'ay couronné de gloire & de louange.
I'ay fait pour luy du Ciel le grand tour nompareil,
Les estoiles, le iour, la Lune & le Soleil
Pour luy donner clairté : car ie n'en ay que faire:
Sans le secours du iour ma face est assez claire:
Les rayons du Soleil & des Astres des Cieux
Viennent de ma lumiere, & non la mienne d'eux.
Pour luy ie rens de fruits la terre toute pleine:
Ce n'est pour me souler que son fruit elle ameine,
Ny la mer ses poissons : ie ne mange ne boy,
Viuant ie me soustiens par la vertu de moy:
I'ay tout créé pour luy, lequel en recompense
De mes biens est ingrat, & forcené ne pense
Que ie note ses faits : mais en lieu d'inuoquer
Mon Nom, hoche la teste, & s'en ose moquer:
Pource ie le veux perdre, & luy faire cognoistre
Que son vice me fasche, & que ie suis son maistre.
Ainsi dist le grand Dieu, qui si fier assembla
Ses sourcis que le Ciel & la terre en trembla:
Desia dedans ses mains tenoit l'ardante foudre,
Et n'eust fait de la terre & du Ciel qu'vne poudre,
Sans sa fille Clemence à l'œil paisible & doux,
Qui ses genous luy baise, & retient son courroux.
Pere, puis qu'il te plaist entre tes noms admettre
Le nom de tres-benin, il faut aussi permettre
A ta rigueur d'vser des effects de ce nom:
Autrement tu serois en vain appellé bon.
Tu peux, si tu le veux, tout ce monde desfaire
Qu'en moins d'vn seul clin d'œil tu le pourras bien faire:
Ce qu'il ne faut Seigneur : car la destruction
N'est pas seante à Dieu, mais generation:

Pource il te pleut iadis baſtir tout ce grand Monde,
Et peupler d'animaux toute la terre ronde,
A fin que de ton throne en voyant les humains
Prinſes quelque plaiſir aus œuures de tes mains :
Mais ores vn chacun blaſmera ta puiſſance,
Et ſeras en meſpris comme vn Dieu d'inconſtance,
Qui nagueres voulus tout le Monde noyer,
Et maintenant le veux encore foudroyer !
Si tu deſtruis le Monde, il faudra qu'il retienne
De ſon premier Chaos la figure ancienne :
Et ſi tout eſt confus qui adoncques dira
Les hynnes de ta gloire & ton Nom benira ?
Qui lors racontera tes merueilles ſi grandes ?
Qui deuôt chargera tes ſaints autels d'offrandes ?
Qui la flame immortelle aux temples gardera ?
Qui d'encens Sabean ton throne enfumera ?
Il vaut mieux ô Seigneur, que tu les eſpouuantes
Par ſonges, par Daimons, par Cometes volantes,
Que les tuer du tout car tels qu'ils ſont, Seigneur,
Bons ou mauuais ils ſont créez a ton honneur.
Si tu frappes leur cœur, ils te voudront entendre :
Il n'eſt enduict de roche, il eſt humain & tendre,
Lequel ſera ſoudain, bien qu'il ſoit endurcy,
Chaſtié de ſon vice, & te cri'ra mercy.
A-tant ſe teut Clemence, & ia de ſa parole
Auoit du pere ſien faite l'ire plus molle,
Quand Themis la diuine au bas du throne alla
De Dieu preſque appaiſé, auquel ainſi parla :
O ſouuerain Seigneur, Roy des Dieux & des hommes,
Par qui tous nous viuons. & par qui tous nous ſommes,
Qui regis tout en tout, & n'es regi d'aucun,
Qui as (comme il t'a pleu) departi à chacun
Dés le commencement vn naturel office,
Et vn propre meſtier pour te faire ſeruice,

Donnant au puiſſant Mars la force & le pouuoir,
A Phœbus la Muſique, à Pallas le ſçauoir,
A moy l'authorité ſur toutes deſtinées
Que ta bouche fatale a iadis terminées,
Eſcrites en airain qui ne ſe peut caſſer,
Et que meſme le Temps ne ſçauroit effacer :
« Car tout ce que tu dis eſt choſe tres-certaine,
« Et ce que l'homme dit n'eſt rien que choſe vaine.
Or doncques pour ouurir les ſecrets du Deſtin,
Le Monde n'eſt encore enuieilly par ſa fin,
Il eſt du tout entier, & faut que mainte eſpace
De maints ſiecles futurs ayent deuant eu place
Auant que le bruler, vueilles donq ſecourir
La gent que tu voulois ſi toſt faire mourir.
Il faut que les rayons de tes flames diuines
Illuminent les cœurs des Sibylles deuines,
Des Prophetes auſſi qui ſeront tes preſcheurs,
Et ſans eſgard d'aucun blaſmeront les pecheurs,
Pour reprendre en ton Nom de tous hommes le vice,
Attendant le retour de ta fille Iuſtice,
Laquelle doit encore icy haut ſeiourner
Longue eſpace de iours auant que retourner.
Au temps que le Deſtin en Gaule fera naiſtre
Henry ſecond du nom, des autres Rois le maiſtre,
Que les cieux à l'enuy s'efforceront d'orner,
Iuſtice auec ſes ſœurs la bas doit retourner.
Ce grand Roy cherira vn Prince de ſa race,
Qui d'honneur, de vertu, de ſçauoir & de grace
Entre tous les humains n'aura point ſon pareil,
Et ſa bonté luira comme luit le Soleil :
Il aura ſur le front telle maieſté peinte,
Que du premier abord le vice en aura crainte
S'enfuyant deuant luy apres l'auoir cognu
Prince ſi ieune d'ans & de meurs ſi chenu.

Celuy ſera nommé le Prelat de Lorraine,
Charles, dedans lequel ta fille ſouueraine
Miraculeuſement tu feras transformer,
Pour les faicts vicieux des humains reformer.
Elle prendra ſon corps : car ſa face celeſte
Comme elle fut iadis, ne ſera manifeſte
Aux hommes de là bas, ſe ſouuenant encor
Qu'ils l'ont d'entre eux chaſſée, apres le ſiecle d'or.
Ainſi parla Themis en paroles prophetes,
Qui furent puis apres en temps & lieu parfaites :
Car ſi toſt que le Ciel eut du Prince Henry
En la terre amené le beau regne chery
Des hommes & des Dieux, & que toute la France
Portoit à ce Prelat honneur & reuerence
Pour les nobles vertus deſquelles il eſt plein :
Dieu print incontinent Iuſtice par la main,
Et luy dit : Mon enfant, il ne faut contredire
Aux ſeueres ſecrets du Deſtin, qui te tire
Vne autre fois au monde, il eſt temps de partir :
Quand tu ſeras au monde, il te faudra veſtir
Du corps de ce Prelat, que Themis qui preſide
A mes deſſeins futurs, t'a baillé pour ton guide.
Comme il diſoit tels mots, de Iuſtice entourna
Les yeux d'vn bandeau noir, & puis il luy donna
Vne balance d'or dedans la main ſeneſtre,
Et vn glaiue tranchant au milieu de la dextre :
« Le glaiue, pour punir ceux qui ſeront mauuais :
« La balance, à poiſer egalement les faicts
« Des grands & des petits comme equité l'ordonne :
« Le bandeau, pour ne voir en iugement perſonne.
En ce poinct equipée elle reuint çà bas :
Mais auant que partir elle n'oublia pas
La troupe de ſes Sœurs, les guidant la premiere :
Nemeſis d'aſſez loin les ſuiuoit par derriere,

Ayant le pied boiteux, & ne pouuant en l'air
De ses ailes si tost que les autres voler.
Si tost que la Iustice en terre fut venue,
Dessus la Court du Roy longuement s'est tenue:
Puis ainsi qu'vn rayon du Soleil qui descend
Contre vn verre & le perce, & si point ne le fend,
Tant sa claire vertu subtilement est forte,
Comme venant du Ciel: en la semblable sorte
Iustice tout d'vn coup viuement s'eslança
Dedans ton corps, Prelat, & point ne l'offença
Comme chose celeste: y logeant auec elle
De ses diuines Sœurs la troupe non-mortelle:
Qui ne fut pas si tost entrée dedans toy,
Que tu vins de tels mots aborder nostre Roy.
Prince, dont la grandeur en maiesté surpasse
Tous les Rois tant soient grands de ceste terre basse,
Ce n'est le tout que d'estre aux armes furieux,
Adroit vaillant & fort, il faut bien auoir mieux:
Il faut apres la guerre ainsi qu'vn sage Prince,
Gouuerner pas iustice & par loix ta prouince,
A fin que tes suiets viuent en equité,
Et que ton ennemy par ta lance donté
Te recognoisse autant iusticier equitable
En paix, comme aux combats t'a cognu redoutable.
La Nature concede aux animaux des bois,
Aux oiseaux, aux poissons des reigles & des lois
Qu'ils n'outrepassent point: au monde on ne voit chose
Qu'vn accord arresté ne gouuerne & dispose:
La mer, le ciel, la terre, & chacun Element
Garde vne loy constante inuiolablement:
On ne voit que le iour deuienne la nuict brune,
Que le Soleil ardant se transforme en la Lune,
Ou le ciel en la mer, & iamais on n'a veu
L'air deuenir la terre, & la terre le feu.

Nature venerable en qui prudence abonde,
A fait telle ordonnance en l'ame de ce monde,
Qui ne ſe change point, & ne ſe changera
Tant que le ciel vouté les aſtres logera:
Et pource du nom Grec ce grand Monde s'appelle,
D'autant que l'ordonnance en eſt plaiſante & belle:
Mais celuy qui nous fiſt immortels les eſprits,
Comme à ſes chers enfans & ſes plus fauoris,
Que trop plus que le ciel ny que la terre il aime,
Nous a donné ſes loix de ſa propre main meſme.
Moyſe premierement appriſt les loix de Dieu
Pour les grauer au cœur du populaire Hebrieu:
Minos a des Cretois les villes gouuernées
Des loix que Iupiter luy auoit ordonnées:
Et Solon par les loix que Pallas luy donna
Regit l'Athenien, Lycurgue gouuerna
Par celles d'Apollon la ville de Lacene:
Et bref des loix de Dieu toute la terre eſt pleine.
Car Iupiter, Pallas, Apollon, ſont les noms
Que le ſeul Dieu reçoit en maintes nations
Pour ſes diuers effects que lon ne peut comprendre,
Si par mille ſurnoms on ne les fait entendre.
Ce Dieu, ce tout-puiſſant, qui tout voit & regiſt,
Dieu, en qui noſtre vie, en qui noſtre mort giſt,
Ne nous concede rien apres l'ame immortelle
Si ſainct que la Iuſtice: on ne ſçauroit ſans elle
Viure en paix ou en guerre, & touſiours noſtre cœur
En tremblant fremiroit d'vne douteuſe peur
Qu'on ne pillaſt nos biens, ou que toſt noſtre vie
Par glaiue ou par poiſon ne nous fuſt accourcie.
Sans Iuſtice le peuple effrenément viuroit,
Comme vn nauire en mer qui en poupe n'auroit
Vn Pilote ruzé pour ſes voyes conduire.
Cela que ſert en mer vn Pilote au nauire,

La Loy ſert aux citez, & au peuple qui eſt
Inconſtant en penſée, & n'a iamais d'arreſt:
Il auroit auiourd'huy vne opinion folle,
Le lendemain vne autre, & comme vn vent qui volle,
Çà & là volleroient les eſprits des humains,
Et iamais ne ſeroient en vn propos certains
Sans la diuine Loy, qui leurs volontez bride,
Et maugré leur deſir à bon chemin les guide,
Ne voulant point ſouffrir qu'vn homme vicieux
Sans purger ſon peché vienne deuant ſes yeux.

Elle fait que le Roy ſur le peuple a puiſſance,
Et que le peuple ſerf luy rend obeyſſance:
Elle nous a monſtré comme il faut adorer
Le ſeul Dieu eternel, comme il faut honorer
Pere, mere, parens, & quelle reuerence
On doit aux morts, de peur de troubler leur ſilence.

Dieu qui le ciel habite, a touſiours en ſouci
Ceux qui aiment Iuſtice, & qui la font auſſi:
De ceux le bien eſt ferme, & comme vne Planette
De tous coſtez reluit leur conſcience nette
Et touſiours en honneur fleuriſſent leurs enfans,
Et ne meurent iamais qu'aſſoupis de vieux ans.
Mais ce Dieu tout-puiſſant iamais ſon cœur n'appaiſe
Contre celuy qui fait la Iuſtice mauuaiſe,
Qui par argent la vend, & qui corrompt malin
Le bon droict de la vefue, ou du pauure orphelin:
Il luy garde touſiours vne dure vengence
Qui lente pas à pas talonne ſon offence,
Luy enuoyant Até Déeſſe de meſchef,
Qui de ſes pieds de fer eſcarbouille ſon chef:
Car Dieu ſur les Palais s'aſſiet pour le refuge
Des pauures, d'où ſon œil remarque le bon Iuge
Pour le recompenſer ſelon qu'il a bien fait,
Et le faux Iuge à fin de punir ſon meſfait.

Doncques Roy, ſi tu veux que ton regne proſpere,
Il te ſaut craindre Dieu : le Prince qui reuere
Dieu, Iuſtice, & la Loy, vit touſiours fleuriſſant,
Et touſiours voit ſous luy le peuple obeyſſant:
Son ennemy le craint: & s'il leue vne armée,
Touſiours ſera veinqueur, & la Fame emplumée
Viuant bruira ſon nom, & le peuple en tout lieu
Apres qu'il ſera mort, le tiendra comme vn Dieu.
Ainſi dis-tu Prelat, & le Roy de ſa teſte
Abaiſſant les ſourcis accorda ta requeſte:
Et lors le ſiecle d'or en France retourna,
Qui ſans ſe transformer depuis y ſeiourna,
Faiſant fleurir le droict ſous noſtre Prince iuſte,
Sous Henry, dont le bras equitable & robuſte
Trencha par ton moyen auecq' ſes ſainctes Lois
La teſte du Procez, vieil monſtre des François.
Ie te ſaluë ô ſaincte & diuine Iuſtice,
Et toy grand Cardinal autheur de la police:
Puiſſent touſiours mes vers maugré le cours des ans
Aux ſiecles apparoiſtre & doctes & plaiſans,
Pour leur monſtrer combien ce me fut douce peine
De celebrer l'honneur de Charles de Lorraine.

LES DAIMONS,

à Lancelot Carle.

Carle, de qui l'eſprit recherche l'Vniuers,
Pour gage d'amitié ie te donne ces vers,
A fin que ton Bordeaux, ta riue & ta Garonne
Flottant contre ſes bords ta louange reſonne,

Et ton nom par la France autant puiſſe voler
Que ce vers qui s'en-vole aux habitans de l'air.
En ta faueur, mon Carle, il eſt temps que i'enuoye
Ma Muſe extrauaguer par vne eſtroitte voye
Laquelle des François aux vieux temps ne fut pas
(Tant elle eſt incogneuë) empreinte de leurs pas,
Afin d'eſtre promeuë au myſtere admirable
Des Daimons, pour t'en faire vn preſent venerable:
L'argument eſt fort haut, mais vn eſprit ne peut
Trouuer rien de faſcheux, ſi la Muſe le veut.
Quand l'Eternel baſtit le grand palais du Monde,
Il peupla de poiſſons les abyſmes de l'onde,
D'hommes la terre, & l'air de Daimons, & les cieux
D'Anges, à celle fin qu'il n'y euſt point de lieux
Vuides en l'Vniuers, & ſelon leurs natures
Qu'ils fuſſent tous remplis de propres creatures.
Il miſt aupres de luy (ſon plaiſir le voulut)
L'eſcadron precieux des Anges qu'il eſlut
Pour citoyens du ciel, qui ſans corps y demeurent,
Et francs de paſſions non plus que luy ne meurent:
Eſprits intelligens plus que les noſtres purs,
Qui cognoiſſent les ans tant paſſez que futurs,
Et tout l'eſtat mondain, comme voyant les choſes
De pres au ſein de Dieu, où elles ſont encloſes.
En l'eſtage de l'air deſſous la Lune eſpars,
Air gros eſpais brouillé qui eſt de toutes pars
Touſiours remply de vents, de foudres & d'orages,
Il logea les Daimons au milieu des nuages,
Leur place deſtinée, ayans vn corps leger,
L'vn de feu, l'autre d'air, à fin de voyager
Aiſément par le vague, & ne tomber en terre:
Et peſant quelque peu, à fin que leur corps n'erre
Trop haut iuſques au ciel, abandonnant le lieu
Qui leur eſt deſtiné par le vouloir de Dieu.

Ne plus ne moins qu'on voit l'exercite des nuës
En vn temps pluuieux egalement pendues
D'vn iuste poids en l'air, marcher ainsi qu'il faut,
Ny descendre trop bas, ny s'esleuer trop haut:
Et tout ainsi qu'on voit qu'elles mesmes se forment
En cent diuers portraits, dont les vents les transforment
En Centaures, serpens, oiseaux, hommes, poissons,
Et d'vne forme en l'autre errent en cent façons:
Tout ainsi les Daimons qui ont le corps habile,
Aisé souple dispost à se muer facile,
Changent bien tost de forme, & leur corps agile est
Transformé tout soudain en tout ce qu'il leur plaist:
Ores en vn tonneau grossement s'eslargissent,
Ores en peloton rondement s'estrecissent,
Ores en vn chéuron les voirriez allonger,
Ores mouuoir les pieds, & ores ne bouger.
Bien souuent on les voit se transformer en beste
Tronque par la moitié, l'vne n'a que la teste,
L'autre n'a que les yeux, l'autre n'a que les bras
Et l'autre que les pieds tous velus par-à bas.
Les autres sont entiers, & à ceux qu'ils rencontrent,
En forme de serpens & de dragons se monstrent,
D'orfrayes, de choüans, cheueches, de corbeaux,
De boucs, de mastins noirs, de chats, loups & taureaux,
Et prennent les couleurs à tels corps conuenables,
Pour mieux representer leurs feintes vraysemblables:
En la façon qu'on voit Iris se figurer
Des rayons du Soleil, qui la vient peinturer
De trois couleurs pourueu que l'opposee nue
Où l'image se fait, soit & creuse & menue:
Autrement l'Arc-en-ciel n'auroit impression.
Mais le Daimon la prend de sa propre action
Et de sa volonté, en la maniere mesme
Que soudain nostre ioüe en craignant deuient blesme

De ſon propre vouloir, & toute rouge alors
Que la honte luy peint la peau par le dehors:
En ce poinct les Daimons maſquez de vaines feintes,
Donnent aux cœurs humains de merueilleuſes craintes.
Car ainſi que l'air prend & reçoit à l'entour
Toute forme & couleur ce-pendant qu'il eſt iour,
Puis les rebaille aux yeux qui de nature peuuent
En eux les receuoir, & qui propres ſe treuuent:
Tout ainſi les Daimons font leurs maſqueures voir
A noſtre fantaiſie apte à les receuoir:
Puis noſtre fantaiſie à l'eſprit les r'apporte
De la meſme façon & de la meſme ſorte
Qu'elle les imagine en dormant, ou veillant:
Et lors vne frayeur va nos cœurs aſſaillant,
Le poil nous dreſſe au chef, & du front goute à goute
Iuſqu'à bas des talons la ſueur nous degoute.
Si nous ſommes au lict, n'oſons leuer les bras,
Ny tant ſoit peu tourner le corps entre les draps:
Adonq nous eſt aduis que nous voyons nos peres
Morts dedans vn linceul, & nos defunctes meres
Parler à nous la nuict, & que voyons en l'eau
Quelqu'vn de nos amis perir dans vn bateau:
Il ſemble qu'vn grand Ours tout affamé nous mange,
Ou que ſeuls nous errons par vn deſert eſtrange
Au milieu des Lions, ou qu'au bois vn volleur
Nous met pour noſtre argent la dague dans le cœur.
Souuent à l'improuueuë on les voit apparoiſtre,
Tellement qu'on les peut facilement cognoiſtre
Comme Achille cogneut Minerue qui le print
Par le poil de la teſte, & ſon courroux retint:
Mais eux bien peu de temps de leur forme iouyſſent,
Et tout ſoudain en rien elles s'eſuanouyſſent,
Comme ſi de couleurs les ondes on teignoit,
Ou ſi l'air & le vent de couleurs on peignoit:

Car leur corps n'est solide & apte de nature
A retenir long temps vne prise figure.
Les vns viuent en l'air de respirations,
Les autres plus grossiers d'euaporations,
A la façon de l'huistre : aussi le sacrifice
Du sang des animaux leur est doux & propice.
Ils sont participans de Dieu & des humains :
De Dieu comme immortels, des hommes comme pleins
De toutes passions : ils desirent, ils craignent,
Ils veulent conceuoir, ils aiment & desdaignent :
L'air compose leur corps, ains leur masque commun :
Dieu loin de la matiere (ouuriere d'vn chacun
Qui respire icy bas) n'est qu'vne simple essence,
D'vn meslange agencé nos corps prennent naissance.
Or deux extremitez ne sont point sans milieu :
Les deux extremitez sont les hommes & Dieu :
Dieu qui est tout-puissant de nature eternelle,
Les hommes impuissans de nature mortelle.
Des hommes & de Dieu les Daimons aërins
Sont communs en nature, habitans les confins
De la terre & du ciel, & dans l'air se delectent,
Et sont bons ou mauuais tout ainsi qu'ils s'affectent :
Les bons viennent de l'air iusques en ces bas lieux
Pour nous faire sçauoir la volonté des Dieux,
Puis r'emportent à Dieu nos faicts & nos prieres,
Et détachent du corps nos ames prisonnieres
Pour les mener là-haut, à fin d'imaginer
Ce qui se doit sçauoir pour nous endoctriner.
Ils nous monstrent de nuict par songes admirables
De nos biens de nos maux les signes veritables :
D'eux vient la Prophetie, & l'art qui est obscur
De sçauoir par oiseaux augurer le futur.
Hannibal sceut par eux d'vn de ses yeux la perte :
Tullin se vit par eux la perruque couuerte

D'un feu presagieux: par eux l'Aigle se mit
Sur le chef de Tarquin qui grand Roy le predit.
Les mauuais au contraire apportent sur la terre
Pestes, fiéures, langueurs, orages & tonnerre:
Ils font des bruits en l'air pour nous espouenter,
Ils font aux yeux humains deux Soleils presenter,
Ils font noircir la Lune horriblement hideuse,
Et font pleurer le Ciel d'vne pluye saigneuse:
Bref, tout ce qui se fait en l'air de monstrueux
Et en terre çà bas, ne se fait que par eux.
Les vns vont habitant les maisons ruinées,
Ou des grandes citez les places destournées
En quelque carrefour, & hurlent toute nuit
Accompagnez de chiens, d'vn effroyable bruit.
Vous diriez que cent fers ils trainent par la rue,
Esclatant vne voix en complaintes aigue,
Qui resueillent les cœurs des hommes sommeillans,
Et donnent grand'frayeur à ceux qui sont veillans.
Les autres sont nommez par diuers noms, Incubes,
Larues, Lares, Lemurs, Penates, & Succubes,
Empouses, Lamiens, qui ne vaguent pas tant
Que font les aërins: sans plus vont habitant
Autour de nos maisons, & de trauers se couchent
Dessus nostre estomac, & nous tastent & touchent:
Ils remuent de nuict bancs, tables & treteaux,
Clefs, huys, portes, buffets, licts, chaires, escabeaux,
Ou comptent nos tresors, ou iettent contre terre
Maintenant vne espée, & maintenant vn verre:
Toutefois au matin on ne voit rien cassé,
Ny meuble qui ne soit en sa place agencé.
On dit qu'en Norouegue ils se loüent à gages,
Et font comme valets des maisons les mesnages,
Ils pensent les cheuaux, ils vont tirer le vin,
Ils font cuire le rost, ils serencent le lin,

Ils filent la fuſée, & les robbes nettoyent
Au leuer de leur maiſtre, & les places baloyent.
Or qui voudroit narrer les contes qu'on fait d'eux,
De triſtes, de gaillards, d'horribles, de piteux,
On n'auroit iamais fait : car homme ne ſe treuue
Qui touſiours n'en raconte vne merueille neuue.
Les autres moins terrains ſont à part habitans
Torrens fleuues ruiſſeaux les lacs & les eſtans,
Les marais endormis & les ſontaines viues,
En forme de Sereine apparoiſſant aux riues.
Tant que les aërins ils n'ont d'affections,
Auſſi leur corps ne prend tant de mutations:
Ils n'aiment qu'vne forme, & volontiers icelle
Eſt du nombril en haut d'vne ieune pucelle
Qui a les cheueux longs, & les yeux verts & beaux,
Contre-imitans l'azur de leurs propres ruiſſeaux.
Pource ils ſe font nommer Naiades, Nereides,
Les filles de Thetis, les cinquante Phorcides,
Qui errent par la mer ſur le dos des Dauphins,
Bridans les Eſturbots, les Fouches, & les Thins,
Aucunefois vagant tout au ſommet des ondes,
Aucunefois au bas des abyſmes profondes.
Ils ont le meſme eſprit que les autres Daimons,
Les vns pernicieux, les autres doux & bons:
Ils font faire à la mer en vn iour deux voyages,
Ils appaiſent les flots, ils mouuent les orages,
Ils ſauuent les bateaux, ou font contre vn rocher
Perir quand il leur plaiſt, la nef & le nocher.
Neptune le Daimon voulut noyer Vlyſſe,
Leucothoé luy fut à ſon danger propice:
L'Egyptien Protée attaché d'vn lien,
Par ſa fille trahy, enſeigna le moyen
Au chetif Menelas de retourner en Grece,
Qui tout deſeſperé ſe rongeoit de triſteſſe.

Ils se changent souuent en grands flambeaux ardans
Pendus dessus vne eau, pour conduire dedans
Le passant fouruoyé trompé de leur lumiere,
Qui le meine noyer dedans l'onde meurdriere.
Les vns ayans pitié des hommes & des naux,
Esclairent sur le mast, comme deux feux iumeaux,
Et tirent la nauire & les hommes de peine,
Nommez le feu sainct Herme, ou les freres d'Heleine.
Les autres moins subtils, chargez d'vn corps plus gras
Et plus materiel, habitent les lieux bas,
Et ne changent iamais de la forme qu'ils tiennent:
Car point d'affections de changer ne leur viennent
Non plus qu'à la souriz qui dans vn trou se tient,
Et rien en souuenir que manger ne luy vient.
Si sont-ils toutesfois de meschante nature:
Car si quelqu'vn deualle en vn puis d'auenture,
Ou va par auarice aux minieres de fer,
D'or de cuiure ou d'argent, ils viennent l'estoufer,
Et serrant son gosier sans haleine le tuent.
Aucunefois sous terre engloutissent & ruent
Les peupleuses citez & leurs murs trebuchans:
Ils font trembler la terre, ils creuassent les champs,
Et d'vne flamme ardente au profond de Tartare
Allument le mont d'Etne & Vesuue & Lipare.
Aucunefois transis d'excessiue froideur,
Laissent les lieux terreins pour chercher la chaleur,
Non celle du Soleil, car elle est trop ardante,
Mais le sang temperé d'vne beste viuante:
Et entrent dans les porcs, dans les chiens, dans les loups,
Et les font sauteller sur l'herbe comme fouls.
Les autres plus gaillards habitent les montagnes,
Les taillis, les forests, les vaux & les campagnes,
Les tertres & les monts, & souuent dans vn bois
Ou dans le creux d'vn roc, d'vne douteuse vois

Annoncent le futur, non qu'au parfait cognues
Toutes choſes leur ſoient ains que d'eſtre venues:
Mais eux qui par long âge experimentez ſont
Aux affaires du monde, & qui plus que nous ont
L'eſprit aërien, pluſtoſt que nous aduiſent
(Nous qui mourons trop toſt) le futur qu'ils prediſent:
Toutefois la prudence & l'aduis peut donner
Aux hommes craignans Dieu pouuoir de deuiner.
Les vns aucunefois ſe transforment en Fées,
En Dryades des bois, en Nymphes & Napées,
En Faunes, en Syluains, en Satyres & Pans,
Qui ont le corps pelu marqueté comme fans:
Ils ont l'orteil de bouc, & d'vn cheureul l'oreille,
La corne d'vn chamois, & la face vermeille
Comme vn rouge Croiſſant, & danſent toute nuit
Dedans vn carrefour, ou pres d'vne eau qui bruit.
Ils craignent tous du feu la lumiere tres-belle:
Et pource Pythagore ordonna que ſans elle
On ne priaſt les Dieux: mais plus que les flambeaux
Ny que les vers charmez ils craignent les couteaux,
Et tremblant vont fuyant s'ils voyent vne eſpée,
De peur de ne ſentir leur liaiſon coupée:
Ce que ſouuentefois i'ay de nuict eſprouué,
Et rien de ſi certain contre eux ie n'ay trouué.
D'vn poinct nous differons: quand le fer nous inciſe,
Noſtre chair eſt long temps auant qu'eſtre repriſe,
Des Daimons à l'inſtant: ainſi que qui fendroit
L'air, ou le vent, ou l'eau, qui toſt ſe reprendroit.
Que diray-ie plus d'eux? ils ſont pleins de ſcience,
Quant au reſte impudens, & pleins d'outrecuidance,
Sans aucun iugement: ils ſont follets, menteurs,
Volages, inconſtans, traiſtres & decepteurs,
Mutins, impatiens, qui iamais n'apparoiſſent
A ceux qui leur nature & leurs abus cognoiſſent:

Mais s'ils ſentent vn homme abandonné d'eſpoir
Errer ſeul aux deſerts, le viendront deceuoir,
Ou tromperont les cœurs des ſimplettes bergeres
Qui gardent les brebis, & les feront ſorcieres.
Si toſt que leurs cerueaux ſont abuſez & pris
Des folles vanitez de ces meſchans eſpris,
Elles cuident pouſſer ou retenir les nues,
Et les riuieres ſont par elles retenues:
Elles tirent la Lune, & les eſpics creſtez
Sont par elles d'vn champ dans vn autre arreſtez,
Et par elles ſouuent la foudre eſt retardée:
Telles furent iadis Circe, Thrace, Medée,
Vrgande, Meluſine, & mille dont le nom
Par effects merueilleux s'eſt acquis du renom.
Au reſte, ils ſont ſi ſots & ſi badins qu'ils craignent
Les charmeurs dont les poincts & la voix les contraignent
A leur faire ſeruice, & les tiennent fermez
Ou dedans des mirouërs, ou des anneaux charmez,
Et n'en oſent ſortir enchantez d'vn murmure,
Ou d'vne voix barbare, ou de quelque figure.
Aucunesfois malins entrent dedans nos corps,
Et en nous tourmentant nous laiſſent preſque morts,
Ou nous meuuent la fiéure, ou troublans nos courages
Font nos langues parler de dix mille langages.
Mais ſi quelcun les tence au nom du Tres-puiſſant,
Ils vont hurlant criant tremblant & fremiſſant,
Et forcez ſont contraints d'abandonner la place:
Tant le ſainct nom de Dieu leur eſt grande menace!
Auquel non ſeulement les Anges ne ſont pas
Flechiſſans les genoux, mais nous & ceux d'embas,
Toute eſſence immortelle, & tout ce qu'on voit naiſtre,
Comme au nom du Seigneur de toute choſe maiſtre.
O Seigneur Eternel en qui ſeul giſt ma foy,
Pour l'honneur de ton nom, de grace donne moy,

Donne moy que iamais ie ne trouue en ma voye
Ces paniques terreurs : mais ô Seigneur enuoye
Loin de la Chrestienté dans le pays des Turcs
Ces Larues ces Daimons ces Lares & Lemurs,
Ou sur le chef de ceux qui oseront mesdire
Des chansons que i'accorde à ma nouuelle lyre.

L'HYNNE DE CHARLES

Cardinal de Lorraine.

I'aurois esté conceu des flots de la marine,
Vn roc en lieu d'vn cœur i'aurois en la poitrine,
Et i'aurois esté né sans ame & sans raison,
Si ie ne te chantois & toute ta maison,
Mon Charles, mon Prelat, mon Laurier de Lorraine,
Esprit venu du Ciel pour supporter la peine
Des François, quand la France & le Sceptre du Roy
Appelloit à son ayde vn tel Prince que toy.
Or si des grands rochers les ames non passibles,
Et le dur estomac des arbres insensibles,
Et les fiers animaux cruels hostes des bois,
Et ceux qu'on appriuoise à supporter nos lois,
Et des oiseaux pendants les troupes esmaillées,
Et du pere Ocean les bandes escaillées
T'honorent à l'enuy, & si les vents par tout
Respandent en souflant de l'vn à l'autre bout
Du monde tes honneurs, dés la terre gelée
Des Scythes englacez iusques à la hallée
Des Mores bazanez, & d'où nostre Soleil
Resueille sa paupiere, & la donne au sommeil :

Moy à qui ta louange eſchauffe la penſée,
Des fureurs d'Apollon bruſquement eſlancée,
Qui voy tes actions, & qui en ſuis rauy,
Moy qui ſuis animé, qui reſpire & qui vy,
Moy qui en lieu d'vn cœur dans l'eſtomac ne porte
D'vn imployable fer vne matiere morte,
En voyant tes vertus que feroy-ie ſinon
Renommer ta louange, & celebrer ton nom
Auec tout l'Vniuers, qui hautement confeſſe
Combien peut la vertu, la force, & la hauteſſe
De ton ſang demy-Dieu, de qui meſmes a peur
L'Enuie qui de loin eſpie ta grandeur?
Pour ne farder mes vers d'vne menteuſe audace
Ie ne veux mendier les titres de ta race,
Et ne veux que ma lyre emprunte autre chanſon,
Ny que ma faulx ailleurs coupe vne autre moiſſon:
Ta valeur te ſuffiſt ſans que d'ailleurs te vienne
Vne eſtrange vertu pour illuſtrer la tienne.
Si ie voulois ta gloire enrichir par les faits
Et par les vieux honneurs que tes peres ont faits:
Si ie voulois chanter ton ayeul Charlemagne,
Et ſes lauriers conquis en France & en Eſpagne,
Lors que les Sarrazins de fureur attizez
Pouſſerent leurs Geans contre les baptizez:
Si ie voulois chanter les Chreſtiennes armées
De Godefroy veinqueur des villes Idumées,
De Baudouin, d'Euſtache, & combien de harnois
Ton pere a foudroyé deſſous le Roy François,
Le iour me defaudroit: puis ma Muſe petite
N'oſeroit s'attaquer à ſi braue merite.
Homme ſinon toy-meſme eſcrire ne pourroit
Les faicts de tes ayeux: car plus il oſeroit,
Plus luy faudroit oſer: tu peux ſeul de ta plume
Compoſer de toy-meſme & des tiens vn volume:

Nul ne le peut que toy, s'il ne veut que ſa main
Sans l'ouurage acheuer prenne l'outil en vain.
Quelcun dira le Monde & ſon œuure admirable,
Et la terre, ſeiour de l'homme miſerable,
Et la mer qui d'vn cours ſans pareſſe coulant
Va dedans ſon giron noſtre terre acollant,
Et comme l'air eſpars toute la mer embraſſe,
Et l'air eſt embraſſé du feu qui le ſurpaſſe,
Et comme tous enſemble en leurs ordres preſſez,
De la voute du Ciel s'enchaiſnent embraſſez.
Mais tout ce que ma Muſe enuers toy liberale
Deſormais publi'ra, ſoit que haute elle egale
Tes honneurs en chantant, ſoit qu'elle ait ce bonheur
(Qu'eſperer ie ne puis) de paſſer ton honneur,
Soit (& cela ie crains) que baſſe elle demeure
Veincue en tel ſuiet: ſi eſt-ce qu'à toute heure
Te chantera veincue, & ce qu'elle pourra
De grand ou de petit, elle te le vou'ra:
Afin qu'vn ſi grand nom mes liures authoriſe,
Et qu'au front de mes vers touſiours Charles ſe liſe.
Vn liure ſeulement de toy ne s'eſcrira,
Mais en mille papiers ta vertu ſe lira,
Comme on liſt des Herôs la venerable hiſtoire,
Dont encore entre nous recente eſt la memoire,
Tant chacun de ton nom ourdira de beaux vers:
Ainſi tu cauſeras mille combats diuers
Honneſtement conceus par douce ialouſie,
A qui mieux de ton nom peindra ſa Poëſie:
Et lors pour mieux chanter chacun aura bon cœur:
Entre leſquels, Prelat, puiſſe-ie eſtre veinqueur,
Ou bien ſi ie ne puis à la victoire atteindre,
Au moins que ie ne ſois en tel combat le moindre,
Et que pour trop vouloir bon ſonneur me monſtrer,
Ie ne puiſſe en chemin le malheur rencontrer.

Muse à la belle voix Calliope immortelle,
Frise tes beaux cheueux, habille toy tres-belle,
Enferme ton beau pied de ton riche patin,
Boucle haut ta ceinture aupres de ton tetin,
Et comme d'vn grand Dieu la fille venerable,
Entre dans le Palais de ce Prince honorable,
Hurte à son cabinet, auquel tu m'esliras
Vn millier de vertus que tu me rediras,
Puis ie les rediray à ceux du futur âge,
Afin que la vertu d'vn si grand personnage
Soit cognuë en sa vie, & qu'apres le trespas
Son nom dedans l'oubly ne se perde là bas,
Et l'araigne pendante à bien filer experte
Ne deuide ses rets sur sa tombe deserte.
Ainsi qu'vn marinier durement tourmenté
De debtes & d'enfans, fuyant la pauureté
Sillonne de sa nef l'eschine de Neptune
Iusques en l'Orient au hazard de fortune:
A la fin retourné heureusement au port
Riche d'Indique proye, estalle sur le bort
Le butin que sa main a pillé sous l'Aurore,
Rubis, perles, saphirs & diamans encore
Assemblez pesle-mesle, & de telle foison
Enrichit ses parens & toute sa maison:
Ainsi ma Calliope à la fin retournée
De ton Palais Royal, reuient enuironnée
De cent mille vertus, qu'elle espand à la fois
Comme de grands tresors, deuant les yeux François.
Quel vers ira premier annoncer ta louange
Heraut de tes vertus parmy le peuple estrange?
Quel sera le dernier? Comme Hercule le grand
Soustint de ses grands bras tout ce Monde qui pend,
Le veneur Orion enflamé d'vne espée,
Et l'Ourse qui iamais en la mer n'est trempée,

Et le Bouuier tardif qui ſon char va roulant
A ſept rayons de feu, & le Serpent coulant
A replis eſtoilez que la main enfantine
D'Apollon miſt au Ciel, & en fiſt vn beau Signe,
Quand il tendit ſon arc, & Python il tua
Du premier coup de traict qu'apprentif il rua,
Et le grand Eridan de Phaëthon la tombe,
Et la mere qui crie, & de triſteſſe tombe
La teſte à ſes genoux, ne faiſant que pleurer
Sa fille qu'vn grand monſtre eſt preſt de deuorer :
En la meſme façon tu ſouſtiens dés enfance,
Non des bras mais d'eſprit, les affaires de France,
Fardeau gros & peſant, où l'on voit que tu as
L'eſprit plus fort & prompt, qu'Hercule n'eut les bras.
S'il faut faire vn conſeil, s'il faut qu'on fortifie
Quelque braue cité qui l'ennemy desfie,
S'il faut ou deſtourner, ou tenter le danger,
S'il faut auec preſens gaigner vn eſtranger,
S'il faut garder la paix, s'il faut que lon guerroye,
S'il faut leuer vn camp, s'il faut qu'on le ſoudoye,
S'il faut trouuer argent, s'il faut faire vne loy,
S'il faut remedier aux abus de la foy,
S'il faut de nos citez chaſtier la police,
S'il faut ſerrer le frein aux hommes de Iuſtice,
S'il faut toute la France aux eſtats aſſembler,
S'il faut tous les François d'vn clin faire trembler,
Tu dis tout, tu fais tout: & noſtre Roy ne treuue
Rien bon, ſi ton aduis grauement ne l'appreuue.
Vn affaire acheué, vn autre te ſuruient
Qui fertile renaiſt: & ſur-ce il me ſouuient
De l'Hydre (ſoit la fable ou menſongere ou vraye)
Qui plus repulluloit fertile de ſa playe,
Plus on couppoit ſon chef, & plus il reuenoit,
Et touſiours à ſon dam plus monſtre deuenoit.

Ainsi plus tu finis, & plus il te faut faire:
Tant la France est vne Hydre abondante en affaire.
Quand les deux fils d'Atrée irritez contre Hector
Iurerent tous ensemble, ils menerent Nestor
La gloire de Pylos sablonneuse & sterile,
Et Vlysse l'honneur de sa petite ville,
Orateurs eloquens, de qui le beau parler
Surpassoit la liqueur que rousse on voit couler
Dans les gaufres de cire, alors que les auettes
Ont en miel conuerty la douceur des fleurettes.
Mais ny les mots dorez du Roy des Pyliens,
Ny d'Vlysse les faits ne s'egalent aux tiens,
Bien que l'vn ait vescu l'espace de trois âges,
Et l'autre de maint peuple ait cognu les courages:
Ait de Circe euité la verge & les vaisseaux,
Subtile à transformer les hommes en pourceaux
Par charmes & par herbe: & trompé les Sereines,
Et des fiers Lestrygons les riues inhumaines:
Ait aueuglé Cyclope, enfant Neptunien,
Trop chargé de l'humeur du vin Maronien:
Ait euité Charybde à l'onde tortueuse,
Et les chiens aboyans de Scylle monstrueuse,
Qui d'vn large gosier hume toute la mer,
Puis haute, dans le Ciel la refait escumer:
Ait veu du noir Pluton les ames vagabondes,
Et des Cimmeriens les cauernes profondes,
Où iamais le Soleil soit qu'il monte à cheual,
Soit qu'il laisse son char pancher encontre-val
Pour s'aller reposer és marines campaignes,
N'y va iamais dorant les cymes des montaignes.
Tels soient donc les labeurs d'Vlysse l'Ithaquois,
Pourueu que son parler ne surpasse ta vois.
Vlysse fut transmis, à fin que par finesse
Il descouurist l'enfant de Thetis la Déesse

En fille desguisé, que sa mere arrestoit,
Et le meurtrier d'Hector d'vne cotte vestoit,
De peur qu'il n'esbranlast la picque Pelienne,
Et qu'il ne mordist mort la poudre Phrygienne,
Apres auoir cent fois ensanglanté les eaux
De Scamandre, empesché d'hommes & de cheuaux.
Ainsi loin de sa mere, auecques grande peine
Tu as rendu François le Prince de Lorraine,
Tige de ta maison, ieune, gaillard & beau,
Qui sera des François l'autre Achille nouueau.
Vlysse fut transmis pour faire condescendre
Les Troyens à la paix, & pour Heleine rendre:
Tu as de par le Roy deux fois esté transmis
Vers les Imperiaux pour nous les rendre amis:
Ausquels tu fis si bien la grandeur apparoistre
Et du sceptre de France, & du Roy nostre maistre,
Et si bien à propos par articles deduit
Combien vne paix vaut, combien la guerre nuit,
Qu'ils furent tous espris de honte & de merueille
Des persuasions de ta voix nompareille,
Rauis de tes discours, & de t'auoir cogneu
Au milieu des propos si ieune & si chenu.
Luy-mesme fut transmis aux Princes de la Grece
Pour leur dire combien la Troyenne ieunesse
Les auoit offensez: luy-mesme fut apres
Auecques Chryseis, enuoyé par les Grecs
A son pere Chrysés, afin que sa priere
Appaisast d'Apollon la sagette meurtriere,
Qui par neuf iours entiers la peste auoit tiré
Contre l'ost des Gregeois grièuement martiré:
Pource qu'Agamemnon n'auoit pas voulu rendre
Sa fille, & la rançon en lieu d'icelle prendre:
(Ainsi lon voit souuent le peuple desur soy
Soustenir innocent, les fautes de son Roy.)

Comme luy, ny le froid des Alpes haut-cornues,
Qui soustiennent le Ciel de leurs croupes chenues,
Nourrices de maint fleuue & de maint gros torrent
A gros bouillons enflez descendant & courant,
Qui portent en tout temps sur leurs dos solitaires
Les neiges, les frimats, les vents hereditaires:
Ny les dangers marins ne t'ont point engardé
Qu'à Romme tu ne sois sur le Tybre abordé
Mercure des François, de faconde si rare,
Pour faire entendre au Pape, à Venise, à Ferrare,
Le tort qu'on fait au Roy & pour les animer
En gardant son party, de iustement s'armer.
Bons Dieux! de quelle ardeur rauis-tu les courages
De ces Venitiens, Peres qui sont si sages?
Quand leur Senat pendant en tes propos mielleux
Tenoit en toy fiché & la bouche & les yeux
Sans se mouuoir non plus qu'vn roc à la venue
Ou des vents ou des flots du bord ne se remue,
Admirans en leur cœur de grande affection
Et ta graue parole & ta suasion?
Car ta suasion & ta graue eloquence
S'egalent tout ainsi qu'vne droite balance
Quand le poids çà & là ne monte ne descend,
Mais per à per s'arreste & iustement se pend.
Qui a point veu courir à bruyantes ondées
Vn torrent franchissant ses riues desbordées,
Ou sur les monts d'Auuergne, ou sur le plus haut mont
Des cloistres Pyrenez, quand la neige se fond,
Et que par gros monceaux le Soleil la consomme?
Il t'a veu renuerser deuant le Pape à Romme
Les bouillons d'eloquence: ainsi qu'au temps iadis
Demosthene poussoit ses tonnerres hardis
Au milieu d'vn parquet, quand sa voix nompareille
Tiroit des auditeurs les ames par l'oreille:

Ainſi dans le Senat de Cardinaux tout plein
Tu flechiſſois le cœur du grand Paſteur Romain,
Soit en luy ſuadant de ne tromper la guerre
Que ton frere amenoit pour l'honneur de ſainct Pierre,
Et pour ſauuer ſes clefs qui pendoient en danger
(Sacrilege butin) du ſoldat eſtranger:
Soit en luy remonſtrant comme l'Aigle d'Auſtriche,
Qui des plumes des Rois finement ſe fait riche,
Deſpouillant ta maiſon ſe repaiſt du tombeau
De la morte Sereine, aſſis au bord de l'eau
Que les Chalcidians foruſſis habiterent,
Quand des Dieux irritez l'oracle ils euiterent.
Lors tu ſceus ſi adroit emmieller ta vois,
Que le Pape eloquent en langage Gregeois,
En langage Romain, admirant ta ieuneſſe,
Et tes mots enrichis d'vne graue ſageſſe,
Oyant ton oraiſon, vergongneux s'eſtonna
De toy, qui le premier ſur le Tybre ſonna
Les honneurs des François, dont la langue polie
N'auoit encor gaigné que par toy l'Italie.
Quand il te plaiſt en long filer vne oraiſon;
Et auec vn grand tour deduire ta raiſon,
Errant deçà delà par les fleurs d'Oratoire,
Et ſans cacher ton art ta cauſe faire croire:
Tu ſembles au cheual d'Eſpagne, que la main
D'vn adroit eſcuyer maiſtriſe ſous le frain,
Ores à bride laſche, ores auec l'eſtroite
Le pouſſe de l'eſpron dans la carriere droite,
Et ores à courbette, ores auec le bond,
Et ores de pied coy le pirouette en rond
Bruſquement çà & là, ſans tenir meſme eſpace,
Mais voltant au plaiſir de celuy qui le chaſſe.
Ou s'il te plaiſt darder vn parler orageux
Plein de foudre & de greſle, ou ſi moins courageux

Tu contrains tes propos d'vne ſuite enlaſſée,
Et enſerres tes mots d'vne chaine preſſée,
Tu ſurpaſſes Vlyſſe en eſprit vehement:
En ſoudain, Menelas qui parloit breuement.
Ou bien quand il te plaiſt d'aſſez longue eſtendue
Peindre ton oraiſon d'vne fleur eſpendue
Qui ſans ſe replier, comme vn ruiſſeau coulant
Marche par ſon canal d'vn pied non violant
Sans hauſſer ny enfler ſa courſe ny ſon onde,
Du bon pere Neſtor tu paſſes la faconde.
I'en appelle à teſmoin ton langage commun,
Dont ordinairement tu parles à chacun,
Qui ne s'en re-va point ſans luy laiſſer la pointe
D'vn facond aiguillon dans ſon oreille atteinte.
I'ay pour teſmoins encor les propos que tu tins
A nos vieux Senateurs quand au Palais tu vins,
Soit pour leur remonſtrer d'vn gentil artifice
Quel bien eſt la vertu, quelle peſte eſt le vice,
Et comme vn Roy ne peut iuſtement ſelon Dieu
Gouuerner ſes ſuiets ſi Iuſtice n'a lieu.
I'ay pour teſmoins encor tes propos venerables
Que tu tiens au Conſeil, ou ſoit pour les coulpables
Accuſer droitement, ſoit pour fauoriſer
L'innocent que lon veut fauſſement accuſer.
I'ay pour teſmoins encor tes Sermons catholiques,
Doctes ſententieux deuots euangeliques,
Lors qu'au temple le peuple auſſi eſpais ſe tient
Pour boire le nectar qui de ta langue vient,
Comme eſpais il s'aſſemble afin d'auoir la veue
De ton frere qui paſſe en triomphe en la rue,
Veinqueur des ennemis, & attache au Palais
Les eſtendars captiſs de Guine' ou de Calais,
Ou ceux de Luxembourg, ou ceux de Thionuille,
Quand Meuſe Bourguignonne il nous rendit ſeruille.

Toy donques esleué dedans ta chaire, alors
Et sans branler les bras, & sans mouuoir le corps
De gestes affettez, par ta sainte doctrine
Du peuple suadé tu gaignes la poitrine,
Et regnes en leurs cœurs au dedans surmontez
De tes mots, dont ils sont tournez de tous costez.
Comme vn Pilote assis au bout de la nauire,
Qui tout ainsi qu'il veut la gouuerne & la vire,
Tu gouuernes le peuple, en t'escoutant qui est
Tourné d'affections tout ainsi qu'il te plaist.
« Ce qui fait differer l'homme d'auec la beste,
« Ce n'est pas l'estomac ny le pied ny la teste,
« La face ny les yeux : c'est la seule raison,
« Et nostre esprit logé au haut de la maison
« Du cerueau son rempart, qui le futur regarde,
« Commande au corps là bas, & de nous a la garde :
« Mais ce qui l'homme fait de l'homme differer,
« C'est la seule parole, & sçauoir proferer
« Par art ce que lon pense, & sçauoir comme sage
« Mettre les passions de nostre ame en vsage.
Qui est-ce qui pourroit raconter dignement
L'oraison que tu fis dés le commencement
Quand tu sacras le Roy ! comme vn tres-chrestien Prince
Doit en se gouuernant, gouuerner sa prouince,
Que c'est de commander, que c'est que d'estre Roy :
Auoir vn Iesus Christ pour le but de sa foy,
Estre sans tyrannie, administrer iustice,
Et garder que vertu ne tombe sous le vice.
Ie dirois l'oraison que naguieres tu fis,
Quand nostre Roy bailla comme en gage son fils
(Pitoyable bonté !) aux trois Estats de France,
Leur promettant en Roy qu'il auroit souuenance
De tant de loyautez qu'il auoit receu d'eux
Au temps le plus cruel : quand le sort hazardeux

De Mars, qui la victoire aux Princes oste & donne,
Luy esbranla des mains le Sceptre & la Couronne:
Adonc toy poursuiuant les paroles du Roy,
Vestu d'vn rouge habit qui flamboit dessus toy
A raiz estincellans: comme on voit vne estoile
Sous vne nuict d'Hyuer, qui a veincu le voile
De la nue empeschante, & des feux esclatans
Descouure aux mariniers les signes du beau temps:
Ainsi tu reluisois d'habits & de visage,
Portant desur le front de Mercure l'image,
Quand son chapeau plumeux, & ses talons ailez,
Et son baston ferré de serpens accollez,
Le soustiennent par l'air, & d'vne longue suite,
Leger, se va planter dessus vn exercite
Ou dessus vne ville, & d'vne haute vois
Annonce son message aux peuples & aux Rois.
Le cœur des Rois fremist, & la tourbe assemblée
Oyant la voix du Dieu fremist toute troublée,
Ferme sans remuer ny les yeux ny les pas:
Ainsi tu esbranlois tout le cœur des Estats
Qui rauis ne changeoyent de gestes ny de places,
Oyant tes mots sortis de la bouche des Graces.
Si i'auois de puissance autant que i'ay d'oser,
De ces deux oraisons i'oserois composer
Vn liure tout entier: mais mon doz ne se charge
D'vn faix si accablant, si pesant & si large:
Quand ie le voudrois faire, encor ie ne pourrois,
Ny tes mots imiter, non plus qu'on voit au bois
Quelque petit Pinçon (bien qu'il ait bon courage)
Du gentil Rossignol imiter le ramage.
L'eloquence sans plus agreble ne t'est:
Mais en ton cabinet quelquefois il te plaist
De Henry nostre Prince escrire les histoires,
Ses combas alternez de pertes & victoires,

Esquelles tu as part : car en robbe & armé
Tu l'as tousiours suiui comme son cher-aimé.
Quand tu es à repos des affaires publiques,
Tu te tournes ioyeux aux nombres Poëtiques
Grecs, Latins & François, & lors tout le coupeau
Du Nymphal Helicon, Phebus & le troupeau
Que Calliope meine, à ton chant se presente,
Et t'aimant à l'enui ses beaux dons te presente :
Il seroit bien ingrat, & n'auroit pas esté
De Iupiter conceu, de Memoire allaité,
S'il ne te confessoit son Seigneur & son maistre,
Qui l'as fait desloger de son manoir champestre
Barbare & mal-basti, qu'vn pauure ruisselet,
Qu'vn lierre, vne mousse, vn laurier verdelet
Entournoit seulement, qui n'auoit en partage
Qu'vn luth mal-façonné, & qu'vn antre sauuage,
Et maintenant se voit par toy seul honoré,
Luy donnant ton Meudon où il est adoré,
Ton Meudon maintenant le seiour de la Muse,
Meudon qui prend son nom de l'antique Meduse.
Quelquefois il te plaist pour l'esprit desfacher,
Du luth au ventre creux les languettes toucher,
Pour leur faire parler les gestes de tes peres,
Et les nouueaux combas acheuez par tes freres,
Comme Achille faisoit pour s'alleger vn peu,
Bien qu'en l'ost des Gregeois Hector ruast le feu,
Et que l'horrible effroy de la trompe entonnée
Criast contre le bruit de la lyre sonnée.
Mon Dieu ! que de douceur, que d'aise & de plaisir
L'ame reçoit alors qu'elle se sent saisir
Et du geste & du son, & de la voix ensemble
Que ton Ferabosco sur trois lyres assemble,
Quand les trois Apollons chantant diuinement,
Et mariant la lyre à la voix doucement,

Tout d'vn coup de la voix & de la main agile
Refont mourir Didon par les vers de Vergile,
Mourant presques eux-mesme, ou de fredons plus hauts
De Guiné & de Calais retonnent les assauts,
Victoires de ton frere : adonques il n'est ame
Qui ne laisse le corps, & toute ne se pâme
De leur douce chanson comme là haut aux Cieux
Sous le chant d'Apollon se pasment tous les Dieux
Quand il touche la lyre, & chante le trophée
Qu'esleua Iupiter des armes de Typhée.
Que diray plus de toy ? quand le fatal destin
Renuersa toute France aux murs de sainct Quentin,
Et que Montmorenci des François Connestable,
Ayant rendu de soy mainte preuue honorable,
Vaillant, sage & hardi, en son âge dernier
Fut les armes au poing emmene prisonnier,
Alors qu'vn beau sepulchre acquis par la victoire
Le deuoit honorer d'vne immortelle gloire
Vn Guesclin des François, n'eust esté que le sort
Enuia son triomphe, & son heureuse mort ?
Mais ny son bon aduis, son sens ny sa prouësse
Ne peuuent resister à l'aueugle Deesse,
Pour monstrer vn exemple à tout homme vestu
De chair, que le destin peut plus que la vertu.
Alors en attendant le retour de ton frere
Que la France appelloit en aide à sa misere,
Que le Tybre Romain amusoit à ses bors,
Tu fis fortifier nos villes & nos ports
D'vn esprit preuoyant : tu mis Paris en armes :
Tu fis de toutes parts amasser des gendarmes,
Qui venoyent file-à-file aussi espais qu'en mer
On voit flot dessus flot les tempestes s'armer,
Et poussant & grondant & s'enflant d'vn orage
D'vn long ordre se suiure, & hurter le riuage.

D'vn tel ordre nos gens de cuiraſſes chargez,
Par ton commandement ſe ſuiuoyent arrangez.
Encor que noſtre France erraſt toute troublée
De miſere à miſere à l'autre redoublée,
Et que noſtre malheur tant plus on le penſoit
Acheué, plus fertil apres recommençoit.
Comme on voit bien ſouuent les ſources des fonteines
Quand le plomb eſt gaſté, multiplier leurs veines :
Plus ceſte-ci l'on bouche, & tant plus ceſte-là
Se creue de la terre & jallit çà & là,
Puis vne autre & vne autre : ainſi en abondance
Le malheur plus fertil touſiours naiſſoit en France.
Mais armé de vertu tu t'oppoſas ſi bien
Au malheur, que le mal ne nous offenſa rien,
Et rendis ſi à poinct nos armes ordonnées,
Que ton frere venu, en moins de trois iournées
Nos eſtendars perdus nous furent redonnez,
La couleur deuint belle aux François eſtonnez,
Et noſtre grand'cité que la peur tenoit priſe,
Reprint cœur au ſeul nom de ton frere de Guiſe,
De qui les nobles faits d'vn plus horrible ſon
Ie te veux faire entendre en vne autre chanſon,
Si ceſte-ci te plaiſt, & ſi tu me fais ſigne
Qu'aſſez à gré te vient le bas ſon de mon Hynne,
Le receuant de moy ainſi que Dieu reçoit
Vne petite offrande, alors qu'il apperçoit
Le cœur du ſuppliant eſtre bon & fidelle.
Qui ne peut mettre au chef d'vn Sainct vne chandelle,
Au moins la mette aux pieds, & qui aux pieds ſacrez
Ne la peut mettre, aumoins qu'il la mette aux degrez,
Ou ſur quelque pillier : en ce poinct vne offrande,
Bien qu'elle ſoit petite, en vaut bien vne grande,
« Car la deuotion fait valoir le preſent,
« Et comme s'il fuſt d'or le fait riche & peſant.

Dirons-nous quand Fortune ennemie à nos armes
Mist en route le camp du Mareschal de Termes,
Qu'elle auoit en son sein si cherement nourri
Faisant loyal seruice à son Prince Henry,
Depuis se despitant contre l'honneur qu'à force
Il conquist en Escosse, en Itale & en Corse,
Luy tourna le visage, & d'vn nouueau meschef
En luy perdant ses gens luy foudroya le chef?
Lors tu monstras combien la prudence parfaite
Doit conseiller vn Prince apres vne desfaite:
Soudain tu repeuplas d'armes & de plastrons
Et de nouueaux soldars nos rompus escadrons:
Tu transmis du renfort aux places plus debiles,
De nouueaux Gouuerneurs tu asseuras nos villes,
Si bien que l'ennemi qui nostre camp desfit,
N'eut que la vaine gloire & non pas le profit.
Voila que tu nous sers quand la fortune aduerse
Nous donne en se ioüant quelque dure trauerse,
Si qu'en toutes saisons pour l'honneur des François
Tu batailles en robbe, & ton frere en harnois.
Auienne que iamais ton frere ne rencontre
La fortune ennemie, ou si elle se montre
Ayant tourné sa robbe, au dos des ennemis
Et non sur ta maison le desastre soit mis,
A fin que le malheur qui les Princes menace
N'entre-rompe iamais les honneurs de ta race.
Mais que diray-ie plus? que diray-ie de toy?
Diray-ie la faueur que te porte le Roy
Comme à son cher parent & seruiteur fidelle?
Diray-ie ta niepce en beauté la plus belle
Que le Ciel ait fait naistre? & dont les yeux plaisans
Meriteroyent encor' vn combat de dix ans,
Soit qu'elle fust dix ans par les Grecs demandée,
Ou qu'elle fust dix ans par les Troyens gardée?

Laquelle a pour mary du Roy le fils aisné,
Et luy a pour doüaire vn Royaume donné
Riche de peuple & d'or, aux confins de la terre
Que le pere Ocean de tous costez enserre?
Que sçauroit souhaiter vn pere treshumain
A son petit enfant, le branlant en sa main,
Que les biens que le ciel te depart sans mesure,
Sain de corps & d'esprit, vne ame belle & pure,
Ieune, riche, sçauant, des plus grans honoré,
Et presque comme vn Dieu des peuples adoré?
Tu as vn doux accueil qui les hommes attire
D'vn petit clin de teste, & d'vn petit sou-rire:
Tu portes au maintien l'habillement pareil,
Ny trop haut d'ornement, ny trop bas d'appareil,
Non comme Mecenas trop lasche ou magnifique,
Ou comme auoit Caton trop grossier & rustique:
Mais en t'accommodant à ton authorité
Tu te pares tousiours selon ta dignité.
Tu es doux & courtois, non rempli d'arrogance,
Et Prince tres-facile à donner audience,
Debonnaire & clement, & ce poinct gracieux
Seul entre tes bontez te fait egal aux Dieux:
« Car bien que de tous poincts aux Dieux l'homme soit moindre,
« La vertu de pitié au Ciel nous fait atteindre.
Tu es des offensez le Terme & le soutien,
Tu n'ourdis nulle fraude au riche pour son bien,
Ton tresor ne s'accroist de la toison publique,
Par confiscations ny par moyen inique:
Le marchand n'est par toy banni de sa maison,
Ny par toy l'innocent puni contre raison:
Tu as l'estomac pur de la chetiue enuie
Qui prenant vie en nous consomme nostre vie,
Comme vn ver qui caché dans le bois se nourrist,
Et tant plus s'y nourrist, & plus il le pourrist,

Ou comme on voit le fer par sa rouilleure mesme
A la fin se manger : ainsi l'enuie blesme
La nourrissant nous mange, & nous pince le cœur,
Nous desseichant les os d'vne lente rancœur.
Il ne faut pas, Prelat, que le renom celeste
D'vn Prince soit taché de si vilaine peste,
Mais ouuert à chacun, familier & benin,
Et ne couuer au cœur vn si mechant venin.
Lequel de nos François a pris la hardiesse
De s'adresser à toy, que ta prompte allegresse
Doucement n'ait receu, & ne luy ait monstré
Qu'il auoit vn Seigneur tres-humain rencontré?
Si tu vois seulement qu'il porte sur la face
Quelque traict de vertu, tu luy monstres ta grace,
Et l'auances par tout, & ce qui est meilleur
Que ton auancement, tu l'aimes de bon cœur.
Où est l'esprit gentil qui dignement s'applique
Ou à la Poësie, ou à la Rhetorique,
A la Philosophie, à qui tu n'ais aidé,
Et d'vn parler candide au Roy recommandé?
Dés le commencement que Dieu mist la couronne
Sur le chef de Henry, il n'y auoit personne
Qui triste ne pleurast les lettres & les ars :
Tout l'honneur se donnoit à Bellonne & à Mars,
La Muse estoit sans grace, & Phebus contre terre
Gisoit auec sa harpe accablé de la guerre :
Mais si tost qu'il te pleut par vn destin fatal
Regarder d'vn bon œil ce diuin l'Hospital
Nourriçon d'Apollon, qui si doctement touche
La lyre, & qui le miel fait couler de sa bouche :
Et si tost qu'il te pleut prendre dessous ta main
Du Bellay, que la Muse a nourri dans son sein,
Et qui par ses chansons les Graces nous r'ameine :
Et Paschal qui nous fait nostre histoire Romaine,

A qui tu as commis les honneurs des François,
Et Dorat qui en Grec ſurpaſſe les Gregeois :
Soudain tu reſueillas des François les courages
A ſuiure la vertu, & alors nos bocages
Reclus par ſi long temps entre les buiſſons vers,
Commencerent au vent à murmurer leurs vers.
Helicon ſut ouuert, & l'onde où beut Aſcrée,
De muette parla, & ſe refiſt ſacrée,
Et l'effroy des rochers & des bois à l'enui
De fraiſche hoſtellerie aux Nymphes ont ſerui,
Et la Grace aux rayons de la Lune cornue
Auecques les Syluains redanſer eſt venue,
Frappant du pied les fleurs, ſigne que le ſouci
Plus ne regnoit aux bois, ny entre nous auſſi.
Adieu mechant ſouci, puis qu'vn autre Mercure
Des Muſes & de nous daigne prendre la cure.
Tu n'es pas ſeulement fauorable ſeigneur
De ceux à qui la Muſe a donné quelque honneur,
Tu leur ſers en tout temps d'vn aſyle proſpere,
De ſecours & d'appuy, de Mecene & de pere,
Ie te puis vanter tel : car t'ayant eſprouué,
Vn pere tres-humain au beſoin t'ay trouué.
Filles de Iupiter Charites gracieuſes,
De Venus & d'Amour les compagnes ioyeuſes,
Qui ſçauez les eſprits l'vn à l'autre lier,
A vous il appartient de le remercier :
Remerciez-le donc en mon nom, & luy dites
Que pour luy rendre grace il falloit les Charites.
Or c'eſt trop commencé : car ſi mon ſtile bas
Preſumoit d'acheuer, il n'y fourniroit pas :
Il faut que l'Hoſpital que noſtre ſiecle priſe
Vn petit moins qu'Homere, oſe telle entrepriſe,
Et non moy qui ne puis ny ne ſuis aſſez fort
Pour ſouſtenir au dos vn ſi peſant effort.

Puis ton frere m'appelle au son de la trompete,
A fin d'aller au camp pour estre son Poëte:
Ie le voy ce me semble au milieu des soldars
Commander d'vne pique, ou desur les rampars
De nuict asseoir la garde, & tout enflé de guerre
Vn somme entre-esueillé prendre desur la terre:
Ie le voy ce me semble à cheual au milieu
Des escadrons armez, tout pareil à ce Dieu
Qui rempli de fureur, de vaillance & d'audace,
Pour seruir à son pere amene vn camp de Thrace:
Les riues de Strymon, les rochers & les vaux
De Rhodope poussez de l'ongle des cheuaux
Fremissent à l'entour, & les armes ferrées
Dans Hebre de bien loin s'esclattent remirées.
Ie feray de Poëte vn valeureux guerrier
Au milieu des soldats couronné de Laurier,
Qui deux fois me ceindra d'vne fueilleuse creste,
Pour auoir de ton frere honoré la conqueste,
Et chanté tes honneurs: & ce faisant ie veux
En vn mesme papier vous accoupler tous deux.
Ainsi la vieille Muse assembloit en mesme hyne
De Castor & Pollux la louange diuine.
Dieux de qui les longs ans ne sont iamais peris,
Gardiens de la France & des murs de Paris,
De Seine Bourguignonne, & des Citez antiques
De Gaule, le seiour des Troyennes reliques,
Escartez loin du chef de ces freres ici
Qui sont nos deux rampars, le mal & le souci:
Tenez-les en santé, continuez du Prince
Enuers eux l'amitié, & pour nostre prouince
Faites tant, s'il vous plaist, qu'ils y demeurent vieux,
Et que bien tard au Ciel tous deux se facent Dieux.

HYNNE DV CIEL,

à Iean de Morel, Ambrunois.

Morel, qui pour partage en ton ame possedes
Les plus nobles vertus, thresor dont tu ne cedes
A nul de nostre siecle, ou soit en equité,
Soit en candeur de mœurs, ou soit en verité,
Qui seul de nos François de mes vers pris la charge
Couuerts de ta faueur, comme Aiax sous sa targe
Couuroit l'archer Teucer, que les Troyens pressoyent
De traits, qui sur le dos du boucler se froissoyent:
Ce-pendant qu'à loisir l'Hynne ie te façonne
Des Muses, pren en gré ce Ciel que ie te donne,
A toy digne de luy, comme l'ayant cognu
Long temps auant que d'estre en la terre venu,
Et qui le recognois, si apres la naissance
Quelque homme en eut iamais çà-bas la cognoissance.
O Ciel rond & vouté, haute maison de Dieu,
Qui prestes en ton sein à toutes choses lieu,
Et qui roules si tost ta grand' boule esbranlée
Sur deux essieux fichez, que la vistesse ailée
Des aigles & des vents par l'air ne sçauroyent pas
En volant egaler le moindre de tes pas:
Tant seulement l'esprit de prompte hardiesse
Comme venant de toy, egale ta vistesse.
O Ciel viste coureur, tu parfais ton grand tour
D'vn pied iamais recreu, en l'espace d'vn iour!
Ainçois d'vn pied de fer, qui sans cesse retourne
Au lieu duquel il part, & iamais ne seiourne

Trainant tout auec ſoy, pour ne ſouffrir mourir
L'Vniuers en pareſſe à faute de courir.
L'eſprit de l'Eternel, qui auance ta courſe
Eſpandu dedans toy, comme vne viue ſource
De tous coſtez t'anime, & donne mouuement,
Te faiſant tournoyer en ſphere rondement
Pour eſtre plus parfait : car en la forme ronde
Giſt la perfection qui toute en ſoy abonde.
De ton branle premier des autres tout diuers,
Tu tires au rebours les corps de l'Vniuers,
Bandez en reſiſtant contre ta violence,
Seuls à part demenant vne ſeconde dance :
L'vn deçà, l'autre là, comme ils ſont agitez
Des mouuemens reiglez de leurs diuerſitez.
Ainſi guidant premier ſi grande compagnie,
Tu fais vne ſi douce & plaiſante harmonie,
Que nos luts ne ſont rien au pris des moindres ſons
Qui reſonnent là haut de diuerſes façons.
D'vn feu vif & diuin ta voute eſt compoſée,
Non feu materiel dont la flame expoſée
Cà bas en nos fouyers mangeroit affamé
De toutes les foreſts le branchage ramé :
Et pource tous les iours il faut qu'on le nourriſſe
Le repaiſſant de bois, s'on ne veut qu'il periſſe.
Mais celuy qui là haut en vigueur entretient
Toy & tes yeux d'Argus, de luy ſeul ſe ſouſtient
Sans mendier ſecours : car ſa viue etincelle
Sans aucun aliment ſe nourrit de par-elle :
D'elle meſme elle luit comme fait le Soleil,
Temperant l'Vnivers d'vn feu doux & pareil
A celuy qui habite en l'eſtomac de l'homme,
Qui tout le corps eſchauffe & point ne le conſomme.
Qu'à bon droit les Gregeois t'ont nommé d'vn beau nom !
Qui bien t'auiſera, ne trouuera ſinon

En toy qu'vn ornement, & qu'vne beauté pure,
Qu'vn compas bien reglé, qu'vne iuſte meſure,
Et bref, qu'vn rond parfait : dont l'immenſe grandeur,
Hauteur, largeur, biais, trauers & profondeur
Nous monſtrent en voyant vn ſi bel edifice,
Combien l'eſprit de Dieu eſt rempli d'artifice,
Et ſubtil artizan, qui te baſtiſt de rien
Et t'accompliſt ſi beau, pour nous monſtrer combien
Grande eſt ſa Maieſté, qui hautaine demande
Pour ſon Palais royal vne maiſon ſi grande.
Or ce Dieu tout puiſſant, tant il eſt bon & dous,
S'eſt fait le citoyen du monde comme nous,
Et n'a tant deſdaigné noſtre humaine nature,
Qu'il ait outre les bords de ta large cloſture
Autre maiſon baſtie, ains s'eſt logé chez toy,
Chez toy, franc de ſoucis, de peines & d'eſmoy,
Qui vont couurant le front des terres habitables,
Des terres, la maiſon des humains miſerables.
Si celuy qui comprend doit emporter le pris
Et l'honneur ſur celuy qui plus bas eſt compris,
Tu dois auoir l'honneur ſur ceſte maſſe toute,
Qui tout ſeul la comprens deſſous ta large voute,
Et en ſon ordre à part limites vn chacun :
Toy, qui n'as ton pareil, & ne ſembles qu'à vn
Qu'à toy, qui es ton moule, & la ſeule modelle
De toy-meſme tout rond, comme choſe eternelle.
Tu n'as en ta grandeur commencement ne bout,
Tu es tout dedans toy, de toutes choſes tout,
Non contraint, infini, fait d'vn fini eſpace,
Dont le ſein large & creux toutes choſes embraſſe
Sans rien laiſſer dehors : & pource c'eſt erreur,
C'eſt vn extreme abus, vne extreme fureur
De penſer qu'il y ait des mondes hors du monde.
Tu prens tout, tu tiens tout deſſous ton arche ronde

D'vn contour merueilleux la terre couronnant,
Et la grand'mer qui vient la terre enuironnant,
L'air espars & le feu: & bref, on ne voit chose
Ou qui ne soit à toy, ou dedans toy enclose,
Et de quelque costé que nous tournions les yeux,
Nous auons pour obiect la closture des Cieux.
Tu mets les Dieux au ioug d'Anangé la fatale,
Tu depars à chacun sa semence natale,
La nature en ton sein ses ouurages respend:
Tu es premier chaisnon de la chaisne qui pend:
Toy comme fecond pere, en abondance enfantes
Les Siecles, & des ans les suites renaissantes,
Les mois & les saisons, les heures & les iours
Ainsi que iouuenceaux ieunissent de ton cours
Frayant sans nul repos vne orniere eternelle,
Qui tousiours se retrace & se refraye en elle:
Bref, te voyant si beau, ie ne sçaurois penser
Que quatre ou cinq mille ans te puissent commencer.
Sois Saint de quelque nom que tu voudras, ô Pere,
A qui de l'Vniuers la nature obtempere,
Aimantin, varié, azuré, tournoyant,
Fils de Saturne, Roy tout-oyant, tout-voyant,
Ciel grand Palais de Dieu, exauce ma priere:
Quand la mort deslira mon ame prisonniere,
Et celle de Morel, hors de ce corps humain,
Daigne les receuoir, benin dedans ton sein
Apres mille trauaux: & vueilles de ta grace
Chez toy les reloger en leur premiere place.

HYNNE DV ROY HENRY III.

Roy de France, pour la victoire
de Moncontour.

Tel qu'vn petit Aigle ſort
Fier & fort
Deſſous l'aile de ſa mere,
Et d'ongles crochus & longs
Aux Dragons
Fait guerre ſortant de l'aire:
Tel qu'vn ieune Lyonneau
Tout nouueau
Quittant cauerne & bocage,
Pour premier combat aſſaut
D'vn cœur haut
Quelque grand Taureau ſauuage:
Tel aux deſpens de vos dos
Huguenos
Sentiſtes ce ieune Prince,
Fils de Roy, frere de Roy,
Dont la Foy
Merite vne autre Prouince.
A peine ſur ſon menton
Vn cotton
De ſoye ſe laiſſe eſpandre:
Ieune trompant le trompeur,
S'eſt ſans peur
Monſtré digne d'Alexandre.
Il a guidant ſes guerriers,
De Lauriers

Orné ſon front & ſa bande:
Et Capitaine parfait,
Sa main fait
Ce qu'aux autres il commande.
Il a tranché le lien
Gordien
Pour nos bonnes deſtinées:
Il a coupé le licol
Qui au col
Nous pendoit dés huit années.
Il a d'vn glaiue trenchant
Au mechant
Coupé la force & l'audace:
Il a des ennemis morts
Les grans corps
Fait tomber deſſus la place.
Ils ont eſté combatus
Abbatus,
Terracez deſſus la poudre,
Comme cheſnes esbranchez
Trebuchez
Deſſous l'eſclat d'vne ſoudre.
De ſang giſent tous couuerts
A l'enuers
Teſmoins de ſa main vaillante:
Ils ont eſté foudroyez,
Poudroyez
Sur les bors de la Charante.
Charante qui prend ſon nom
D'Acheron,
A tels eſprits ſert de guide,
Les paſſant comme en bateau
Par ſon eau,
Au riuage Acherontide.

Ils ſont trebuchez à bas
Le repas
Des maſtins ſans ſepulture,
Et ſans honneur de tombeaux
Les corbeaux
Mangent leur chair pour paſture.
Ny le tranchant coutelas,
Ny le bras,
Ny force à la guerre adextre
Ne ſert de rien à la fin
Au plus Fin,
Quand il ſe prend à ſon maiſtre.
Du fort pere vient l'enfant
Trionfant:
Le cheual enſuit ſa race,
Le chien qui de bon ſang part,
Va gaillard
De luy-meſmes à la chaſſe.
Ainſi Pyrrhe Achillien
Du Troyen
Coupa la guerre ancienne,
Ruant en l'âge où tu es
Les feux Grecs
Dedans la ville Troyenne.
Ainſi Prince valeureux
Et heureux,
Tu mets fin à noſtre guerre,
Qui depuis huit ans paſſez
Oppreſſez
Nous tenoit les cœurs en ſerre.
Ce que les vieux n'auoyent ſceu,
Tu l'as peu
Paracheuer en vne heure:
Auſſi Prince de bon-heur

Tout l'honneur
Sans compagnon t'en demeure.
A Dieu grace nous rendons,
Et fendons
L'air sous l'hynne de victoire,
Poussant gaillars & ioyeux
Iusqu'aux Cieux,
Ton nom tes faits & ta gloire.
Et soit au premier resueil
Du Soleil,
Soit qu'en la mer il s'abaisse,
Tousiours nous chantons Henry
Fauori
De Mars & de la ieunesse.

HYNNE DES ESTOILES,

au Sieur de Pibrac.

O des Muses la plus faconde
Ma Calliope, conte moy
L'influs des Astres, & pourquoy
Tant de fortunes sont au monde.
Discourant mille fois
Ensemble par les bois,
Esmerueillez nous sommes
Des flambeaux de la nuit,
Et du change qui suit
La nature des hommes.
Chante moy du Ciel la puissance,
Et des Estoiles la valeur,

D'où le bon-heur & le mal-heur
Vient aux mortels dés la naiſſance.
Soit qu'il faille deſlors
Regarder que nos corps
Des mottes animées
Et des arbres creuez
Naſquirent eleuez,
Comme plantes ſemées:
Soit qu'on regarde au long eſpace
De tant de ſiecles empanez,
Qui legers de pieds retournez
Se ſuiuent d'vne meſme trace:
On cognoiſtra que tout
Prend ſon eſtre & ſon bout
Des celeſtes chandelles,
Que le Soleil ne voit
Rien çà-bas qui ne ſoit
En ſeruage ſous elles.
De là, les ſemences des fleuues
Sortent & r'entrent dans la mer:
De là les terres ſont germer
Tous les ans tant de moiſſons neuues:
De là, naiſſent les fleurs,
Les glaces, les chaleurs,
Les pluyes printanieres:
De là, faut que chacun
Souffre l'arreſt commun
Des Parques filandieres.
En vain l'homme de ſa priere
Vous tourmente ſoir & matin:
Il eſt trainé par ſon Deſtin,
Comme eſt vn flot de ſa riuiere:
Ou comme eſt le tronçon
D'vn arraché glaçon

Qui roule à la trauerse,
Ou comme vn tronc froissé
Que le vent courroussé
Culbute à la renuerse.
Bref les humaines creatures
Sont de Fortune le iouët :
Dans les retours de son rouët
Va deuuidant nos auantures.
Le sage seulement
Aura commandement
Sur vostre espesse bande,
Et sur vous aura lieu
L'homme saint qui craint Dieu :
Car Dieu seul vous commande.
Nostre esprit, vne flame agile
Qui vient de Dieu, depend de soy :
Au corps vous donnez vostre loy,
Comme vn potier à son argile.
Du corps le iour dernier
Ne differe au premier,
C'est vne chaisne estrainte :
Ce qui m'est ordonné
Au poinct que ie fu né,
Ie le suy par contrainte.
L'vn meurt au mestier de la guerre
Noirci d'vn poudreux tourbillon,
L'autre pousse d'vn aiguillon
Les bœufs au trauail de sa terre.
L'vn vit contre son gré
Pressé d'vn bas degré,
Qui tend à chose haute :
Le mal est defendu,
L'innocent est pendu
Qui ne fit iamais faute.

Telle eſt du Ciel la loy certaine
Qu'il faut ſouffrir & non forcer :
Le bon ſoldat ne doit paſſer
Le vouloir de ſon Capitaine.
L'vn perd dés le berceau
L'vſage du cerueau
Auorton inutile,
L'autre de vent repeu
Deuient le boute-feu
D'vne guerre ciuile.
L'vn de la mer court les orages
Enfermant ſa vie en du bois,
L'autre preſſant le Cerf d'abois
Deuient Satyre des bocages.
L'vn ſans peur de meschef
Bat d'vn ſuperbe chef
Le cercle de la Lune,
Qui tombe outrecuidé
Pour n'auoir bien guidé
Les brides de Fortune.
L'vn valet de ſa panſe pleine,
Pourceau d'Epicure ocieux,
Mange en vn iour de ſes ayeux
Les biens acquis à grande peine.
Ce guerrier qui tantoſt
Terre & mer d'vn grand Oſt
*Couuroit de tant de voiles, **
Court de teſte & de nom
Pendille à Mont-faucon :
Ainſi vous plaiſt, Eſtoiles.
Et toutefois loing des miſeres
Qu'aux mortels vous verſez ici,
Vous mocquez de noſtre ſouci,
Tournant vos courſes ordinaires :

* Voiles ſe prend ici pour eſtandars, & pour voiles de nauires.

Et n'auez peur de rien
Tant que le fort lien
De la ſainte Nature
Tient ce monde arreſté,
Et que la maieſté
Du grand Iupiter dure.
Du Ciel les miniſtres vous eſtes,
Et agreable n'auez pas
Qu'vn autre face rien çà-bas
Ny là haut, ſi vous ne le faites.
Aſtres, qui tout voyez,
Ou ſoit que vous ſoyez
Des boſſes allumées,
Ou de teſtes de cloux
Ardantes de feu roux
Dans le Ciel enfermées:
Ie vous ſalue heureuſes flames,
Eſtoiles filles de la Nuit,
Et ce Deſtin qui nous conduit
Que vous pendiſtes à nos trames.
Tandis que tous les iours
Vous deuuidez vos cours
D'vne danſe etherée:
Endurant ie viuray,
Et la chance ſuiuray
Que vous m'auez liurée.
Gardez des François la colonne
Sous qui renaiſt l'antique foy,
Gardez ſa mere & ce grand Roy
Eſleu par vous en la Poulonne:
Et faites que Pibrac
Qui a ſuiui le trac
De la douce Hippocrene,
Des peuples Poulonnois

Bien toſt aux champs François
En ſanté s'en reuienne.
PIBRAC, *de la belle Garonne*
Le docte eloquent nourriſſon,
Dont au Ciel vole la Chanſon
Quand il nous chante ſa Bocconne.
Gardez le Gaſt auſſi
Des Muſes le ſouci,
De Mars & de Cyprine,
Et ſaites que le dard
Du Scythique ſoldard
N'entame ſa poitrine.

FIN

DV PREMIER LIVRE DES HYNNES.

LE SECOND LIVRE

DES HYNNES.

A ODET DE COLLIGNY,

Cardinal de Chaſtillon.

L'HYNNE DE LA PHILOSOPHIE.

Si Calliope autrefois de ſon gré
M'a fait ouurir ſon cabinet ſacré
Pour y choiſir vn preſent d'excellence,
Preſent qui fuſt la digne recompenſe
D'auoir ſerui la troupe de ſes Sœurs
Depuis vingt ans par cent mille labeurs:
C'eſt maintenant que ie doy de mon coffre
Le retirer pour en faire vn bel offre
A mon Odet, Prelat à qui ne faut
Rien preſenter, ſi le preſent n'eſt haut,

De bonne estoffe & de valeur semblable
A la vertu qui le rend admirable.
Aussi ne veux-ie offrir à tel seigneur
Vn don orné de mediocre honneur:
Mais vn present admirable à l'enuie,
L'hynne sacré de la Philosophie,
Laquelle doit entre les bons esprits
Sur tous les arts auoir le premier pris,
D'autant que c'est la science premiere
De qui toute autre emprunte sa lumiere.
Elle voyant qu'à l'homme estoit nié
D'aller au Ciel, disposte a deslié
Loin hors du corps nostre ame emprisonnée,
Et par esprit aux Astres l'a menée:
Car en dressant de nostre ame les yeux,
Haute s'attache aux merueilles des Cieux
Vaguant par tout, & sans estre lassée
Tout l'Vniuers discourt en sa pensée,
Et seule osant des Astres s'allier,
Veut du grand Dieu la nature espier.
Elle cognoist des Anges les essences,
La Hierarchie & toutes les puissances
De ces Démons qui habitent le lieu
De l'air, qui est des hommes & de Dieu
Egal distant, & comme tous les songes
Se font par eux vrais ou pleins de mensonges.
Seule elle sçait les bons & les mauuais,
Leurs qualitez, leur forme & leurs effets,
Et leur mystere, & ce qu'on leur doit faire
Pour les fascher, ou bien pour leur complaire:
Et pourquoy c'est qu'ils sont tant desireux
De la matiere & coüars & peureux,
Craignant le coup d'vne trenchante espée,
Et par quel art leur nature est trompée

Des Enchanteurs, qui les tiennent ſerrez
Eſtroitement dans des anneaux ferrez,
Enſorcelez, ou par vne figure,
Ou par le bruit d'vn magique murmure,
D'eſprits diuins ſe rendans ſeruiteurs
(Tant ils ſont ſots) des humains Enchanteurs.
Non ſeulement elle entend les pratiques
Et les vertus des ſept Feux erratiques:
Mais d'vn clin d'œil, habile, elle comprend
Tout à la fois le Ciel tant ſoit-il grand.
Et comme on voit la Sorciere importune
Tirer du Ciel par ſes charmes la Lune:
Elle ſans plus la Lune ou le Soleil
N'attire à bas par ſon art nompareil,
Mais tout le Ciel fait deualer en terre,
Et ſa grandeur en vne ſphere enſerre
(Miracle grand!) qui tant d'Aſtres contrains,
Comme vn iouët, nous met entre les mains.
Donc à bon droit ceſte Philoſophie
D'vn Iupiter les menaces desfie,
Qui plein d'orgueil ſe vante que les Dieux
Ne le ſçauroyent à bas tirer des Cieux,
Tiraſſent-ils d'vne main coniurée
Le bout pendant de la chaiſne ferrée,
Et que luy ſeul, quand bon luy ſemblera,
Tous de ſa chaiſne au Ciel les tirera.
Mais les efforts d'vne telle ſcience
Tirent les Dieux, & la meſme puiſſance
De Iupiter, & comme tous charmez
Dedans du bois les detient enfermez.
Elle premiere a trouué l'ouuerture
Par long trauail des ſecrets de Nature:
A ſceu dequoy les tonnerres ſe font,
Pourquoy la Lune a maintenant le front

Mouſſe ou cornu, & pourquoy toute ronde
Ou demi-ronde elle apparoiſt au monde :
A ſceu pourquoy le Soleil perd couleur,
Que c'eſt qu'il eſt, ou lumiere ou chaleur :
A ſceu comment tout le Firmament dance,
Et comme Dieu le guide à la cadance :
A ſceu les corps de ce grand Vniuers,
Qui vont danſant de droit, ou de trauers,
Ceux qui vont toſt au ſon de l'harmonie,
Ceux qui vont tard apres leur compagnie,
Comme Saturne agraué de trop d'ans
Qui ſuit le bal à pas mornes & lens.
Elle cognoiſt comme ſe fait la greſle,
Comme ſe fait la neige & la nielle,
Les tourbillons, & curieuſe ſçait
Comme ſous nous le tremblement ſe fait :
Bref, elle ſçait les vents & les orages,
Et d'où ſe font en l'air ces longs images
Troublans nos cœurs d'eſpouuantemens vains,
Et la premiere aſſeura les humains,
Les guariſſant du mal de l'ignorance,
Et des vertus leur donnant cognoiſſance,
Pour les apprendre à cognoiſtre le bien,
Fuyr le vice & ne douter de rien.
Puis tout ainſi que s'elle auoit les ailes
Du fils de Maie à l'entour des aiſſelles,
Vole aux Enfers, & recognoiſt là bas
Ce qui eſt vray, & ce qui ne l'eſt pas :
Elle cognoiſt Æaque & Rhadamanthe,
Le Sort, la Cruche, & leur loy violante :
Elle cognoiſt la Roüe & les Vautours,
Et du Rocher les tours & les retours :
Elle cognoiſt le grand Chien à trois teſtes,
Et les Fureurs, & les horribles beſtes

Qui font leur giſte au portal de Pluton:
Elle cognoiſt Cocyte & Phlegethon,
Styx & Charon, & des ames priſées
Les beaux ſeiours aux plaines Elyſées,
Et les plaiſirs, & les tourmens ſouffers
Que grauement les Iuges des Enfers
Dedans leur chaire ordonnent ſans enuie
A ceux iadis qui furent bons de vie,
Ou entachez de vicieux defaut.
Puis de là-bas reuolant ici haut,
Vient meſurer les grans mers fluctueuſes,
Baille des noms aux troupes monſtrueuſes,
Du vieil Protée, & par mille façons
Le naturel recognoiſt des poiſſons,
Des Thons, Dauphins, Baleines & Murenes,
Et de tous ceux qui par les eaux Tyrrenes
Et par l'AEgée en grandes troupes vont,
Des flots ſalez ſondant le plus profond.
Elle cognoiſt & Triton & Neptune,
Et pourquoy c'eſt que l'inconſtante Lune
Regit la mer: elle ſçait les ſaiſons
De ſon train double, & pour quelles raiſons
Des vens enflez les haleines qui ventent,
De fond en comble en hurtant la tourmentent:
Et pourquoy c'eſt que le ſiecle ancien
Nomma le pere & vieillard Ocean
Germe de tout, & non ſeulement pere
Mais nourricier, & donnant comme mere
A ſes enfans ſes mammelles, à fin
Que ſans humeur ce Tout ne prenne fin:
Car il nourriſt les troupes ondoyantes,
Et les oiſeaux qui de plumes pendantes
Battent le Ciel, les hommes & les Rois,
Et toute beſte habitant dans les bois.

Et d'auantage à fin qu'il n'y ait chose
Qu'elle ne ſçache en tout ce monde encloſe,
La terre arpente, & du riuage ardent,
De l'Orient iuſques à l'Occident,
Et de la part de l'Ourſe Boreale
Sçait la longueur, la largeur, l'interualle:
Il n'y a bois, mont, fleuue ne cité,
Qu'en vn papier elle n'ait limité:
Et ſans que l'homme en cent nauires erre
Vingt ou trente ans, nė luy monſtre la terre
D'vn ſeul regard: ceux qui touchent nos bords,
Et ceux qui froids ſont eſcartez du corps
De noſtre monde, & les gens qui deſrichent
L'iſle où les blez deux fois l'an ſe heriſſent,
Et l'Amerique, & ceux que le Soleil
Voit ſe couchant & voit à ſon reſueil.
Puis elle vint reuiſiter les villes,
Et leur donna des polices ciuiles
Pour les regir par ſtatuts & par lois:
Car pour-neant on euſt quitté les bois
Et les deſerts, où le peuple ſauuage
Viuoit de glan ſans trouuer dauantage
Qu'entre les bois, au milieu des citez
Moins de iuſtice & plus d'iniquitez:
Et ſi la Loy pedagogue du vice,
N'euſt fait regner Themis & ſa iuſtice,
Que Iupiter au pouuoir indonté
Pres de ſon throne aſſied à ſon coſté.
Que diray plus? ô treſſainte & treſgrande
Fille du Ciel, dont la vertu commande
A tous meſtiers, le Poëte te doit,
Le Medecin, & le Nocher qui voit
De ſon timon les eſtoiles gliſſantes,
Et le Charmeur ſes figures puiſſantes:

Bref toute en tout tu as voulu trouuer
Tout art, à fin de le faire eſprouuer,
Pour ne ſouffrir qu'vn trop engourdi ſomme
Sans faire rien, roüillaſt le cœur de l'homme:
Mais l'eleuant par eſprit iuſqu'aux Cieux,
Le fais repaiſtre à la table des Dieux.
Ton nom ſoit ſaint: ſainte Philoſophie,
L'homme prudent, qui reſolu ſe fie
En tes propos, d'vn courage conſtant,
Viura touſiours bien-heureux & contant,
Sans craindre rien, comme celuy qui penſe
« *Que de nul mal la Vertu ne s'offenſe.*

NICOLAS DENYSOT,

A P. DE RONSARD,

ſur ſon Hercule Chreſtien.

O combien eſt ce Dieu, ce grand Dieu admirable
En ſes effets diuins, ce Dieu qui t'a donné
Par ſa grace ceſt heur d'auoir ſi bien ſonné
Sous vn Hercule feint, Ieſus Chriſt veritable!
Tu es d'vn vain Poëte, & d'Amant miſerable,
Fait le Harpeur de Dieu, maintenant couronné
D'vn Laurier qui n'eſt point pour vn temps ordonné,
Puis que tu as choiſi vn ſuiet perdurable.
Tout ainſi qu'en la Croix l'Hercule belliqueur
Des pechez monſtrueux & de la mort veinqueur,
Affranchiſt ſon eſprit de la mort immortelle:
L'hynne qu'à tel veinqueur tu chantes ſaintement,
Plus que tout autre chant chanté profanement,
Doit affranchir ton nom d'vne mort eternelle.

HERCVLE CHRESTIEN,

A ODET DE COLLIGNY
Cardinal de Chaftillon.

Eft-il pas temps deformais de chanter
Vn vers Chreftien, qui puiffe contenter
Mieux que deuant les Chreftiennes oreilles?
Eft-il pas temps de chanter les merueilles
De noftre Dieu? & toute la rondeur
De l'Vniuers rempli de fa grandeur?
Le Payen fonne vne chanfon Payenne,
Et le Chreftien vne chanfon Chreftienne:
Le vers Payen eft digne des Payens,
Mais le Chreftien eft digne des Chreftiens.
Donques de Chrift le nom treffaint & digne
Commencera & finira mon Hynne:
Car c'eft le Dieu qui m'a donné l'efprit
De celebrer fon enfant Iefus-Chrift.
Or puiffe donc cefte lyre d'iuoire
Toufiours chanter fa louange & fa gloire:
Telle qu'elle eft, ô Seigneur, deformais
Ie la confacre à tes pieds pour iamais.
Mais, ô Seigneur, quel chant, ou quelle lyre,
Ou quelle langue entreprendroit de dire
Suffifamment ta louange, & combien
Tu nous as fait par ta grace de bien?
A nous les tiens, tes enfans & tes hommes,
Nous qui troupeaux de ta pafture fommes,
Nous tes eflus que par nom tu cognois,
Nous certes nous, l'ouurage de tes doigts?

Pour nous, Seigneur, tu as basti le monde:
Tu as, Seigneur, comme vne boule ronde
Tourné son pli, & pour nous dans les cieux
Tu as fait luire vn camp de petits feux:
Pour nous encor dedans leur voute claire
Tu attachas vn double luminaire,
L'vn qui le iour aux labeurs nous conduit,
L'autre qui fait vn iour quand il est nuit:
Tu as pour nous en ce monde ordonnée
Egalement la course de l'année,
Pour nous monstrer par son train regulier,
Combien tu es en tes faicts singulier.
Tu fis pour nous les forests & les prées,
Tu fis les champs & les ondes sacrées
De l'Ocean, tu luy peuplas ses eaux
Pour nous, Seigneur, & pendis les oiseaux
En l'air pour nous, & pour nous les campagnes
Tu fis baisser, & leuer les montagnes:
Pour nous encor, pour nous ta Deité
Prist le fardeau de nostre humanité
(Miracle grand) mais auant que le prendre
Tu nous le fis par tes Heraux entendre.
Premierement entendre tu le fis
Mille ans deuant à ton peuple, les Iuifs,
Luy enuoyant vn nombre de Prophetes
Remplis de Dieu, & certains interpretes
De ta venue, à fin de l'aduertir
Que tu deuois ta Deité vestir
D'vn corps humain, pour tirer de souffrance
Tout Israël, selon la conuenance
Qu'à Abraham le vieil Pere tu fis
Lors qu'il fut prest de t'immoler son fils.
Mais ce tien peuple endurcy de courage
Pour tes biensfaits, qui deuoit d'auantage

Que les Gentils croire en ce que disoient
Tes saints Heraux qui te prophetisoient :
Sans regarder s'ils offensoient le maistre
Qui les faisoit en ton nom comparoistre
Pour ta venuë en ce monde prescher,
Ingrats vers toy, les ont fait detrancher
Par leurs bourreaux en cent morts violantes,
Et du sang iuste ont eu les mains sanglantes.
Puis quand tu vis les Iuifs estre retifs
A leur salut, par les peuples Gentils
Tu enuoyas les Sibylles deuines
Pour tes Heraux, qui de leurs voix diuines
Prophetizant, preschoient en chacun lieu
L'aduenement de toy, le Fils de Dieu :
A celle fin, Seigneur, que ta venue
En nul pays ne fust point incognuë.
Elles chantoient que ta Diuinité
Pour nous sauuer prendroit natiuité
De Femme-Vierge, & dedans leurs oracles
Chantoient tes faits, ta vie & tes miracles
De poinct en poinct, quels & combien de maux,
Quelle grand' Croix, & combien de trauaux
Tu souffrirois pour lauer nostre offense,
Comme vn agneau qui n'a point de defense.
Mais ô Seigneur, les Gentils vicieux
Qui n'auoient point ta foy deuant les yeux,
Ont conuerty les paroles predites
(Que pour toy seul la Sibylle auoit dites)
A leurs faux Dieux contre toute raison,
Attribuant maintenant à Iason,
Et maintenant à vn Hercule estrange,
Ce qui estoit de propre à ta loüange :
Peuple incredule, & mal-caut à penser
Que Dieu ialoux s'en deuoit courroucer :

Ce Dieu ialoux, qui iustement s'irrite
Estant fraudé de l'honneur qu'il merite :
« Ce Dieu qui dit, Nul est egal à moy,
« L'homme n'est rien, le Prince ny le Roy :
« Ie suis qui suis, i'ay parfait toute chouse,
« Ie suis le Dieu qui ay l'ame ialouse,
« Qui bruis, qui tanse alors que les humains
« Donnent ma gloire à l'œuure de leurs mains.
Certes, ô Dieu, toutes bestes sauuages
Qui sur les monts & qui par les bocages
Et par les champs vont de chaque costé
Pour se nourrir, n'offensent ta bonté :
Tous les oiseaux qui parmy l'air se ioüent,
Tous les poissons qui par les ondes nouent,
Tous les rochers, les plaines, & les bois
Palles de peur tremblent dessous ta vois,
Palles de peur tremblent deuant ta face
Si ton courroux tant soit peu les menace :
L'homme sans plus (l'homme que tu as fait
Par-dessus tous animal plus parfait,
En qui tu mis les traits de ton image,
Et vers le Ciel luy haussas le visage,
A qui tu fis tant de graces auoir,
En qui tu mis iugement & sçauoir)
Seul seul t'offense ! & ingrat, par sa faute
Blesse l'honneur de ta Maiesté haute.
Celuy s'est fait des autres Dieux noueaux :
Cest idolatre idolatra des Veaux,
Et le Belier qui ses cornes replie
Sur les sablons de la cuite Libye :
Celuy premier controuua les abus
D'importuner les Trepieds de Phebus :
Celuy se fist vne Iunon cruelle,
Vne Pallas armée à la mammelle,

Et pour ſon Dieu, ce mal-heureux receut
Vn Iupiter, qui touſiours le deceut
Des mots douteux de ſon oracle eſtrange:
Celuy premier d'vne horrible meſlange
Combla ton ciel, il y miſt des taureaux,
Des chiens, vn aſne, vn liéure, & des chéureaux,
Deux ours, vn fleuue, vn ſerpent, & la chéure
Qui reſpandit ſon laict dedans la léure
De leur beau Dieu par l'eſpace d'vn an
Eſtant caché dans l'antre Dictean.
Voila comment des Gentils la malice,
Comme les Iuifs aueuglez de leur vice,
Ont deſrobé ton honneur precieux
Pour le donner à ie ne ſçay quels Dieux,
Qui ne ſçauroient en noſtre teſte faire
Par leur vertu vn poil ny le desfaire.
Mais où eſt l'œil, tant ſoit il aueuglé,
Où eſt l'eſprit, tant ſoit-il deſreiglé,
S'il veut vn peu mes paroles comprendre,
Que par raiſon ie ne luy face entendre
Que la plus-part des choſes qu'on eſcrit
D'Hercule, eſt deuë à vn ſeul Ieſus Chriſt?
Premierement, qu'eſt-ce de trois nuittées
Que Iupiter tint en vne arreſtées
Quand il voulut ſon Alcmene embraſſer,
Qu'vn nombre d'ans qui ſe deuoient paſſer
Ains que Ieſus priſt naiſſance de mere,
Tant il y eut dans le ciel de myſtere
Auant que luy celaſt ſa Deité
Sous le manteau de noſtre humanité?
Hé qu'eſt-ce apres de Iunon homicide,
Qui enuoya dans le berceau d'Alcide
Deux grands ſerpens pour le faire perir?
Qu'Herodes Roy, qui pour faire mourir

L'enfant Iesus, enuoya par la terre
De Bethléem ses Satrapes de guerre
Pour le tuer, & les petits enfans
Qui seroient naiz au dessous de deux ans?
On les pensoit tous deux estre fils d'hommes,
Et purs humains ainsi comme nous sommes,
Et par le peuple enfans les nommoit-on,
L'vn de Ioseph, l'autre d'Amphitryon:
Bien que Iesus eust pris de Dieu son estre,
Et Iupiter eust fait Hercule naistre.
Hé qu'est-ce apres de ces monstres infets,
De ces Dragons par Hercule desfaits?
De mille horreurs, de mille estranges bestes,
De ce Serpent effroyable en sept testes,
De ce Lion, des Centaures veincus,
De Geryon, de Busire & Cacus,
Qui tous viuoient comme monstres difformes?
Sinon le vice & les pechez enormes
Que Iesus Christ par le celeste effort
De sa grand' Croix mist en mourant à mort?
Hé qu'est-ce apres d'Hesionne de Troye
Contre vn rocher liée, pour la proye
D'vn Ourque fier? qu'est-ce de Promethé
Dessus Caucase aux aigles garrotté?
Lesquels Alcide affranchit, hors de peine
Les deliurant? sinon Nature humaine
(I'entens Adam) que Christ a detaché
Par sa bonté des liens de peché,
Lors que la Loy comme vne aigle sans cesse
Luy pincetoit son ame pecheresse
Sans nul espoir, auant que par la foy
De Christ la grace eust combatu la Loy?
Qu'est-ce d'Hercul' qui tousiours obtempere
A Eurysthé? sinon Christ à son Pere,

Ses mandemens tousiours accompliſſant,
Iuſqu'à la mort ſon humble obeyſſant ?
Hé qu'eſt-ce apres de Iunon l'enuieuſe,
Qui fut touſiours ennemie odieuſe
Des faits qu'Alcide en ce monde acheuoit ?
Sinon Satan qui touſiours conceuoit
Vne ire en vain contre Chriſt & ſa gloire,
Pour empeſcher de ſa Croix la victoire ?
Et qu'eſt-ce apres d'Hercule, qui retint
Par vne main le Dieu Pluton, qui vint
Sur le tombeau de la morte Eurynie,
Le contraignant de la remettre en vie ?
Sinon Ieſus qui la Mort arreſta
Par ſon pouuoir, quand il reſſuſcita
Son cher Lazare, & de la nuict profonde
Le r'enuoya citoyen de ce monde ?
Qu'eſt-ce d'Hercule ayant repudié
Sa vieille eſpouſe, à fin d'eſtre allié
D'vne nouuelle eſtrangiere conquiſe ?
Sinon Ieſus, qui l'ancienne Egliſe
Des premiers Iuifs pour femme refuſa,
Et des Gentils l'Egliſe il eſpouſa ?
Hercule print l'habit de ſon eſpouſe,
Et Ieſus Chriſt fiſt la ſemblable chouſe :
Car il veſtit l'humain habillement
De ſon Egliſe, & l'aima tellement
Qu'en ſa faueur receut la mort cruelle
Eſtant veſtu des habillemens d'elle.
Qu'eſt-ce d'Hercule, & du puiſſant Atlas,
Qui ce grand ciel ſouſtiennent de leurs bras ?
Sinon le Pere, & le Fils qui reſemble
De force au Pere, & ſouſtiennent enſemble
Tout ce grand monde, ouurage qui ſoudain
Seroit tombé ſans la celeſte main ?

Qu'eſt-ce en apres de Charybde larronne,
Qui aualla dans ſa gorge gloutonne
Vn des taureaux qu'Alcide conduiſoit
Pres du riuage où ce monſtre giſoit?
Sinon Satan monſtre qui ne demande
Qu'à nous rauir, qui pilla de la bande
De Ieſus Chriſt ſon diſciple Iudas,
Et l'engloutit dans les Enfers là-bas?
Hercule fut en chacune contrée,
Où par effect ſa force il a montrée,
Touſiours nommé des hommes, en faueur
De ſes vertus, Chaſſe-mal, & ſauueur:
De meſmes noms Ieſus Chriſt on ſurnomme:
Car ſeul il garde, & ſeul il ſauue l'homme.
Hé, qu'eſt-ce apres des Geans, qui les cieux
Ont eſchelé pour en chaſſer les Dieux,
Auſquels Alcide a les forces oſtées?
Sinon Ieſus le donteur des Athées,
Qui remparez d'vne humaine raiſon,
Veulent chaſſer Dieu hors de ſa maiſon,
Sans Ieſus Chriſt qui leur fait reſiſtance,
Et par la foy rompt l'humaine inconſtance?
Hé, qu'eſt-ce apres d'Hercule qui alla
Sur le mont d'Oete, & par feu s'immola
A Iupiter? ſinon Chriſt à ſon Pere
Qui s'immola ſur le mont de Caluere?
Hercule ayant vne maſſe de bois
Vint aux Enfers: Ieſus ayant ſa Croix
Y vint auſſi. Hercule oſta Theſée
Hors des Enfers, & ſon cher Pirithée,
Trainant par force à reculons le Chien
Portier de Styx, attaché d'vn lien:
Et Chriſt rompant la porte Tenarée,
Par la vertu de ſa Croix honorée

Ses chers amis hors des Lymbes ietta.
Hercule mort, viuant ſe preſenta
A Philoctete : & Ieſus à la bande
Des douze ſiens, à laquelle il commande
D'aller preſcher qu'il eſt reſſuſcité
Pour le ſalut de noſtre humanité.
Hercule au ciel eſpouſa la Ieuneſſe,
Et Ieſus Chriſt l'Eternité, maiſtreſſe
De tous les ans, dëifiant ſon corps
Qui fut humain le premice des morts :
Reſſuſcité pour ſes brebis cognues,
Et qui bien toſt eſleué dans les nues
Enuironné des Anges glorieux
Viendra iuger ce monde vicieux,
Ayant és mains le glaiue de vengeance :
Dauant ſes pieds ira dame Clemence,
Pour condamner les meſchans reprouuez,
Et pour ſauuer ceux qui ſeront trouuez
Auoir veſcu fidelement en crainte,
Et en l'eſpoir de ſa parole ſainte.
I'ay, mon Odet, en ta faueur chanté
Ce vers Chreſtien, pour eſtre preſenté
Deuant tes yeux, à fin de te complaire :
Non, ie ne puis, ny ne veux plus rien faire
S'il ne te plaiſt, d'autant que i'ay voulu
Sur tous Seigneurs te choiſir pour eſlu :
Et ce faiſant les autres ie n'offenſe,
Car tu es bien l'vn des Seigneurs de France
Qui plus cheris, à mon gré, la Vertu,
Comme Prelat d'elle tout reueſtu :
C'eſt la raiſon, Odet, que ie te voüe
Ce chant que Dieu deſſus ma lyre ioüe.

L'HYNNE

DE POLLVX ET DE CASTOR,

à Gaſpar de Colligny.

Il me plaiſt (Colligny) d'imiter le tonnerre,
Qui deuant que ruer ſa fureur contre terre,
Gronde premierement d'vn petit bruit en l'air,
Et reluiſt dans la nue avec vn peu d'eſclair :
Puis ſoudain coup ſur coup redoublant ſa tempeſte,
Son bruit & ſon eſclair, vient ſaccager la teſte
D'vn ſuperbe rocher, & en fait ſur les eaux
Et ſur les champs voiſins eſclatter les morceaux.
Ainſi du premier coup il ne faut que ie tonne
Vos geſtes en-noblis des trauaux de Bellonne :
Il faut ſonder ma force, & m'eſprouuer vn peu,
Mener vn petit bruit, luire d'vn petit feu,
Faiſant mon coup d'eſſay ſur les patrons eſtranges,
Auant que haut-tonner vos fameuſes louanges
D'vn ſon digne de vous, pour viuement ſemer
De voſtre beau renom les terres & la mer.
Ce-pendant ie feray comme vn ioüeur de Lyre,
Qui decoupe vn fredon, auant que ſa main tire
Fil à fil la chanſon, pour tenter ſeulement
Si la corde à l'eſprit reſpond fidelement.
Ainſi pour mieux ſonner vos vertus & vos geſtes
(Qui vous egaleront par renom aux celeſtes)
Ie viens à Chaſtillon, ſur ma Lyre chanter
Comme pour vn fredon les fils de Iupiter,

Les Iumeaux que Leda la Theſtiade fille
Enfanta pres d'Eurote enclos en la coquille
D'vn œuf que Iupiter dans le ventre luy mit
Quand d'vn Cygne amoureux il emprunta l'habit,
Démentant ſa grandeur ſous vne eſtrange plume,
Brulé du feu d'amour qui les plus grands allume.
Doncques ie veux chanter ces deux Laconiens,
Ces deux freres beſſons Lacedemoniens:
Sus doncq chantons deux fois voire trois voire quatre
Ces deux maſles garçons: Pollux bon à combatre
Aux Ceſtes emplombez, & Caſtor ſouuerain
A picquer vn cheual & le ranger au frain:
Qui ſauuent les ſoldats au milieu des armées
Quand les batailles ſont bruſquement animées,
Et quand les Cheualiers peſle-meſle aux combats
Sous leurs cheuaux tuez ſont trebuchez à bas:
Et qui ſauuent encor les nauires forcées
Des homicides flots, quand elles ſont pouſſées,
Ou des Aſtres couchans, ou des Aſtres leuans,
Comme pour le ioüet de fortune & des vents.
Leſquels roulent la vague auſſi haut que la croupe
D'vn grand eſcueil marin, maintenant ſur la poupe,
Maintenant ſur la prouë, aux flancs, ou ſur le bord,
Ou de quelque coſté qu'il plaiſt à leur effort:
Le maſt ſe fend en deux, & l'antenne caſſée
Tombe auecque la hune à morceaux deſpeſſée:
Le gouuernal ſe froiſſe, & le tillac deſſus
Et deſſous eſt remply de larges flots boſſus.
Le tonnerre enſouffré s'eſclate de la nuë,
Vn eſclair qui ſcintille à longue poincte aigue
Fait vn iour incertain du milieu de la nuit,
Les cordes de la nef mugiſſent d'vn grand bruit,
La mer treſſaut de peur, que les vents peſle-meſle
Martellent pleins d'eſclairs, de pluyes & de greſle.

Toutesfois vous sauuez les pauures matelots,
Et retirez la nef de la proye des flots:
Vous endormez les vents, & flattez la marine
D'vne tranquillité gracieuse & benine:
Les nues çà & là se perdent dans les Cieux,
Et la Creche & les Ours apparoissent aux yeux
Des mariniers tremblans, qui donnent tesmoignage
Que la mer se fait propre & douce au nauigage.
O tous deux le secours, ô tous deux le support
De ceux qui sur les flots n'attendent que la mort,
Chantres, victorieux, Cheualiers, & Poetes,
Tous deux egalement mes chers amis vous estes.
Doncques, lequel de vous lou'ray-ie le premier
Ou Pollux l'escrimeur, ou Castor l'escuyer,
Vous celebrant tous deux? ta louange premiere,
O Pollux, ie diray, puis celle de ton frere.
Quand Argon aborda (portant les fils des Dieux)
Au port Bebrycien, Iason fut curieux
De sçauoir si la paix y regnoit ou la guerre,
Enuoyant son heraut pour descouurir la terre,
Quelles gens l'habitoient, pour viures y chercher,
Fleuues aux fresches eaux pour leur soif estancher.
Ce messager arma d'Oliuier pacifique
Sa forte main guerriere en lieu d'vne grand'picque,
Et d'vn Laurier grené couronna tout en rond
(Heureux signe de paix) la douceur de son front.
A peine auoit laissé la marine sallée,
Qu'il apperceut vn homme au fond d'vne vallée,
Ains vn fantôme d'homme, en vain pleurant le nom
Et le dommage absent d'vn sien mort compagnon:
Il n'auoit seulement que la peau animée,
Sa bouche de long ieun pallissoit affamée,
Sa barbe s'aualloit d'vn poil rude & crasseux,
Son teint estoit plombé, ses yeux haues & creux,

Et pour habillement luy pendoit des eſchines
Les lambeaux d'vn haillon tout recouſu d'eſpines.
Si toſt qu'il vit Cephée, il accourt au deuant :
Quiconques ſois (dit-il) ne marche plus auant,
Chetif, retourne-t'en, las ! en ce pendant qu'ores
Le viure & le fuir ſont en tes mains encores.
Cephé ne perdit cœur oyant ces premiers mots :
Mais voyant que celuy n'auoit autre propos
Que mort, que ſang, que peur, craignant quelque dommage,
Retourne à toute haſte & gaigne le riuage,
Menant auecques ſoy Timante, à qui le cœur
Friſſonnoit en tremblant d'vne ſemblable peur
Qu'vn poiſſon, qui tapiſt ſon corps deſſous la mouſſe
Quand le vent Aquilon ſon eſcaille repouſſe.
Lors pleurant il leur dit, Laiſſez ce bord icy :
Ce n'eſt pas vn riuage auquel on a ſoucy
Des pauures eſtrangers, que l'ire de Neptune,
Ou le deſir de terre y conduit de fortune :
En lieu d'humanité, les meurtres & la mort
Et le ſang eſpandu maiſtriſent tout ce bort.
Ce n'eſt pas vn royaume auquel la reuerence
Qu'on doit à la pitié, face ſa demeurance :
Non, ce n'eſt pas icy où l'equitable foy
Tient le peuple en repos d'vne paiſible Loy !
Comme les Etneans, engence abominable,
Soit de nuict ſoit de iour errent deſſus le ſable
Du bord Sicilien, à fin de regarder
Si l'orage d'hyuer fera point aborder
Contrainte par le vent quelque nef d'àuenture
Pour ſeruir au Cyclop de ſanglante paſture :
Ainſi les habitans de ce meſchant terroy
Fourmillent à ce bord d'vn regard plein d'effroy,
Eſpians tour à tour ſi la fortune ou l'ire
Du vent conduira point quelque pauure nauire

Pleine d'hommes paſſans, afin de les lier
Priſonniers de leur Roy, pour les ſacrifier
A ſon pere Neptune, au dauant d'vne Roche,
Comme ſimples toreaux que le Miniſtre approche
Par force pres l'autel, puis en hauſſant le bras,
D'vn grand coup de maillet les fait tomber à bas.
Ainſi leur Roy cruel qu'Amycus on ſurnomme,
Au dauant d'vn rocher ſans pitié les aſſomme :
Puis en rouant leurs corps deux ou trois fois en l'air,
Pour nourrir les poiſſons les iette dans la mer.
Ceux qui ſont les plus forts, & de plus belle taille,
Contraint en deſpit d'eux de iouſter en bataille
Contre luy ſeul à ſeul au milieu d'vn camp clos,
Où d'vn grand coup de Ceſte il leur froiſſe les os.
Tantoſt ce grand Gean viendra ſur ceſte riue :
Sa bande en le voyant tremble toute craintiue,
Tant il eſt grand & lourd : il la va ſurpaſſant
De tout le chef entier, comme vn pin ſe hauſſant
Sur toute la foreſt, ou comme la montaigne
D'Olympe, dont le chef les Aſtres accompagne,
Qui voit des monts ſous luy, encor qu'ils ſoient bien grands,
Ne hauſſer que leur teſte à l'egal de ſes flancs.
On ne voit rien ſur luy qui face d'homme ſemble :
Cent rides ſur le front l'vne ſur l'autre aſſemble
Longues comme ſillons, que les coultres trenchans
Ont largement creuſez en labourant les champs :
Les dents deçà delà luy grincent en la gueulle
D'vn bruit tout enroué, comme d'vne grand' meulle,
Que la force d'vn homme, ou d'vn ruiſſeau coulant,
Tout au tour du moulin fait ſonner en roulant :
Comme le poil d'vn Ours ſe roidiſt ſa perruque,
Vn taillis de ſourcils hideuſement offuſque
Ses gros yeux enflamez, enſanglantez & roux
Comme l'aſtre de Mars tout rouillé de courroux :

Au reste il a le bras & la iambe velüe,
Plus que la dure peau d'vne chéure pelüe,
Et demeine en marchant vn plus horrible bruit
Qu'vn grand torrent d'hyuer, qui bouillonnant s'enfuit.
Tousiours à son costé librement luy pendille
Comme pour son iouet, vne creuse coquille
Retorse par le bout & large, que souuent
Ainsi qu'vn flageolet il entonne de vent :
Il n'a si tost dedans animé son halene,
Que les Bebryciens accourent sur l'arene,
Et prompts autour de luy se viennent tous ruer
Pour sçauoir s'il faut point escorcher ou tuer.
Il a sous vn rocher pour sa maison vn Antre,
Où iamais du Soleil la belle clairté n'entre,
Soit qu'il monte à cheual abandonnant les eaux,
Ou soit qu'il laisse cheoir en la mer ses cheuaux.
Deuant son Antre put vn odeur de voiries,
De carcasses de morts relantes & pourries :
Icy l'os d'vne iambe, & là celuy d'vn bras
Blanchissent pesle-mesle à grands monceaux à bas.
Tout au haut du sommet de ses hideuses portes,
Des estrangers occis pendent les testes mortes,
Que pour vne parade il acroche de rang
A longs filets glacez distillantes le sang,
Qui respandent (horreur!) par les playes cruelles
Du Test froissé de coups, leurs gluantes ceruelles :
Qu'on ne recognoist plus, ny le nom de ceux-là
Qui viuans les portoient, tant fierement il a
Leur front escarbouillé d'vne forte couraye,
De la bouche & des yeux ne faisant qu'vne playe.
Il a dedans son Antre à Neptune esleué
Vn autel impiteux, de meurdres tout paué,
Où pendent sur le haut les courayes funestes
(Ie tremble en le disant) des homicides Cestes

Taillez d'vn cuir de bœuf qu'on assomme à la mort,
Pelu, non courroyé, large, puissant & fort.
Il s'entourne le corps de ses fortes ceinctures
Les couldes & les bras, & les espaules dures,
Serrant en chaque main deux bourrelets chargez
De plomb cousu dedans, & de cloux arrangez,
Desquels fust-ce par jeu, iamais vn coup ne rue
Que miserablement il n'assomme ou ne tue.
Mais (dist-il) ie vous pri' quel plaisir de le voir
Si fier & si cruel sçauriez vous receuoir ?
Tant s'en-faut qu'à l'essay vous le deuiez attendre !
Pource fuyez bien tost qu'il ne vous vienne prendre :
Dressez la voile au mast, si par vostre seiour
Vous ne voulez laisser la lumiere du iour.
I'estois le compagnon du malheureux Otrée,
Que l'orage poussa dedans ceste contrée,
Duquel (s'il eust vescu) Iason n'eust desdaigné
En vn voyage tel de s'estre accompagné.
Il combatit icy d'vne puissance extréme
Contre le grand Gean : ie luy pliay moy-mesme
Le Ceste autour du bras, mais d'vn poing foudroyant
Il luy froissa le Test en ruisseaux ondoyant
De sang & de ceruelle, & pour victoire au feste
De sa porte esleua sa miserable teste.
Il m'eust aussi tué, mais me voyant si bas
Et si petit de corps, hautain, ne voulut pas
Me fauoriser tant, que me faire cognoistre
Combien sont gracieux les foudres de sa destre.
Et pource il ne voulut dedans mon sang humain,
Comme en chose si vile, ensanglanter sa main :
Il m'enuoya tout seul sans viures & sans armes
Dedans ce bois desert, pour m'escouler de larmes,
Et pour mourir de dueil sans boire ne manger,
Bien loin de mon pays en vn bord estranger :

Si le vent aujourd'huy quelque paſſant n'ameine
Pour iouſter contre luy, ce ſoir il aura pleine
La gorge de ma chair, & aſſis ſur le bort
Humera tout mon ſang dedans vn Teſt de mort.
Pource ie vous ſuppli' par le Ciel reſpirable,
Par l'Air, par le Soleil ſoyez moy ſecourable,
Ruez moy dans la mer, ou m'aſſommez de coups:
Bref, ſi i'ay ce bon-heur que de mourir par vous,
Heureuſe ie diray ma miſerable vie,
Au moins ſi ie la voy par les hommes rauie.
Ainſi diſoit Timant, qui les genoux tenoit
De Iaſon, que la peur au cœur eſpoinçonnoit:
Tout le ſang luy gela tremblant de froide crainte
Que ſa barque ne fuſt par le Gean attainte.
A-tant deſſus le bord voicy venir ce Roy,
Ayant les yeux ardans d'vn merueilleux effroy:
Il fermoit en ſa dextre vne dure maſſuë
De ſauuage Oliuier, de toutes parts boſſue
De neuds armez de cloux, dont il contoit ſes beufs
Quand ſouls ils retournoient des riuages herbeux.
Il marchoit à grands pas comme vn Lyon ſauuage
Qui oit le plaint d'vn Fan en vn prochain bocage,
Et fait deçà delà ondoyer en allant
Ses crins deſſus l'eſpaule, horriblement hurlant.
De telle audace aborde à la riue premiere,
Où ia ſe promenoit ceſte troupe guerriere:
Les vns de deux cailloux faiſoient ſortir du feu,
Les autres eſcartez loin du riuage vn peu
Cherchoient de l'eau pour boire, ou de la foreſt verte
Apportoient des fueillards ſur la riue deſerte
Pour en faire des licts, les autres appreſtoient
Des viures pour diſner, & les autres luttoient.
Tout ſoudain qu'il les vit, ſon cœur fremiſt de ioye,
Enragé d'aſſommer vne ſi tendre proye:

Ne plus ne moins que fait vn grand Tygre affamé
Voyant vn Cerf au bois, de ſon front deſarmé.
Lors ſans vſer vers eux d'humanité requiſe
Quand quelques incognus ſur le bord on auiſe,
Ny ſans les ſaluër, ny ſans leur demander
Quel beſoin les faiſoit à ſon port aborder,
Quelles gens ils eſtoient, leurs parens, ou leur race,
Hautement s'eſcria d'vne telle menace:
Si de voſtre bon gré vous abordez icy
Pour iouſter contre moy, approchez, voy me-cy:
Le plus braue de vous entre ſes mains empongne
Les armes ſeul à ſeul, & ſe mette en beſongne:
Ou bien, ſi vagabons & par la mer errans
Vous ancrez à mon bord de mes loix ignorans,
Sur l'heure à vos deſpens ie vous les veux apprendre.
I'ay fait commandement qu'homme n'oſaſt deſcendre
Prenant terre à mon port, ſoit allant ou venant
Ou deuers le Midy, ou deuers le Ponant,
Sans faire contre moy preuue de ſa vaillance:
On viſite ma terre à telle conuenance.
Pource ſans tant muſer, ſoudain depeſchez vous
D'eſlire en voſtre troupe vn homme par-ſus tous
Qui ſe combatte à moy, ou ſans plus vous le dire
Ie ietteray le feu dedans voſtre nauire,
Et vous feray tous vifs eſtouffer là dedans
Enfumez & grillez ſur les charbons ardans.
Les larmes ny les vœux ny les humbles prieres,
Ny les droicts d'hoſtellage icy ne ſeruent guieres:
Icy lon ne flechiſt nos cœurs audacieux
Pour nous preſcher en vain la iuſtice des Dieux:
Des autres nations Iupiter ſoit le maiſtre,
En ſoit l'eſpouental, ie ne le veux cognoiſtre:
Ie ſuis mon Iupiter, & ma main auec moy
Porte (comme ie veux) la iuſtice & la loy:

Et pource n'esperez graces ny courtoisies :
Il y a trop long temps que mes armes moisies
Pouldreuses sont au croc pendans sans faire rien :
Ie vous puis asseurer que i'engarderay bien
Que vostre belle nef trompe mes embuscades,
Pour attacher les pieds des roches Symplegades.
Ces mots furent en vain d'Amycus prononcez
Qui de l'escrime auoit tous les yeux enfoncez.
La cruelle menace en colere alla poindre
Tout le sang de Iason : Idas qui ne sçait craindre,
Grondoit entre les dents : si faisoit bien encor
Meleagre, Tiphys, Telamon & Nestor,
Bouillonnant en leur cœur de venger ceste iniure.
Mais Pollux deuant tous applaudy du murmure
Des soudars s'esleua sentant bien en son cœur
Qu'vn fils de Iupiter deuoit estre veinqueur
Sus celuy de Neptun, contre lequel il fronce
Ses sourcils & luy fist vne telle response :
Quiconques sois, cruel, ne nous menace plus :
Moy le moindre de tous l'Amyclean Pollux
Tout seul i'obeyray sans faire d'autre eslite,
Franchement à la loy que tu nous as predite :
Et peut estre vanteur qu'on te fera sentir
A coups de poings ferrez trop tard le repentir.
Amycus d'vn reuers luy tourne la paupiere,
Et luy riant des dents, d'vne œillade meurtriere
Luy mesuroit le corps, ainsi qu'vn grand Lyon
Qui se voit enfermé d'vn espais million
De chasseurs & de chiens, seulement il œillade
Celuy qui le plus pres luy dresse l'embuscade,
Et le veut le premier (comme vn hardy veneur)
Assaillir & tuer pour en auoir l'honneur.
Ainsi le regardoit ce monstre abominable :
Mais ne le voyant point ny de port effroyable,

Ny de masse de corps, ains douillette la peau,
Les yeux sereins & doux, le teint vermeil & beau,
D'vn haussebec le mocque, & secoüa la teste
Qu'vn tel mignon osoit attendre sa tempeste:
Ne plus ne moins qu'au Ciel Typhée s'irrita,
Quand le ieune Bacchus à luy se presenta,
Et la belle Pallas viergeallement felonne,
Qui contre ses grands bras opposoit sa Gorgonne.
A la fin l'abordant d'vne horrible façon,
Quiconques sois (dit-il) approche toy garçon
Pour ne reporter plus ce beau front à ta mere,
Ny ce teint damoiseau, qui trop sotte reuere
Les autels maintenant de ton pays en vain
Pour toy, qui dois mourir sans mercy de ma main.
Icy ne se font pas les luttes de Taigette,
Ny les jeux Eleans, où le veinqueur se iette
Tout nud dedans Eurote, & se baignant sans peur
Laue és flots paternels sa pouldreuse sueur:
Icy lon ne combat pour le prix d'vne femme,
D'vn Trepied, d'vn cheual, mais pour la vie & l'ame,
Pour respandre le sang, & pour faire secher
La teste des veincus au feste d'vn plancher.
Il n'eut pas acheué qu'à bas il se descharge
De la peau d'vn Lyon, qui son eschine large
Luy couuroit iusqu'aux pieds, où encores dedans
Du Lyon se courboient les ongles & les dents:
Et nud se vint planter au milieu de l'arene,
Monstrant sa large espaule, & sa poictrine pleine
D'vne forest de poil: ses muscles ronds & gros
Ressembloient aux cailloux que la course des flots
D'vn grand torrent d'hyuer a polis sur le sable:
Au reste, il se montroit en geste ressemblable
A l'vn de ces Geans, qui trop audacieux
Voulurent debouter de leur siege les Dieux.

Pollux d'autre costé vne robe despouille
Faite d'vn drap filé sur la mesme quenouille
De sa belle Maistresse (alors que les Heros
Baiserent par amour les filles de Lemnos)
Qu'en partant luy donna pour auoir souuenance,
En vestant cest habit, de leur douce accointance.
Il secouoit en l'air à ruades ses bras
Escartez çà & là, pour voir s'ils estoient las
D'auoir tiré la rame, ou par longuement estre
Engourdis sans branler les armes en la destre.
L'autre n'essayoit point ses membres grands & forts,
Mais se tenant serré roidissoit tout le corps
Enflambé d'vn desir d'espandre la ceruelle
De ce ieune garçon, qui de soye nouuelle
Commençoit à couurir son menton damoiseau,
Comme vn iaune duuet couure vn petit oiseau.
Ce-pendant vn valet sur le riuage apporte
Des cæstes emplombez d'vne pareille sorte,
Semblables de grosseur largeur & pesanteur:
Pren lequel que voudras, ce dit ce Roy vanteur,
Sans sort, à celle fin que tu ne puisses dire
Apres estre veincu qu'on t'ait baillé le pire.
Ainsi dit Amycus, qui sans chois eslança
Les cæstes sur l'arene, & Pollux amassa
Les plus pres de ses pieds sans en faire autre compte,
Et le Gean les siens d'vne vistesse prompte.
En ce-pendant Ornyte & Arete vallets
Pour la derniere fois mirent les bourrelets
Aux deux poings de leur maistre, & ses mains assom'resses
Lierent ply sur ply de ceintures espesses.
Castor d'autre costé de courayes armoit
Son frere, & de parole au combat l'animoit,
Le priant mille fois d'auoir en souuenance
La Grece, & de quel pere ils auoient pris naissance.

Si tost qu'ils furent prests, ils choisirent tous deux
Vn lieu propre au combat, & faisant autour d'eux
Asseoir leurs compaignons en rond & large espace,
Se planterent sans peur au milieu de la place.
Premierement de coups ils frapperent le vent,
Puis reculans le chef, allongerent deuant
Les bras pour sauuegarde, & de pres accouplerent
Leurs mains contre leurs mains & leurs coups redoublerent.
Pollux adroict & fin en l'art Amyclean,
L'honneur le plus fameux du sablon Elean,
Maintenant se plantoit dessus la iambe destre,
Maintenant se viroit sus la iambe senestre,
Ores s'acourcissoit, ores s'allongeoit grand,
Ore à demy-tourné ne monstroit que le flanc,
Ores tout l'estomac, ores les mains & ores
En frappant se paroit & refrappoit encores,
Tousiours l'enuironnant & l'espiant au front
Pour luy froisser le Test: ne plus ne moins que font
Les soldats qui par ruse embuscade & finesse
Espient les abords de quelque forteresse,
Descouurant d'vn œil prompt ores bas ores haut
Le lieu le plus commode à la prendre d'assaut.
L'autre comme vn rocher qui de son poids s'asseure
Sur le bord Aegean, en sa place demeure
Ferme dessus le pied & sans se remuer
Attend que cest enfant s'aille sur luy ruer.
Pollux qui sans repos le grand Gean tourmente,
Ayant choisi le lieu, sur les orteils se plante
Et s'eslança sur luy, comme vn flot courroussé
S'eslance contre vn roc dont il est repoussé:
Et luy cassant le nez d'vne vilaine touche
Luy fist pisser le sang du nez & de la bouche:
Mais voulant reculer ce grand Gean roidit
Ses bras, & d'vn grand coup le chef luy estourdit.

Lors la fureur domine, & la raiſon ſe trouble,
Vn coup ſur l'autre coup ſans ceſſe ſe redouble,
Qui plus menu que greſle en bondiſſant ſe ſuit
Ores ſur l'eſtomac qui ſonne d'vn grand bruit,
Ores deſſus le ventre, & ores ſur l'eſchine.
Comme on voit les marteaux, au bord de la marine,
Des nerueux charpentiers redoubler de grands coups
Quand ils congnent à force vne ſuite de clous,
Pour enſemble attacher les aiz d'vne nauire :
Vn choq ſur l'autre choq ne ceſſe de rebruire,
Le cauerneux riuage & le vuide des bois
Comme au creux d'vn theatre en repouſſent la vois :
Ainſi de coups menus que ces guerriers ſe donnent
De leurs temples cauez les deux foſſes reſonnent,
Et de coups redoublez l'vn ſur l'autre abondants,
Font craquer la maſchoire & claqueter les dents.
Vne ſueur pouldreuſe en fumant goutte à goutte
Depuis le haut du chef iuſqu'au pied leur degoutte :
Ils haletent de chaud, & ne peuuent tirer
De leurs flancs haraſſez le vent pour reſpirer :
Si bien que par contrainte ils reprindrent haleine,
Se reculans à part aux deux bouts de l'arene :
Comme Mars quelquesfois fichant ſa lance à bas
Fait repoſer deux camps au milieu des combas.
Puis ſoudain en fureur la mort ſe r'apporterent
Et de teſte & de mains lourdement ſe heurterent :
Ne plus ne moins qu'on voit deux toreaux amoureux
Faire au milieu d'vn pré des combats valeureux,
Et ſe lauer de ſang la peau du col pendante,
Et ſe tronquer du front la corne menaſſante,
Pour l'amour d'vne vache : autour d'eux eſt muet
Tout le menu troupeau, qui encores ne ſçait
Qui leur doit commander, & qui parmy l'herbage
Veinqueur aura tout ſeul la vache en mariage.

De pareille fureur les guerriers martelloient
Leurs temples & leurs fronts, & point ne reculoient:
A celuy la vergongne, & à ceſtuy l'eſpreuue
De l'ennemy cognu pouſſe vne force neuue
Dans le cœur vigoureux, & pour s'eſtre cognus
Ils ſont plus furieux & plus forts deuenus.
Amycus enflamé d'vne bouillante rage,
Ramaſſant ſon eſprit redoubla ſon courage,
Et faiſant reculer Pollux en chaque coing,
Ores du poing ſeneſtre, ores de l'autre poing,
D'vne main ſans repos le tourne & le ſecouë,
Et de ſes bourrelets luy fait ſonner la iouë,
L'eſtomac & le flanc, ne laiſſant ſeiourner
Son pied, ſans le pouſſer, tourmenter & tourner.
Pollux aucunefois de la teſte baiſſée
Trompe la grande main ſur ſa teſte eſlancée:
Aucunefois d'vn pas, ou d'vn petit deſtour
Euitoit mille morts, qui bruyoient à l'entour
De ſa douteuſe oreille: il n'auoit plus d'haleine:
De ſang noir & figé ſa gorge ſonnoit pleine
Qu'il crachoit par la bouche, & de coups inſenſé
Son chef deçà delà luy pendoit balancé.
A la fin rencontrant du talon vne pierre
Où les nerfs s'attachoient, tomba contre la terre
Eſtendu ſur le dos: Lors les Bebryciens
D'aiſe firent vn bruit, & les Theſſaliens
Eſtonnez du hazard, Pollux encouragerent,
Et de leurs voix au cœur ſa force relogerent.
Deſia ce grand Gean ſans nul eſgard venoit
Luy fouler l'eſtomac: mais Pollux qui tenoit
Les iambes au-deuant, d'vne fineſſe preſte
Renuerſa le Gean contre-mont ſur ſa teſte.
Pluſtoſt que deux eſclairs qui s'eſlancent de nuit
Se trouuerent debout: vne guerre s'enſuit

Plus ſorte que deuant, & la vertu honteuſe
R'alluma dans leurs cœurs vne ire genereuſe:
Sans eſpargner les mains deçà delà diſpos
Haletent l'vn ſur l'autre, & ſe battent les os,
Et faiſant redoubler coup ſur coup leurs courayes,
S'entre-caſſent les dents, & s'enyurent de playes.
A la fin Amycus ne pouuant endurer
Qu'vn enfant ſi long temps deuant luy peuſt durer:
Ainſi qu'vn arc d'acier qu'à toute force on bande
Pour en ruer le traict d'vne vigueur plus grande
Se banda tout le corps, & en dreſſant le bras,
Luy meſura le chef pour ne le faillir pas:
Puis ſoudain comme foudre il deſchargea ſa dextre,
Mais en vain: car Pollux d'vne cautelle adextre
A chef baiſſé coula ſous luy ſi finement
Que le bras ne toucha que le dos ſeulement.
Lors de ſa dextre main la ſeneſtre luy tire,
Et luy tournant la hanche, en le chargeant le vire
Renuerſé ſur le dos: tel ſault Amycus prit,
Que tout ſon corps en fut ſur le ſablon eſcrit.
Il fiſt en trebuchant vn grand bruit au riuage,
Non autrement qu'vn Pin, quand le venteux orage
Deſracine ſa ſouche, & le fait trebucher
Tout d'vn coup lourdement du feſte d'vn rocher:
Ce grand Pin en tombant, d'vne longue trauerſe
Auecques vn grand bruit tous les buiſſons renuerſe.
Pollux qui le preſſa, luy miſt ſes deux genous
Sur l'eſtomac rebelle, & de cent mille coups
A ſon aiſe donnez, luy deſchira les tayes
Du cerueau, qui couloit du creus de mille playes:
Puis le foulant aux pieds, luy diſt en ſe trufant,
Va-t'en conter là bas à Pluton, qu'vn enfant
De Iupiter t'a fait ſon Ombre miſerable:
Mon nom te ſeruira de ſepulchre honorable.

A peine ses yeux morts luy paroissoient au front,
Son visage bouffi, & ses léures se sont
Retraictes dans la chair, & le sang comme glace
Dans la barbe figé des-honoroit sa face.
Pollux victorieux souler ne se pouuoit
De regarder ce tronq, qui tant de morts auoit
Quand vif il esbranloit la dextre en la bataille :
Il regarde ses bras, il regarde sa taille,
Son estomac nerueux effroyable de crins,
Et le merueilleux tour de ses os Geantins :
Ainsi que le berger qui seurement regarde
Vn grand Lyon tué, dont la griffe pillarde
Souloit froisser ses bœufs, & sans crainte d'abois
Estoit l'espouentail des pasteurs & des bois.
Incontinent Iason & toute la brigade
Luy presserent le col d'vne espesse accollade,
Et son frere Castor de ses mains desplia
Les Cestes, & du front le sang luy essuya,
Et en le caressant pour si belle conqueste,
D'vn chapeau de Laurier couronnerent sa teste.
A l'enuy tout le iour ne firent que chanter
L'honneur de ce guerrier, enfant de Iupiter,
Virilement issu de la Spartine race :
Puis faisant tournoyer de main en main la tasse
Pleine qui escumoit de vin tout à l'entour,
Se festioient l'vn l'autre en attendant le iour,
Lequel si tost ne vint, qu'ils pendent à la hune
La teste du Gean, & suiuent leur fortune.
Ie t'ay chanté, Pollux : il me plaist bien encor
Chanter (comme le tien) le combat de Castor.
Certes ie le feray, ma chanson il merite :
Ie la luy ay promise, il faut que ie m'acquite.
O fameux Escuyers, Caualcadours, Guerriers,
Escrimeurs, Voltigeurs, Soldats & Mariniers :

O les fils putatifs du Spartin Tyndarée,
Tous deux iusqu'au tombeau du vieillard Apharée
Vous fustes poursuiuis par Idas & Lyncé,
Qui les filles auoient de Leucip' fiancé:
Desquelles par amour ardemment vous espristes,
Puis au sortir de table à force les rauistes.
Or desia vous estiez auec elles venus
Iusqu'au bord du tombeau, quand vous fustes cognus
Par les deux fiancez, qui d'escus & de haches
Auoient les bras chargez, & le chef de pennaches.
Apres estre sautez de leur char brusquement,
Lyncé frere puisné parla premierement
(Faisant sortir sa voix du haut de la salade)
Fronçant les yeux ardens d'vne cruelle œillade:
Demourez, compaignons, pourquoy desrobez vous,
Sous ombre d'amitié le bien qui est à nous?
Ces filles qu'à grand tort vous emmenez, sont nostres:
Homme ne les sçauroit sans mentir dire vostres.
Long temps a que leur pere a iuré par sa foy
En femme les donner à mon frere & à moy:
Qui plus est, ie sçay bien que les filles s'en deulent,
Et que pour leurs mariz nullement ne vous veulent.
Voy-les-la toutes deux, demandez leur pour voir
Lesquels en mariage elles veulent auoir:
Vous voirrez qu'enuers nous s'enclinent leurs pensées,
Comme à nous par serment dés long temps fiancées.
Si quelques estrangers nous les vouloient oster,
En armes vous deuriez nos querelles porter,
Tant s'en-faut que deuiez vser de ces rapines
Enuers nous vos voisins, & elles vos cousines.
Ce n'est pas tour d'amy que d'auoir desrobé
Nos nopces par argent, & d'auoir destourbé
Sous ombre de present, la volonté du pere.
Quel los remportrez vous d'vn si grand vitupere

En Sparte la cité? tout homme par raiſon
Ainſi qu'à des brigands vous clorra ſa maiſon.
Eſt-ce en voſtre pays que la Loy veut permettre
Qu'en la moiſſon d'autruy la faux on aille mettre?
C'eſt trop penſé de ſoy que de courir apres
Les filles de renom dont les maris ſont pres,
Qui ont l'eſpée en main comme vous, pour defendre
Qu'on ne vienne par dol leur mariage prendre.
Pource retirez vous, & nous quittez le bien
Qui de raiſon eſt noſtre, auquel vous n'auez rien.
Noſtre terre ſans plus ne nourriſt des pucelles,
L'amoureuſe Achaïe en nourriſt de tres-belles,
Si fait Sparte & Argos, & Mycenes auſſi
Où les filles ſans chois floriſſent tout ainſi
En graces & beautez és maiſons de leur mere,
Que les fleurs des iardins en la ſaiſon premiere:
Leſquelles franchement bien facile vous eſt
Pour femmes les auoir, ſi quelqu'vne vous plaiſt:
Meſmes il n'y a Roy qui bien ne vueille entendre
D'auoir chez luy Pollux & Caſtor pour ſon gendre:
Car vous eſtes tres-beaux, vaillans, & gracieux,
Aux armes bien adroicts, & nez du ſang des Dieux.
Au reſte, ſi quelqu'vn par ſotte outrecuidance
Vous vouloit empeſcher de trouuer alliance,
Ne nous eſpargnez point, vous voirrez le deſir
Que nous auons tous deux de vous faire plaiſir.
Ou bien ſi par orgueil qui les ieunes maiſtriſe,
Ne retirez vos mains de ſi folle entrepriſe,
Et ſi le vent ſans grace a ſoufflé dedans l'air
En lieu de vous flechir mon gracieux parler,
Nous les freres puiſnez combatterons enſemble,
Ie dy Caſtor & moy, ou vous ſi bon vous ſemble:
Afin qu'vne maiſon ne lamente qu'vn mort,
Les viuans donneront à nos peres confort:

Puis ſans aucun debat par nopces ſolennelles
Coucheront dans le lict des deux ieunes pucelles.
Ainſi diſoit Lyncé: mais le cruel deſtin
Ne miſt pas tout cela qu'il auoit dit à fin.
Lors les freres iumeaux faſchez d'vn tel langage
Murmuroient en leurs dents, comme fait le cordage,
Les voiles & l'antenne & le maſt, quand le vent
Commence peu à peu à ſouſpirer deuant
Les poſtes meſſagers de ſa proche venue
Qui font bruire la riue, & creſper l'eau chenue.
De la ſimple parole ils ſont venus aux cris,
Des cris à la fureur, furieux ils ont pris
Les armes en la main, comme vn vent qui à peine
A ſon commencement vn petit bruit demeine,
Puis le bruit ſe redouble, & fait ruer apres
(Eſclattez par tronçons) les membres des forés,
Esbranle les rochers, & onde deſur onde
Renuerſe iuſqu'au ciel la grande mer profonde.
Les deux freres aiſnez mirent les armes bas,
Et Caſtor & Lyncé s'armerent aux combas
Furieux iouuenceaux, qui tous deux ieunes d'âge
Egaloient les aiſnez de force & de courage.
Caſtor à l'vn des bouts du camp ſe preſenta:
Et Lyncé d'vn pied ferme à l'autre ſe planta,
Par ondes ſecoüant vne picque d'Erable,
Qui couuroit tout le camp d'vne ombre eſpouentable.
Caſtor du premier coup ne fraya que le bort
De l'eſcu de Lyncé, qui pendoit grand & fort
A ſept replis de cuir le long de la poictrine.
La poincte de la picque en trempe dure & fine
Sans plus ſe reboucha, & ne peut dans le flanc
Comme elle auoit deſir, teindre le bois de ſang.
Lyncé d'autre coſté contre ſon aduerſaire
Droict ſur le morion tire vn coup ſans rien faire:

Car la poincte trouuant le fer gliſſant & rond,
En lieu de s'y ficher, rebondit contre-mont
Iuſqu'au ſommet du timbre, & n'euſt rien que la creſte
Des plumes, pour le ſang qu'il vouloit de la teſte.
Ores en ſe marchant ſur l'vn & l'autre pié,
Ores courbant le corps comme à demy plié
Se trauailloient en vain d'allée & de venue
Si point en quelque endroit ils voirroient la chair nuë:
Mais ſe voyans tous deux fidelement couuers,
Preſque deſeſperez, bandez d'os & de nerfs
Se heurterent ſi fort, que leurs picques forcées
Aux boucliers oppoſez ſe rompirent froiſſées.
Mais le coup ne fut pas egal en chaque part:
Lyncé demeura ſain, Caſtor de part en part
Eut (en ſe deſmarchant) d'vn eſclat d'auanture
Le bras gauche percé au droict de la iointure.
Pollux en deuint triſte, & Idas qui eſtoit
Aſſis ſur le tombeau, d'aiſe s'en debatoit:
Le ſang ieune & vermeil ſur la main luy ondoye
Semblable à la couleur de ceſte rouge ſoye,
Dont les filles d'Aſie empourprent de leurs doigts
Les riches veſtemens des Princes & des Rois.
Apres en leur ioignant tirerent les eſpées
Qui leur pendoient aux flancs en des gaines houpées
A boutons faits de ſoye, & ſecoüant en l'air
Le fer eſtincellant, viennent à chamailler
Leurs morions ferrez, qui rouges d'eſtincelles
Luiſoient deſſous les coups des dures allumelles.
Les féures de Vulcan ſont plus lents & tardis
A demener les bras, que ces Guerriers hardis
A manier les mains: le pied ferme s'arreſte
Contre le pied haineux, la teſte ioint la teſte,
Le fer touche le fer, & troublez de courrous
Sans regarder l'endroit ſe meurtriſſent de coups.

Mais Caſtor plus ruſé qui ſes armes remue,
Feignit de luy porter vn eſtoc en la veuë :
L'autre qui le penſoit, ſe para tout ſoudain.
Auſſi toſt que Caſtor haute luy voit la main,
De pieds, de bras, de teſte il entra de ſurie,
Et droit en ceſte part où l'homme a plus de vie
Au creux de l'eſtomac, tout outre luy perſa
Les poumons, & du coup à bas le renuerſa.
Le cœur qui ſans ſoufflet en paſmoiſon demeure,
S'eſtouffa dans le ſang : ſa force la meilleure
Abandonna ſes nerfs, & menu ſanglottant
De gros ſouſpirs alloit ſes entrailles battant.
Il trepignoit des pieds ſus la rouge pouſſiere :
Vn dur ſommeil de fer luy ſilla la paupiere,
Et roüant de trauers les prunelles des yeux,
Comme vent ſouſpira ſon ame dans les cieux :
Chetifs, qui ne deuoient accoller embraſſées
Ny ſon frere ny luy leurs ieunes fiancées.
Idas tout forcené de voir ſon frere mort,
Arracha du Tombeau par violent effort
Vn pillier fait de marbre, & marchoit en colere
A grands pas pour tuer le meurtrier de ſon frere :
Mais Iupiter d'enhaut ſa race defendit,
Qui dedans vne nue horrible deſcendit,
Et ſe courbant le corps, hauſſa la main armée
D'vne vapeur ſoulfreuſe en l'air toute allumée :
Puis ſur le chef d'Idas ſa tempeſte eſlança,
Qui d'vn feu prompt & vif tout le corps luy paſſa.
La flame en petillant l'eſtomac enuironne
D'Idas qui tient encor en ſes mains la coulonne,
Bronché mort ſur la tombe : ainſi en prend à ceux
Qui veulent quereller à gens plus vaillans qu'eux,
Meſmes à vous Iumeaux, pleins de forte puiſſance,
Et qui d'vn pere fort prinſtes voſtre naiſſance.

Ie vous ſalue enfans de Leda, qui receut
Vn Cygne pour mary, quand elle vous conceut :
Nobles freres iumeaux d'Helene la tres-belle,
Donnez à ma chanſon vne gloire eternelle,
Non mienne, mais la voſtre, & celle de Gaſpart
Qui des Muſes s'eſt fait la gloire & le rempart.
Vous aimez les chanſons quand elles ſont bien faites :
Et pource au temps paſſé, les bien-diſans Poetes
Furent de vos amis, & de tous les Heros
Qui ſuiuans Menelas, acquirent quelque los
Arreſtez par dix ans dans le port de Sigée,
Bien loin de leurs pays, deuant Troye aſſiegée.
Homere le premier chanta l'honneur des Grecs,
Des Troyens, & de vous : & moy petit apres
Si peu que ie ſçay faire, & ſi peu que la Muſe
Me depart de ſes biens, & ſi peu qu'elle m'vſe
De faueur, ie vous l'offre, & vous l'apporte icy.
Ie ſçay que vous auez les Hynnes en ſoucy :
Car les Dieux ne ſçauroient receuoir de plus dignes
Offrandes des mortels, que les vers & les Hynnes.

HYNNE DV PRINTEMPS,

A FLEVRIMONT ROBERTET,

Seigneur d'Aluye.

Ie chante, Robertet, la ſaiſon du Printemps
Et comme Amour & luy apres auoir long temps
Combatu le diſcord de la maſſe premiere,
Attrempez de chaleur ſortirent en lumiere :
Tous deux furent oiſeaux, l'vn dans les cœurs vola,
L'autre au retour de l'an iouuenceau s'en-alla

Raieunir noſtre terre, & pour mieux ſe conduire
Il enuoya dauant les courriers de Zephyre.
Zephyre auoit vn rhé d'aimant laborieux,
Si rare & ſi ſubtil qu'il deceuoit les yeux,
Ouurage de Vulcan : lequel depuis l'Aurore,
Depuis le iour couchant iuſqu'au riuage More
Il tenoit eſtendu pour prendre dans ſon rhé
Flore dont le Printemps eſtoit enamouré.
Or ceſte Flore eſtoit vne Nymphe gentille,
Que la Terre conceut pour ſa ſeconde fille :
Ses cheueux eſtoyent d'or annelez & treſſez,
D'vne boucle d'argent ſes flancs eſtoyent preſſez,
Son ſein eſtoit rempli d'eſmail & de verdure :
Vn creſpe delié luy ſeruoit de veſture,
Et portoit en la main vn cofin plein de fleurs
Qui naſquirent iadis du cryſtal de ſes pleurs,
Quand Aquilon voulut la mener en Scythie,
Et la rauir ainſi comme il fiſt Orithye :
Mais elle cria tant que la Terre y courut,
Et des mains du larron ſa fille ſecourut.
Touſiours la douce manne & la tendre roſée
(Qui d'vne vapeur tendre en l'air eſt compoſée)
Et la forte ieuneſſe au ſang chaud & ardant,
Et Amour qui alloit ſon bel arc desbandant,
Et Venus qui eſtoit de roſes bien coiſée,
Suiuoyent de tous coſtez Flore la belle Fée.
Vn iour qu'elle danſoit Zephyre l'eſpia,
Et tendant ſes filets, la print & la lia
En ſes rets enlacée,, & ieune & toute belle
Au Printemps la donna qui languiſſoit pour elle.
Si toſt que le Printemps en ſes bras la receut,
Femme d'vn ſi grand Dieu, fertile elle conceut
Les beautez de la terre, & ſa viue ſemence
Fiſt ſoudain retourner tout le monde en enfance.

Alors d'vn nouueau chef les bois furent couuerts,
Les prez furent vestus d'habillemens tous verds,
Les vignes de raisins: les campagnes porterent
Le froment qu'à foison les terres enfanterent,
Le doux miel distila du haut des arbrisseaux,
Et le laict sauoureux coula par les ruisseaux.
Amour qui le Printemps son ami n'abandonne,
Prist l'arc dedans la main, son dos il enuironne
D'vn carquois plein de traits, puis alla dans la mer
Iusqu'au centre des eaux les poissons enflamer,
Et maugré la froideur des plus humides nues
Enflama les oiseaux de ses flames cognues:
Alla par les rochers & par les bois deserts
Irriter la fureur des sangliers & des cerfs,
Et parmi les citez aux hommes raisonnables
Fist sentir la douleur de ses traits incurables:
Et en blessant les cœurs d'vn amoureux souci,
Auecques la douceur mesla si bien aussi
L'aigreur, qui doucement coule dedans les veines,
Et auec le plaisir mesla si bien les peines,
Qu'vn homme ne pourroit s'estimer bien-heureux,
S'il n'a senti le mal du plaisir amoureux.
Iupiter s'alluma d'vne ialouse enuie
Voyant que le Printemps iouyssoit de s'amie:
L'ire le surmonta, puis prenant le couteau
Dont n'aguere il auoit entamé son cerueau
Quand il conceut Pallas la Déesse guerriere,
Detrancha le Printemps, & sa saison entiere
En trois parts diuisa: adonques vint l'Esté
Qui halla tout le Ciel: & si ce n'eust esté
Que Iunon enuoya Iris sa messagere,
Qui la pluye amassa de son aile legere,
Et tempera le feu de moiteuse froideur,
Le Monde fust peri d'vne excessiue ardeur.

Apres l'Autonne vint chargé de maladies,
Et l'Hyuer qui receut les tempestes hardies
Des vents impetueux, qui se bousent si fort
Qu'à peine l'Vniuers resiste à leur effort,
Et couurirent, mutins, la terre pesle-mesle
De pluyes, de glaçons, de neiges & de gresle.
Le Soleil qui aimoit la Terre, se fâcha
Dequoy l'Hyuer ialoux sa dame luy cacha,
Et rendit de ses yeux la lumiere eclipsée,
Portant desur le front le mal de sa pensée,
Et retournant son char à reculons, alla
Deuers le Capricorne, & se retira là.
Adonques en frayeur tenebreuse & profonde
(Le Soleil estant loin) fust demouré le Monde
Sans le gentil Printemps qui le fist reuenir,
Et soudain de rechef amoureux deuenir.
D'vne chaisne de fer deux ou trois fois retorse
Prenant l'Hyuer au corps, le garrota par force,
Et sans auoir pitié de ce pauure grison,
L'espace de neuf mois le detint en prison.
Ainsi par le Printemps la Terre se fist belle,
Ainsi le beau Soleil retourna deuers elle,
Et redoublant le feu de sa premiere amour,
Monta bien haut au Ciel & allongea le iour,
A fin que plus long temps il embrassast sa femme:
Et ne fust que Tethys a pitié de la flame
Qu'Amour luy verse au cœur, il fust ja consumé.
Mais pour remedier à son mal enflamé,
Elle appelle la Nuit: adonq la Nuit détache
Le Soleil hors du Ciel & dans la mer le cache,
Où Tethys en ses eaux refroidit sa chaleur.
Mais luy, qui maugré soy cache en l'eau sa douleur,
S'eschappe de Tethys la laissant endormie,
Et dés l'aube à cheual retourne voir s'amie.

Aussi de son costé la Terre cognoist bien
Que de telle amitié procede tout son bien:
Pource de mille fleurs son visage elle farde,
Et de pareille amour s'eschaufe & le regarde.
Comme vne ieune fille, à fin de plaire mieux
Aux yeux de son amy, par vn soin curieux
S'accoustre & se fait belle, & d'vn fin artifice
L'attire doucement à luy faire seruice:
Ainsi la Terre rend son visage plus beau,
Pour retenir long temps cest amoureux flambeau
Qui luy donne la vie, & de qui la lumiere
Par sa vertu la fait de toutes choses mere.
En l'honneur de cest Hynne, ô Printemps gracieux,
Qui r'appelles l'année, & la remets aux cieux,
Trois fois ie te salue & trois fois ie te prie
D'éloigner tout malheur du chef de mon Alüye:
Et si quelque maistresse en ces beaux mois ici
Luy tourmente le cœur d'vn amoureux souci,
Flechis sa cruauté & la rens amoureuse
Autant qu'auparauant elle estoit rigoureuse:
Et fay que ses beaux ans qui sont en leur Printemps,
Soyent tousiours en amour bien-heureux & contens.

L'HYNNE DE L'ESTE',

A FLEVRIMONT ROBERTET,

seigneur du Fresne.

Couché dessous l'ombrage aupres d'vne fonteine,
Euitant la chaleur que l'Esté nous ameine,
Que sçauroy-ie mieux faire en vn lieu si plaisant,
Sinon chanter l'Esté de flames reluisant,

Et tout chargé de feu comme vne masse ardante
Qu'vne tenaille serre en sa pince mordante?
Chantons donques l'Esté, & montons au coupeau
Du Nynfal Helicon par vn sentier noueau:
Cherchons autre chemin, celuy ne me peut plaire,
Qui suit, en imitant, les traces du vulgaire.
Noueau Cygne emplumé ie veux voler bien haut,
Et veux comme l'Esté auoir l'estomac chaud
Des ardeurs d'Apollon, courant par la carriere
Des Muses, & ietter vne obscure poussiere
Aux yeux de mes suiuans, qui voudroyent comme moy
Grimper sur Helicon, où de l'onde ie boy
Qui me fait rapporter tout enflé la victoire,
A fin que nul ne puisse auoir part à ma gloire,
Ny au Laurier sacré en tout temps verdissant,
Que ie veux marier au Fresne fleurissant.
L'amoureuse Nature estoit vn iour fâchée
De se voir sans rien faire, aupres du Temps couchée:
Il y a (ce disoit) tant de siecles passez
Que du Temps mon mary les membres sont cassez,
Froids, perclus, impotens, la charge de ma couche
Ce n'est plus que du plomb, ce n'est plus qu'vne souche
Qui sans se remuer gist le long d'vn sentier
Apres qu'elle a senti le fer du charpentier.
I'ay beau passer ma main tresdelicate & blanche
Ores dessus son ventre, ores dessus sa hanche,
I'ay beau fourcher ma iambe & chatouiller sa chair:
Il demeure immobile aussi froid qu'vn rocher,
Descharné, deshallé, sans puissance ny force,
N'ayant plus rien de vif sinon vn peu d'escorce:
En lieu de me respondre il ronfle, & si ne puis
En tirer seulement vn baiser en trois nuicts.
Las! il n'estoit pas tel quand pour sa chere espouse
Il me prist chez mon pere: il n'aimoit autre chouse

Que l'amoureux deduit, duquel les mariez
Se trouuent bras à bras à leurs femmes liez.
Tousiours il m'accoloit d'vne chaude ambrassée,
Tousiours ma bouche estoit à la sienne pressée,
Et fusmes si gaillars que ce grand Vniuers
Fut peuplé tout soudain de nos enfans diuers:
Car tout cela qui vit & qui habite au monde,
Est yssu du plaisir de nostre amour feconde.
Maintenant il est vieil & ie ne le suis pas!
Ie sens encor en moy les gracieux appas
Dont Amour mon enfant chatouille la pensée,
Et sa flame en mon cœur n'est encor effacée.
Bref, i'ay deliberé de me donner plaisir,
Aupres de mon mary ie ne veux plus gesir.
La foy de mariage est pour les hommes faite
Grossiers mal-aduisez & de race imparfaite,
Assuiettis aux lois: & non pas pour les Dieux
Qui pleins de liberté habitent dans les Cieux.
Quant-à-moy ie suis franche, & Déesse i'estime
Autant vn fils bastard comme vn fils legitime.
Ainsi disoit Nature, *& de ce pas alla*
Au palais du Soleil, *auquel ainsi parla:*
Soleil, *de ce grand Tout l'ame l'œil & la vie,*
Ie suis de tes beautez en l'ame si rauie,
Que tu me verras toute en larmes consommer,
S'il ne te plaist guarir mon mal qui vient d'aimer.
Bien que ce soit vergongne aux femmes d'oser dire,
Et premieres conter leur amoureux martyre,
Ne deuans par honneur aux hommes confesser
Qu'Amour puisse leur cœur de ses fleches blesser,
Si est-ce qu'en aimant en vne place haute,
De confesser son mal il n'y a point de faute:
Car plus le lieu qu'on aime est honorable & haut,
Plus l'excuse est louable & petit le defaut:

D'autant que la grandeur qui noſtre ame maiſtriſe,
Deſrobe en commandant nous & noſtre franchiſe :
De là vient noſtre ardeur qui porte auecques ſoy
Le feu qui ſe decele & qui n'a point de loy.
Te voyant l'autre iour chez mon pere à la table,
Sans barbe & cheuelu, de viſage accointable,
Ieune doux & courtois, tu me gaignas le cœur :
Depuis ie n'ay veſcu qu'en peine & en langueur,
Souſpirante pour toy & pour ton beau viſage,
Qui m'a dedans l'eſprit imprimé ton image :
Ie ne fais que gemir, & penſe nuit & iour
Le moyen de guarir mes pleurs & mon amour.
Aux charmes pour l'oſter i'ay mis ma fantaiſie,
Mais mon ame qui vit de trop d'amour ſaiſie,
Refuſe tout confort : mon extreme ſecours
Eſt d'auoir ſans tarder à ta grace recours,
Et t'embraſſer tout nud, pendant que la nuict brune
Conduira par le Ciel les cheuaux de la Lune.
Le Soleil qui ſe vit de telle Dame aimé,
Fut de pareille amour tout ſoudain allumé :
« Vn magnanime cœur volontiers ne s'excuſe,
« Et quand il eſt aimé d'aimer il ne refuſe.
Encore qu'elle fuſt vn peu vieille à la voir,
Si eſt-ce que ſa grace auoit peu l'eſmouuoir,
Et luy auoit ietté le ſoulfre dans les veines,
Qui ja de ſon amour s'allumoyent toutes pleines,
Fumantes du deſir hautain & genereux
De venir promptement au combat amoureux.
Les Heures qui eſtoyent du Soleil chambrieres,
Appreſterent la couche, & gentilles ouurieres
Parfumerent les draps, & de mille couleurs
Ietterent par deſſus des bouquets & des fleurs :
Puis faiſant en la chambre arriuer le Silence,
Coucherent les amans remplis d'impatience.

De quatre embraſſemens que Nature receut
D'vn ami ſi ardant ſeconde elle conceut
Quatre enfans en vn coup, l'vn fut Hermafrodite,
(Le Printemps eſt ſon nom) de puiſſance petite,
Entre maſle & femelle, inconſtant, incertain,
Variable en effect du ſoir au lendemain.
L'Eſté fait maſle entier, ardant, roux, & colere,
Eſtincelant & chaud, reſſemblant à ſon pere,
Guerrier, prompt & hardi, touſiours en action,
Vigoureux, genereux, plein de perfection,
Ennemi de repos : l'Autonne fut femelle,
Qui n'eut rien de vertu ny de puiſſance en elle.
L'Hyuer fut maſle entier, monſtrueux & hideux,
Negeux, tourbillonneux, pluuieux & venteux,
Perruqué de glaçons, heriſſé de froidure,
Qui fiſt peur en naiſſant à ſa mere Nature.
Auſſi toſt que l'Aurore eut quitté le ſeiour
De ſon vieillard Tithon pour allumer le iour,
Le Soleil s'eſueilla, & reſueilla s'amie,
Qui d'aiſe languiſſoit en ſes bras endormie.
Se rebaiſant l'vn l'autre ils ſortent hors du lit :
Mais ſi toſt que le Ciel de roſes s'embellit,
Le Soleil s'en-alla, & pendit en eſcharpe
Son carquois d'vn coſté & de l'autre ſa harpe,
Il ceingnit ſon baudrier de gemmes ſomptueux,
Il affubla ſon chef de rayons tortueux,
Ceingnit ſa dague d'or, ardante de lumiere,
Et à pied s'en-alloit commencer ſa carriere :
Quand ſa chere Maiſtreſſe ayant au cœur pitié
Que ſon ami faiſoit ſi long voyage à pié,
Luy donna pour preſent vn char d'excellent œuure,
Que le boiteux Vulcan induſtrieux manœuure
Forgea de ſa main propre, & ſouuent au fourneau
Le miſt, & le frappa de maint coup de marteau,

Haletant & ſuant ſur le dos de l'enclume
Auant qu'il fuſt poli : puis ſelon la couſtume
Des anciens parens courtois le luy donna,
Quand le Temps ſon mary pour femme l'emmena.
Le timon eſtoit d'or, & les rouës dorées
Eſtoyent de maint ruby richement honorées,
Qui deçà qui delà flamboyoient à l'entour,
Et remplis de clairté faiſoyent vn autre iour.
Le Soleil non ingrat luy donne en recompenſe
D'vn chariot ſi beau, la Déeſſe Iouuence,
A fin qu'elle fuſt belle à iamais, & à fin
Que ſa forte vigueur par l'âge ne print fin,
Et que iamais ſon front ne ridaſt de vieilleſſe,
Ayant pour chamberiere auec ſoy la Ieuneſſe.
Tous deux au departir ſe baiſent doucement,
S'entrediſent Adieu d'vn long embraſſement.
Luy bien-aiſe d'auoir telle Dame trouuée,
Et d'eſtre bien payé de ſa douce coruée,
Gallope apres l'Aurore : elle s'en-va trouuer
Son mary, qui ſe laiſſe en pareſſe couuer.
O combien luy deſplaiſt ce vieillard, que le ſomme
Sur les plumes d'vn lit ſi froidement aſſomme,
Languiſſant de vieilleſſe en vn lit ocieux
En ſon Palais à part bien loin des autres Dieux !
Soudain luy ſaute au col, l'embraſſe & le rebaiſe,
Et d'vne fine ruſe en le flattant l'appaiſe.
Toute eſpouſe amoureuſe a par nature l'art
De ſçauoir du mary ſoupçonneux & vieillard
Appaiſer le courroux, apres qu'elle retourne
Du lit, où ſon ami auec ſon cœur ſeiourne :
« *Amour ingenieux trouue mille moyens*
« *D'abuſer les ialoux, & de ſauuer les ſiens.*
En ce-pendant l'Eſté qui bon fils obtempere
Au Soleil eſt nourri chez le Soleil ſon pere :

Il deuint en vn mois grand, corpulent & fort,
Et ia de ſon menton le poil doré luy ſort.
« Les Dieux tout en vn coup à leur âge paruiennent,
« Les hommes par le temps en accroiſſance viennent:
« Car ils ſont immortels, les hommes d'ici bas
« Apres mille trauaux ſont ſuiets au treſpas.
Auſſi toſt qu'il fut grand, ayant l'âge où commence
A s'enfler dans les reins l'amoureuſe ſemence,
Cerés en fut eſpriſe, & brulant d'amitié
Vint voir ſon amoureux lequel en eut pitié:
Et comme elle portoit vne peine plus forte,
La premiere commence & diſt en ceſte ſorte:
Ie ne vien pas ici, tant pour me ſecourir
Du mal de trop aimer dont tu me fais mourir,
Que pour garder ce monde & luy donner puiſſance,
Vertu, force & pouuoir, lequel n'eſt qu'en enfance,
Debile, ſans effect & ſans maturité,
Par faute de ſentir noſtre diuinité.
Depuis que le Printemps, ceſte garſe virile
Aime la Terre en vain, la Terre eſt inutile,
Qui ne porte que fleurs, & l'humeur qui l'eſpoint,
Languit touſiours en ſéue, & ne ſe meuriſt point.
« Dequoy ſeruent les fleurs ſi les fruits ne meuriſſent?
« Dequoy ſeruent les blez ſi les grains ne iauniſſent?
« Toute choſe a ſa fin & tend à quelque but:
Le deſtin l'a voulu, lors que ce monde fut
En ordre comme il eſt: telle eſt la conuenance
De Nature & de Dieu par fatale ordonnance.
Et pour-ce s'il te plaiſt pour eſpouſe m'auoir,
Pleine de ta vertu, ie feray mon deuoir
De meurir les amours de la Terre infeconde,
Et de rendre parfait l'imparfait de ce monde.
A toy fils du Soleil eſt la perfection,
Tu ſouſtiens & nourris la generation:

Car rien ſans ta vertu au monde ne peut eſtre,
Comme eſtant des ſaiſons le Seigneur & le maiſtre.
Ainſi diſoit Cerés, & l'Eſté tout ſoudain
De ſa viue chaleur luy eſchauſa le ſein,
La priſt pour ſon eſpouſe, & la prenant à l'heure
La Terre ſe veſtit d'vne forme meilleure
Par tel embraſſement, lequel en peu de iours
Du beau Printemps & d'elle accompliſt les amours.
Ie te ſalue, Eſté le Prince de l'année,
Fils du Soleil ſauteur de toute choſe née,
Pere alme, nourricier, donne-blé, donne-vin,
Maſle, parfait, entier, tout-grand & tout diuin,
Perruqué de rayons, qui ſers de longue guide
Au Soleil qui matin tient ſes cheuaux en bride:
Souhaité des humains, tout couronné d'eſpis,
Qui figures les ans des hommes accomplis,
Qui forges les eſclairs, la foudre & le tonnerre,
Marinier, voyager, courrier, homme de guerre.
Eſcarte loin de moy tout mal & tout mechef,
Eſlongne toute peſte & fiéure loin du chef
Du docte Robertet, lequel point ne refuſe
De ſe laiſſer rauir doucement à la Muſe:
Augmente luy ſes ans ſa force & ſa valeur,
Et conſerue ſa vie en ta viue chaleur.

HYNNE DE L'AVTONNE,

A Claude de l'Aubeſpine.

Le iour que ie fu né, Apollon qui preſide
Aux Muſes, me ſeruit en ce monde de guide,
M'anima d'vn eſprit ſubtil & vigoureux,
Et me fiſt de ſcience & d'honneur amoureux.

En lieu des grans threſors & des richeſſes vaines
Qui aueuglent les yeux des perſonnes humaines,
Me donna pour partage vne fureur d'eſprit,
Et l'art de bien coucher ma verue par eſcrit.
Il me hauſſa le cœur, hauſſa la fantaiſie,
M'inſpirant dedans l'ame vn don de Poëſie,
Que Dieu n'a concedé qu'à l'eſprit agité
Des poignans aiguillons de ſa Diuinité.
Quand l'homme en eſt touché il deuient vn Prophete,
Il predit toute choſe auant qu'elle ſoit faite,
Il cognoiſt la nature & les ſecrets des Cieux,
Et d'vn eſprit bouillant s'eleue entre les Dieux.
Il cognoiſt la vertu des herbes & des pierres,
Il enferme les vents, il charme les tonnerres:
Sciences que le peuple admire & ne ſçait pas
Que Dieu les va donnant aux hommes d'ici bas,
Quand ils ont de l'humain les ames ſeparées,
Et qu'à telle fureur elles ſont preparées
Par oraiſon, par ieuſne & penitence auſſi,
Dont auiourd'huy le monde a bien peu de ſouci.
Car Dieu ne communique aux hommes ſes myſteres
S'ils ne ſont vertueux deuots & ſolitaires,
Eſlongnez des tyrans, & des peuples qui ont
La malice en la main & l'impudence au front,
Brulez d'ambition & tourmentez d'enuie,
Qui leur ſert de bourreau tout le temps de leur vie.
Ie n'auois pas quinze ans que les monts & les bois
Et les eaux me plaiſoyent plus que la Court des Rois,
Et les noires foreſts en fueillages voutées,
Et du bec des oiſeaux les roches picotées:
Vne valée, vn antre en horreur obſcurci,
Vn deſert effroyable eſtoit tout mon ſouci:
A fin de voir au ſoir les Nymphes & les Fées,
Danſer deſſous la Lune en cotte par les prées,

Fantaſtique d'eſprit : & de voir les Syluains
Eſtre boucs par les pieds, & hommes par les mains,
Et porter ſur le front des cornes en la ſorte
Qu'vn petit aignelet de quatre mois les porte.
I'allois apres la danſe, & craintif ie preſſois
Mes pas dedans le trac des Nymphes, & penſois
Que pour mettre mon pied en leur trace poudreuſe
I'aurois incontinent l'ame plus genereuſe:
Ainſi que l'Aſcrean qui grauement ſonna
Quand l'vne des neuf Sœurs du Laurier luy donna.
Or ie ne fu trompé de ma ieune entrepriſe:
Car la gentille Euterpe ayant ma dextre priſe,
Pour m'oſter le mortel, par neuf fois me laua
De l'eau d'vne fontaine où peu de monde va,
Me charma par neuf fois, puis d'vne bouche enflée
(Ayant deſſus mon chef ſon haleine ſoufflée)
Me heriſſa le poil de crainte & de fureur,
Et me rempliſt le cœur d'ingenieuſe erreur,
En me diſant ainſi : Puis que tu veux nous ſuiure,
Heureux apres la mort nous te ferons reuiure
Par longue renommée, & ton los en-nobli
Accablé du tombeau n'ira point en oubli.
Tu ſeras du vulgaire appellé frenetique,
Inſenſé furieux farouche fantaſtique,
Mauſſade mal-plaiſant : car le peuple médit
De celuy qui de mœurs aux ſiennes contredit.
Mais courage, Ronſard, les plus doctes Poëtes,
Les Sibylles Deuins Augures & Prophetes,
Huez ſiflez moquez des peuples ont eſté :
Et toutefois, Ronſard, ils diſoyent verité.
N'eſpere d'amaſſer de grans biens en ce monde :
Vne foreſt vn pré vne montaigne vne onde
Sera ton heritage, & ſeras plus heureux
Que ceux qui vont cachant tant de threſors chez eux:

Tu n'auras point de peur qu'vn Roy de sa tempeste
Te vienne en moins d'vn iour escarbouiller la teste,
Ou confisquer tes biens: mais tout paisible & coy
Tu viuras dans les bois pour la Muse & pour toy.
Ainsi disoit la Nymphe, & de là ie vins estre
Disciple de Dorat, qui long temps fut mon maistre,
M'apprist la Poësie, & me monstra comment
On doit feindre & cacher les fables proprement,
Et à bien desguiser la verité des choses
D'vn fabuleux manteau dont elles sont encloses:
I'appris en son escole à immortaliser
Les hommes que ie veux celebrer & priser,
Leur donnant de mes biens, ainsi que ie te donne
Pour present immortel l'Hynne de cest Autonne.
Or si tost que l'Autonne eut l'âge de pouuoir
Gouster le plaisant mal qu'Amour fait receuoir,
Et que ja ses tetins messagers de ieunesse,
Comme pommes s'enfloyent d'vne ronde allegresse:
Elle n'auoit souci d'amour ny de plaisir
Qui vient le tendre cœur d'vne fille saisir,
Quand sur l'âge premiere elle se voit aimée,
Et quand Amour la tient doucement allumée.
Ses plaisirs seulement n'estoyent qu'à regarder
Et baiser sa nourrice & à la mignarder,
Qu'à vestir proprement des robbes decoupées,
Qu'à faire de l'enfant, qu'à faire des poupées,
Et tousiours souspiroit quand on ne l'allaitoit,
Et quand son nourricier au col ne la portoit.
Ses actes toutesfois donnoyent bien tesmoignage
Qu'elle seroit vn iour de tresmauuais courage:
Car tousiours rechignoit, groumeloit & tansoit,
Et rien que tromperie en son cœur ne pensoit.
Vn iour que sa nourrice estoit toute amusée
A tourner au Soleil les plis de sa fusée,

(Et qu'ores de la dent & qu'ores de la main
Egaloit le filet pendu pres de son sein,
Pinçant des premiers doigts la filace souillée
De la gluante humeur de sa léure mouillée:
Puis en pirouëtant allongeant & virant,
Et en accourcissant, reserrant & tirant
Du fuzeau bien enflé les courses vagabondes,
Arrangeoit les filets & les mettoit par ondes:)
Elle vit que l'Autonne estoit seule à repos,
Adoncque elle l'appelle & luy dist tels propos:
Ma fille, dés le iour que tu fus enfantée,
Par ta mere tu fus en mon antre apportée
De nuit, à celle fin que ton corps fust nourri
Et traité sans le sceu de son fascheux mary:
Pource ie te diray tes parens & ton estre.
Enfle toy le courage, & ne pense pas estre
Fille d'vn Laboureur qui de coultres tranchans
Fend la terre & la seme & engrosse les champs,
Et rapporte au logis les deux mains empoulées:
Ny fille d'vn Pasteur qui au fond des valées
Fait paistre son troupeau par les pastis herbeux,
Qui tient vn harigot & fleute entre les bœufs:
Tu es bien d'autre sang plus genereux yssue,
Et de parens plus grans & plus nobles conceuë.
N'as-tu ouy parler souuent en deuisant
Au soir à mon mary en ses bras te baisant,
D'vne grande Déesse heureusement feconde,
A qui le Ciel donna la charge de ce Monde?
Par qui tout est nourri, par qui tout est produit,
Par qui nous recueillons & la fleur & le fruit?
Qui est tout, qui fait tout, qui a toute puissance?
De ses reins, mon enfant, tu as pris ta naissance,
Et de ce grand flambeau que tu vois luire aux Cieux,
Qui sçait tout qui oit tout qui voit tout de ses yeux,

Pere alme, nourricier de toute la machine,
Viue la soustenant par sa vertu diuine.
De ces deux tu nasquis: & pour mieux le sçauoir,
Il est temps, mon enfant, que tu les ailles voir,
Il est temps de laisser tes jeux & ta simplesse,
« Martes, cheuaux de bois: ce qui sied en ieunesse,
« Ne sied quand on est grand, & chaque âge en venant
« Apporte auecques soy ce qui est conuenant.
Et pource il ne faut plus comme vn poupelin pendre
Au col de mon mary, mais bien te faut apprendre
A danser à baller à friser tes cheueux,
Les allonger en onde, ou les serrer en neuds,
A dextrement mouuoir l'appast de ton œillade,
A faire d'vn sou-ris tout vn peuple malade,
A sçauoir conseiller ta face à ton mirouër,
A parler finement, & finement iouër,
A sçauoir finement inuenter mille excuses,
A donner vne baye, à trouuer mille ruses,
A pratiquer d'amour l'amertume & le doux,
Et par telle finesse acquerir vn espoux.
Or si tost que l'Aurore à la vermeille bouche
Aura du vieil Tithon abandonné la couche,
Il faudra t'esueiller, à fin d'aller trouuer
Non guere loin d'ici ton pere à son leuer.
Or pour mieux acheuer ta soudaine entreprise,
Il faut prier vn vent, à fin qu'il te conduise:
La cauerne où l'Auton demeure n'est pas loin,
Pource va le prier qu'il en prenne le soin.
Ainsi dist la nourrice, & l'Autonne sur l'heure
S'en-alla dedans l'Antre où le monstre demeure.
Elle trouua le vent tout pantois & lassé
D'auoir la mer d'Afrique & ses sablons passé,
Et ja pour s'endormir auoit plié ses ailes
Depuis le bas des flancs iusqu'au haut des aisselles:

Tout ainſi qu'vn Faucon laiſſe fourcher en crois
Les ſiennes ſur le dos quand il ſe perche au bois.
Ce vent humide & chaud giſoit à la renuerſe
Eſtendu ſur le dos d'vne longue trauerſe
Au beau milieu de l'antre (horrible choſe à voir:)
Meints fleuues du menton comme d'vn entonnoir
Luy couloyent à ſes pieds, & ſa teſte chenue
Eſtoit de tous coſtez couuerte d'vne nue,
Qui de-çà qui de-là ſur le dos luy rendoit
Des vapeurs qu'en volant par le monde eſpandoit.
Son antre s'eſtuuoit d'vne chaleur croupie,
Moite laſche peſante ocieuſe aſſoupie,
Ainſi qu'on voit ſortir de la gueule d'vn four
Vne lente chaleur qui eſtuue le iour.
Là ſur vn peu de paille à terre eſtoit couchée
Vne lice aboyant iuſqu'aux os deſeichée:
Les voiſins d'alentour (qui paiſtre la ſouloyent)
La vieille Maladie en ſon nom l'appelloyent.
Elle auoit vn grand rang de tetaces tirées
Longues comme boyaux, par le bout deſchirées,
Que d'vn muffle affamé vne engence de maux
Luy ſuçoyent tout ainſi que petits animaux,
Qu'elle (qui doucement ſur ſa race ſe veautre)
De ſon col retourné lechoit l'vn apres l'autre,
Pour leur former le corps en autant de façons
Qu'on voit dedans la mer de ſortes de poiſſons,
De ſablons ſur la rade, & de fleurs au riuage
Quand le ieune Printemps deſcouure ſon viſage.
Là comme petits loups les caterres couuoit,
Et là la fiéure quarte & tierce ſe trouuoit,
Enflures flux de ſang langueurs hydropiſies,
La toux ronge-poumon, iauniſſe pleureſies,
Lenteurs peſtes charbons tournoyement de cerueau,
Et rongnes dont l'ardeur fait allumer la peau.

Ceste vilaine & sale & monstrueuse osture,
Bien qu'elle soit d'vn part, n'est pas d'vne nature,
L'vne croist en vn iour, l'autre en demande trois,
L'vne en demande sept, & l'autre veut vn mois,
L'autre est vieille en vne heure, & l'autre ne peut croistre.
Or si tost qu'ils sont grans, pour eux-mesmes se paistre
La mere oste leur voix & leurs langues, à fin
D'aller sans dire mot loger chez le plus fin.
Adonq' à l'impourueu les terres ils assaillent,
Et les pauures mortels tormentent & trauaillent:
Lors peu sert l'oraison, la force & la valeur,
Et l'art forcé du mal qui fait place au malheur.
Si tost que ceste Autonne eut trauersé la porte
De l'antre elle parla au Vent en telle sorte:
O maistre de la mer, que la terre en ses bras
Presse de tous costez, Vent qui viens de là bas
Où l'autre Ourse incogneuë aux hommes de ce monde,
D'Astres plus grans & beaux que les nostres abonde:
O Vent qui trauersant par vn air chaleureux,
Et par la gent brulée, attires caterreux
De grans esponges d'eau, dont largement tu baignes
De ton gosier venteux les monts & les campaignes,
Porte moy ie te prie au palais du Soleil:
Et si par ton moyen ie suis à son resueil,
Ie te iure en tes mains vne ferme alliance,
Tu seras mon ami: & si quelque puissance
Le Soleil me depart, tu l'auras comme moy,
Et l'Autonne iamais ne se verra sans toy.
Ainsi dist cest hommace, & le Vent qui la charge,
L'emporta parmi l'air sur son espaule large.
C'estoit au mesme poinct que l'estoile du iour
Auoit desia chassé les Astres d'alentour
Des pastures du Ciel, & les contant par nombre,
Toutes en vn monceau les alloit mettre à l'ombre.

Ia la Lune argentée alloit voir ſon ami,
Son bel Endymion ſur le mont endormi:
Et ja la belle Aurore au viſage de roſes,
Les barrieres du Ciel par tout auoit décloſes:
Et deſia le Soleil ſon front auoit huilé
De fard, à celle fin qu'il ne fuſt point hallé,
Et aſſis dans ſon char, deſia tenoit la bride
De ſes courſiers tirez hors de l'eſtable vuide,
Quand tout à l'impourueu l'Autonne arriua là.
Adoncques le Soleil retif ſe recula
Arriere de ſa fille, & tournant ſon viſage
(De peur de ne la voir) fiſt vn autre voyage.
Les grans monſtres du Ciel leſquels virent muer
Le Soleil de couleur, la cuiderent tuer,
La pourſuiuant par tout de telle violance,
Qu'elle s'alla cacher au creux de la Balance,
Et ſans le Scorpion qui affreux & hideux
De ſes pieds allongez ſe miſt au deuant d'eux,
Ils l'euſſent fait mourir, bouillonnans de colere
De voir ainſi tourner le Soleil en arriere.
Apres auoir eſté en crainte quelque temps,
Elle alla viſiter ſon frere le Printemps
Dans ſon Palais fleury, que la Nymphe Ieuneſſe
A baſti de ſa main, ouurage de Déeſſe.
Ce Palais eſt aſſis au beau milieu d'vn pré
De roſes & de lis & d'œillets diapré,
Qui ne craignent iamais ny chaleur ny froidure:
Car en tout temps ce pré foiſonne de verdure.
Les pins & les ſapins y voiſinent les Cieux,
Et le cedre embaſmé d'vn flair delicieux:
Les roſſignols logez dans les bois y jargonnent,
Par les iardins carrez les fontaines reſonnent,
Qui arrouſent le pied des pommeux orangers,
Et des myrtes ſacrez qui nous ſont eſtrangers.

Volupté, gentillesse, amour & gaillardise,
Et Venus qui le cœur des grans Princes attise,
Seiourne en ce Palais, où ses Cygnes mignons
Volent tout à-l'entour auecques ses Pigeons :
Tout rit en ce verger : car tout ce qui ameine
Tristesse & desplaisir, iamais ne s'y promeine.
A l'heure que l'Autonne au Palais arriua,
Cherchant de tous costez son frere n'y trouua :
Il estoit allé voir l'industrieux Zephyre,
Qui tendoit ses filets, & tendus se retire
Au beau milieu du ré, à fin d'enueloper
Flore, quand il la peut en ses nœuds attraper.
Ainsi qu'en nos iardins on voit embesongnée
Dés la pointe du iour la ventreuse Arignée,
Qui quinze ou vingt filets (comme pour fondement
De son ré commencé) attache proprement :
Puis tournant à l'entour d'vne adresse subtile,
Tantost haut tantost bas des iambes elle file
Et fait de l'vn à l'autre vn ouurage gentil,
De trauers, de biais, noüant tousiours le fil,
Puis se plante au milieu de sa toile tendue
Pour attraper le ver, ou la mouche attendue :
Ainsi faisoit Zephyre : or l'Autonne qui vit
Sans garde le Palais, à son frere rauit
Ses bouquets & ses fleurs, & comme vne larronne
(Apres l'auoir pillé) s'en fist vne couronne.
De là se fist porter au Palais de l'Esté,
Que Cerés festoyoit en pleine maiesté.
Triptoleme faisoit (pour le doux benefice
Du beau froment donné) à Cerés sacrifice,
Où la blonde Déesse en appareil estoit
Auecques son mary l'Esté qu'elle traitoit,
Et tenoit en dansant au milieu de la feste,
Du pauot en la main, des espics sur la teste.

Ce-pendant ceſte garſe entra dans le Chaſteau :
Dedans la baſſecourt elle vit meint rateau,
Meinte fourche, meint van, meinte groſſe jauelle,
Meinte gerbe, toiſon de la moiſſon nouuelle,
Boiſſeaux poches biſſacs de grans monceaux de blé
En l'aire çà & là l'vn ſur l'autre aſſemblé :
Les vns battoyent le grain deſſus la terre dure,
Les autres au grenier le portoyent par meſure,
Et ſous les tourbillons les bourriers qui voloyent
Pour le iouët du vent, parmi l'air s'en-alloyent.
Elle entra dans la ſalle, & au croc vit pendantes
(Faites comme en tortis) de grans flames ardantes
Dont l'Eſté s'affubloit pour mieux ſe bragarder,
Quand ſon pere venoit de pres le regarder :
Elle priſt finement deux rayons de ſon frere
Pour en parer ſon chef, puis alla voir ſa mere.
Le Palais magnifique où Nature habitoit,
Sur piliers Phrygiens eleué ſe portoit :
Les voûtes eſtoyent d'or, d'or eſtoit la cloſture,
Et d'argent affiné la haute couuerture :
Là cent portes eſtoyent toutes faites d'aymant :
En-contre les parois reluiſt meint diamant,
Meint rubi, meint ſaphir, que le boiteux manœuure
A luy-meſme attachez, ingenieux chef-d'œuure.
Là ſont d'âge pareils cent ieunes iouuenceaux
Beaux vermeils creſpelus aux mentons damoiſeaux,
Aux coudes retrouſſez, & cent Nymfes vermeilles
Toutes d'âge de face & de beautez pareilles,
Qui ont l'vn apres l'autre, & en toute ſaiſon
La charge & le ſouci d'vne telle maiſon.
Ils portent en la main de grans cruches profondes,
L'vne verſe à longs flots la ſemence des ondes,
L'autre coule le plomb, l'autre eſpuiſe du ſein
Des antres de Pluton les riuieres d'eſtain,

L'autre les ruiſſeaux d'or, l'autre affine le cuiure,
L'autre le vif argent qui veut touſiours ſe ſuiure,
L'autre cherche le ſoulfre, & l'autre eſt diligent
De fouiller les conduits du fer & de l'argent.
Là ſont dedans des pots ſur des tables, encloſes
Auec leurs eſcriteaux les ſemences des choſes,
Que ces ieunes garçons gardent, à celle fin,
Que ce grand Vniuers ne prenne iamais fin,
Les ſemans tous les ans d'vn mutuel office,
A fin qu'en vieilliſſant le Monde raieuniſſe
Que l'air ait ſes oiſeaux, & la mer ſes poiſſons,
Et la terre ſes fleurs de diuerſes façons.
Si toſt que la Nature eut apperceu ſa fille,
Fuy (dit-elle) d'ici, tu perdras ma famille,
Fuy-t'en de ma maiſon : tu ſeras en tes ans
La perte & le malheur de mes autres enfans :
Tu perdras tout cela que la bonne froidure
De l'Hyuer germera : tout ce que la verdure
Du Printemps produira, & tout ce qui croiſtra
De meur & de parfait quand l'Eſté paroiſtra :
Tu feras eſcouler les cheueux des bocages,
Chauues ſeront les bois, ſans herbes les riuages,
Par ta main Phthinopore, & deſſus les humains
Maligne reſpandras mille maux de tes mains.
L'Autonne en larmoyant s'en eſtoit en-allée,
Quand elle ouit vn bruit au fond d'vne vallée,
Et s'approchant de pres, elle vit vn grand Roy
Que deux Tigres portoyent en magnifique arroy :
Ses yeux eſtinceloyent tout ainſi que chandelles,
Ses cheueux luy pendoyent plus bas que les aiſſelles,
Sa face eſtoit de vierge, & auoit ſur le front
Deux petits cornichons comme les chéureaux ont :
Ses léures n'eſtoyent point de barbe creſpelées,
Son corps eſtoit bouffi, ſes cuiſſes potelées,

Ieunesse & Volupté luy seruoyent de voisins,
Et tenoit en sa main deux grapes de raisins.
Deuant ce Roy dansoyent les folles Edonides,
Les vnes talonnoyent des Pantheres sans brides,
Les autres respandoyent leurs cheueux sur le dos,
Les autres dans la main branloyent des iauelos
Herissez de lierre & de feuilles de vigne :
Silene au rouge nez sans mesure trepigne
Monté dessur son asne, & comme tout donté
De vin laisse tomber sa teste d'vn costé:
Les Satyres cornus, les Syluains pieds-de-cheure
Font vn bruit d'instrumens : l'vn qui enfle sa léure
Fait sonner vn hau-bois, & l'autre tout autour
De la brigade fait resonner vn tabour.
Si tost que Bacchus vit Autonne la pucelle,
Venus luy fist descendre au cœur vne etincelle
Par les yeux enuoyée, & tout soudainement
Il deuint amoureux, & si ne sceut comment.
Il sent dedans ses os vne peste qui erre
De moüelle en moüelle, & luy fait telle guerre,
Qu'auec vn grand souspir gemissant est contraint
De confesser qu'Amour l'a viuement attaint :
Il a l'ame pendue aux beaux yeux de la belle,
En ses cheueux se lie & ne pense qu'en elle,
Il se brusle luy-mesme, & fust mort de souci
Si pour la courtizer ne luy eust dit ainsi :
Ie confesse qu'Amour de sa gentille flame
Autrefois m'a brulé pour vne ieune Dame,
Que le traistre Thesé laissa dessus le bord
Seule entre les rochers, la proye de la mort :
Mais comme i'ay pour toy, telle amoureuse playe
Ie n'eus oncques pour elle, & tant plus ie m'essaye
De l'oster, & tant plus ie sens ceste poison
Faire mon appetit maistre de la raison :

Et pour-ce pren pitié de mon ame embrasée,
Et vien dedans mon char pour ma tendre espousée,
Vien enlacer mon col: ce n'est vn petit heur
Quand vne femme acquiert vn Dieu pour seruiteur.
Helas ie te suppli' par ceste belle bouche,
Par ces yeux dont l'esclair iusqu'en l'ame me touche,
Par ces cheueux crespez qui me pressent le cœur,
N'entretien d'vn espoir longuement ma langueur:
Reçoy moy pour mary, au reste prens en gage
Mon cœur, comme pour dot d'vn si beau mariage:
Car ton corps qui le mien brule d'vn si doux feu,
Est digne de monter au lict d'vn plus grand Dieu.
Si ne suis-ie pourtant vn demi-Dieu champestre:
Ie suis ce grand Bacchus des Satyres le maistre,
Qui ay cent mille autels, qui ay cent mille noms,
Tant craint & reueré par tant de nations.
Dontant dessous mon ioug les Lynces animées,
Triomphant i'ay conduit aux Indes mes armées:
I'ay fait mourir Lycurgue & Penthé i'ay tué,
Les mariniers Tyrrheins en Dauphins i'ay mué,
Et en Chauue-souris tourné les Minaïdes
Qui auoyent mesprisé mes festes Thebaïdes:
Iupiter est mon pere, & quand ie monte aux Cieux,
Ie m'assieds en mon thrône entre les plus hauts Dieux.
Ainsi disoit Bacchus, & tout soudain l'Autonne
A ce Prince amoureux pour espouse se donne:
En son char il la monte en graue maiesté
Et depuis l'vn sans l'autre ils n'ont iamais esté,
Tant peuuent en amour deux courages ensemble
Quand vne affection pareille les assemble,
Non crainte des parens qui l'amitié destruit,
Et deuant que fleurir fait auorter le fruit.
Ie te salue, Autonne, & ton mary qui porte
Le nom d'auoir passé par vne double porte,

Maistresse du vaisseau que l'Abondance tient,
Par qui en sa beauté Pomone se maintient:
Chasse ie te suppli' toute peste maline,
Fiéures, reumes, langueurs du chef de l'Aubespine,
Conserue sa famille, & remplis à foison
De pommes & de fruits & de vins sa maison.
O bonne & grande part des saisons de l'année
Autonne de tous biens richement couronnée,
Des humains le grenier, le celier, la planté,
Qui as part au Printemps, qui as part à l'Esté,
Donne que l'Aubespine en sa vieillesse arriue
Plein d'vn esprit gaillard, plein d'vne force viue,
Et que iamais Fortune ennemie de ceux
Qui se font excellens pour n'estre paresseux
A bien seruir les Rois, d'inconstance subite
Ne se monstre vers luy fascheuse ny despite:
Mais qu'il iouysse en paix des biens qu'il s'est acquis,
Soit ieune en cheueux noirs, soit vieil en cheueux gris,
A fin qu'en sa maison en repos il les vse,
Puis qu'il est si courtois aux enfans de la Muse.
Autonne, c'est assez, ie veux me souuenir
De ton frere l'Hyuer qui doit bien tost venir:
Ie m'en vois le chanter, car ie l'estime digne
Autant ou plus que toy de l'honorer d'vn Hynne.

HYNNE DE L'HYVER,

A Monsieur Bourdin, Seigneur de Villennes.

Ie ne veux sur mon front la couronne attacher
D'vn Laurier de iardins bien facile à chercher,
Il faut que ie le trouue au plus haut d'vne roche
A grimper mal-aisée où personne n'approche:

Ie veux auec trauail brusquement y monter,
M'esgrafignant les mains auant que l'apporter,
Et auant qu'entourné de maint peuple ie chante
Quelle proprieté se trouue en telle plante.
Peuple, ce verd Laurier pour qui i'ay combatu,
(Diray-ie en le monstrant) est de grande vertu:
Si quelqu'vn le regarde, ou le masche, ou le pose
Pour couronne à son chef, tout soudain il compose,
Et les Muses qui sont noble race du Ciel,
Arrosent sa parolle & sa bouche de miel:
Il est soudain aimé des Seigneurs & des Princes,
Il marche venerable au milieu des prouinces,
Il est de tous costez d'vn peuple enuironné,
Il a le front de gloire & d'honneur couronné,
Et au trait de ses yeux & au port de sa face
Ses ennemis ont peur, & sont froids comme glace:
Il est sans passion, sans crainte ny douleur,
Plus grand que le destin, fortune & le malheur:
Car soit qu'il vist tomber toute ceste machine,
Il ne verra son cœur trembler en sa poitrine,
Philosophe hardi, constant de toutes parts,
Armé de sa vertu comme de grans rempars.
Ces ieunes apprentis desloyaux à leur maistre,
Ne peuuent du Laurier l'excellence cognoistre:
Mais les gentils esprits des Muses le bon-heur
Cognoissent bien la plante, & luy font grand honneur.
Quand ie la porte és mains, au front ou sur la robe,
Si quelqu'vn par finesse vne fueille en desrobe,
La fueille le decelle, & ne veut que le pris
Des fronts Apollinez soit emblé ny surpris:
Le Laurier le desdaigne, & bien qu'ils le tourmentent,
Iamais de ses rameaux la bonne odeur ne sentent,
Comme chose forcée, & qui ne vient à gré
A l'arbre de Parnasse à Phebus consacré.

Il veut qu'on le recherche auec trauail & peine
Sur le roc dont la cyme eſt faſcheuſe & hautaine,
Comme i'ay ceſtuy-ci, que ie plante au iardin
(Pour touſiours y fleurir) de mon docte Bourdin.
Toute Philoſophie eſt en deux diuiſée,
L'vne eſt aigue & viue & prompte & aduiſée,
Qui ſans pareſſe ou peur d'vn vol audacieux
Abandonne la terre, & ſe promeine aux Cieux.
Hardis furent les cœurs qui les premiers monterent
Au Ciel, & d'vn grand ſoin les Aſtres affronterent:
Là, ſans auoir frayeur des cloiſtres enflamez
Du monde où tant de corps diuers ſont enfermez,
Par leur viue vertu s'ouurirent vne entrée,
Et veirent iuſqu'au ſein la Nature ſacrée:
Ils eſpierent Dieu, puis ils furent apres
Si fiers que de conter aux hommes ſes ſecrets,
Et d'vn eſprit ardent eurent la cognoiſſance
De ce qui n'eſt point né, de ce qui prend naiſſance,
Et en pillant le Ciel, comme vn riche butin,
Mirent deſſous leurs pieds Fortune & le Deſtin.
L'autre Philoſophie habite ſous la nue,
A qui tant ſeulement ceſte terre eſt cognue
Sans ſe pouſſer au Ciel: le cœur qui luy defaut
Ne luy laiſſe entreprendre vn voyage ſi haut:
Elle a pour ſon ſuiet les negoces ciuiles,
L'equité, la iuſtice & le repos des villes:
Et au chant de ſa lyre a fait ſortir des bois
Les hommes foreſtiers & leur bailla des lois:
Elle ſçait la vertu des herbes & des plantes,
Elle va deſſous terre aux creuaces béantes
Tirer l'argent & l'or, & chercher de ſa main
Le fer qui doit rougir en noſtre ſang humain.
Puis à fin que le peuple ignorant ne meſpriſe
La verité cognue apres l'auoir appriſe,

D'vn voile bien ſubtil (comme les peintres font
Aux tableaux bien portraits) luy couure tout le front,
Et laiſſe ſeulement tout au trauers du voile
Paroiſtre ſes rayons comme vne belle eſtoile,
A fin que le vulgaire ait deſir de chercher
La couuerte beauté dont il n'oſe approcher.
Tel i'ay tracé ceſt Hynne, imitant l'exemplaire
Des fables d'Heſiode & de celles d'Homere.
Le iour que la Nature accoucha de l'Hyuer,
On vit de tous coſtez tous les Vents arriuer
Les parrains de l'enfant, & le Ciel peſle-meſle
Enfarina les champs de neiges & de greſle:
Il n'eſtoit pas encore és priſons du berceau,
Que Mercure le prend, & le miſt en la peau
D'vn mouton bien frizé, puis de roide volée
A ſon dos l'emporta ſur la voûte eſtoilée,
Et ſe mocquant de luy, il le vint preſenter
Au milieu de la ſalle aux pieds de Iupiter.
Iupiter ſe ſouriſt de la hideuſe mine
Du garçon, qui rampant à quatre pieds chemine
A l'entour de ſes pieds, comme vn petit maſtin
Qui ſent venir ſa mere & cherche le tetin.
Les tourbillons venteux rouloyent deſſus ſa face,
Il auoit les cheueux roidis à fils de glace,
Renuerſez bourſouflez, & ſur le dos portoit
Vne humide toiſon qui touſiours degoutoit:
Il eſtoit rechigné, hergneux & ſolitaire:
Et pource Iupiter de tous les Dieux le pere
Preuoyant qu'il ſeroit quelque monſtre odieux,
Ainſi qu'il fiſt Vulcan le renuerſa des cieux.
Alors le pauure Hyuer à teſte renuerſée
Fut culbuté par l'air d'vne cheute eſlancée
Roüant dés le matin iuſqu'au Soleil couchant,
Touſiours piroüetant tournoyant & bronchant:

A la fin en gliſſant par le trauers des nuës,
S'arreſta renuerſé ſur les riues chenuës
De Strymon, hoſtelier de ce vent qui nous fait
En baloyant le Ciel le iour ſerain & net.
La Thrace ce-pendant s'eſtimoit bien-heureuſe
D'eſtre de ceſt enfant la nourrice amoureuſe,
Que ſoudain ell' empliſt de force & de vigueur,
Et d'vn tel nourriſſon auoit plaiſir au cœur.
Or le Vent qui ſçauoit que par vne riſée
La face de l'Hyuer fut au Ciel meſpriſée,
Le vint comme ſon frere, en fureur irriter
D'entreprendre la guerre encontre Iupiter.
Et quoy! diſoit Borée à l'Hyuer magnanime,
Veux-tu ſouffrir qu'on face au Ciel ſi peu d'eſtime
De toy ieune guerrier? & que tu ſois fraudé
De l'honneur que ta mere a pour toy demandé?
Regarde de quel ſang tu as pris ta naiſſance?
Quels ſont tes alliez? & quelle eſt ta puiſſance?
Combien tu as de mains, de iambes & de bras,
Pour renuerſer du Ciel ce Iupiter à bas?
Il ſe vante d'auoir vne maiſon ferrée,
Au grand plancher d'airain d'eternelle durée,
Et que ſeul quand il veut, les Dieux peut ſurmonter,
Et qu'eux tous aſſemblez ne le ſçauroient donter.
Mais ce qui plus me faſche, & m'eſpoinçonne d'ire,
C'eſt qu'il auance au Ciel ie ne ſçay quel Satyre,
Vn Mercure larron, vn Mauors rioteux,
Vn Alcide gourmand, dont le Ciel eſt honteux.
Il aime l'eſtranger & ſes parens recule:
Et ſe vante d'auoir ie ne ſçay quel Hercule,
Dont la forte maſſue en guerroyant abat
Tout cela que la mort luy preſente au combat:
S'il a le fort Hercule auteur de ſon trophée,
Tu auras en ton camp l'ingenieux Typhée,

Qui a cent yeux, cent bras, cent mains, & cent cerueaux,
Excellent à trouuer mille desseins nouueaux:
Luy seul vaut son Alcide, & toute son armée.
« *Courage, la vertu n'est pas vne fumée*
« *Qui deçà qui delà s'esuanouyt en vain,*
« *Elle veut l'action du cœur & de la main.*
Mande luy promptement qu'il te face partage:
Luy suffise le Ciel, sans rauir d'auantage.
Tout ce qui pend en l'air sous l'aire du Croissant,
Tout ce qui monte en haut, & le Ciel va paissant,
Dont la Nature change & s'altere & se mue,
Soit maintenant en vent, soit maintenant en nue,
Neiges glaces frimas sont proprement à toy,
Et les plaines de l'air te confessent leur Roy.
Courage, compagnon, iouys de ta contrée:
Quant à moy, ie suis fils de l'Aurore & d'Astrée,
Et ne veux endurer que ce tort te soit fait:
« *Le magnanime cœur se cognoist à l'effet.*
Ainsi disoit ce Vent plein d'vne ame despite,
Enuoyant ses courriers, l'vn deuers Amphitrite,
L'autre vers les estangs, riuieres & ruisseaux.
Ces postes en volant plus roidement qu'oiseaux,
Hucherent d'vn grand cry les cent freres Dactyles,
Curetes, Corybans aux armes bien-habiles:
L'vn courut aux Enfers des Ombres possesseurs
Appeller le grand Chien, la Gorgonne & les Sœurs,
Et l'autre fist venir les ventreuses Harpies
Qui sur le bord de Styx sommeilloient acroupies:
Pegase y vint aussi le cheual emplumé,
Ne portant plus au dos son cheualier armé.
L'autre somma Triton aux longs cheueux humides,
Proté, Glauque, Portonne, & les vieilles Phorcydes
Au regard enfrongné, qui branloient en la main
En lieu d'vne quenouille vn iauelot d'airain.

Les autres vont aux creux de la terre ensoulfrée
Appeller Ancelade & le fort Briarée,
Gyge, Cotte, Porphyre, & ces Titans qui font
En souleuant les champs d'vne plaine vn grand mont,
Et creuaſſans la terre obſcure de fumée,
Deſgorgent iuſqu'au Ciel vne haleine enflamée.
Ces courageux guerriers plus viſte qu'vn eſclair
S'allerent tous camper au beau milieu de l'air
Sous l'eſpais d'vne nuë en ſa croute aſſurée,
Comme dans le rempart d'vne ville emmurée,
Et gaignerent le fort, alors que le Soleil
Tournant les pieds vers nous ſe panchoit au ſommeil.
Les Aſtres qui faiſoient au Ciel la ſentinelle,
Aduertirent les Dieux de l'eſtrange nouuelle,
De la piſte & du cry des cheuaux haniſſans,
Et des ſoldars chargez de harnois fremiſſans,
Du nombre d'eſtendars, du cliquetis des armes,
Et d'vn peuple incognu de barbares gendarmes,
Dont les boucliers flamboient comme ces grands cheueux
Des Cometes qui ſont enuenimez de feux,
Qui deçà qui delà leurs grands rayons eſpandent,
Et de l'air en gliſſant à front baiſſé deſcendent
Sus le maſt d'vn nauire, ou ſur vne cité,
Que Dieu veut chaſtier pour ſa meſchanceté.
Iupiter tout ſoudain fiſt appreſter ſa bande,
Et veut qu'vn ſeul Alcide à ſes troupes commande,
Que Mercure le ſuiue, & que le ieune Mars
Face de bande en bande arranger les ſoldars.
Si toſt que le Soleil ſortit hors de ſa couche,
L'Hyuer d'vn grand courage attaque l'eſcarmouche,
Et fiſt marcher deuant, pour ſonder les dangers,
Les Tourbillons poudreux, comme cheuaux legers.
Briare eſtoit armé d'vne vieille ferraille,
En lieu d'vn morion s'afubloit d'vne eſcaille

De dragon effroyable, & de ſa bouche iſſoit
Vn braſier enfumé qui le iour noirciſſoit,
Cent bras ſe remuoient de ſes eſpaules dures.
La peur, l'horreur, l'effroy, les meurtres, les iniures
Marchoient deuant ſa face, & de tous les coſtez
Rendoient ſes ennemis ou peureux ou dontez.
Sous le cry des ſoldars la terre trembla toute,
La mer en treſſaillit, le ciel eſtoit en doute
Et ne ſçauoit lequel ſeroit victorieux
Ou le camp de l'Hyuer, ou bien celuy des Dieux.
Hercule à l'aborder ſe miſt à l'auantgarde,
Et de cent yeux ardans ſes ennemis regarde :
Il les preſſe il les tue & les abat deſſous
Sa peſante maſſue effroyable de clous.
Ses bandes toutesfois n'auoient l'ame aſſeurée,
Et craignoient tellement les mains de Briarée,
Que la glaçante peur coulante par les os
Tourna honteuſement à la fuite leur dos.
L'Hyuer d'autre coſté faiſoit vn grand carnage,
Et ſans perdre ny cœur ny force ny courage,
Comme vn foudre emporté deſſus l'aile du vent,
Alloit le fer au poing la victoire ſuiuant :
Et n'euſt eſté le Iour qui par vne rancune
Abyſma la lumiere és ondes de Neptune,
Enuieux ſur l'Hyuer, il euſt eu ce bon-heur
De donner à ſon camp la victoire & l'honneur.
Ce-pendant Iupiter qui des ſiens ſe desfie,
Ramaſſa ſon armée & ſon camp fortifie,
Il appella la Nuit, & luy diſt tels propos :
Nuit, fille de la Terre, & mere du repos,
S'il te ſouuient du bien que ie te fis à l'heure
Que Phanete voulut deſrober ta demeure,
Et qu'il n'eut pour le tout ſinon vne moitié :
Nuit, ſois moy ſecourable & pren de moy pitié,

Il faut qu'en ma faueur tu ſois noire & troublée,
Que ton char ſoit tardif, ta longueur redoublée,
Afin que mon Mercure ait loiſir d'eſpier
L'Hyuer, & priſonnier pieds & mains le lier.
Nuit, repos des mortels, ſi tu me veux complaire,
Tu auras vn preſent qu'autrefois ie fis faire
Ainſi qu'vn beau iouët, à ſept voutes, tout rond,
Voutes qui en tournant d'elles meſmes s'en-vont
En biaiz haut & bas à l'entour d'vne pomme,
Et ſi iamais le temps leur courſe ne conſomme.
Vn Cyclope apparoiſt au milieu du iouët,
Qui tient haut eſleué en ſa dextre vn fouet,
En la gauche vne bride, & au deſſous du ventre
(Choſe horrible à conter!) il a les pieds d'vn cancre,
Vn coq deſſus ſon front chante pour l'eſueiller
Quand il veut deſſous l'eau trop long temps ſommeiller.
Il a les cheueux d'or, & ſa face enflamée
Reluit comme vne flame en vn chaume allumée
Qu'vn laboureur attize, & fait de peu à peu
Sortir d'vne eſtincelle vn grand braſier de feu.
Or tu auras en don (ſi tu me fais ſeruice)
Ce preſent anobly d'excellent artifice.
Va-t'en chercher le Somme, & luy dy de par moy,
Qu'il ameine Morphée & le Silence coy,
Et qu'il face endormir ceſt Hyuer qui conſpire
De renuerſer le Ciel, mes Dieux, & mon empire:
Mercure te ſuiura pour le ſurprendre, à fin
De mettre ſans combat ceſte querelle à fin.
Ainſi diſt Iupiter, & la Nuit eſt allée
En ſon antre veſtir ſa cazaque eſtoillée
Que la Terre fila & ourdiſt de ſes mains
Pour couurir les ſourcis & les yeux des humains:
Amour y fut portrait, & ce doux exercice
Qui garde que le monde orphelin ne periſſe:

Puis appella le Somme, & luy a dit ainsi:
Somme mon cher enfant, le sorcier du souci,
Iupiter te commande aller dedans l'armée
De l'Hyuer, & serrer sa paupiere enfermée
D'vne chaisne de miel, & de prendre auec toy
Pour compagnon Morphée, & le Silence coy:
Va donq siller les yeux de l'Hyuer, qui conspire
De renuerser le Ciel, Iupin & son empire.
A-tant se teut la Nuit, & le Sõmmeil adonq
Couurit son chef d'vn voile autant large que long,
Prist des souliers de feutre, & puise en la riuiere
De Styx vne vapeur qui endort la paupiere.
Il couronna son chef d'vn pauot endormy,
Puis rampa doucement au camp de l'ennemy,
Trassant de l'air venteux la region humide,
Faisant marcher deuant le Silence pour guide.
Adonques le Sommeil caut & malicieux
S'alla comme vn oiseau planter deuant les yeux
De l'Hyuer qui veilloit, tournant en sa pensée
Le moyen d'acheuer la guerre commencée.
Apres que le Sommeil sur sa teste perché
L'eut long temps assoupy, comme vn traict descoché
Coula dedans ses yeux, & doucement assemble
D'vn dormir englué les paupieres ensemble,
Fist chanceller sa teste, & si bien il entra
Des yeux en l'estomac, qu'au cœur le penetra,
Et luy fist en ronflant (tant le dormir le touche)
Verser le doux sommeil du nez & de la bouche.
Mercure ce-pendant finement l'enchéna,
Et au grand Iupiter prisonnier l'amena.
Iupiter qui le vit reduit sous sa puissance,
D'vn seuere sourcil le menace & le tance,
Et si fort contre luy le courroux l'embrasa,
Que sans sa sœur Iunon, qui son ire appaisa,

Euſt foudroyé l'Hyuer : mais elle qui le prie,
Embraſſant ſes genoux, modera ſa furie.
O Iupiter des Dieux & des peres le Roy,
Fay (ce diſoit Iunon) quelque choſe pour moy :
Ie ſuis, Saturnien, ta ſœur & ton eſpouſe,
Et au ciel comme toy ie commande & diſpouſe.
Helas pere benin qui iuſtement defens
Par ta loy de tuer, pardonne à tes enfans :
Ie ſçay que tu pourrois de l'eſclat d'vn tonnerre
Enſoulfrez & brulez les renuerſer par terre.
Mais il vaut mieux ruer les foudres de ta main
Sur le haut des rochers, que ſur le genre humain :
Et pource ie te pri' change de fantaiſie,
Laiſſe-les moy gaigner par douce courtoiſie:
« Il n'eſt rien ſi cruel, que le cœur feminin
« Ne rende par douceur gracieux & benin.
Ainſi diſoit Iunon, & Iupin de ſa teſte
Ayant flechy ſon ire, accorda la requeſte.
Incontinent, Iris qui des fleuues te pais,
Tu fis ſçauoir aux camps le traité de la paix,
Tu deſlias l'Hyuer, & de prompte alegreſſe
L'inuitas au feſtin de Iunon ta maiſtreſſe.
Si toſt que l'appareil du feſtin fut dreſſé,
Hebé la ieune Nymphe au coude retrouſſé
Miſt de l'eau dans l'eſguiere, & la priſt en la deſtre,
Et le baſſin doré en l'autre main ſeneſtre :
Contre vn pilier marbrin ſon dos elle appuya,
Laua les mains des Dieux, & puis les eſſuya
D'vn linge bien filé, bien plié, que Minerue
Pour vn riche treſor auoit mis en reſerue,
Et iamais de ſon coffre elle ne l'aueignoit
Sinon quand Iupiter l'Ocean bien-veignoit.
Auſſi toſt que les Dieux furent aſſis à table
(Chacun tenant ſon rang & ſa place honorable)

Voicy les demy-Dieux qui du haut iuſqu'au bas
La nape grande & large ont couuerte de plas
Entaillez en burin, où s'enleuoient boſſées
Des Dieux & des Titans les victoires paſſées,
Et comme Iupiter aux enfers foudroya
Le Gean, qui le Ciel de cent bras guerroya.
Apollon fiſt venir les Muſes en la dance:
La belle Calliope alloit à la cadance
Sur toutes la premiere, & deſſus le troupeau
Paroiſſoit comme vn pin ſur le haut d'vn coupeau.
Tantoſt elle chantoit, tantoſt d'vne gambade
Elle faiſoit ſauter ſa ronde vertugade:
Pan le Dieu bocager de ſa flute ſonna:
Le haut Palais doré mugiſſant reſonna
Sous la voix des haubois, & ce-pendant la coupe
Alloit de main en main en rond parmy la troupe,
Apres que le deſir de manger fut donté,
Et l'appetit de boire en beuuant fut oſté,
Chacun pour eſcouter ferma la bouche cloſe,
Et alors Iupiter commença telle choſe.
« Il n'eſt rien de plus ſaint que la ſainte amitié:
Et pource comme pere, ayant au cœur pitié
Des guerres qui eſtoient en noſtre ſang trempées,
I'ay briſé les harnois & caſſé les eſpées,
Aimant trop mieux porter, ſans titre de guerrier,
L'Oliuier ſur le front qu'vn chapeau de Laurier.
C'eſt la raiſon pourquoy, Hyuer, ie te deliure,
Afin qu'en amitié le monde puiſſe viure.
Va-t'en là bas en terre, & commande trois mois:
Ie te donne pouuoir de renuerſer les bois,
D'esbranler les rochers, d'arreſter les riuieres,
Et ſous vn frein glacé les brider priſonnieres,
Et de la grande mer les humides ſillons
Tourner ores de vents, ores de tourbillons.

Ie te fay le ſeigneur des pluyes & des nues,
Des neiges, des frimats, & des greſles menues,
Et des vents que du ciel pour iamais ie banis.
Et ſi veux, quand Venus ira voir Adonis,
Que tu la traites bien, pour voir apres Cybelle
Se germer de leur veue, & s'en faire plus belle:
Et bref mon cher enfant, ie te veux faire auoir
Là bas autant d'honneur, qu'au ciel i'ay de pouuoir.
Ainſi diſt Iupiter, & l'Hyuer qui l'accorde,
Iura d'entretenir ceſte heureuſe concorde:
Il priſt congé des Dieux, & viuement de là
Ayant rompu ſon camp, en terre deuala.
Ie te ſalue, Hyuer le bon fils de Nature:
Chaſſe de mon Bourdin toute eſtrange auanture,
Ne gaſte point ſes champs, ſes vignes, ny ſes blez,
Qu'ils viennent au grenier d'vſure redoublez,
Et que ſes gras troupeaux au temps de la gelée
Ne ſentent en ſon parc ny taq ny clauelée:
Son corps ne ſoit iamais de rheumes tormenté,
Et conſerue ſa vie en parfaite ſanté.

HYNNE DE L'OR,

A Iean Dorat.

Ie ferois grande iniure à mes vers & à moy,
Si en parlant de l'Or, ie ne parlois de toy
Qui as le nom doré, mon Dorat: car ceſt hynne
De qui les vers ſont d'Or, d'vn autre homme n'eſt digne
Que de toy, dont le nom, la Muſe & le parler
Semblent l'Or que ton fleuue Orence fait couler.

Comme iadis Homere acquiſt la renommée
D'yurongne pour auoir en ſes vers eſtimée
La vigne & de Bacchus les dons delicieux :
Ainſi i'auray le bruit d'eſtre auaricieux,
D'autant que ie celebre en mes vers la Richeſſe.
Or le peuple dira ce qu'il voudra, ſi eſt-ce
Qu'Homere ne fut pas yurongne, pour auoir
Celebré par ſes vers de Bacchus le pouuoir :
Ny moy auare auſſi, bien qu'icy ie m'efforce
De celebrer de l'Or l'excellence & la force.
Hé bons Dieux : qui voudroit penſer tant ſeulement
Que vingt ou trente eſcus logeaſſent longuement
En la bourſe d'vn Poete ? hé qui eſt le barbare
Qui oſeroit ſonger qu'Apollon fut auare ?
Oſeroit bien quelqu'vn telle faute penſer,
Si à tort ne vouloit les Muſes offenſer ?
Qui iamais par leurs vers ne ſe ſont ſouciées
D'eſpargner de l'argent pour eſtre mariées ?
Tellement que touſiours la dure pauureté
Les contraint par les bois de garder chaſteté.
Pour ceſte occaſion Calliope regarde
Celuy d'vn mauuais œil, qui trop chichement garde
Quelque treſor moiſi dans vn coffre rouillé :
Son cœur, comme ſon Or, eſt de vice ſouillé,
Et touſiours quoy qu'il die ou qu'il chante, ou qu'il face,
Des ſaintes Muſes perd la faueur & la grace :
Car il ne penſe en rien qu'en l'Or, dont il eſt plain,
Comme vn Chien, bien que ſoul, ne penſe qu'en du pain.
Ceux qui ont en noſtre art acquis le teſmoignage
D'eſcrire doctement ont veſcu dans l'vſage
De l'Or ambitieux, & ne furent tentez
De ſes esblouyſſons, mais ſe ſont contentez
(Si c'eſt contentement) d'vne noble miſere
Riche de pauureté : teſmoin en eſt Homere,

De qui, comme vn ruiſſeau, d'âge en âge viuant
La Muſe va touſiours ſes Chantres abruuant:
Toutefois i'aime mieux ſuiure ſa diligence,
Imitant ſes beaux vers, qu'auoir ſon indigence
Qui pauure d'huis en huis ſes Poëmes chantoit
Pour vn morceau de pain que quelqu'vn luy iettoit.
Donc pour ce coup, Dorat, ie diray la loüange
De ce noble metal, en qui meſme ſe change
Iupiter, & qui veut ſes portraits honorez
Et ſes temples diuins en eſtre tous dorez:
Comme honorant celuy qui le rend honorable:
Car ſans l'Or ſon portrait ſeroit peu venerable.
Il peut eſtre qu'vn autre apres moy ſuruiendra,
Qui chanter par deſpit la Pauureté voudra:
Quiconque ſoit celuy, la chante ſans enuie:
Il ſe peut aſſeurer qu'à luy ny qu'à ſa vie
Ny qu'à ſes actions vn homme de bon cœur
Ne portera iamais ny haine ny rancœur.
O bien-heureux metal, par qui heureux nous ſommes,
Le ſang, les nerfs, la force, & la vie des hommes!
Celuy qui te deſdaigne, & ne t'a point acquis,
Semble vn mort qui chemine entre les hommes vifs:
Pour cela iuſtement le Comique Menandre
Oſa deuant le peuple Epicharme reprendre
De ce qu'il aſſeuroit que les Aſtres des cieux,
Les vents, la mer, le feu, eſtoient ſeulement Dieux:
Où luy, tout au contraire, aſſeuroit la Richeſſe
(Tant elle a de puiſſance) eſtre ſeule Déeſſe:
Si quelqu'vn, diſoit-il, la loge en ſa maiſon,
Il aura tout ſoudain toute choſe à foiſon,
Champs, prez, vin, bois, valets, teſmoins, amis, Iuſtice,
Et chacun ſera preſt à luy faire ſeruice.
La richeſſe ſans plus, nous trouue des amis:
Celuy qu'elle cherit, à luy ſeul eſt permis

De s'aſſeoir pres des Rois, & ſon ennemy n'oſe
Contre ſa dignité gronder en nulle choſe.
Pourquoy nous courbons-nous deuant les grands Seigneurs?
Pourquoy leur faiſons-nous du genouil tant d'honneurs,
Sinon pour leur Richeſſe? eſt-il pas vray-ſemblable
Si vn Roy deuenoit vn Herre miſerable,
Nul en guerre pour luy ne voudroit plus mourir?
Et pourquoy le ſert-on, ſinon pour acquerir
Des biens en le ſeruant? mais dites pourquoy eſt-ce
Qu'vn Poete, vn Orateur, vn Philoſophe adreſſe
Ses liures aux grands Rois? pourquoy tant d'artizans
Offrent-ils leurs labeurs aux Princes courtizans,
Sinon pour auoir d'eux quelque largeſſe honneſte?
C'eſt l'Or qui met aux Rois la couronne en la teſte,
Qui leur donne puiſſance, & les fait commander.
Mais vien-ça, mon Dorat, ie te veux demander,
Platon euſt-il fait cas du Tyran de Sicile,
Le fuſt-il allé voir, ſe fuſt-il fait ſeruile
Aux plaiſirs de ce Roy, ſans l'eſpoir qu'il auoit
D'en tirer du profit? nenny. car on ne voit
Philoſophe icy bas, tant ſoit-il honorable,
Tant ſoit de longs poils blancs ſon menton venerable,
Tant ſoit ſon gros ſourcil grauement renfrongné
Que d'vn riche preſent bien toſt ne ſoit gaigné,
Et qu'il ne parle bas, & défronce ſa ride.
Cognoiſſant bien cela l'auare Simonide
Diſoit, Ie voy touſiours quelque pauure ſçauant
Philoſophe barbu ſe promener deuant
La maiſon d'vn Seigneur, qui ſon argent emporte:
Mais ie ne voy iamais les Seigneurs à ſa porte.
Pour-Dieu, n'allegue icy les forces de Vertu!
Tu le perdrois content: mais vien-çà, pourrois-tu
Deuenir bien ſçauant ſi les liures te faillent?
Ce ne ſont pas, Dorat, les Muſes qui les baillent,

C'est le precieux Or, il les faut acheter,
Sans argent vn libraire en voudroit-il prester?
Certes ie croy que non: ou bien s'il te les preste,
Dans trois iours au plus tard il en voudra la dette.
Mais sçaurois-tu bien faire à cheual ton deuoir
Si tu n'as de l'argent pour vn cheual auoir?
Pourrois-tu bien aller à la guerre sans armes?
La guerre se fait-elle au monde sans gendarmes,
Sans soudars ou sans fer? ne faut-il soudoyer
Tant de gens, si tu veux les faire guerroyer?
Celuy qui ne veut point de la soude, desire
Auoir plus grande chose à laquelle il aspire,
Ou pension, ou l'Ordre, ou à plus haut honneur:
Mais tout, ô gentil Or, se fait en ta faueur.
Sçauroit-on deuenir expert en la Peinture,
Expert en la Musique, ou en l'Architecture,
Si l'argent nous defaut pour auoir des outils?
Voirroit-on en tant d'arts tant de maistres subtils,
S'ils n'auoient par argent payé l'apprentissage
Des metiers achetez? ô bon Dieu, que l'vsage
De ce metal est grand! ô qu'il est precieux!
L'homme ne vit pas tant de l'air tiré des cieux,
De pain, de vin, de feu, comme il se laisse viure
De cent mille plaisirs que cest Or luy deliure.
Sans luy chacun languist en paresseux seiour:
Sans luy l'homme ne peut ny pratiquer l'amour,
Ny prodiguer festins, ny demener la dance,
Ny au son des haubois marcher à la cadance:
Sans luy lon ne sçauroit en pays estranger
Ny mesmes au sien propre, vne heure voyager:
Sans luy, comme en songeant, vn homme se pourchasse
Le plaisir des oiseaux, le plaisir de la chasse,
Le plaisir des cheuaux: c'est luy qui les conduit,
Et qui gouuerne seul des hommes le deduit.

Qui plus est, on ne peut apparoistre loüable
Sans luy, ny faire à Dieu vn œuure charitable:
Si l'argent nous defaut, nostre indigente main
Ne sçauroit rien donner aux pauures morts de fain.
Qui veut faire vn bel acte, il faut la bourse pleine:
Car rien d'expedient (comme dit Demosthene)
Ne se peut commencer ny acheuer sans luy,
D'autant que l'âge d'or regne encor aiourd'huy.
Si Venus l'apperçoit, elle deuient charmée:
On ne voit porte au monde, & fust elle fermée
De cent clefs, qui ne s'ouure au deuant de cest Or:
Il nous donne la grace, & si nous donne encor'
Sçauoir, honneur, beauté, parentez, mariages,
Et seul il nous transforme en cent mille visages:
Il fait l'ignorant sage, & par luy le lourdaut
Est tenu pour accort, & s'esleue plus haut
En honneur qu'vn sçauant, ou qu'vn vertueux, pource
« *Que la pauure Vertu n'a iamais bonne bourse.*
Combien voit-on de gens qui seroient estimez
Sots niaiz & badins, s'ils n'estoient bien armez
De madame Richesse, escu de leur sottise,
Qui fait que le vulgaire ainsi que Dieux les prise?
Ah, que maint grand Seigneur seroit estimé sot
Sans richesse, qui fait qu'on n'ose dire mot,
Et qui nous tient la voix en la bouche arrestée!
Et bref, la Richesse est la corne d'Amalthée,
Qui tout donne à foison, c'est le ioyau d'honneur,
C'est la perle de pris, c'est le souu'rain bon-heur:
Quiconque l'a chez soy, est heureux & loüable:
Quiconque ne l'a point, est vrayment miserable.
Plus la terre auiourd'huy ne produit de son gré
Le miel pour nourrir l'homme, & du chesne sacré
(Lors que nous auons faim) les glands ne nous secourent:
Plus de vin ny de laict les riuieres ne courent:

Il faut à coup de soc & de coultres trenchans
Deus ou trois fois l'année importuner les champs,
Il faut planter, enter, prouuigner à la ligne
Sur le sommet des monts la despenseuse vigne:
Tout couste de l'argent, il faut acheter bœufs,
Pelles, serpes, rateaux, ou bien si tu ne peux
En fournir ta maison, il faut que ta main aille
Supplier ton voisin qu'à manger il te baille:
Car de bien peu nous sert le Grec & le Latin,
Quand la faim nous assaut l'estomac au matin.
Au reste, la Nature ainsi qu'vne autre beste
N'a point l'homme habillé du pied iusqu'à la teste:
On voit cheuaux, lions, ours, brebis & taureaux,
Chiens, chats, sangliers & cerfs vestus de grosses peaux
Qui defendent leurs corps de chaut & de froidure:
Mais d'vne simple peau nous a couuerts Nature:
Pource il faut de l'argent à couurir nostre corps,
Qui de luy-mesme est tendre & douillet par dehors,
Auquel le chaut, le froid & le vent est contraire:
Hé qui n'a de l'argent, comment le peut-on faire?
Il faut trembler de froid, il faut mourir de chaut,
Sans iamais auoir rien de tout ce qu'il nous faut.
Le pauure seulement ce metal ne souhaite:
Le graue Historien, l'Orateur, le Poëte
Brulent tous apres luy: le Legiste le veut:
Sans luy, plus qu'vn malade, vn Medecin se deut:
Par luy le Marinier se donne à la fortune,
Et desprise les vents & les flots de Neptune
En vne fraisle nef, & si ose passer
Charybde sans frayeur, pour de l'Or amasser.
Le Theologien plein de sainteté grande,
Auec ses oraisons la Richesse demande:
Le constant Philosophe, & ceux qui ont souci
Des mouuemens du ciel, la demandent aussi:

Chacun la veut auoir, chacun l'estime & prise :
Pource entre les vertus Aristote l'a mise
Non pas comme vertu, mais comme l'instrument
Par lequel la vertu se monstre clairement,
Qui manque est de soy-mesme, & iamais ne se montre
En lumiere si l'Or pour guide ne rencontre.
C'est luy qui satisfait à nos necessitez,
C'est luy qui remedie à nos aduersitez,
Et qui nous adoucit Fortune tant soit dure,
Et qui de nostre corps soigneusement a cure:
Car à la verité nos freres & nos sœurs
Ne sont pas nos amis si fideles & seurs,
Que l'Or nous est amy, quand quelque maladie
Ou de fiéure ou de peste estonne nostre vie.
Bien souuent vn parent ou par inimitié,
Ou par crainte du mal, ou par grande pitié
N'ose aller secourir ny sa sœur, ny son frere,
Et sans ayde le laisse au lict en sa misere:
Mais l'Or sert de parent, qui enuoye soudain
Chercher le Medecin, lequel tenté du gain,
Secourt le patient, le panse & le console,
Et par drogues retient son ame qui s'en-vole.
L'Or n'est pas seulement de nostre corps soigneux,
Il est de nostre esprit : qui tant soit chagrineux,
Despit, triste, pensif, resueur, melancolique,
Est tout soudain guary d'vne douce Musique,
Ou de liures nouueaux diuinement escrits
Que l'Or nous donne à fin d'alleger nos esprits.
O gentil Or, par tout tes forces tu descœuures
Plus claires que le iour : tu es vtile aux œuures
Soit de guerre ou de paix : par toy les saintes lois
Fleurissent és citez, par toy les grands bourgeois,
Les Palais, les marchez pompeusement fleurissent,
Et par toy iusqu'au ciel les temples se bastissent.

L'auare laboureur, l'artizan, les marchans
Changent en ton metal l'vſure de leurs champs:
Car trop plus que Cerés tu luy ſembles vtile
Pour luy, pour ſa maiſon, pour marier ſa fille,
A qui ia les tetins à demy pleins de laict
Demandent à leur pere vn mary nouuellet.
Mais auſſi toſt que Mars anime les batailles,
Tu r'acouſtres les forts, tu flanques les murailles,
Tu fonds artillerie, & fais de toutes parts
Caualliers, gabions, terraſſes & remparts,
Herſes, machecouliz: car l'humaine proüeſſe
En vain ſe defendroit ſans toy, dame Richeſſe.
Auſſi les anciens admirans ta vertu
Ont le mouton d'Helles de fin Or reueſtu:
Ils ont en ta faueur les pommes honorées
De Venus & d'Atlas faites toutes dorées:
D'Or ils ont fait les Dieux, d'Or leurs temples auſſi,
Tant aux hommes tu es & aux Dieux en ſouci.
On dit que Iupiter pour vanter ſa puiſſance
Monſtroit vn iour ſa foudre, & Mars monſtroit ſa lance,
Saturne ſa grand'faulx, Neptune ſes grands eaux,
Apollon ſon bel arc, Amour ſes traits iumeaux,
Bachus ſon beau vignoble, & Cerés ſes campagnes,
Flora ſes belles fleurs, le Dieu Pan ſes montaignes,
Hercule ſa maſſue, & bref les autres Dieux
L'vn ſur l'autre vantoient leurs biens à qui mieux-mieux:
Toutefois ils donnoient par vne voix commune
L'honneur de ce debat au grand Prince Neptune,
Quand la Terre leur mere eſpointe de douleur
Qu'vn autre par-ſur elle emportoit ceſt honneur
Ouurit ſon large ſein, & au trauers des fentes
De ſa peau, leur monſtra les mines d'Or luiſantes,
Qui rayonnent ainſi que l'eſclair du Soleil
Quand il luit au midy, lors que ſon beau reſueil

N'eſt point enuironné de l'eſpais d'vn nuage,
Ou comme lon voit luire au ſoir le beau viſage
De Veſper la Cyprine, allumant les beaux crins
De ſon chef bien laué dedans les flots marins.
Incontinent les Dieux eſtonnez confeſſerent
Qu'elle eſtoit la plus riche, & flattans la preſſerent
De leur donner vn peu de cela radieux
Que ſon ventre cachoit, pour en orner les cieux.
Ils ne le nommoient point : car ainſi qu'il eſt ores,
L'Or pour n'eſtre cognu, ne ſe nommoit encores.
Ce que la Terre fiſt, & prodigue honora
De ſon Or ſes enfans, & leurs cieux en dora.
Adonques Iupiter en fiſt iaunir ſon throne,
Son ſceptre, ſa couronne, & Iunon la matrone
Ainſi que ſon eſpoux ſon beau throne en forma,
Et dedans ſes patins par rayons l'enferma :
Le Soleil en creſpa ſa cheuelure blonde,
Et en dora ſon char qui donne iour au monde :
Mercure en fiſt orner ſa verge qui n'eſtoit
Au-parauant que d'If : & Phœbus qui portoit
L'arc de bois & la harpe, en fiſt ſoudain reluire
Les deux bouts de ſon arc, & les flancs de ſa lyre :
Amour en fiſt ſon trait, & Pallas qui n'a point
La Richeſſe en grand ſoin, en eut le cœur eſpoint,
Si bien qu'elle en dora le groin de ſa Gorgonne,
Et tout le corſelet qui ſon corps enuironne :
Mars en fiſt engrauer ſa hache & ſon boucler,
Les Graces en ont fait leur demi-ceint boucler,
Et pour l'honneur de luy Venus la Cytherée
Touſiours depuis s'eſt faite appeller la Dorée :
Et meſme la Iuſtice à l'œil ſi renfrongné
Non plus que Iupiter ne l'a pas dédaigné :
Mais ſoudain cognoiſſant de ceſt Or l'excellance
En fiſt broder ſa robe, & faire ſa Balance.

Si donques tous les Dieux ſe ſont voulus dorer
De ce noble metal, faut-il pas l'honorer,
Priſer, aimer, loüer? faut-il pas qu'on le nomme
L'ornement des grands Dieux, & le confort de l'homme?
Quant à moy, ie ne puis m'engarder de crier
Apres ce beau metal, & ainſi le prier:
O le ſacré bon-heur de noſtre race humaine,
Qu'à bon droit on t'appelle en tous lieux chaſſe-peine,
Donne-vie, oſte-ſoin! puiſſe en toute ſaiſon
Eſtre pleine de toy ma bourſe & ma maiſon!
Où tu loges, iamais n'arriue malencontre:
Auienne que touſiours touſiours ie te r'encontre
Soit de nuit, ſoit de iour, & que tous mes haineux
Ne te puiſſent iamais empriſonner chez eux
Comme vn hoſte forcé: mais puiſſes-tu ſans ceſſe
Venir loger chez moy, qui hautement confeſſe
Qu'vn homme ne ſçauroit, ſans ton precieux don,
Rien tenter de hardy, d'vtile ny de bon.
I'entr'oy deſia quelqu'vn qui ſot me viendra dire
Que de la Pauureté ie ne deuois meſdire,
Et que ſi i'entendois quelle commodité
Elle a, ie l'euſſe dite vne felicité:
Car c'eſt le don de Dieu, & iamais Dieu ne donne
Vne choſe aux mortels ſi la choſe n'eſt bonne:
Mais par faute d'auoir quelquefois pratiqué
L'heur qui d'elle prouient à tort m'en ſuis moqué.
Quiconque ſoit celuy qui ſe fera partie
Contre moy, ie reſpons qu'aſſez ie l'ay ſentie:
Mais que c'eſt la raiſon qui ne veut point celer
La verité, qui fait mes vers ainſi parler.
Celuy qui la loura pour eſtre vn don celeſte,
Il faudra que de meſme il louë auſſi la peſte,
La famine, la mort, qui ſont preſens des Dieux,
Et toutefois ce ſont preſens tres-odieux,

Et dignes que chacun les euite & les fuye
Comme les vrais bourreaux de nostre humaine vie.
« Tu me diras encor qu'on ne doit amasser
« Auec tel soin le bien, qu'on voit si tost passer,
« Et que plus-tost que vent, que songe, ou que fumée
« La richesse du monde en rien est consommée.
Et viença mon amy, puis qu'il nous faut ioüer
La farce des humains, vaut-il pas mieux loüer
(Qui peut) l'habit d'vn Roy, d'vn grand Prince, ou d'vn Comte,
Que l'habit d'vn coquin duquel on ne fait compte?
Le bien ne se perd pas si tost comme tu dis:
Les royaumes fondez par les Rois de iadis
Sont venus à leurs fils, qui seuls de race en race
Ont tousiours obtenu de leurs peres la place.
Ia mille ans sont passez que les Rois des François
Gouuernent sans changer, la France sous leurs lois,
Et tousiours sont acreuz de puissance en puissance:
Nostre Prince Henry donne assez cognoissance
Que les biens temporels long temps demeurent seurs,
Qui vit le plus grand Roy de ses predecesseurs,
Lequel par ses combats autres regnes apreste
Qui doiuent couronner de ses enfans la teste.
Tu me diras apres, que les plus gens de bien
Des vieux siecles passez philosophoient sans bien,
Et que les plus vaillans Capitaines des guerres
Viuoient sans acquerir ny richesses ny terres.
Ta raison auroit lieu, si lon ne voyoit qu'eux
Auoir esté iadis accorts & belliqueux:
Mais puis que tant de Rois ont fait leur gloire espandre
Par leurs combats au monde, vn Pyrrhe, vn Alexandre,
Vn Cesar, vn Octaue, il nous faut confesser
Que la noble vertu ne se veut adresser
Aux paures seulement, & que seuls ils n'ont d'elle
Pris la possession, mais plus-tost qu'elle appelle

Les Rois à ſon ſecours, d'autant qu'ils ont pouuoir
Par leur riche grandeur de la faire valoir :
« Car voir vn pauure adroit eſt vn cas d'auenture,
« Et le grand Prince l'eſt volontiers de nature.
Quelqu'vn apres cecy me viendra dire encor
Comme par mocquerie : Hé, mais qu'eſt-ce que l'Or
Pour en faire vn tel cas ? qu'vn ſablon que lon treuue
Aux riues de la mer, ou ſur le bord d'vn fleuue ?
Il ne chet pas du ciel, il faut auec grand ſoin
A qui le veut auoir l'aller chercher bien loin.
O trop enflé des mots de la Philoſophie,
Ne ſçais-tu pas que l'Or entretient noſtre vie ?
Et que par ſon moyen au monde nous auons
Pain, vin, chair & poiſſon, par leſquels nous viuons ?
Pource ne me dy plus que l'Or eſt choſe vaine,
Puis que ſeul il nourriſt toute la race humaine.
Tu me diras encor : Qui ſçauroit le plaiſir
De manger la ſalade, on n'auroit plus deſir
D'amaſſer tant de biens, pour les laiſſer en proye
D'vn indigne heritier, qui ſautera de ioye
Gaillard apres ta mort, qui de mille feſtins,
Maſques, cartes & dez, muſique & baladins
En trois ou quatre mois rendra ta bourſe vuide.
Ah ! quiconques ſois-tu, eſcoute Simonide
Qui dit : « I'aimerois mieux que le ciel m'euſt permis
« En mourant enrichir mes propres ennemis,
« Que vif me voir reduit à ſi pauure miſere
« De honteux emprunter vn liard à mon frere.
Eſcoute Theognis qui ſe plaint en ſes vers
Qu'on ne peut trouuer mal dedans tout l'Vniuers
Si grand que Pauureté, & qu'on la doit grand erre
Fuyr par feu, par mer, par rochers & par terre.
Quant à moy, mon Dorat, i'aimerois cent fois mieux
Trouuer vn grand Lion au regard furieux,

Que de la rencontrer : d'vn grand Lion la gueule
Se paiſtroit en deux coups de ma chair toute ſeule,
Où ceſte Pauureté auec ſes palles dents
M'engloutiroit tout vif, ma femme & mes enfans.
Tu diras que Richeſſe attraine auecques elle
Touſiours pour ſa compagne, enuie, haine, querelle,
Procez, noiſes, debats, affaires & ſoucy,
Peine, tourment, ſoupçon, & la ſottiſe auſſi :
« Car volontiers ſottiſe eſt le propre heritage
« De celuy, qui ſans peine eſt riche dés ieune âge.
Tu diras qu'elle rend les hommes glorieux,
Superbes, deſdaigneux, tyrans, ſeditieux,
Et qui plus eſt, paillards, gourmands & pleins de vice,
« D'autant que Richeſſe eſt de tous maux la nourrice,
Et qu'au rebours on voit la ſimple Pauureté
Eſtre mere des arts, & de tranquillité.
Vrayment ie m'esbahis comme impudent tu oſes
Babiller ſans rougir de ſi friuoles choſes :
Il faut donc dire auſſi que Princes & Seigneurs,
Empereurs, Papes, Rois, Monarques, Gouuerneurs
Sont plus malins, d'autant qu'ils ont plus de richeſſe.
Hé, ne ſçais-tu pas bien que raiſon eſt maiſtreſſe ?
Et que ſi l'homme riche a dans luy ſeulement
Tant ſoit peu de raiſon, que tres ſoigneuſement
Il ſe gardera bien de commettre vne offence,
Craignant de perdre honneur, dignitez & cheuance ?
Où le pauure au contraire, ayant ſenty la fain,
Deſſus le bien d'autruy touſiours mettra la main,
Et deuiendra brigand, affronteur, homicide :
« Car certes il n'eſt rien que le pauure ne cuide
« Luy eſtre fait licite : il a l'œil impudent,
Le ventre large & creux, palle & dure la dent,
L'eſtomac affamé, & tout rouillé d'enuie
Touſiours meſdit de ceux dont heureuſe eſt la vie,

Et iamais à son gré ne voit rien de parfait :
Bref, il n'y a peché qui par luy ne soit fait,
Et mesmement alors que la faim l'espoinçonne,
Et toute inuention de mal faire luy donne.
C'est abus de penser qu'vne immortelle peur
Aille tousiours frappant d'vn riche homme le cœur,
Comme celuy qui porte en sa bougette pleine
(Ainsi que le Castor) la cause de sa peine :
Où le pauure au contraire exempt de tout effroy
A naturellement vne asseurance en soy :
Car luy sans craindre rien, ayant sa panetiere
Sur l'espaule en escharpe, vne nuit toute entiere,
Voire deux voire trois en vn bois dormira,
Et de peur des brigands son cœur ne fremira,
D'autant que son malheur de rien craindre l'engarde,
Et le defend trop mieux que cent Archers de garde.
Or s'il estoit ainsi, les Rois seroient craintifs,
Ce qu'on voit estre faux : car dés qu'ils sont petits,
Ils sont desia hardis & bien adroits aux armes,
Comme nourris en guerre au milieu des alarmes :
Qui plus est, les Seigneurs ne vont iamais tous seuls,
Ils ont tousiours des gens derriere & deuant eux
Armez de teste en pied, pour se mettre en defense
Si quelqu'vn vouloit faire à leur personne offense.
Quand la nuit est venuë, ils se font bien traiter,
Où le pauure s'en-va sur l'herbe se ietter :
Quel plaisir peut-il prendre à dormir contre terre ?
S'il n'a plaisir de prendre vne fiéure, vn caterre,
Vne goutte, vne toux, ou bien quelque autre mal
Pour le mener languir au lict d'vn hospital ?
L'homme est vrayment maudit qui la Pauureté loüe :
Iamais pour sa parente vn Prince ne l'auoüe,
Iamais pres des grands Rois on ne la voit assoir.
Elle est mere d'erreur, & de tout desespoir,

Et d'vn meschant lien nos esprits elle lie :
Escoute Theognis qui contre elle s'escrie :
Hà ! lasche Pauureté, pourquoy me presses-tu
Les espaules si fort que tu m'as abatu ?
Pourquoy me rends-tu sat au peuple qui m'auise ?
Pourquoy, vieille, fais-tu que chacun me desprise ?
Tu m'enseignes le mal que ie fais maugré moy :
Qui pis est, ie ne puis comme esclaue de toy,
Exercer la vertu, ny faire œuure louable :
Quand i'aurois de Minos le sçauoir venerable,
Et quand les Dieux m'auroient toutes choses appris,
Encor tousiours serois ie aux hommes à mespris,
Et viurois sans honneur, d'autant que tu me presses
De ton fardeau l'espaule, & iamais ne me laisses.
Va-t'en, vilaine, ailleurs, puis que l'honneur te fuit,
Et que tousiours la honte & le malheur te suit.
Ainsi dit Theognis, auquel certes i'accorde
Que lon ne voit Harpie en ce monde si orde
Que ceste Pauureté : or d'elle c'est trop dit :
Quiconque la loura soit pouilleux & maudit.
Iusqu'à ces vers icy nous auons estimée
La Richesse, & auons la Pauureté blasmée :
Il est temps d'accuser ceux-là qui ne font rien
Sinon vendre leur rente, & gourmander leur bien.
Ie m'esbahis, Dorat, comment la terre endure
Soustenir ces gourmans qui luy font telle iniure
Que de gaster ses dons par leurs meschantes mains,
Nourrissans maquereaux, desbauchez & putains,
Naquets, flateurs, menteurs, & n'ont autre liesse
Que d'engloutir en vain leur chetiue richesse
Par leur pere laissée, & ne font en nul lieu
Conte de leurs parens, ny des pauures de Dieu :
Leurs biens semblent aux fruits qui croissent és montagnes,
Ou dedans le desert des steriles campagnes,

Des hommes non cueillis : ſeulement les corbeaux
Les mangent deſſus l'arbre, & autres tels oiſeaux.
Ne crains-tu point, gourmand, qu'apres telle boubance
Ta main ne ſoit reduite en ſi grande indigence
Que d'aller à la fin tout honteux, requerir
Vn liard à ceux-là que tu ſoulois nourrir,
Leſquels à ton beſoin ne te voudront entendre ?
Ah, ce n'eſt pas ainſi qu'on doit les biens deſpendre
Que Dieu preſte aux humains : créez ils ne ſont pas
Pour ſeruir aus putains ny aus flateurs d'apas,
Qui comme des corbeaux ton heritage mangent,
Et tant que ton bien dure, autre table ne changent.
Ils ſont faits pour nourrir les pauures eſcoliers,
Les pauures orphelins, les pauures priſonniers,
Les pauures eſtrangers, les pauures ſouffreteuſes
Qui n'oſent mendier, tant elles ſont honteuſes :
Voila pourquoy le bien nous eſt donné des cieux,
Et non pour le deſpendre en banquets vicieux.
Que veux-tu tant manger ? ſçais-tu pas que ton ventre
Eſt ingrat de tes dons ? & quelque bien qui entre
Dans ſon gouffre iamais ne ſe ſoule contant,
Et qu'vn quart d'heure apres il en demande autant ?
Ayant d'vn grand braſier la ſemblable nature,
Lequel, plus on le ſoule, & plus veut de paſture.
Il vaut trop mieux donner à maint pauure indigent
Qui t'en ſçaura bon gré, ou viures, ou argent,
Ou quelque autre bienfait : car de telle deſpenſe
Tu en auras au monde, ou au ciel recompenſe,
Non de vouloir chez toy les flateurs rencontrer
Qui te feront vn iour, ainſi qu'eux, beliſtrer.
Mais tout ainſi, Dorat, que ie trouue execrables
Les gourmands, tout ainſi ie trouue miſerables
Ceux qui par mille ſoins amoncellent vn Or,
Puis languiſſent de faim aupres de leur treſor,

Qui comme vn prisonnier dans vn coffre le gardent,
Ou comme vn don sacré au temple le regardent.
Vieil auaricieux, ie te pri' respons moy !
Penses-tu estre heureux pour enfermer chez toy
Tous les vins de Bourgongne, ou les bleds de Champagne,
Ou toutes les toisons d'Auuergne ou de Bretagne,
Quand tu n'as qu'vne robe, & quand tu meurs de fain
Et de soif au milieu de ton vin & ton pain ?
Quand tu n'oses hanter vn homme venerable
De peur de l'inuiter quelquefois à ta table ?
« Non, la Richesse, non, ne se mesure pas
« Aux escus amassez l'vn sur l'autre à grand tas,
« Mais au contentement : celuy qui se contente
« Vit tres-riche, & n'eust-il qu'vne moyenne rente.
Que te seruent, dy moy, tant de riches ioyaux,
Bagues, meuble, maisons, & habits, & vaisseaux,
Si tu n'en vses point ? autant vaudroit des pierres
Dedans ton cabinet, ou des mottes de terres.
Tu sembles à Priam, lequel ayant pouuoir
Sur vn throne doré hautement de s'assoir,
Se couchoit contre terre, & parfumoit sa teste
Et tout son estomac d'vn fumier deshonneste.
Tu es bien malheureux de te donner ennuy,
Et d'espargner ton bien pour enrichir autruy :
Tu ressembles encore au vieil pere d'Vlysse,
Lequel n'ayant chez luy qu'vne pauure nourrisse
Pour faire son mesnage, au village habitoit,
Et loin de ses amis chichement se traitoit,
Pendant que Penelope & sa bande consomme
En danses & festins les biens de ce bon homme.
Tu souffres en viuant presques vn pareil mal
Que souffre dans l'Enfer le malheureux Tantal'
Qui meurt de soif en l'onde, & affamé ne touche
Iamais le fruit qui pend à l'entour de sa bouche :

Car quand il veut le fruit de ses léures toucher,
Tousiours quelque malheur le garde d'approcher,
Ou l'onde se recule, ou le vent qui remue
Les pommes loin de luy, les emporte en la nue:
Ainsi voulant manger, iamais ne mange rien:
Mais le vent parmy l'air ne desrobe ton bien,
Tu le vens au marché, & aux prochaines halles
Aux yeux de tous venans au plus offrant l'estalles,
Afin d'en rapporter de l'argent à plein poing
Pour te laisser mourir de faim à ton besoing.
Comme l'homme hydropic, iusques à tant qu'il créue,
Iamais hors des ruisseaux ses léures il ne leue:
Aussi iamais ta main ne cesse d'acquerir
Des biens, iusques à tant qu'il te faille mourir.
Encores si Charon de l'autre bord de l'onde
Espris de ton argent te repassoit au monde,
L'argent te seruiroit, & faudroit amasser
De l'Or, pour luy donner à fin de repasser.
Mais puis que pour l'argent iamais il ne repasse
Ceux qui sont vne fois entrez dedans sa nasse,
Soient Laboureurs ou Rois, il faut viure du bien
Que Dieu t'a departy, ce-pendant qu'il est tien:
Car apres ton decez, las! ta richesse vaine
Ne te seruira plus qu'à te ronger de peine
Par vn cruel remors de t'auoir refusé
Ton bien propre à toy-mesme, & de t'estre abusé
Larron de ton bon-heur, qui n'eus onques enuie
De prendre auant ta mort, vn plaisir en ta vie.
Ie te saluë heureux, & plus qu'heureux metal,
Qui nourris les humains, & les sauues de mal:
Celuy qui dignement voudra chanter ta grace,
Ta vertu, tes honneurs, il faudra qu'il se face
Argentier, General, ou Tresorier d'vn Roy,
Ayant tousiours les doigts iaunes de ton aloy,

Et non pas escolier, qui n'a point cognoissance
(Pour te voir rarement) combien peut ta puissance.

HYNNE DE BACCHVS,

à Iean Brinon.

Que sçaurois-ie mieux faire en ce temps de vendanges,
Apres auoir chanté d'vn verre les louanges,
Sinon chanter Bacchus & ses festes, à fin
De celebrer le Dieu des verres & du vin?
Qui changea le premier (ô change heureux!) l'vsage
De l'onde Acheloée en vn meilleur bruuage?
Mais quoy? ie suis confus : car ie ne sçay comment,
Ne moins de quel pays ie dois premierement
Chanter d'où est ce Dieu : sa race est en querelle :
Thebes dit qu'il teta le laict de sa mammelle,
Et Nyse dit qu'il est de son ventre sorty.
Pere, lequel des deux en ta race a menty?
Selon le vieil prouerbe & trop sotte & trop lourde
Thebe' a tousiours esté pour trouuer vne bourde,
Et sien ne t'auou'roit si son fils tu n'estois :
Mais Nyse est mentevesse & les peuples Indois.
Il est vray quand Iunon de despit enragée
De voir ta mere grosse, eut sa forme changée
En la vieille Beroë, & que par son moyen
Le plus gracieux feu du grand Saturnien
Fist ta mere auorter, & que parmy la foudre,
Non encores formé, tu sortis noir de poudre

Hors du ventre brulé, que ton pere marry
A Nyse t'enuoya pour y estre nourry
Des mains d'Ippe & d'Inon, & de la vieille Athame,
Non le iour qu'auorta ta mere par la flame:
Car soudain que Semele en brulant te lâcha
De membres non parfait, ton pere te cacha
Dedans sa cuisse ouuerte, à fin que là tu prisses
Ta forme & que tes mois comme au ventre accomplisses:
Puis si tost que sa cuisse eut parfait iustement
Le terme où s'accomplist vn vray enfantement,
Il vint en Arabie, & comme vne accouchée
Qui sent auec douleur vne longue trenchée,
Rompit pour t'enfanter le bien germeux lien
De sa cuisse feconde au bord Sagarien.
L'Arabie pour lors n'estoit encor heureuse,
Et Sagar n'auoit point encores odoreuse
Sa riue comme il a, Iupiter, quand tu fis
(A fin de parfumer les couches de ton fils)
Produire de ton sang en la terre le bâme,
Et la casse & l'encens, la myrrhe & le calame.
Puis si tost qu'il fut né, tu luy cousis la peau
D'vn petit cerf au dos, & mis dans vn berceau
Tu le baillas de nuit aux Nymfes Sagriennes
Pour le porter nourrir és grottes Nyséennes.
Et pour ce qu'au berceau il y fut amené,
Nyse se vante à tort que chez elle il est né.
Incontinent Iunon s'alluma de colere
D'auoir veu son mary estre deuenu mere,
Et soudain enuoya pour espier l'enfant
L'oiseau qui va de nuit: l'oiseau adonques fend
Le Ciel vague, & si bien parfist son entreprise
Qu'il l'entr'ouit vagir dedans l'antre de Nyse:
Comme il estoit leger, au Ciel s'en-reuola,
Et rapporte à Iunon que l'enfant estoit là.

Iunon n'attendit point tant elle fut irée,
Que ſa charrette à Paons par le Ciel fuſt tirée,
Ains faiſant le plongeon, ſe laiſſa toute aller
A l'abandon du vent, qui la guidoit par l'air
Touſiours baiſſant le front ſur la terre Indienne:
Béante à ſes talons la ſuiuoit vne Chienne,
Qu'expres elle amenoit, à fin de ſe vanger,
Et faire ce baſtard à ſa Chienne manger.
Mais Inon qui preuit de Iunon la cautelle,
Pour tromper la Déeſſe, Athamante elle appelle,
Et luy conta comment Iunon venoit chercher
L'enfançon pour le faire en pieces detrancher.
Athamante ſoudain le tapit contre terre,
Et couurit le berceau de fueilles de lierre,
De crainte que Iunon en cherchant ne le viſt,
Et deuorer tout vif à ſon Chien ne le fiſt,
Ou de peur qu'autrement ne luy fiſt quelque offenſe.
Depuis ceſte heure là, Bacchus pour recompenſe
Entre tous arbriſſeaux a pour le ſien eſlu
(Comme l'ayant ſauué) le lierre fueillu.
Lors Iunon qui ſe vit fraudée de ſa queſte,
Vne horrible fureur enuoya dans la teſte
De la nourrice Inon, qui ſi fort la pourſuit,
Qu'au plus haut d'vn eſcueil, mourable la conduit:
Et là, tenant ſon fils Melicert, l'inſenſée,
Pour guarir ſa fureur, en la mer s'eſt lancée.
Euan, Iach, Euoé, tu n'as gueres eſté
Depuis qu'elle mourut, dans le bers allaité.
Soudain tu deuins grand, & donnas cognoiſſance
En peu d'ans, de quel Dieu tu auois prins naiſſance.
Et certes ie ne puis m'eſmerueiller aſſez
De ceux qui t'ont pourtrait és vieux ſiecles paſſez
Gras, douillet, poutelé, la face effeminée,
Et de barbe ne t'ont la bouche couronnée:

Car tu deuins barbu, & ſoudain tu fus fait
D'vn ieune enfant qui tette, vn iouuenceau parfait.
O Dieu ie m'esbahis de la gorge innocente
Du bouc qui tes autels à ta feſte enſanglante:
Sans ce pere cornu tu n'euſſes point trouué
Le vin, par qui tu as tout le monde abreuué.
Tu auiſas vn iour par l'eſpais d'vn bocage
Vn grand bouc qui broutoit la lambrunche ſauuage,
Et tout ſoudain qu'il eut de la vigne brouté,
Tu le vis chanceller tout yure d'vn coſté:
A l'heure tu penſas qu'vne force diuine
Eſtoit en ceſte plante, & bechant ſa racine,
Soigneuſement tu fis ſes ſauuages raiſins
En l'an ſuiuant apres adoucir en bons vins.
Apres ayant pitié de noſtre race humaine
Qui pour lors eſtanchoit ſa ſoif en la fontaine,
Tu voulus tournoyer toute la terre, à fin
D'enſeigner aux humains l'vſage de ton vin.
Tu montas ſur vn char que deux Lynces farouches
Trainoyent d'vn col felon, maſchantes en leurs bouches
Vn frein d'Or écumeux: leur regard eſtoit feu
Pareil aux yeux de ceux qui de nuict ont trop beu.
Vn manteau Tyrien s'eſcouloit ſur tes hanches,
Vn chapelet de lis meſlez de roſes franches,
Et de fueille de vigne & de lierre eſpars,
Voltigeant, ombrageoit ton chef de toutes pars.
Dauant ton Char pompeux marchoyent l'Ire & la Crainte,
Les peu-ſobres Propos, & la Colere teinte
D'vn vermillon flambant, le Vice & la Vertu,
Le Somme, & le Diſcord d'vn corſelet veſtu.
Son Aſne talonnoit le bon vieillard Silene
Portant le van myſtiq ſus vne lance pleine
De pampre, & publioit d'vne tremblante voix
De ſon ieune enfançon les feſtes & les loix.

A ſon cri ſauteloyent le troupeau des Menades,
Des Pans, & des Syluains, des Lenes, & Thyades,
Et menans vn grand bruit de cors & de tabours
Faiſoyent trembler d'effroy les villes & les bours
Par où le char paſſoit : leurs treſſes ſecouées
A l'abandon du vent erroyent entre-nouées
De longs ſerpens priuez, & leur main brandiſſoit
Vn dard qu'vn cep de vigne à l'entour tapiſſoit.
Que tu prenois, Bacchus, en ton cœur de lieſſe
De voir ſauter de nuit vne hurlante preſſe,
Qui couuerte de peaux ſous les antres balloyent,
Quand les trois ans paſſez tes feſtes appelloyent?
Et quel plaiſir de voir les vierges Lydiennes,
Ou celles de Phrygie, ou les Meoniennes
Dans les prez Aſians, carollant à l'entour
Du bord Meandrien contre-imiter ſon tour?
Elles en ton honneur d'vne boucle azurée
Graffoyent ſur les genoux leur cotte figurée,
Et trepignans en rond, ainſi que petits fans,
En ballant ſauteloyent : de tous coſtez les vents
Amoureux de leur ſein par ſoüeues remiſes
S'entonnoyent doucement és plis de leurs chemiſes,
Tout le Ciel reſpondant ſous le bruit enroué
Des balleurs qui chantoyent Euan, Iach, Euoé.
Bien que chantre & gaillard tu ſois allé ſous terre
Auec l'habit d'Hercule, à fin d'y aller querre
*Euripide ou Æſchyl', les * Vâtes ont eſté* * Vâtes, ce ſont Poëtes.
Touſiours à tort ingrats enuers ta maieſté:
Leſquels iadis ont feint quand les Geans doublerent
Les monts contre les Dieux, que vif te demembrerent
T'enfuyant du combat, & que ta ſœur Pallas
Te ramaſſa le cœur qui tremblotoit à bas.
Ils mentent, ô Bacchus : car quand tu vis la race
Des Geans qui gaignoyent par armes au Ciel place,

Les Dieux tournant le dos, valeureux tu t'armas
Des dents d'vn grand Lion, en qui tu te formas,
Et d'vn coup de máchoire au milieu de la guerre
Tu culbutas du ciel Mime & Gyge par terre,
Et ſur le haut d'Olympe en troſée tu mis
Les corſelets ſanglans de ces deux ennemis.
Pere, vn chacun te nomme Eſrafiot, Triete,
Nyſean, Indien, Thebain, Baſſar, Phanete,
Bref, en cent mille lieux mille noms tu reçois:
Mais ie te nomme à droit, Bacchus le Vandomois.
Car lors que tu courois vagabond par le monde
Tu vins camper ton oſt au bord gauche de l'onde
De mon Loir, qui pour lors de ſes coutaux voiſins
Ne voyoit remirer en ſes eaux les raiſins:
Mais Pere, tout ſoudain que la terre nouuelle
Sentit tes pieds diuins qui marchoyent deſſus elle,
(Miracle) tout ſoudain fertile elle produit
La vigne heriſſée en fueilles & en fruit:
Où ta main fiſt prougner vne haute coutiere,
Qui de ton nom Denys eut nom la Denyſiere.
Pere, où me traines-tu? que veux-tu plus de moy?
Et quoy? n'ay-ie pas, Pere, aſſez chanté de toy?
Euoé ie forcene, ah ie ſens ma poitrine
Chaude des gros bouillons de ta fureur diuine.
Ah Baſſar, ie te voy, & tes yeux rougiſſans,
Et flottans ſur ton col tes cheueux blondiſſans.
I'ay perdu, Cuiſſe-né, mon vagabond courage
Qui ſuit ton ſaint orgie emporté de ta rage:
Ie ſens mon cœur trembler, tant il eſt agité
Des poignans aiguillons de ta diuinité:
Donne moy d'vne part ces cors & ces clochettes,
Ces tabours d'autre part, de l'autre ces ſonnettes:
Qu'vn beguin ſerpentin me ſerre les cheueux
Heriſſez de lierre & de vigne aux longs nœux,

Et que l'eſprit d'Æole en ſoufflant les tourmante
Comme la fueille eſparſe és cheſnes d'Erymanthe.
Il me ſemble en eſprit que de pieds mal-certains,
Sans meſure & ſans art mataſſinant des mains
Danſent autour de moy les folles Edonides
Par les deſerts neigeux des riuages Hebrides,
Hurlant en voix aigue, & par force ioignant
Leurs chefs eſceruelez ſous le thyrſe poignant.
Et moy vague d'eſprit ſoufflant à groſſe haleine,
Conduit de trop de vin, ie cours parmi la plaine
A iambe chancelante, allant Chantre deuant
Ton Orgie ſacré qui mes pas va ſuiuant:
Orgie ton myſtere aux peuples admirable,
Caché ſecret au fond d'vn panier venerable
Que porte vne Menade, & ſur lequel en vain
Vn homme lay mettroit pour le prendre la main,
Auant qu'il fuſt laué par ſept ou neuf ſoirées
Es ſources de Parnaſſe aux neuf Muſes ſacrées.
Ia la terre fremiſt ſous les pieds furieux,
Ia la nue poudreuſe oſte le iour aux yeux,
Tant les champs ſont foulez des troupeaux des Euantes
Qui vont iuſques au Ciel les poudres eleuantes.
A leur fol arriuer les oiſeaux parmi l'air,
D'vn tel bruit eſtonnez ceſſent de plus voler,
Se cachant par les bois, & les feres troublées
De peur ſe vont tapir au profond des vallées,
Et les fleuues peureux du bruit eſmerueillez
Appellent ſous les eaux leurs peuples eſcaillez.
La Ieuneſſe & l'Amour & les Graces te ſuiuent,
Sans ta douce fureur les voluptez ne viuent:
Le jeu la bonne chere & la danſe te ſuit:
Quelque part où tu ſois le deſplaiſir s'enfuit,
Le chagrin & l'ennuy, plus ſoudain que la nue
Ne fuit du vent Boré la contraire venue.

Que diray plus de toy ? d'vn nœud impatient
Tu vas hommes & Dieux sous ton thyrse liant.
Alme pere Denys, tu es beaucoup à craindre,
Qui contrains vn chacun, & nul te peut contraindre.
O Cuisse-né Bacchus, Mystiq, Hymenean,
Carpime, Euaste, Agnien, Manique, Lenean,
Euie, Euoulien, Baladin, Solitere,
Vangeur, Satyre, Roy, germe des Dieux, & pere
Martial, Nomian, Cornu, Vieillard, Enfant,
Pean, Nyctelian : Gange vit trionfant
Ton char enorgueilli de ta dextre fameuse,
Qui auoit tout conquis iusqu'à la mer gemmeuse :
Les Geans terre-nez ont senti ton pouuoir,
Tu fis vne mort dure à Penthé receuoir
Par les mains de sa mere, & transformas la taille
Des auares nochers en poissonneuse escaille,
D'hommes faits des Dauphins, & as encores fait
A Lycurge ennemi confesser son mesfait.
Rechanteray-ie encor ces trois filles Thebaines,
Qui mesprisans tes loix, virent leurs toiles pleines
De pampre suruenu, & fuyantes de nuit
Aux coins de leurs maisons, iettant vn petit bruit
Se virent tout soudain de leurs corps denuées,
Et en Chauues-souris estrangement muées ?
Il vaut mieux les chanter que chanter le peché
Du Satyre, qui vit tout son dos escorché,
Et le deu chastiment du Prince de Mysie,
Et la punition du mechant Acrisie,
Qui se vit, bien que tard, assez recompensé
Aux despens de son sang de t'auoir offensé.
Toy grand toy sainct toy Dieu, tu flechis les riuieres,
Tu appaises les mers quand plus elles sont fieres :
Tu fis rouler le vin de maint rocher creué,
Et par toy le doux miel és chesnes fut trouué.

La Musique te doit : les peuples & les villes
Te doiuent leurs rampars & leurs reigles ciuiles :
La liberté te doit, qui aime mieux s'offrir
A la mort que se voir sous vn Tyran souffrir :
La verité te doit, & te doiuent encore
Toutes religions dont les Dieux on adore.
Tu rens l'homme vaillant, tu adioins au conseil
De celuy qui te croit, vn pouuoir nompareil.
Par toy les Deuineurs troublez en leurs poitrines
Fremissent sous le ioug de tes fureurs diuines :
Tu fais germer la terre, & de viues couleurs
Tu bigarres les prez orgueillis de leurs fleurs :
Tu desdaignes l'Enfer, tu restaures le monde
De ta longue ieunesse & de ta tresse blonde :
Tousiours vn sans estre vn, qui te fais & desfais,
Qui meurs de iour en iour, & si ne meurs iamais.
Par toy Pere, chargez de ta douce Ambrosie
Nous eleuons au Ciel l'humaine fantaisie
Portez dedans ton char, & d'hommes vicieux
Purgez de ta liqueur osons monter aux Cieux,
Et du grand Iupiter nous assoir à la table.
Ie te salue, ô Roy, le Lychnite admirable
Des hommes & des Dieux, ie te salue encor
En faueur de Brinon, qui d'vne tasse d'or
Pleine de maluoisie, en sa maison t'appelle
Auec ton vieil Silene & ta mere Semele.

HYNNE DE LA MORT,

à Louys des Masures.

Masures, desormais on ne peut inuenter
Nul argument nouueau qui soit bon à chanter,
Ou haut sur la trompette, ou bas dessus la lyre :
Aux anciens la Muse a tout permis de dire,
Tellement qu'il ne reste à nous autres derniers
Sinon le desespoir d'ensuiure les premiers,
Et béant apres eux recognoistre leur trace
Faite au chemin frayé qui conduit sur Parnasse :
Lesquels iadis guidez de leur mere Vertu,
Ont tellement du pied ce grand chemin battu,
Qu'on ne voit auiourd'huy sur la docte poussiere
D'Helicon, que les pas d'Hesiode & d'Homere,
D'Arate, de Nicandre, & de mille autres Grecs
Des vieux siecles passez qui beurent à longs traits
Toute l'eau iusqu'au fond des filles de Memoire
N'en laissans vne goute aux derniers pour en boire :
Qui maintenant confus à-foule à-foule vont
Chercher encor de l'eau dessus le double Mont :
Mais ils montent en vain : car plus ils y seiournent,
Et plus mourant de soif au logis s'en retournent.
Moy donc qui de long temps par espreuue sçay bien
Qu'au sommet de Parnasse on ne trouue plus rien
Pour estancher la soif d'vne gorge alterée,
Ie veux aller chercher quelque source sacrée
D'vn ruisseau non touché, qui murmurant s'enfuit
Dedans vn beau vergier, loin de gens & de bruit :
Source, que le Soleil n'aura iamais cognue,
Que les oiseaux du Ciel de leur bouche cornue

N'auront iamais ſouillée, & où les paſtoureaux
N'auront iamais conduit les pieds de leurs taureaux.
Ie boiray tout mon ſaoul de ceſte onde pucelle,
Et puis ie chanteray quelque chanſon nouuelle,
Dont les accords ſeront, peut eſtre, ſi treſdous,
Que les ſiecles voudront les redire apres nous :
Et ſuiuant mon eſprit, à nul des vieux antiques,
Larron, ie ne déuray mes chanſons poëtiques :
Car il me plaiſt pour toy, de faire ici ramer
Mes propres auirons deſſus ma propre mer,
Et de voler au Ciel par vne voye eſtrange,
Te chantant de la Mort la non-dite louange.
C'eſt vne grand' Déeſſe, & qui merite bien
Mes vers, puis qu'elle fait aux hommes tant de bien.
Quand elle ne feroit que nous oſter des peines,
Et hors de tant de maux dont nos vies ſont pleines,
Sans nous reioindre à Dieu noſtre ſouu'rain Seigneur,
Encore elle nous fait trop de bien & d'honneur,
Et la deuons nommer noſtre mere amiable.
Où eſt l'homme çà-bas, s'il n'eſt bien miſerable,
Et lourd d'entendement, qui ne vueille eſtre hors
De l'humaine priſon de ce terreſtre corps ?
Ainſi qu'vn priſonnier qui iour & nuict endure
Les manicles aux mains, aux pieds la chaiſne dure,
Se doit bien reſiouïr à l'heure qu'il ſe voit
Deliuré de priſon : Ainſi l'homme ſe doit
Reſiouir grandement, quand la mort luy deſlie
Le lien qui ſerroit ſa miſerable vie,
« Pour viure en liberté : car on ne ſçauroit voir
« Rien çà-bas qui ne ſoit par naturel deuoir
« Eſclaue de labeur : non ſeulement nous hommes
« Qui vrais enfans de peine & de miſere ſommes,
Mais le Soleil, la Lune & les Aſtres des Cieux
Font auecques trauail leur tour laborieux :

La mer auec trauail deux fois le iour chemine:
La terre tout ainsi qu'vne femme en gesine
(Qui pleine de douleur met au iour ses enfans)
Ses fruits auec trauail nous produit tous les ans:
Ainsi Dieu l'a voulu, à fin que seul il viue
Affranchi du labeur qui la race chetiue
Des humains va rongeant de soucis langoureux.
Pource l'homme est bien sot, ainçois bien malheureux
Qui a peur de mourir, & mesmement à l'heure
Qu'il ne peut resister que soudain il ne meure.
Se mocqueroit-on pas de quelque combatant,
Qui dans le camp entré s'iroit espouuantant
Ayant sans coup ruer le cœur plus froid que glace,
Voyant tant seulement de l'ennemi la face?
Puis qu'il faut au marchant sur la mer voyager,
Est-ce pas le meilleur sans suiure le danger
Retourner en sa terre & reuoir son riuage?
Puis qu'on est resolu d'accomplir vn voyage
Est-ce pas le meilleur de bien tost mettre fin
(Pour regaigner l'hostel) aux labeurs du chemin?
De ce chemin mondain qui est dur & penible,
Espineux raboteux & fascheux au possible,
Maintenant large & long, & maintenant estroit,
Où celuy de la Mort est vn chemin tout droit,
Si certain à tenir, que ceux qui ne voyent goute,
Sans fouruoyer d'vn pas n'en faillent point la route?
Si les hommes pensoyent à par-eux quelquefois
Qu'il nous faut tous mourir, & que mesmes les Rois
Ne peuuent euiter de la Mort la puissance,
Ils prendroyent en leurs cœurs vn peu de patience.
Sommes-nous plus diuins qu'Achille ny qu'Aiax,
Qu'Alexandre ou Cesar, qui ne se sceurent pas
Defendre du trespas, bien qu'ils eussent en guerre
Reduite sous leurs mains presque toute la terre?

Beaucoup ne ſçachans point qu'ils ſont enfans de Dieu,
Pleurent auant partir, & s'attriſtent au lieu
De chanter hautement le Pean de victoire,
Et penſent que la Mort ſoit quelque beſte noire
Qui les viendra manger, & que dix mille vers
Rongeront de leurs corps les os tous deſcouuers,
Et leur teſt, qui doit eſtre en vn coin ſolitaire
L'effroyable ornement d'vn ombreux cimetaire.
Chetif, apres la mort le corps ne ſent plus rien:
En vain tu es peureux, il ne ſent mal ny bien
Non plus qu'il faiſoit lors que le germe à ton pere
N'auoit enflé de toy le ventre de ta mere.
Telephe ne ſent plus la playe qu'il receut
D'Achille, quand Bacchus en tombant le deceut:
Et des coups de Pâris plus ne ſe ſent Achille,
Plus Hector ne ſent rien, ny ſon frere Troïle.
C'eſt le tout que l'eſprit qui ſent apres la mort
Selon que le bon œuure, ou le vice le mord:
C'eſt le tout que de l'ame, il faut auoir ſoin d'elle,
D'autant que Dieu l'a faite à iamais immortelle:
Il faut trembler de peur que par faits vicieux
Nous ne la banniſſons de ſa maiſon, les cieux,
Pour endurer apres vn exil treſmoleſte,
Abſente du regard de ſon Pere celeſte:
Et ne faut de ce corps auoir ſi grand ennuy
Qui n'eſt que ſon valet, & ſon mortel eſtuy,
Brutal, impatient, de nature maline,
Et qui touſiours repugne à la raiſon diuine.
Pource il nous faut garder de n'eſtre ſurmontez
Des traiſtres hameçons des faulſes voluptez
Qui nous plaiſent ſi peu qu'en moins d'vn ſeul quart d'heure
Rien, fors le repentir, d'elles ne nous demeure.
Il ne faut pas humer de Circe les vaiſſeaux,
De peur que transformez en Tigres ou Pourceaux,

Nous ne puiſſions reuoir d'Itaque la fumée,
Du Ciel noſtre demeure à l'ame accouſtumée,
Où tous nous faut aller, non chargez du fardeau
D'orgueil, qui nous feroit perir noſtre bateau
Ains que venir au port, mais chargez d'eſperance,
Pauureté nudité tourment & patience,
Comme eſtans vrais enfans & diſciples de Chriſt,
Qui viuant nous bailla ce chemin par eſcrit,
Et marqua de ſon ſang ceſte voye treſſainte,
Mourant tout le premier pour nous oſter la crainte.
O que d'eſtre ja morts nous ſeroit vn grand bien,
Si nous conſiderions que nous ne ſommes rien
Qu'vne terre animée & qu'vne viuante ombre,
Le ſuiet de douleur, de miſere & d'encombre:
Voire & que nous paſſons en miſerables maux
Le reſte (ô creue-cœur!) de tous les animaux.
Non pour autre raiſon Homere nous egale
A la fueille d'Hyuer qui des arbres deuale,
Tant nous ſommes chetifs & pauures iournaliers,
Receuans ſans repos maux ſur maux à milliers,
Comme faits d'vne maſſe impuiſſante & debile.
Pource ie m'esbahis des parolles d'Achille,
Qui dit dans les Enfers, qu'il aimeroit trop mieux
Eſtre vn pauure valet & iouïr de nos Cieux,
Que d'eſtre Roy des morts : certes il faut bien dire
Que contre Agamemnon auoit perdu ſon ire,
Et que de Briſeïs plus ne ſe ſouuenoit,
Et que plus ſon Patrocle au cœur ne luy venoit,
Qui tant & tant de fois luy donnerent enuie
De mourir de deſpit, pendant qu'il fut en vie.
Ou bien s'il euſt ouy l'vn des Sages, qui dit
« Que l'homme n'eſt ſinon, durant le temps qu'il vit,
« Qu'vne mutation qui n'a conſtance aucune,
« Qu'vne proye du Temps, qu'vn iouët de Fortune:

Il n'eust voulu çà-haut renaistre par deux fois
Non pour estre valet, mais le plus grand des Rois.
Masures, on dira que toute chose humaine
Se peut bien recouurer, terres, rentes, domaine,
Maisons, femmes, honneurs, mais que par nul effort
On ne peut recouurer l'ame quand elle sort,
Et qu'il n'est rien si beau que de voir la lumiere
De ce commun Soleil, qui n'est seulement chere
Aux hommes sains & forts, mais aux vieux chargez d'ans,
Perclus, estropiats, catarreux, impotans.
Tu diras que tousiours tu vois ces Platoniques,
Ces Philosophes pleins de propos magnifiques
Dire bien de la Mort : mais quand ils sont ja vieux,
Et que le flot mortel leur nouë dans les yeux,
Et que leur pied tremblant est desia sur la tombe,
Que la parole graue & seuere leur tombe,
Et commencent en vain à gemir & pleurer,
Et voudroyent, s'ils pouuoyent, leur trespas differer.
Tu me diras encor que tu trembles de crainte
D'vn batelier Charon, qui passe par contrainte
Les ames outre l'eau d'vn torrent effroyant,
Et que tu crains le Chien à trois voix aboyant,
Et les eaux de Tantal' & le roc de Sisyphe,
Et des cruelles Sœurs l'abominable griffe,
Et tout cela qu'ont feint les Poëtes là-bas
Nous attendre aux Enfers apres nostre trespas.
Quiconque dis ceci, pour-Dieu qu'il te souuienne
Que ton ame n'est pas Payenne, mais Chrestienne,
Et que nostre grand Maistre en la Croix estendu
Et mourant, de la Mort l'aiguillon a perdu,
Et d'elle maintenant n'a fait qu'vn beau passage
A retourner au Ciel, pour nous donner courage
De porter nostre croix, fardeau leger & doux,
Et de mourir pour luy comme il est mort pour nous,

Sans craindre, comme enfans, la nacelle infernale,
Le rocher d'Ixion & les eaux de Tantale,
Et Charon, & le Chien Cerbere à trois abois,
Desquels le sang de Christ t'affranchit en la Croix,
Pourueu qu'en ton viuant tu luy vueilles complaire,
Faisant ses mandemens qui sont aisez à faire:
Car son ioug est plaisant, gracieux & leger,
Qui le dos nous soulage en lieu de le charger.
« S'il y auoit au monde vn estat de durée,
« Si quelque chose estoit en la terre asseurée,
« Ce seroit vn plaisir de viure longuement:
« Mais puis qu'on n'y voit rien qui ordinairement
« Ne se change & rechange, & d'inconstance abonde,
« Ce n'est pas grand plaisir que de viure en ce monde:
Nous le cognoissons bien, qui tousiours lamentons
Et pleurons aussi tost que du ventre sortons,
Comme presagians par naturel augure
De ce logis mondain la misere future.
Non pour autre raison les Thraces gemissoyent
Pleurant piteusement quand les enfans naissoyent:
Et quand la mort mettoit quelcun d'eux en la biere
L'estimoyent bien-heureux, comme franc de misere.
Iamais vn seul plaisir en viuant nous n'auons:
Quand nous sommes enfans, debiles nous viuons
Marchans à quatre pieds: & quand le second âge
Nous vient encottonner de barbe le visage,
Lors la mer des ennuis se desborde sur nous,
Qui de nostre raison demanche à tous les coups
Le gouuernal, veincu de l'onde renuersée,
En diuerses façons troublant nostre pensée.
L'vn veut suiure la guerre & tenir ne s'y peut:
L'autre la marchandise, & tout soudain il veut
Deuenir marinier, puis apres se veut faire
De quelque autre mestier au marinier contraire:

Cestui-ci veut l'honneur, cestui-là le sçauoir,
Cestuy aime les champs, cestui-là se fait voir
Le premier au Palais, & sue à toute peine
Pour auoir la faueur du peuple qui est vaine.
Mais ils ont beau courir : car Vieillesse les suit,
Laquelle en moins d'vn iour, enuieuse, destruit
La ieunesse, & contraint que leur vigueur s'en-aille
Se consommant en l'air ainsi qu'vn feu de paille :
Et n'apparoissent plus cela qu'ils ont esté,
Non plus qu'vne fleurette apres le chaud Esté.
Adonc la mort se sied dessus leur blanche teste,
Qui demande sa debte & la veut auoir preste :
Ou bien si quelques iours, pour leur faire plaisir,
Les souffre dans le lict languir tout à loisir,
Si est-ce que soudain apres l'vsure grande
D'yeux de bras ou de pieds sa debte redemande,
Et veut auec l'vsure auoir le principal :
Ainsi pour viure trop leur vient mal dessus mal.
Pour-ce à bon droit disoit le Comique Menandre,
« Que tousiours Iupiter en ieunesse veut prendre
« Ceux qu'il aime le mieux, & ceux qu'il n'aime pas,
« Les laisse en cheueux blancs long temps viure çà-bas.
Aussi ce grand sainct Paul iadis desiroit estre
Deslié de son corps pour viure auec son Maistre,
Et ja luy tardoit trop qu'il n'en sortoit dehors
Pour viure auecque Christ le premice des morts.
On dit que les humains auoyent au premier âge
Des Dieux receu la vie en eternel partage,
Et ne mouroyent iamais : toutefois pleins d'ennuy
Et de soucis viuoyent comme ils sont auiourd'huy.
Leur langue à Iupiter accusa Promethée
De la flame du feu qu'il luy auoit ostée :
Et adonques ce Dieu pour les recompenser
De tel accusement, ne peut iamais penser

Plus grand don que la Mort & leur en fist largesse
Pour vn diuin present comme d'vne Déesse.
Aussi grans que la terre il luy fist les deux bras
Armez d'vne grand' faulx, & les pieds par à-bas
Luy calfeutra de laine, à fin qu'ame viuante
Ne peust ouir le bruit de sa trace suiuante.
Il ne luy fist point d'yeux, d'oreilles ny de cœur,
Pour n'estre pitoyable en voyant la langueur
Des hommes, & pour estre à leur triste priere
Tousiours sourde arrogante inexorable & fiere:
Pource elle est toute seule entre les immortels,
Qui ne veut point auoir de temple ny d'autels,
Et qui ne se flechist d'oraison ny d'offrande.
Par expres mandement le grand Dieu luy commande
Tuer premier les bons, & de les enuoyer
Incontinent au Ciel, pour le digne loyer
De n'auoir point commis encontre luy d'offense:
Puis à la race humaine il fist vne defense
De iamais n'outrager les hommes endormis,
Soit de nuit soit de iour fussent leurs ennemis,
D'autant que le Sommeil est le frere de celle
Qui l'ame reconduit à la vie eternelle,
Où plus elle n'endure auec son Dieu là-haut
Ny peine ny souci, ny froidure ny chaud,
Procés ny maladie: ains de tout mal exempte
De siecle en siecle vit bien-heureuse & contente
Aupres de son facteur, non plus se renfermant
En quelque corps nouueau, ou bien se transformant
En estoile, ou vagant par l'air dans les nuages,
Ou voletant çà-bas dans les deserts sauuages
(Comme beaucoup ont creu) mais en toute saison
Demourant dans le Ciel son antique maison,
Pour contempler de Dieu l'eternelle puissance,
Les Démons, les Herôs & l'Angelique essence,

Les Aſtres, le Soleil, & le merueilleux tour
De la voûte du Ciel qui nous cerne à l'entour,
Se contentant de voir deſſous elle les nues,
La grand' mer ondoyante, & les terres cognues,
Sans plus y retourner : car à la verité
Bien peu ſe ſentiroit de ta benignité
(O gracieuſe Mort) ſi pour la fois ſeconde
Abandonnoit le Ciel, & reuenoit au monde.
Auſſi dans ton lien tu ne la peux auoir
Qu'vn coup, bien que ta main eſtende ſon pouuoir
En cent mille façons ſur toute choſe née :
« *Car naiſſans nous mourons : telle eſt la deſtinée*
« *Des corps ſuiets à toy, qui tiens tout, qui prens tout,*
Qui n'as en ton pouuoir certaine fin ne bout :
Et ne fuſt de Venus l'ame generatiue,
Qui tes fautes repare, & rend la forme viue,
Le monde periroit, mais ſon germe en refait
Autant de ſon coſté, que ton dard en desfait.
Que ta puiſſance (ô Mort) eſt grande & admirable!
Rien au monde par toy ne ſe dit perdurable :
Mais tout ainſi que l'onde à-val des ruiſſeaux fuit
Le preſſant coulement de l'autre qui la ſuit,
« *Ainſi le temps ſe coule, & le preſent fait place*
« *Au futur importun qui les talons luy trace.*
« *Ce qui fut, ſe refait : tout coule comme vne eau,*
« *Et rien deſſous le Ciel ne ſe voit de nouueau :*
Mais la forme ſe change en vne autre nouuelle,
Et ce changement-là, Viure, au monde s'appelle,
Et Mourir, quand la forme en vne autre s'en va.
Ainſi auec Venus la Nature trouua
Moyen de r'animer par longs & diuers changes
(La matiere reſtant) tout cela que tu manges :
« *Mais noſtre ame immortelle eſt touſiours en vn lieu,*
« *Au change non ſuiette, aſſiſe aupres de Dieu,*

« Citoyenne à iamais de la ville etherée,
« Qu'elle auoit ſi long temps en ce corps deſirée.
Ie te ſalue heureuſe & profitable Mort,
Des extremes douleurs medecin & confort:
Quand mon heure viendra, Déeſſe, ie te prie
Ne me laiſſe long temps languir en maladie
Tourmenté dans vn lict: mais puis qu'il faut mourir,
Donne moy que ſoudain ie te puiſſe encourir,
Ou pour l'honneur de Dieu, ou pour ſeruir mon Prince,
Nauré d'vne grand' playe au bord de ma prouince.

FIN DES HYNNES.

NOTES

1. Les élegies de Pierre de Ronsard, p. 1.

Gandar dit en parlant de la première édition collective fort rare des *œuvres* de Ronsard, publiée en 1560, et dont il n'avait vu que des volumes dépareillés : « Sous le titre vague de *Poesmes*, Ronsard comprend tous les ouvrages qui ne rentrent encore dans aucune catégorie nettement déterminée. Peu à peu, ils se classèrent et formèrent des recueils particuliers, les *Eglogues*, les *Elégies*, les *Mascarades*, les *Gayetez*, les *Epitaphes;* et voilà comment les *Poesmes* qui avaient cinq livres en 1560 et sept en 1569, n'en ont plus que deux dans les éditions posthumes. » *(Ronsard considéré comme imitateur d'Homère,* — Metz, 1854, in-8°, p. 178.)

Malgré la conformité du titre, aucune des élégies contenues dans le recueil de 1565 intitulé : *Elegies, Mascarades & Bergerie,* dont nous avons donné la description dans notre volume précédent (p. 545, note 16) ne se retrouve dans celui-ci. Voici la concordance des principales pièces qui, dans ce recueil, portent le titre d'élegies.

F. 1, r°. Elegie à la Mageſté de la Royne d'Angleterre.

(Diſcours, à... Elizabeth... le *Bocage Royal,* t. III, p. 242).

F. 37, r°. Elegie à la Mageſté du Roy mon maiſtre (A luy-meſme, t. III, p. 237).

F. 41, r°. Elegie à la Mageſté de la Royne ma maiſtreſſe. (A elle-mesme, t. III, p. 297.) Dans l'édition originale cette pièce commence par huit vers supprimés plus tard.

F. 44, v°. Elegie à Monsieur de Foyx ambassadeur du Roy en Angleterre, & Maistre de ses Requestes (Discours à Monsieur de Foix, t. III, p. 280).

Certaines pièces de ce recueil qui ne portent pas le titre d'*Elegies*, ont également passé dans *Le Bocage royal*. (Voyez t. III, p. 1565, note 5.)

D'autres *elegies* contenues dans le même volume, mais rejetées, par Ronsard, de ses dernières éditions, se trouveront dans le *Recueil des... pièces retranchées*. Rappelons enfin que les *Amours* contiennent un assez grand nombre d'*élégies* qu'on trouvera en parcourant les tables de notre t. I.

L'édition de 1623 donne à quelques pièces des titres fort précis que nous indiquons en notes. Nous avons eu soin de puiser aussi dans les commentaires qui l'accompagnent et surtout dans les additions qu'elle renferme. A la p. 876, en regard des *Elegies*, se trouve le morceau suivant, fort important à recueillir :

« Versibus impariter iunctis Querimonia primùm,
Post etiam inclusa est voti sententia compos.

HOR.

« *Les vers de l'Elegie au premier furent faicts*
Pour y chanter des morts les gestes & les faicts,
Ioincts au son du cornet : maintenant on compose
Diuers suiets en elle, & reçoit toute chose.
Amour pour y regner en a chassé la Mort :
Les vieux Grammairiens entr'-eux sont en discord
Qui premier l'inuenta : mais la cause plaidée
Pend au croq sous le iuge, & n'est encor vuidée.

« Encores au Lecteur.

« *Soit courte l'Elegie en trente vers comprise,*
Ou en quarante au plus : Le fin Lecteur mesprise
Ces discours, ces narrez aussi grands que la mer :
Il faut de maint rempart ta langue r'enfermer,
Qui veut tousiours causer, tousiours parler & dire,
Et reserrer ta main qui boüillonne d'escrire.
Il faut du premier vers conter sa passion,
Et la suiure tousiours, si quelque fiction

Rare ne suruenoit pour orner ton ouurage,
En deux lignes acheue & non en d'auantage :
Ton suiet soit pressé sans trancher l'autre vers,
Autant que tu pourras sans courir de trauers :
Sois tousiours simple & vn, & que ta fin pregnante
Tire sur l'Epigramme, vn peu douce & poignante.

« Si i'eusse composé la meilleure partie de ces Elegies à ma volonté, & non par exprés commandement des Roys & des Princes, i'eusse esté curieux de la briefueté : mais il a fallu satisfaire au desir de ceux qui auoient puissance sur moy, lesquels ne trouuent iamais rien de bon, ny de bien fait, s'il n'est de large estenduë, & comme on dit en prouerbe, aussi grand que la Mer. »

Dans la dernière édition que Ronsard a donnée de ses *Œuvres,* dont notre texte est la rigoureuse reproduction, le poète, libre de publier son recueil à son gré, a supprimé plusieurs des longs développements auxquels il ne s'était livré que par déférence, et nous présente ici une expression plus nette et plus indépendante de sa pensée. Toutefois ces morceaux méritent d'être recueillis en note, et seront donnés par nous, soit d'après les éditions originales, soit d'après les éditions posthumes, et notamment d'après celle de 1623, la plus importante de toutes.

2. EPITHALAME DE MONSEIGNEVR DE IOYEVSE, p. 3.

Il épousa, le 24 septembre 1581, Marguerite de Vaudémont-Lorraine, sœur de la reine. Henri III dépensa, dit-on, douze cent mille écus pour ce mariage.

3. DISCOVRS I. En forme d'Elegie, p. 12.

Dans l'édition de 1623 (p. 887) cette pièce est intitulée : *Elegie IV. A Geneure sa maistresse.*

4. ... *amoureus ie deuins,* p. 14.

On lit après ce vers dans *Le Troisiesme liure du Recueil des nouuelles Poesies de P. de Ronsard...* — A Paris, chez Gabriel Buon, 1564, in-4°, ft 103 v° :

Car si tost que Vesper la brunette courriere
De la Lune, eut poussé dans les eaux la lumiere,
Prenant aueques moy pour compaignon Belleau,
Comme le soir passé ie retournay sur l'eau.

Ce Belleau qui se sied des premiers sur Parnasse,
Desia sentoit le trait de ta gentille face:
Ton œil l'auoit blessé, & me celoit ton nom,
Car Amour ne veut point auoir de compagnon.

5. ADONIS, p. 26.

Dans l'édition de 1623 (p. 894) *Elegie V. A Monsieur de Fiẽtes Tresorier de l'Espargne. Adonis.* (Voyez BAÏF, t. IV, p. 459, note 71.)

6. ... *se perruquoit...,* p. 31.

« Mot nouueau pour, se faisoit vne belle perruque de rais. » (MARCASSUS.)

7. ... *Ceston...,* p. 33.

« C'est ceste Ceinture de Venus, tant celebrée par les Poëtes Grecs. » (MARCASSUS.)

8. *Les fleurs des Coquerets blanches sont deuenues,* p. 35.

Elles sont naturellement rouges et tirent leur nom de leur analogie avec la crête du coq. On nomme aussi cette plante *bassinet* et *alkékenge.* « C'est vne herbe que les Latins appellent *Calicacabum,* » dit Marcassus.

9. ... *guirlandes...* 40.

Le texte porte *girlandes.* Nous avons cru devoir y substituer *guirlande.* Nicot, qui écrit *guirlande,* dit que c'est un mot italien et ajoute : *Aucuns escriuent Ghirlande.* C'est la transcription de l'italien *Ghirlanda.* En tout cas la prononciation reste la même; en écrivant *girlande* Ronsard considérait sans doute le *g* comme dur par lui-même, suivant les principes de Meigret, qui le nomme *ga.*

10. ... *sympathizant...* p. 41.

Il faut remarquer ce mot; nous avons vu (t. I, p. 400, note 207) que Ronsard s'est vanté d'avoir créé *sympathie;* il est à peu près certain que c'est aussi lui qui a créé *sympathiser,* dont Littré ne cite pas d'exemple plus ancien qu'un passage des *Précieuses,* ce qui pourrait faire croire à tort que ce sont elles qui l'ont inventé.

11. ... *le drap...,* p. 47.

« Il entend l'escarlate qu'on teint de la petite riuiere qui passe par les Gobelins au faux-bourg Sainct Marceau à Paris. » (MARCASSUS.)

12. ELEGIE V, p. 49.

Elle commence par les quatre vers suivants dans le *Second livre* (ft 81 v°) du recueil mentionné note 4 :

Douce Maitresse, à qui i'ay dedié
Mon cueur captif que vous tenés lié,
Dedans le ret de vostre tresse blonde
En qui la soye & le fin or abonde.

13. *Pour ne loger mon ennemy chez moy*, p. 50.

On lit ici dans le même recueil (ft 84 v°) :

Allés ailleurs chercher vostre demeure,
Luy dy-ie alors, il me plaist que ie meure :
Sans nul espoir, sus donc partés d'icy,
Vous ne sçauriés soulager mon soucy,
Ny d'autre part tourner mon entreprise :
Car ma prison vaut mieux qu'vne franchise,
Vn plus grand bien ie ne sçaurois choisir,
Qu'vn languissant mourir à mon plaisir.
Cette langueur m'est vne douce vie,
Et si n'ay point en languissant enuie
De me garir : car de cette langueur
Vient le plaisir qui soulage mon cueur.
Douce prison vous m'estes honorable,
Sans vos liens ie serois miserable,
Vostre malheur bien heureux m'a rendu :
En me perdant ie me suis bien perdu,
Et ne veux point qu'ailleurs ie me retrouue,
I'ayme mon mal, i'y consens & l'aprouue,
I'ayme ma perte, & ne voudrois pour rien,
Me regaigner pour estre du tout mien.

14. ... *ie vous pouuois auoir*, p. 50.

On lit ici dans le même recueil (ft 85 r°) les vers suivants :

Et ne craindrois la mort, tant fust cruelle,
Car ie suis seur que Cyprine la belle,
Feroit entrer mon esprit amoureux,
Apres ma mort au Paradis heureux,
Soit de Paphos, d'Amathonte, ou d'Erice.

En ce beau lieu tout remply de delyce,
Où le Printemps florit tout à l'entour,
I'irois volant accompagné d'amour.
Tous les eſpris me feroient reuerence,
I'aurois entre eux honneur & preminence;
Et comme vn Dieu ie ſerois eſtimé,
Pour le loyer d'auoir ſi bien aimé.
Douce beauté, ha que vous m'eſtes fiere!
Sans auoir paix vous m'eſtes trop guerriere:
En vous voyant tout le cœur me defaut,
Ie meurs pour vous, & ſi ne vous en chaut!

15. ... *deſſus la mer courbé*, p. 51.

On lit ici dans le même recueil (ft 85 v°):

Qui fut changée en pierre larmoyante,
Voyant les fils de Latone puiſſante,
Tuer les ſiens, dont l'horreur l'afroidit,
Si bien qu'en roc tout ſon corps ſe froidit,
Et ne reſta pour vne femme à l'heure,
Sinon au bord vne roche qui pleure,
Comme ie fais: mais gueres ie ne puis
En vn rocher lamenter mes ennuis:
Car auſſi toſt que vos leures decloſes
Pleines de Lys, de Perles & de Roſes,
Parlent à moy, deſcharmer ie me ſens,
De vos propos qui r'animent mes ſens,
Par la vertu d'vne haleine amoureuſe,
Qui rend ſoudain mon ame chaleureuſe,
Chaſſant du cœur la creinte & la froideur,
Pour faire place à la nouuelle ardeur.
Mon ame adonc, laquelle eſt toute pleine
De la chaleur d'vne ſi douce haleine,
Imprime en elle au vif voſtre portrait,
Qu'amour ſubtil engraue de ſon trait:
Lors ce portrait, qui iamais ne ſe laſſe
D'errer en moy, de veine en veine paſſe,
De nerfs en nerfs, ſi bien que maugré moy,
De moy s'eſt fait le ſeigneur & le roy,
Maugré moy non! ie l'ayme & le deſire,
C'eſt ce portrait qui doucement m'inſpire
Mille penſers, que changer ne voudrois,
Non pas vn ſeul, aux richeſſes des Roys.

Puis qu'en moy donc nuict & iour ie vous porte,
Quand il vous plaist mon cœur ouure sa porte
A tout cela qui de vostre part vient,
Car de vous seule au monde il se souuient :

16. ... *il vous faudroit vn Dieu,* p. 52.

On lit ici dans l'édition de 1567 (t. v, ft 84 r°), les quatre vers suivants :

Car vn homme mortel n'est digne qu'on l'appelle
Amy ny seruiteur d'vne Dame si belle:
En qui le monde a mis tant d'honneur & de bien,
Que la reste du monde au prix de vous n'est rien.

17. ... *au ciel me pourroit mettre,* p. 54.

Il y a dans l'édition de 1567 (t. v, ft 85 v°) huit vers, supprimés ici :

Las! si ma seruitude & ma longue amitié
Meritoient à la fin de vous quelque pitié,
S'il vous plaisoit de grace aleger mon martyre,
Me donnant le guerdon que tout amant desire,
Ie serois si discret receuant ce bon heur,
Ie serois si fidelle à garder vostre honneur
Que nous deux seulement sçaurions ma ioüissance,
Dont le seul souuenir me fait Dieu quand i'y pense.

18. ... *de la mort soit suiuie,* p. 55.

On lit après ce vers, dans l'édition de 1567, (t. v, ft 85 v°) le morceau suivant :

Vous suppliant au moins de ne me nier pas,
Que ie puisse estre mis apres le mien trepas,
Au lieu que vous aurez choisi pour sepulture,
Pour dormir pres de vous soubs mesme couuerture :
Et qu'apres nostre mort egalement tous deux
Puissions estre là bas par les champs amoureux,
Afin de vous conter, assis soubs les ombrages
Des Myrtes Paphiens ou desur les riuages
Qui sont tousiours souflez d'vn Zephire tresdoux,
Les douleurs qu'en viuant i'auray receu par vous.
Là, sans peur ny danger, sans soupson, ny sans creinte,
Sans respect de grandeur ie vous feray ma pleinte,
Et vous ramenteuray mes premieres amours
Qui viues au tombeau se garderont tousiours:

Car la mort tant ſoit elle aux amoureux contraire,
De voſtre beau lien ne me pourra deſfaire.
Là deuiſant d'amour, comme petits oyſeaux
Tantoſt nous volerons de rameaux en rameaux,
Tantoſt ie vous verray de ſur l'herbe couchée,
Tantoſt i'auray ma teſte en voſtre ſein panchée,
Tantoſt ie baizeray voſtre bouche & vos yeux,
Tantoſt nous foulerons l'herbette de nos ieux,
Tantoſt nous danſerons, & de Roſes données
Nous aurons en tout temps les teſtes couronnées,
Les bras, le ſein, le col, & ſans prendre ſoucy
De la faueur des Rois comme l'on fait icy :
Nous irons pas à pas apres les grands Déeſſes
Qui iadis en viuant des Dieux furent Maiſtreſſes :
Helene, Europe, Io, & n'auront à dedain
Nous mener à leur bal & nous tendre la main,
Voire de nous bailler dignité par ſus elles
Comme à l'exemple vray des amitiez fidelles.
Lors les eſprits diront en nous voyant tous deux,
Ceux-cy en leur viuant ne furent point heureux
Pour n'eſtre pas égaux : Mais la mort qui égale
Les ſceptres aux leuiers, comme treſliberalle
Apres auoir ſouffert ſur la terre long temps,
Les a fait icy bas egallement contents.

19. *S'augmente de ſa flame...*, p. 55.

Dans l'édition de 1623, tout le passage qui suit celui-ci est proondément modifié.

20. ... *Amour ne ſe repaiſt*, p. 58.

Au lieu des deux vers qui suivent celui-ci, on lit, dans l'édition de 1567, (t. v, ft 88 r°) :

Tout homme comme moy qui ardemment deſire
Pour vn mauuais eſpoir d'amour ne ſe retire,
Il eſt ferme en ſa foy, & plus il ſe permet
Alors que moins d'eſpoir ſa dame lui promet.
Or ce remede ſeul contre mon mal i'embraſſe,
Car quand il vous plaira me donner voſtre grace,
M'aimer, & m'eſtimer, & me fauoriſer,
Mon tourment tant ſoit grand, vous pourrez appaiſer,
Et ferez que iamais ie ne pourray me plaindre
Du coup dont ie me ſens ſi viuement ateindre,

Au contraire estimant bien gratieux & doux
Le trait qui m'a tué si doucement pour vous.
Et pource que vous seulle auez toute puissance
De donner à ma playe ou mort ou alegeance,
Que seulle estes ma mort, ma vie, & tout mon bien,
Et que viuant sans vous sans vous ie ne suis rien :
C'est à vous à bon droit, Madame, à qui i'adresse
Mes vœux par cet escrit ainsi qu'à ma Deesse.

21. *Vos yeux qui me font viure & sentir & mouuoir*, p. 61.

Dans l'édition de 1567 (t. v, ft 93 r°), ce vers est suivi de ces quatre autres, qui ne se trouvent point ici :

Quand le iour est venu tout seul ie me retire,
Car parlant à quelcun ie lamente & souspire,
I'ay le visage triste, & suis si langoureux
Qu'on diroit à me veoir que ie suis amoureux.

22. La mort de Narcisse, p. 65.

La première édition collective des *Œuvres* de Ronsard, publiée en 1560, est d'une excessive rareté. Je n'en connais que le second volume *(Odes)*, coté à la bibliothèque Sainte-Geneviève Y 1158, le même probablement dont Gandar a parlé d'une façon assez vague (Voyez ci-dessus note 1). Plus heureux que nous, Blanchemain en possédait un exemplaire à peu près complet, comme il nous l'apprend dans sa *Notice bibliographique* (t. viii, p. 67, note 2). Nous aurons donc recours à lui, quand il s'agira de cette édition, et nous reproduirons ce qu'il en aura dit, sans pouvoir le vérifier. Il remarque qu'en 1560 *La mort de Narcisse* faisait partie des *Poesmes*. Elle y était intitulée : « Le narssis, pris d'Ovide. A François Charbonnier Angeuin. » Par conséquent il y avait au premier vers : « Charbonnier » au lieu de « Mon Daurat. » En 1567 le titre est simplement *Elegies* (sic), mais le premier vers porte également le nom de Charbonnier.

23. ... *aux Naiades sacrez*, p. 66.

Au lieu de ces deux derniers vers on lit dans l'édition de 1567 (t. v, ft 118 v°) :

Ia sous la claire nuict les Graces & Venus,
Compaigne les Syluans, & les Satyres nus
Gambadent sur les prez, tandis que le bon Feuure,
Dessous l'antre Æthnean coqu, haste son œuure,
Et des hanches boiteux, asprit la flamme d'eau,
Pince la mace ardente & la bat au marteau.

24. ... *lerelot...* p. 66.

Cotgrave explique ainsi ce mot : « The foot, or, downe of a countrey-maidens fong. »

25. ... *racontent leur amour,* p. 66.

Ici huit vers ont été supprimés :

Ia les tourtres es bois de leur nic fe fouuiennent,
Ia haues bec à bec les colombes fe tiennent,
Ia l'aloüette en l'air des aifles tremouffant
Degoife fes amours, & l'auette paiffant
De la cuiffe les fleurs, de fon plaifant murmure
Inuite à fommeiller fur la ieune verdure,
Où Progne fe complaint que l'honneur outragé
De Philomel' fa fœur n'eft pas affez vangé.

26. ... *a permis longue vie,* p. 70.

Au lieu de ces six derniers vers, Blanchemain donne (t. VI, p. 245) le morceau suivant, tiré de l'édition de 1560 :

I'ay chanté, Charbonnier, deffus les bords de Seine
En ton los ce Narffis, fon ombre & fa fontaine,
Comme pour l'auant-ieu de plus haute chanfon
Que defia ie t'apprefte & à ton d'Auanfon,
Ains au mien d'Auanfon, à qui ma poëfie
Doit la plus grande part, s'elle vit de fa vie;
Car luy fage & courtois affez longtemps dauant
Que ma barque euft trouué en ma faueur le vent,
Auecques L'Hofpital me donna bon courage
A grands coups d'auiron ramer contre l'orage
Et de gaigner le port, où maintenant fauué
Tout au plus haut du maft ie leur pends efleué
Vn vœu que ie leur fis : ma robe defpouillée,
Des flots de la tempefte encor toute mouillée.

Ce morceau, supprimé dès 1567, n'avait alors été remplacé par rien.

27. *Fleur qui le nom porte, tant elle eft belle,*
D'vn Dieu, d'vn Mois, de la Mer, & de celle
Qui la feconde en amour me gaigna, p. 75.

« C'eft la fleur qu'on nomme Marguerite, qui porte, comme il dit, la premiere lettre du nom de Mars, de May, de Mer & de Marie fa feconde Maiftreffe. » (MARCASSUS, p. 516.) Cette note, que Blanchemain reproduit sans y joindre aucune observation, est fort inexacte. Ce n'est point de *mai* qu'il s'agit, c'est de *mars*. Nous avons donc *mars, mer* (en latin *mare)* et *Marie;* or Ronsard dit effectivement que cette fleur porte non pas seulement l'initiale, mais le nom d'un Dieu, d'un mois, etc. La fleur en question est la *violette de mars,* comme l'a fort bien indiqué Remy Belleau dans son commentaire des *Amours*. (Voyez RONSARD, t. I, p. 413, note 279.) Les *violettes de mars* étaient aussi appelées *violettes dè Marie,* ainsi que l'indique Cotgrave.

28. ... *le cœur m'accompaigna,* p. 75.

On lit après ce vers, dans l'édition de 1567, (t. V, ft 133 v°) :

Qui reluiſoit d'autant plus que la flame
S'eſtoit repriſe encore vn coup dans l'ame
Pour raſſembler d'vn artifice pront
Les feux paſſez au braſier du ſecond.

29. L'ORPHEE, p. 77.

Dans l'édition de 1623 (t. I, p. 761) cette pièce est dédiée : « A Iacq. Auguſte de Thou, Seigneur d'Emery, Maiſtre des Requeſtes de l'Hoſtel du Roy. »

30. ... *la pache*... p. 85.

Le pacte. « Pache, *patto.* » (ANTOINE OUDIN, *Recherches italiennes & Françoiſes.)*

31. ... *les Dieux ont fait reluire,* p. 87.

L'édition de 1623 (p. 786) ajoute, à la fin de cette pièce, les quatre vers suivants :

DE THOV *mignon des cieux, en te voulant donner*
L'honneur que ie te doy, toy qui peux eſtonner
De tes vers excellens les vers du premier âge,
I'honore de ton nom mon nom & mon ouurage.

32. *Grouler*... p. 88.

(Voyez BAIF, t. IV, p. 460, note 79.)

33. *Troquer m'amie, & nela face ſienne,* p. 88.

Dans l'édition de 1560 (voyez ci-dessus note 22; t. IV, p. 374, de l'éd. Blanchemain), on lit au lieu de ce vers les neuf qui suivent :

Et que ma Dame entre ſes bras le tienne
Toute vne nuict, & que, ſot cependant,
A l'huis fermé ie ne bée, attendant

Ou qu'on m'appellle, ou bien qu'vne chambriere
Vienne esconduire humblement ma priere
Par vne excuse, ou, me laissant deuant
La porte close, à la pluye & au vent,
Triste & pensif, ie ne me couche à terre,
Tremblant de froid au bruit de ma guiterre.

34. Elegie XV, p. 91.

Dans l'édition de 1623 (t. II, p. 918), cette pièce est intitulée : *Elegie XIX. A Robert de La Haye Maistre des Requestes de la Royne de Nauarre.* Dans l'édition de 1560, où elle forme la dédicace du livre III des *Poesmes,* elle se termine par vingt-quatre vers qui ne se trouvent point ailleurs, et que Blanchemain a donnés (tome IV, p. 295) d'après son exemplaire :

Tu m'as seruy de pere & de frere & d'amy:
Iamais à mon profit tu ne fus endormy,
Et deuant le feu roy qui estoit nostre maistre
Tu as faict mes escrits pour doctes apparoistre,
Leur donnant la couleur & la grâce des tiens
Qui egallent l'honneur des siecles anciens.
Si ie n'eusse eu de toy parfaite cognoissance,
I'eusse à bon droit hay ce monde & ma naissance:
Mais certes tu as fait que ie me sens tenu
Au Ciel de me veoir homme & de t'auoir cognu.
Car te voyant en terre ennemy de tout vice
Ie ne puis confesser que la saincte Iustice
Soit remontée au Ciel: & puisque ta vertu
A du siecle de fer le vice combattu,
Au quel tu apparois, pour tes graces diuines,
Tout ainsi que la rose au milieu des espines,
Ou tout ainsy qu'vn lys hautement apparoist
Dessus l'herbe puante, où sa belle fleur croist.
Or afin qu'à iamais les siecles d'age en age
Rendent de nostre amour illustre tesmoignage
Et que le temps apprenne à la posterité
Que ie te rends l'honneur que tu as merité,
Pour present immortel, La Haye, ie te donne
En lieu d'vn grand tresor, ce liure & ma personne.

35. Elegie XVI, p. 95.

Dans l'édition de 1623 (t. II, p. 921) : *Elegie XX. A Remy Belleau, excellent Poëte François.*

36. ... *de la Parque rauy*, p. 97.

« Il dit cela à caufe que la Damoifelle qui le portoit quand on l'alloit baptifer, le laiffa tomber fur vn pré. Voyez Claude Binet en fa vie. » (MARCASSUS.)

37. ... *les leçons du regent de Vailly*, p. 97.

« Il eftudia au college de Nauarre fous vn nommé de Vailly, fous lequel eftudia auffi ce grand Cardinal de Lorraine. » (MARCASSUS.)

38. ... *Charles d'Autriche...*, p. 97.

« Empereur & Roy d'Efpagne, qui attaqua la Prouence, & qui fe vantoit d'auoir Paris comme Madril. Voyez les Memoires de du Bellay Lieutenant en Piedmont. » (MARCASSUS.)

39. *Page au Duc d'Orleans...*, p. 97.

« Henri II. eftant Dauphin par la mort de François fon frere empoifonné à Tournon par le Comte de Montecuculo. » (MARCASSUS.)

40. *Suiuant le Roi d'Efcoffe...*, p. 97.

« Quand il emmena Magdeleine fille de François I. qu'il efpoufa dans Paris : Ce Roy eftoit grand Pere de Iaques Roy d'Angleterre & d'Efcoffe à prefent regnant : il efpoufa en fecondes nopces la fœur de Monfieur de Guife François de Lorraine, d'où vient le parentage qui eft entre Meffieurs de Guife & le Roy d'Angleterre. » (MARCASSUS.)

41. ... *en Flandres & Zelande*, p. 97.

« Le Duc d'Orleans enuoya Ronfard qui eftoit fon Page en Flandres & en Zelande pour quelques parolles de creance qu'il enuoyoit à fa Maiftreffe niepce de l'Empereur. » (MARCASSUS.)

42. ... *Laffigni*, p. 97.

« Seigneur François. » (MARCASSUS.)

43. ... *auec Baïf ie vins*, p. 97.

« C'eftoit Lazare de Baïf Gentilhomme Angeuin, parent de ceux de Laual & de Guimené, Ambaffadeur pour le Roy en Allemagne comme il l'auoit efté à Venife, homme tres-fçauant, tefmoins les liures qu'il a faits *De re nauali*, & *De re veftiaria*. Il eftoit pere de Ian Antoine Baïf excellent Poëte. » (MARCASSUS.)

44. Elegie XVIII, p. 102.

Dans l'édition de 1623 (t. II, p. 923) : *Elegie XXII. A Monsieur Le Gast Maistre de Camp de la Garde du Roy.*

45. *Tant le decret du Destin est puissant,* p. 105.

On lit après ce vers dans l'édition de 1572-1573 le passage suivant, transcrit par Blanchemain (t. IV, p. 390), d'après son exemplaire qu'il a décrit en détail (t. VIII, p. 69) :

Qui va forçant tous les hommes de faire
Vne action l'vne à l'autre contraire.
L'vn en cela, l'autre en cecy se plaist,
Et si ardent en son courage il est
Au cœur touché du destin qui l'incline
Que son instinct ne sort de sa poitrine,
Mais s'attachant en ses veines l'emeust,
Le pousse & poingt en la part où il veut.

46. ... *autre bien qui me plaise,* p. 105.

L'édition indiquée dans la note précédente donne ici :

Car ie ne puis regarder autre part
Autre soleil. Sans plus vostre regard
Me sert de sang, de poulmons & de vie;
Seule en vous gist mon tout & mon enuie;
Seule pour vous ie fus predestiné
Et pour vous seule & non pour autre né.
Quant le haut ciel, qui a toute puissance
Sur nous humains auant nostre naissance,
En vos cheueux ne m'auroit enlassé
De vous aimer ie n'eusse point laissé.
Qui est celui, s'il n'est fait d'vne glace
Ou d'vn rocher, qui, voyant vostre grace,
Vostre ieunesse & les raiz de vos yeux,
Vostre beau front, vostre port gratieux,
Et par sus tout vostre ame genereuse,
Ne bruleroit d'vne flamme amoureuse?

47. *De tous mes sens se fait victorieux,* p. 105.

Au lieu de ce vers et du précédent on lit, dans l'édition dont nous venons de parler, un assez long morceau :

Celant mon feu qui ne se peut celer,
Car il ne laisse en me bruslant d'aller

De nerfs en nerfs & d'artere en artere,
De veine en veine, & forcé de le taire,
Il se decele & monstre assez combien
Vous estes seule & mon mal & mon bien.
En vous ie vy, & en vous ie respire;
Autre richesse au monde ie n'aspire;
Seuls vos beaux yeux font mon contentement;
Sans leurs rayons ie mourrois seulement.
D'vn seul regard ie prends mort & naissance.
Ne vous voyant, ie perds toute puissance,
Froid & perclus; &, sans le souuenir
Qui compagnon me vient entretenir,
Representant ainsi qu'vn bel image
De nuit, de iour, vos yeux, vostre visage,
Vostre parler & tous les biens qu'Amour
Loge dans vous, ie mourrois des le iour
Que par fortune ou par autre disgrace
Ie n'ai point veu vostre gentille face,
Qui nous fait foy & tesmoigne à nos yeux
Que vos beautez ne sentent que les cieux,
Comme passant les dames de vostre age
En corps diuin, en esprit meur & sage,
En courtoisie & ieunesse, qui fait
Le port plus beau, plus aimable & parfait.

48. ... *iosmin*, p. 112.

(Voyez t. 1, p. 417, note 311.)

49. Elegie XXI, p. 117.

Cette élégie a paru d'abord sous ce titre : *La promesse* par P. de R., Vandosmoy, à la Royne. — (s. l.) 1563. 4° de 13 pages. Elle a été réimprimée sous le même titre l'année suivante.

Brantôme a dit, à l'occasion de cet ouvrage, en parlant de Catherine de Médicis (t. v, p. 125, édit. Lalanne) : « Belles parolles & promesses... ne manquoient jamais à la reyne (aussi M. Ronssard luy desdia lors l'himne de *La promesse*.) »

50. *Quand le dos escumeux des ondes empoullées*
S'enflent..., p. 118.

Il y a *S'enflent* dans le texte, et nous aurions dû conserver cette construction : le verbe s'accorde ici avec *ondes*, complément du sujet *dos*, ou plutôt avec l'idée plurielle. (Voyez ci-après note 52.) Le passage suivant, où le verbe a au pluriel une forme différente pour le son de celle du singulier, ne laisse aucun doute sur cette habitude syntaxique :

Si la fureur de tes mains tant cruelles
Ont tel pouuoir ſur les choſes ſi belles.

(RONSARD, t. v, p. 19.)

51. ... *ſoude...*, p. 126.

Solde. La lettre *l* s'est vocalisée. Par contre, on trouve à cette époque *ſoldart* pour *ſoudart* (Cf., BELLEAU I, 349, note 146, et DU BELLAY, II, 570, note 163).

52. ... *le trait de ſes feux radieux*
En le voyant luy aueugle les yeux, p. 128.

Il y a *aueuglent* dans le texte. (Voyez ci-dessus note 50.)

53. DISCOVRS, p. 134.

Dans l'édition de 1623 (t. II, p. 938) : *Elegie XXIX. Dires, ou imprecations.* Ce mot *dires*, transcription du latin *diræ*, ne s'est pas établi en ce sens.

54. ... *faſciné...*, p. 139.

« C'eſt vn mot purement Latin, qui ſignifie charmé ou enforcelé. » (MARCASSUS.)

55. ... *où le cours de Seine en deux bras ſe diuiſe*, p. 143.

« C'eſt à l'Iſle Sainct Pol prés l'Arſenac à Paris. » (MARCASSUS.)

56. ... *Ieanne la griſe*, p. 143.

« C'eſtoit quelque recommandareſſe de ſon temps. » (MARCASSUS.)

57. *Va faire ta neuuaine ou à ſaint Auertin*
Ou à ſaint Mathurin..., p. 143.

« Mal ſaint Auertin, mauuaiſe teſte, fantaſtiquerie. » (OUDIN. *Curioſitez françoiſes.*) « Enuoyer à ſaint Maturin, faire paſſer pour fol » (même ouvrage.)

58. Elegie XXIIII, p. 143.

Édition de 1623 (t. II, p. 943) : *Elegie XXX. Contre les bucherons de la forest de Gastine.*

59. ... *proboſce*..., p. 148.

Museau; du latin *proboſcis*. Sur le génitif *proboſcidis*, on a fait *proboſcide*, qui figure dans les dictionnaires actuels avec le sens de *trompe*.

60. *Vn vray hibou de mechante rencontre*, p. 148.

Après ce vers on trouve dans l'édition de 1573 le morceau suivant, que Blanchemain rapporte (t. IV, p. 352) d'après son exemplaire. (Voyez ci-dessus note 34.)

Vn duc cornu qui fait trogne d'auoir
Par la groſſeur de ſon corps vn pouuoir
Sur les oiſeaux qui tournent en riſée
Et duc & corne & plume meſpriſée
Et çà & là le battant, l'agaçant
Bien qu'il ſoit gros, corpulent & puiſſant;
Mais ſa groſſeur n'eſt qu'vne enflure vaine.
Ainſy le corps & le cuir & la veine
De l'hydropique enfle comme vn crapaud,
Se bouffit toute & ſe iauniſt, & faut,
Soit au printemps, ſoit au mois de l'autonne,
Qu'vn medecin luy donne & luy redonne
Cornetz, ventouſe & rhubarbe & ſené,
Gramen, hyſope, afin que deſtourné
Soit tel malheur loing du foye, & qu'au ventre
L'humeur aigueuſe & trop pareſſeuſe entre,
Pour reieter (rechignant au retrait)
Cette groſſeur que la bouffure attrait.
Car d'autant plus qu'ils boiuent, veulent boire,
Le medecin ne veulent iamais croire,
S'enflent touſiours & creuent à la fin.
Vn Montfaucon, les Halles eſt leur fin,
Ou pour le moins vn exil perdurable,
Ou quelque ſomme en argent miſerable,
Ou ſont priuez de leurs charges & ont
Touſiours la honte eſcrite ſur le front.
Voy le petit qui vit ſelon nature,
Qui n'eſt enflé d'ambition, il dure,

Il meurt es bras de ses proches amis,
On le regrette, & en pleurs il est mis
Pres le tombeau de son pere, ou l'on verse
Roses & lys & meinte fleur diuerse
De sur le corps du noble trespassé.
Ceux qui en pompe ont leur âge passé
Aupres des grands, enflés de trop d'audace,
S'ils n'ont souffert, à tout le moins leur race
En souffrira, & de grands imposteurs
Seront vn iour ou gueux ou crocheteurs,
Ou assassins; car la nature mere
N'a pas donné sa grace hereditaire
A toute race, & n'a tant de soucy
De nous humains; il faut que cettuy cy
Que cettuy là en changeant se souleue,
Monte aux honneurs d'vne escalade breue,
Lequel bientost en tombant descendra.
Par son exemple vn mignon apprendra
De se tenir en sa peau & ne faire
Chose qui soit à nature contraire,
Et apprendra qu'vn petit champ vaut mieux
Qu'vn grand rocher au sourcil glorieux
Sur qui la foudre en abondance tombe,
Qui des geans est volontiers la tombe.

61. *Vont pardonnant aux collines des champs,* p. 149.

Dans l'édition de 1573, on trouve encore après ce vers un passage supprimé dans les suivantes :

Tu dis : « Ronsard va tout seul par la rue,
C'est vn Roussin qui ne mord ni ne rue;
Il va sans mule & valets & lacquaiz. »
Trop de lacquais me faschent de caquetz,
I'aime mieux viure à ma mode plus dure
En me plaisant, que forcer ma nature
Pour ton plaisir, & ne te veux, Mignon,
Ny pour amy, ny moins pour compagnon.

62. Les Hynnes de Pierre de Ronsard, p. 151.

Les Hymnes ont paru d'abord en deux volumes, dont voici la description :

LES

HYMNES

DE P. DE RONSARD,

VANDOMOIS :

A TRESILLVSTRE ET REVE-

RENDISSIME, ODET, CARDINAL

de Chaſtillon.

A PARIS,

Ches André Wechel rue S. Iehan de Beauuais

à l'enſeigne du Cheual volant.

1555.

Auec Priuilege du Roy.

(4° de 195 p. et 2 fts non chiffrés.)

P. 3. A Treſilluſtre & reuerendiſſime Odet Cardinal de Chaſtillon: Vers heroiques.

P. 4. In Petri Ronſardi hymnos... Auratus.

P. 5. Hymne du treſchreſtien Roy de France Henry II. de ce nom. Vers heroiques.

P. 38. Hymne de la Iuſtice à treſilluſtre & reuerendiſſime Prince, Charles Cardinal De Lorraine. Vers heroiques.

P. 62. Le Temple de Meſſeigneurs le Conneſtable, & des Chastillons. A treſilluſtre... Odet Cardinal de Chaſtillon. Vers heroiques.

P. 74. Hymne de la Philoſophie, à treſillus. & reuerendiſſime Cardinal de Chaſtillon. Vers communs.

P. 88. Priere à la Fortune, à treſilluſtre & reuerendiſſime Cardinal de Chaſtillon. Vers communs.

P. 101. Les Daimons. A Lancelot Carle, Eueſque de Rhiez. Vers heroiques.

P. 119. Hymne du Ciel. A Iean de Morel Ambrunois. Vers heroiques.

P. 125. Hymne des Aſtres à Melin de Sainct Gelais. Vers heroiques.

P. 136. Hymne de la Mort, à P. Paſchal. Vers heroiques.

P. 151. Hymne de l'Or, à Iean Dorat. Vers heroiques.

P. 178. Le Conte d'Alſinois, à Ronſard, Sur ſon Hercule Chreſtien.

P. 179. Hercule Chreſtien, à... Odet Cardinal de Chaſtillon. Vers communs.

P. 192. Epiſtre à Charles de Piſſeleu, Eueſque de Condon.

P. 195. Epitaphe de Loyſe de Mailly, Abbeſſe de Caen & du Liz.

Dernier feuillet r°. Epitaphe de Artuſe de Vernon, Dame de Telygny.

LE

SECOND LI-

VRE DES HYMNES

DE P. DE RONSARD

VANDOMOIS,

A

TRESILLVSTRE PRINCESSE

MADAME MARGVERITE DE FRANCE,

Seur vnicque du Roy, & Du-

cheſſe de Berry.

A PARIS,

Ches André Wechel, rue S. Iehan de Beauuais

à l'enſeigne du Cheual volant.

1556.

Auec Priuilege du Roy.

(4° de 4 fts et 103 p.)

F. 2. A tresilluftre Princeffe, Marguerite de France, Eftienne Iodelle Parifien.

P. 1. Hymne de l'Eternité à Madame Margarite feur vnicque du Roy.

P. 8. Hymne de Calaïs, & de Zetes à elle mefme.

P. 40. Hymne de Pollux & de Caftor, à Gafpard de Couligny Seigneur de Chaftillon, & Amiral de France.

P. 75. Epiftre de Pierre de Ronfard à tresilluftre Prince Charles Cardinal de Lorraine.

P. 98. Elegie de Pierre de Ronfard, à Chretophle de Choifeul Abbé de Mureaux.

P. 103. Faultes echappees en l'impreffion.

63. EPISTRE D'ESTIENNE IODELLE, p. 153.

Dans l'édition de 1555, que nous avons décrite dans la note précédente, cette *epiftre* est en tête du *second livre*. Elle figure dans notre édition des *Œuvres d'Eftienne Iodelle*, t. II, p. 107.

Dans l'édition de 1623 (t. II, p. 960), on trouve en tête des *Hynnes* la pièce suivante :

Les Hymnes font des Grecs inuention premiere :
Callimaque beaucoup leur donna de lumiere,
De fplendeur, d'ornement. Bons Dieux quelle douceur,
Quel intime plaifir fent-on autour du cœur
Quand on lit fa Delos, ou quand fa lyre fonne
Apollon & fa Sœur, les iumeaux de Latonne,
Ou les Bains de Pallas, Cerès, ou Iupiter!
Ah! les Chreftiens deuroient les Gentils imiter
A couurir de beaux Liz & de Rofes leurs teftes,
Et chommer tous les ans à certains iours de feftes
La memoire & les faits de nos Saincts immortels,
Et chanter tout le iour autour de leurs Autels :
Vendre au peuple deuot pains-d'efpice & foaces,
Defoncer les tonneaux, fefter les Dedicaces,
Les haut-bois enroüez fonner branles nouueaux,
Les villageois my-bœufs danfer fous les ormeaux :
Tout ainfi que Dauid fautoit autour de l'Arche,
Sauter deuant l'Image, & d'vn pied qui démarche
Sous le fon du Cornet, fe tenant par les mains
Solennifer la fefte en l'honneur de nos Saincts.
L'âge d'or reuiendroit : les vers & les Poëtes
Chantant de leurs Patrons les loüanges parfaites,

Chacun à qui mieux-mieux le sien voudroit vanter:
Lors le Ciel s'ouuriroit pour nous oüyr chanter.
Eux voyans leur memoire icy renouuelée,
Garderoient nos troupeaux de tac & clauelée,
Nous de peste & famine: & conseruant nos murs,
Nos peuples & nos Roys, l'enuoiroient chez les Turs,
Ou loin sur le Tartare, ou aux pays estranges
Qui ne cognoissent DIEV, *ses Saincts, ny leurs loüanges.*

64. HYNNE DE L'ETERNITE', p. 159.

Richelet a publié en 1611, chez Nicolas Buon, cette pièce accompagnée d'un commentaire. Il a donné successivement des notes sur plusieurs autres hymnes. Ces commentaires ont été ensuite réunis dans l'édition collective de 1623.

65. *O grande Eternité, eternels sont tes faits!*
Tu nourris l'Vniuers en eternelle paix, p. 162.

Dans l'édition de 1623 (p. 964), on lit, au lieu de ces deux vers, le morceau suivant :

Viue source de feu, qui nous fait les saisons,
Selon qu'il entre ou sort de ses douze maisons.
La lune pend sous luy, qui muable transforme
Sa face tous les mois en vne triple forme,
Oeil ombreux de la nuict, guidant par les forests
Molosses & limiers, les Veneurs & leurs rets,
Que la sorciere adore, & de nuict réueillée
La regarde marcher nuds pieds, escheuelée,
Fichant ses yeux en elle. O grande Eternité,
Tu maintiens l'Vniuers en tranquille vnité.

66. *Par louanges ainsi qu'on plaist au populaire,* p. 165.

Dans l'édition de 1556 (p. 9) on lit après ce vers le morceau suivant :

Mais l'homme est malheureux qui ne voit le soleil,
Et malheureux celluy qui ne dresse son oeil
Deuers vostre clarté, & qui de mille plumes
N'esmaille voz vertus en autant de volumes.
Ostéz vostre bonté, douceur, humanité,
Ostéz vostre pitié, clemence, charité,
Montréz vous en parolle & fiere & arrogante,

Mesprisez vn chascun qui à vous se presente,
On vous laissera là, & ne trouuerez plus
Homme qui se trauaille à chanter voz vertus.
Mais tant que vous serez telle comme vous estes,
Presque en depit de vous, à l'enuy les poëtes
Espandront vos honeurs aux oreilles de touts.
Quant à moy, pour l'acueil que i'ay receu de vous
Ie vous loüray tousiours quelque vers que ie face,
Et deussai-ie encourir vostre mauuaise grace.

67\. ... *astelles*, p. 173.

Dans l'édition de 1556 une note en manchette (p. 21) porte : « Astelles est vn mot de Vandomoys qui signifie autant que σχίζας en Grec, ce sont petis coupeaux de bois fandus en long & menu, qu'on apelle à Paris des esclatz. » Ce mot, conservé dans le Vendomois, appartenait autrefois à la langue générale. (Voyez Littré, à l'historique du mot *Attelle*.)

68\. *La chargeant à foison...*, p. 173.

Ce vers et le suivant sont changés dans l'édition de 1623 (p. 973), et suivis de quatre vers nouveaux :

De viures la chargeant & de vins à foison,
Mets qu'ils deuoient manger derniers en sa maison.
Les deux freres cachez sous vne roche creuse,
De halliers herissee, & d'vne horreur affreuse,
Attendoient les oiseaux, ayant pendus aux bras,
A demy retroussez, leurs trenchans coutelas.

69\. ... *Palles*... 174.

« *Pale*, oiseau fort semblable au Heron blanc... Il en est de deux especes : l'vne plus grande nommée *Poche :* & l'autre plus petite, nommée *Pale* ou *Cueillier*, à cause de la forme de son bec. » (Nicot, *Thresor*.)

70\. ... *affamer le vieillard*, p. 174.

L'édition de 1623 (p. 974) ajoute les vers suivants :

En mangeant ils craquoient & du bec & des ailes,
Comme font ces corbeaux qui succent les ceruelles
Des animaux pourris; leurs gorges aboyoient
D'vne voix de mâtins qui les Grecs effroyoient.

71. ... *ſur les boſſes des flos*, p. 184.

Blanchemain ajoute (t. v, p. 41), d'après l'édition de 1560:

Ainſi qu'vne chenille à dos courbé s'efforce
De ramper de ſes pieds ſur le pli d'vne eſcorce.
Chacun d'vn ordre egal tire ſon auiron;
La vague en tournoyant eſcume à l'enuiron.

72. ... *arnée*, p. 190.

(Voyez BELLEAU, t. II, p. 470, note 9.)

73. *Qui fondent ton metal, & comme Salmonée*, p. 195.

Au lieu de ce vers et des cinq qui le suivent on lit ici, dans l'édition de 1555 (p. 23), le morceau suivant:

Meſſeigneurs de Vandoſme, & meſſeigneurs de Guiſe,
De Nemours, de Neuers, qui la guerre ont apriſe
Deſſous ta Majeſté, s'il ſe vante d'auoir
Vn Mercure pour faire en parlant ſon deuoir,
Nous en auons vn autre, acort, prudent & ſage
Et trop plus que le ſien facond en ſon langage,
Soit qu'il parle Latin, parle Grec, ou François
A tous Ambaſſadeurs, ſa mïelleuſe voix
Les rend tous esbahys, & par grande merueille,
Le cœur, de ſes beaux mots, leur tire par l'oreille,
Tant la douce Python ſes leures arroſa
De miel quand jeune enfant ſa bouche compoſa.
C'eſt ce grand Demi-dieu CARDINAL *de Lorraine*
Qui bien aymé de toy en ta France rameine
Les antiques Vertus: mais par ſus tous auſſi
Tu as ton Conneſtable ANNE MOMMORENCY
Ton Mars, ton Porte-eſpée, aux armes redoutable,
Et non moins qu'à la guerre, au Conſeil profitable:
De luy ſouuentesfois esbahy ie me ſuis
Que ſon cerueau ne rompt, tant il eſt iours & nuitz
Et par ſens naturel, & par experience
Penſant & repenſant aux affaires de France.
Car luy, ſans nul repos, ne fait que trauailler,
Soit à combatre en guerre, ou ſoit à conſeiller,
Soit à faire reſponce aux pacquets qu'on t'enuoye,
Bref c'eſt ce vieux Neſtor qui eſtoit deuant Troye,

Duquel tousjours la langue au logis conseilloit,
Et la vaillante main dans les champs bataailloit.
N'as-tu pas comme luy, sus ta mer vn Neptune
L'Amiral CHASTILLON? *l'autre l'eut par Fortune,*
Cestui cy par vertu, & pour auoir esté
Fidelle seruiteur de ta grand' Majesté:
Et non tant seulement cest Amiral commande
Aux ondes de ta mer, mais aussi sur la bande
De tes Soudars François, aux Soudars commandant
D'vne pique, & la mer regissant d'vn Trident.
Et n'as-tu pas encor' vn autre Mars en France
Vn Mareschal D'ALBON? *dont l'heureuse vaillance*
A nul de tous les Dieux ceder ne voudroit pas
S'ilz se ioignent ensemble au meillieu des combas?
Et n'as-tu pas aussi (bien qu'elle soit absente
De son païs natal) ta noble & sage Tante
Duchesse de Ferrare, en qui le Ciel a mis
Le sçauoir de Pallas, les Vertus de Themis?
Et n'as-tu pas aussi vne Minerue sage,
Ta propre vnique Sœur, instruite des ieune âge
En tous artz vertueux, qui porte en son Escu
(I'entens dedans son cœur des vices inuaincu)
Comme l'autre Pallas le chef de la Gorgonne,
Qui transforme en rocher l'ignorante personne
Qui s'ose approcher d'elle & veut loüer son nom?
Et n'as-tu pas aussi, en lieu d'vne Iunon,
La ROYNE *ton Espouse en beaux enfans fertille?*
Ce que l'autre n'a pas, car elle est inutile
Au lict de Iupiter, & sans plus n'a conçeu
Qu'vn Mars, & qu'vn Vulcan: l'vn qui est tout bossu,
Boiteux, & dehanché: & l'autre tout colere,
Qui veut le plus souuent faire guerre à son Pere:
Mais ceux que ton Espouse a conçeus à-foison
De toy, pour l'ornement de ta noble maison,
Sont beaux, droitz & bien nez, & qui des jeune enfance
Sont apris à te rendre vne humble obeissance.

74. ... *esmailleur*, p. 195.

On trouve ici dans l'édition de 1555 (p. 27) les quatre vers suivants :

L'autre, qui est Abel, imite d'artifice
Cela que DIEV *bastit dans le grand edifice*

De ce Monde admirable, & bref, ce que DIEV *fait,*
Par mouuement ſemblable eſt par luy contrefait.

75. ... *leuent les bras*, p. 196.

On lit ici dans l'édition de 1623 (t. II, p. 996), ces quatre vers :

(On diroit que les mains de mille Salmonées
Sont en ton Arcenal de nouueau retournées,
Qui dans vn chariot fait d'airain ſe portoit,
Et courant ſur vn pont les foudres imitoit.)

76. ... *le fleuue en reſonne*, p. 196.

On lit ici dans l'édition de 1555 (p. 27) :

Et bref, c'eſt preſque vn Dieu que le Roy des François :
Tu es tant obey quelque part où tu ſois
Que des la mer Bretonne, à la mer Prouenſalle,
Et des montz Pyrenez aux portes de l'Italle,
(Bien que ton regne ſoit largement eſtandu)
Si tu auois touſſé tu ſerois entendu :
Car tu n'es pas ainſi qu'vn Roy LOYS *onzieſme,*
Ou comme fut jadis le Roy CHARLES *ſeptieſme,*
Qui auoient des parens, & des Freres mutins,
Leſquelz en s'alïant d'autres Princes voiſins,
Ou d'vn duc de Bourgongne, ou d'vn duc de Bretaigne,
Pour le moindre raport, ſe mettoient en campagne
Contre le Roy leur Frere, & faiſoient contre luy
Son peuple mutiner pour luy donner ennuy :
Mais tu n'as ny parens, ny Frere qui s'alie
Meintenant de Bourgongne ou de la Normandie,
Ou des Princes Bretons : tout eſt ſujet à toy,
Et la France aujourduy ne cognoiſt qu'vn ſeul Roy,
Que toy prince HENRY *le monarque de France,*
Qui te courbant le chef, te rend obeiſſance.

77. ... *leurs bandes faulſeras*, p. 199.

On lit après ce vers dans l'édition de 1555 (p. 35) :

Et brauement ſuiuy de ton Infanterie
Tu feras à tes piez vne grand' boucherie
Des corps des ennemys l'vn ſus l'autre acablez,
Plus menu qu'on ne voit (quand les Cieux ſont troublez
Des ventz au moys d'Hyuer) tomber du Ciel de greſle
Sur la mer, ſur les champs, ſur les bois peſle-meſle :

La greſle ſus la greſle à grandz monceaux ſe ſuit,
Fait maint bond contre terre, & demeine vn grand bruit.

78. *Sur le fameux tombeau de l'antique Serene,* p. 203

Il y a ici quatre vers de plus dans l'édition de 1555 (p. 39) :

Conquis par leur proüeſſe, où le ſceptre puiſſant
Des Lorrains fut longtemps richement fleuriſſant,
Comme proches parens des nobles Roys de France,
Et vrays ſeigneurs d'Anjou, du Maine, & de Prouence.

79. *Plus que bronze ou metal la langue & la voix dure,* p. 204.

On lit ici dans l'édition de 1555 (p. 40) :

Si eſt-ce que le Ciel n'a ton corps reueſtu,
Ny ton eſprit auec d'vne ſeule vertu
Qui ne ſoit à la fin au jour manifeſtée,
Et de tous à-l'enuy, à qui-mieux-mieux chantée :
L'vn, diſant celle là, & l'autre celle-cy,
Et moy, pour commencer, je chante deſ-icy
La Vertu la plus tienne, & qui plus eſt propice
Aux Princes, comme toy, la vertu de IVSTICE.

80. *Si le peuple m'euſt creu...,* p. 207.

Au lieu de ce vers et du suivant, on lit dans l'édition de 1555 (p. 45) :

Exerçant de ſa main la flamme courrouſſée
Sur toy, mechant, qui m'as à ſi grand tort laiſſée.
Si tu n'euſſes voulu me chaſſer d'auec toy,
DIEV *ne t'euſt point hay, qui pour l'amour de moy*
Ne t'enuoiroit jamais ny bataille, ny foudre
Et jamais tes Cités ne reduiroit en poudre :
Mais touſjours au contraire il euſt nourry la Paix,
Fleuriſſant' au millieu des citoyens eſpaix
Non en guerre tuez, qui ſans dueil & ſans peine
Euſſent heureuſement paſſé la vie humaine.

81. *Qu'en moins d'vn ſeul clin d'œil tu le pourras bien faire,* p. 211.

On lit au lieu de ce vers, dans l'édition de 1623 (t. II, p. 1012), les cinq vers suivants :

Le voudrois-tu plus grand ou plus petit refaire?

De le faire pareil ce ne feroit rien fait.
Or de voir ton Palais, fait, refait & défait,
Ce feroit ieu d'enfant, qui baftit au riuage
Vn chafteau de fablon, puis deftruit fon ouurage.

82. Les Daimons, p. 218.

Richelet a donné une édition de cette pièce, sous le titre suivant: *L'hymne des Daimons de Pierre de Ronfard commenté par Nicolas Richelet Parifien.* — A Paris, chez Nicolas Buon, M.DC.XVIII. In-8° de 77 pages. Le commentaire est dédié : « A Monfeigneur Meffire Antoine Seguier... Prefident en la Cour de Parlement. »

83. ... *aux habitans de l'air,* p. 219.

Au lieu de ces six premiers vers, on trouve dans l'édition de 1555 (p. 101) le début suivant :

Quand de iour & de nuict, je repenfe à par moy
Les honneftes faueurs que i'ay reçeu de toy,
CARLE, *docte Prelat, & qu'encore ma Mufe*
Ne t'a remercié, coulpable je m'accufe
De quoy fi longuement fous filence j'ay teu
L'obligation deüe à ta rare Vertu :
Ie me hay, fi defpit, que je ne fais plus conte
De mes vers, ny de moy, & fi n'ofe, de honte,
Leuer les yeux en haut, de peur que tous les Dieux,
La Lune, le Soleil, les Aftres, & les Cieux
Ne m'appellent ingrat, & ne frappent ma tefte,
Pour mon peché commis, d'vne jufte tempefte :
Mais quand je penfe apres que trop foible eft mon dos
Pour porter aux François la charge de ton loz,
Et qu'en lieu d'illuftrer ta vertu apparente,
Ie l'euffe peu fouiller de ma plume ignorante:
En ne m'accufant plus, je flatte mes efpritz
De n'auoir à bon droict fi grand œuure entrepris :
Car, où eft ceftuy-là qui puiffe bien defcrire
L'honneur & la vertu dont la France t'admire?
Les faueurs que les Roys, & les Princes te font?
Et le port, non fardé qui fe fied fur ton front?
Qui pourroit racompter de combien de loüenges
Tu te veis honoré par les païs eftranges,
Difcourant l'Italie & l'Angleterre, à fin
De te faire vn Vlyffe accort, prudent, & fin?

Qui pourroit bien narrer ta diuine eloquence
Toute pleine de miel, qui a tant de puiſſance
Qu'elle rauiſt le cœur de l'homme, qui ne peut
Fuïr, qu'il ne la ſuyue, en la part qu'elle veut?
Mais qui pourroit compter de quelle poëſie
Tu retiens des oyans l'ardante fantaſie,
Soit qu'en nombres Latins il te plaiſe inuenter
Ie ne ſçay quoy de grand, ſoit que faces chanter
Homere en noſtre ryme, & ramenes Vlyſſe
Voir ſa femme & ſon filz, ſon pere & ſa nourrice,
Saulué de Calypſon, qui vouloit le tenir
Chez elle, pour le faire immortel deuenir:
Sauué de Scylle, & Circe, & du borgne Cyclope,
Et des fiers Leſtrigons, abominable trope?
Bref, qui pourroit compter ta graue humanité,
Ta douceur, ta candeur, & ta benignité,
Et de ton noble eſprit les forces & les graces,
Dont, à mon jugement, les Courtiſans ſurpaſſes?
Car, à la verité, tu ne te veux veſtir
D'habit diſſimulé, pour tromper ne mentir:
Tu es rond en beſongne, & dans la Court royale
Ie n'ay veu (ſans flater) perſonne qui t'egalle,
Excepté mon ODET*, mon Prelat, mon Seigneur,*
Qui doit par ſa bonté, ſur tous auoir l'honneur.

84. ... *prennent naiſſance*, p, 222.

Après ce vers on trouve dans l'édition de 1555 (p. 108) le morceau qui suit :

Grande eſt certainement la contrarieté
De ceux qui ont parlé de leur diuerſité:
Les vns (s'il eſt croyable) en leurs liures aſſeurent
Que les Anges des Cieux autrefois les conçeurent
Dans les ventres charnelz de noz femmes, épris
De leur grande beauté qui deçeut leurs eſpritz:
Voyez quelle puiſſance a la beauté des femmes!
Lors DIEV*, pour les punir de leurs vices infames,*
Aux Enfers les chaſſa, mais leurs filz innocens
Qui coulpables n'eſtoient du faict de leurs parens,
Tenant plus de la part du pere que de mere,
S'en vollerent en l'air, comme choſe legere.
Les autres ont penſé qu'apres que Lucifer
Fut banny, pour ſa faulte, en l'abyſme d'Enfer,

Que les Anges mutins, qui ſes compagnons furent,
Les vns en l'air, en l'eau, & ſur la Terre cheurent,
Et ſelon le forfaict de leurs commis pechez
Se veirent loing du Ciel, dans des corps attachez,
Qui ſeruent de priſons à leur coulpe ancienne,
Iuſques à-tant que DIEV *juger le Monde vienne.*
Ceux qui ont vn corps d'air, ont crainɛte de ſe voir
Prendre vn terreſtre corps, les terreſtres de cheoir
Là-bas dans les Enfers, où le feu les conſomme,
Quand pour punition ilz deçoiuent vn homme :
Car ſans la peur qu'ilz ont, jamais ilz ne feroient
Que nous tenter l'eſprit, & nous abuſeroient.
D'aultres ont eſtimé qu'il n'y auoit Planette
Qui n'en euſt deſſouz elle vne bande ſubjette,
Par qui ſont les mortelz en viuant gouuernez,
Selon l'Aſtre du Ciel ſoubz leſquelz ilz ſont nez :
Ceux de Saturne, ſont l'homme melancholique,
Ceux de Mars, bon guerrier, ceux de Venus, lubrique,
Ceux de la Lune, prompt, cault, les Mercuriens,
Ceux du Soleil, aymé : heureux, les Iouiens :
L'vn bon, l'autre eſt mauuais, le bon nous pouſſe à faire
Tout acte vertueux, le mauuais, au contraire.

85. *Empouſes, Lamiens...*, p. 223.

« Daimons fœminins; le Succube eſt contraire de l'Incube; l'Empouſe ἔμπουσα, vn Daimon de nuict qui marche ſur vn pied, Euſtath. Les Lamiens ou Lamies, Dion en ſon hiſtoire Libyque les repreſente moitié belles femmes, moitié ſerpens, *Lamiæ nudauerunt mammas,* Hieremie. » (RICHELET.)

86. *On dit qu'en Norouegue ils ſe loüent à gages,* p. 223.

La Fontaine, tout en changeant le lieu de la scène, semble s'être rappelé ce passage quand il a dit (l. VII, fable 6) :

Il eſt au Mogol des follets
Qui ſont office de valets,
Tiennent la maiſon propre, ont ſoin de l'équipage.

87. ... *ils ſerencent le lin,* p. 223.

« C'eſt vne des façons du lin ſur vn plan d'aleſnes ou aiguilles pointues, appellez ſerancs. » (RICHELET.)

88. ... *les Esturbots, les Fouches, & les Thins*, p. 224.

Dans l'édition de 1623... *les Esturgeons*. Richelet annote ainsi ce passage : « *Accipenseres, Phocas, & Thynnos*, grands poissons de mer. »

89. ... *ie n'ay troué*, p. 226.

Après ce vers on lit dans l'édition de 1555 (p. 115) le morceau suivant :

Vn soir, vers la minuict, guidé de la jeunesse
Qui commande aux amans, i'allois voir ma Maistresse,
Tout seul, outre le Loir, & passant vn destour
Ioignant vne grand croix, dedans vn carrefour
I'oüy, ce me sembloit, vne aboyante chasse
De Chiens qui me suyuoit pas-à-pas à la trace :
Ie vy auprès de moy sur vn grand cheual noir,
Vn homme qui n'auoit que les ôs, à le voir,
Me tendant vne main pour me monter en crope :
I'aduisay tout-au-tour vne effroyable trope
De picqueurs, qui couroient vn Ombre, qui bien fort
Sembloit vn Vsurier qui naguiere estoit mort,
Que le peuple pensoit, pour sa vie meschante,
Estre puny là-bas des mains de Rhadamante.
Vne tremblante peur me courut par les ôs,
Bien que j'eusse vestu la maille sur le dôs,
Et pris, tout ce que prent vn amant, que la Lune
Conduict tout seul de nuit, pour chercher sa fortune,
Dague, espée, & bouclier, & par sur tout, vn cœur
Qui naturellement n'est sujet à la peur :
Si fuisse-ie estouffé d'vne crainte pressée
Sans DIEV, *qui promptement, me meit en la pensée,*
De tirer mon espée, & de couper menu
L'air tout-au-tour de moy, auecques le fer nu ;
Ce que ie feis soudain, & si tost ilz n'ouyrent
Siffler l'espée en l'air, que tous s'euanouyrent,
Et plus ne les ouy, ny bruyre, ny marcher,
Craignant paoureusement de se sentir hacher,
Et trançonner le corps, car bien qu'ilz n'ayent veines
Ny arteres, ny nerfz, comme noz chairs humaines :
Toutefois comme nous ilz ont vn sentiment,
Car le nerf ne sent rien, c'est l'Esprit seulement.

90. L'HYNNE DE CHARLES..., p. 228.

Cette pièce a paru d'abord isolément sous le titre suivant :

L'HYMNE

DE TRESILLVSTRE

PRINCE CHARLES

Cardinal de Lorraine.

PAR P. DE RONSARD

VANDOMOIS.

A PARIS,

Chéz André Wechel, demeurant à l'enſeigne du cheual volant, rue S. Iean de Beauuais.

1559.

Auec priuilege du Roy.

(4° de 16 fts.)

La même année Ronsard a publié une pièce intitulée : *Suyte de l'Hymne...* — Paris, impr. de R. Eſtienne, 1559. 4° de 5 f. Elle figure dans les *Pièces retranchées.*

91. ... *ſans ame & ſans raiſon,* p. 228.

Au lieu de ce vers et du précédent on lit dans l'édition originale de 1559 (ft 2 r°) :

En lieu d'vn cœur humain i'aurois en la poitrine
Vne maſſe de fer, i'aurois encor' eſté
Du lait d'vne tygreſſe ez foreſts alaité :
Ie n'aurois ſentiment non plus qu'vne colonne,
Ie ſerois vn rocher que la mer enuironne :
Et bref, ie ſerois né ſans âme & ſans raiſon,

92. ... *prenne l'outil en vain,* p. 230.

Ici, dans 1559 (ft 3 r°) :

Tel que ie ſuis pourtant i'en ferai l'entrepriſe,
Et peut eſtre qu'en vain la plume n'aurai priſe,
Si fauorablement me regarder tu veus,
Et preſter deſormais ton oreille à mes vœus.

93. *Fardeau gros & peſant, où l'on voit que tu as*, p. 232.

Au lieu de ce vers et du suivant, on lit dans 1559 (ft 4 v°) les vers que voici :

Fardeau gros & peſant, où l'on peut voir combien
Ton eſprit eſt ſubtil à le regir ſi bien.
Icy viennent à toy les paquêtz de l'Aſie,
D'Alemaigne, Angleterre, Eſpaigne, & d'Italie
De Flandres & d'Eſcoſſe, & bref des quatres bouts
Du monde on vient à toy, tu fais reſponce à tous
Et tu lis dans leur cœur leur ſegrete penſée
Auant que par la langue ilz l'ayent annoncée,
Et ne peuuent tenir leur ſegret ſi couuert
Que dès le premier mot il ne te ſoit ouuert.
L'vn deſire la paix, l'autre braſſe la tréue,
L'autre alonge la guerre : ici le peuple eléue
Le front contre le Roy, le Roy ne veut ici
Endurer qu'vn ſuiet eléue le ſourci.

94. ... *plumeux...*, p. 239.

(Voyez t. I, p. 411, note 270.)

95. ... *des armes de Typhée*, p. 241.

On lit ici dans l'édition de 1559 (ft 10 v°) :

Auſſi ne faut touiours languir embeſongné
Soubz le ſoucy publicq, ny porter ranfrongné
Touiours vn triſte front, il faut qu'on ſe deſache,
Et que l'arc trop tendu quelque fois on delache :
Apres vn faſcheux ſoir vient vn beau lendemain,
Et le grand Iupiter de celle meſme main
Dont il lance la foudre, il prent la pleine coupe,
Et s'aſſied tout ioyeux au millieu de ſa troupe.
Apres vn froid yuer vn printemps adoucy
Renaiſt auec ſes fleurs, il nous faut viure ainſi,
Et chercher les plaiſirs aux ennuys tous contraires,
Pour retourner apres plus diſpos aux affaires.

96. *Que le pere Ocean de tous costez enserre*, p. 244.

Après ce vers on lit dans l'édition originale (f^t 12 v°) le morceau suivant :

Aussi ne failloit il qu'elle qui quelque fois
Doit bailler la naissance à tant de ieunes Roys,
Eust son berceau laué d'vne mer incongneue,
Ou de quelque riuiere en peu d'honneur tenue,
Mais que la grand Tethys le lauast de ses flotz,
En qui de l'vniuers les germes sont encloz.
Belle Royne d'Escosse, ains mortelle Deesse
Tu nous a resiouyz de pareille liesse
Que le Soleil d'Autonne alors que de ses rays
Il a fendu de l'air le voille trop espaix,
Et net & clair & beau monstre sa teste blonde,
Et de son beau regard resiouist tout le monde;
Ou comme le printemps la terre reiouist,
Quand la glace d'yuer au vent s'euanouist.
Princesse l'ornement & l'honeur de nostre age
Quand ton sang ne viendroit de si haut parentage,
Quand mille & mille Roys tes ayeux ne seroyent,
Encore tes vertus tresnoble te feroyent,
Et ton diuin esprit, car la pompeuse race,
Les peres, les ayeus, les sceptres, & la masse
Des monstrueux pallais qui s'esleuent si haut,
« *Ne font pas la noblesse, où la vertu defaut,*
« *Ny la vieille medalle en rouille consumée,*
« *Ny les tableaus reclus, tous noircis de fumée,*
« *Ny les portraistz moisiz des antiques ayeux*
« *Ia par l'eage ecourtez & d'oreilles & d'yeux,*
« *C'est la seule vertu qui donne la noblesse,*
« *Ceste vertu qui est la Royne & la Princesse*
« *De toute chose née, & à laquelle on doit*
« *Venir en trauaillant par le chemin estroit,*
Espineux & fascheux, où peu de gens arriuent,
Car le trac de vertu bien peu de gens ensuiuent :
Toy CHARLES *qui t'es faict de vertu l'heritier,*
T'achemines au ciel, par si noble sentier.
Que ie m'estime heureux d'estre né de ton âge!
Non que la foy chenue y soit plus en vsage
Qu'elle n'estoit iadis au temps de noz ayeux,
Non que le sainct troupeau qui s'enfuït aux cieux,

Eschappant mal enclos de la boëte à Pandore,
Comme au temps de Saturne icy demeure encore,
Les meurdres & le sang, la guerre & le discord
Les tiennent en exil bien loing de nostre bord,
Sans espoir de retour : & si ie me sens estre
Heureux, d'auoir apris dessous vn mesme maistre,
Et en mesme college auecques toy, Seigneur
Qui comme vn petit astre estois desia l'honneur
De tous tes compaignons en meurs & en science,
Et desia tu donnois certaine experience
De ta grandeur future : Ainsi qu'on voit souuent
De petite estincelle à la bandon du vent
S'eleuer vn grand feu, qu'vn pasteur par megarde
Laisse tomber aux bois, l'etincelle se garde
Dans l'ecorse d'vn arbre, & puis de peu à peu
Se repaist de soymesme, & nourrist vn grand feu,
Iusqu'au sommet des pins le braisier se va prendre,
Et auec les ormeaux les chenes vont en cendre,
Le pasteur estonné, caché soubz vn rocher,
De bien loing voit la flamme & n'en ose approcher :
Ainsi de tes vertuz l'abondante etincelle
Que ton age cachoit, sous l'escorce nouuelle
Croissant auec les ans, si grand flamme a produit
Qu'auiourdhuy ta vertu par tout le monde luit.
Ie ne suis point flatteur te donnant telle gloire :
Celluy qui t'a congneu, celluy me pourra croire,
Et non le peuple sot que la vertu ne poingt,
Qui n'aproche de toy & ne te congnoit point :
Car voulentiers l'esprit d'vn personnage rare
Ne veut s'accompaigner de la tourbe barbare.

97. ... *comme vn Dieu des peuples adoré,* p. 244.

Ici, dans l'édition de 1559 (ft 14 r°), quatre vers supprimés plus tard :

Car tout ainsi que Dieu pour la plus belle offrande
Sinon les humbles cœurs des hommes ne demande
L'honneur, la reuerance : ainsi les grans seigneurs
Ne veullent que les cœurs, l'humblesse, & les honneurs.

98. ... *vn si mechant venin,* p. 245.

On lit encore ici, dans l'édition de 1559 (ft 14 v°), quatre vers supprimés dans celle-ci :

Tu as encor en toy ceste bonne partie
La honte de mal faire auec la modestie,
L'honneste liberté, la foy pure, & encor
Vn esprit qui se dit plus riche que ton or.

99. ... *tu l'aimes de bon cœur,* p. 245.

Il y a eu encore ici douze vers supprimés, qu'on trouve dans l'édition de 1559 (ft 15 r°) :

A gages tu ne tiens des plaisans à ta table,
Pour se moquer de ceux que fortune amyable
Aura conduit ches toy, on n'est point brocardé
En si noble maison, mocqué ny regardé
D'vn tas de ieunes sots de condition ville
Qui, pour vn peu d'argent font leur langue seruille
Au plaisir d'vn Seigneur, mais en toute saison
Les plaisans & les fouls sont loing de ta maison,
Et loing de ta faueur : tu taches au contraire
Par honnestes bienfaitz les Muses y attraire,
Leur monstrant bon visage, & cherchant d'estre aymé
De l'homme que tu vois digne d'estre estimé.

100. ... *surpasse les Gregeois,* p. 246.

L'édition de 1559 (ft 15 v°) donne ici quatre vers supprimés depuis :

Et le docte Baïf qui seul de noz Poëtes
A fait en ton honneur bourdonner ses Musettes,
Te sacrant ses pasteurs, que d'vn gentil esprit
En France il a conduit des champs de Theocrit.

101. ... *la maison des humains miserables,* p. 250.

L'édition de 1623 (t. II, p. 1045) ajoute :

Comme le bon bourgeois habite en sa cité,
Vn Roy dans son Palais, son sejour limité,
Sans demeurer ailleurs, de peur qu'vne querelle
Ciuile ne troublast sa maison paternelle,
Et pour seruir aux loix, d'œil, d'ame, & de support.
Quand le Prince est absent tousiours le droict a tort :
L'Equité, la Iustice, ont perdu leur puissance,
Qui fleurissent en Paix par sa seule presence.

102. ... *la closture des Cieux,* p. 251.

L'édition de 1623 (p. 1049) ajoute douze vers :

Tes murs sont de cryſtal & de glace eſpoiſſie,
Des rayons du Soleil fermement endurcie,
Où tes feux sont cloüez, ainçois tes grands flambeaux,
Qui rendent tes Palais plus ſereins & plus beaux.
Du grand & large tour de ta celeſte voûte
Vne ame, vne vertu, vne vigueur degoute
Touſiours deſſur la terre, en l'air, & dans la mer,
Pour fertiles les rendre, & les faire germer :
Car ſans ta douce humeur qui diſtile ſans ceſſe,
La terre par le temps deuiendroit en vieilleſſe :
Mais arroſant d'enhaut ſa face tous les iours,
Iamais ne s'enuieillit non plus que fait ton cours.

103. ... *d'Anangé la fatale*, p. 251.

« De la Neceſſité... Les Latins comme noſtre Autheur, ont naturaliſé ce mot (Ἀνάγκη), ainſi que Marulle, parlant de l'Amour, dit *Antiqua ſuperata Anancé.* » (Richelet.)

104. Hynne du roy Henry III, p. 252.

« C'eſt en partie vne imitation d'Horace, l. iv, ode iv. » (Richelet.) — Henri III l'avait appris par cœur. (Voyez t. iii, p. 199 et p. 545, note 12.)

105. Hynne des Estoiles, p. 255.

Cette pièce a paru pour la première fois dans un recueil dont voici le titre : *Les Eſtoilles à M. de Pibrac & deux Reſponſes à deux elegies enuoyées par le feu Roy Charles à Ronſard, outre vne Ode à Phœbus pour la ſanté dudit Seigneur Roy, puis vn Diſcours au Roy Henry troiſieſme à ſon arriuée en France.* — Paris, G. Buon, 1575. 18 fts in-4°.

Richelet en a donné une édition intitulée : *L'Hymne des eſtoiles de Pierre de Ronſard commenté par Nicolas Richelet Pariſien. A Monſieur Maillet Aduocat en Parlement.* — A Paris, chez Nicolas Buon, M.DC.XVII. 8° de 39 pages.

106. *Ce guerrier...*, p. 258.

« Gaſpar de Colligny, Admiral de France. Ainſi Properce parle d'Antoine, ſans le nommer :

« Cerne ducem modò qui fremitu compleuit inani
Actia damnatis æquora militibus. »

(Richelet.)

107. ... *Pibrac, de la belle Garonne*, p. 260.

« *Pibrac.* Perſonnage excellent, *vir ad omnia natus.* Voyez ſa vie deſcrite par Paſchal, & l'Eloge de Sceuole de Saintemarthe. — *Garonne.* Fleuue qui paſſe à Thouloufe, où eſt né Monſieur de Pibrac. » (RICHELET.)

108. ... *ſa Bocconne*, p. 260.

« Foreſt du Roy, proche d'vne des maiſons du ſieur de Pibrac, comme i'ay appris de Monſieur de Pibrac ſon fils, Maiſtre des Requeſtes. » (RICHELET.)

109. L'HYNNE DE LA PHILOSOPHIE, p. 261.

Cette pièce, qui a paru pour la première fois à la p. 74 de l'édition des *Hymnes* de 1555, a été réimprimée, du vivant de Ronsard, sous ce titre : *L'Hymne de la Philoſophie de P. de Ronſard, commenté par Pantaleon Theuenin de Commercy en Lorraine... dedié à Charles Cardinal de Vaudemont... Charles de Lorraine Eueſque de Mets.* — A Paris, pour Iean Feburier, pres le College de Rheims... M.D.LXXXII. 4°.

110. *Mais l'eleuant par eſprit iuſqu'aux Cieux*, p. 267

A la place de ce vers et du suivant on lit dans l'édition de 1555 (p. 82) le long morceau qui suit :

Apres auoir d'vn iugement diuers
En tous endroitz pratiqué l'Vniuers,
Et clairement aux hommes fait entendre
Ce qu'ilz pouuoient, ſans eſtre Dieux, comprendre,
Pour mieux ſe faire, auec peine, chercher,
S'alla loger ſur le haut d'vn Rocher.
Dans vne plaine, eſt vne haute Roche
D'où, nul viuant, ſans grand trauail, n'aproche :
Car le ſentier en eſt facheux, & droit,
Dur, rabboteux, eſpineux, & eſtroit.
Tout à-l'entour s'y aſproye l'hortye,
Et le chardon, & la ronce ſortye
D'entre les rocz, & les halliers mordans,
Qui font ſeigner les mains des abordans.
Au bas du Roc eſt vn creux precipice
Qui faict horreur à l'homme plain de vice
Qui veut monter auant qu'eſtre purgé
De ſon peché, dont il eſtoit chargé.

Tout au plus haut, cette Roche deserte
Est d'amaranthe & de roses couuerte,
D'œilletz, de lyz, & tousiours les ruisseaux
Herbes & fleurs animent de leurs eaux.
Iamais l'orage & la fiere tempeste
En s'eclattant, ne luy noircist la teste,
Mais le Soleil gracieux en tout temps
Y faict germer les boutons du Printemps.
Là, sur le Roc cette PHILOSOPHIE
Pour tout jamais son Palais edifie
A murs d'erain, loing des ennuiz mondains,
Et des souciz, dont les hommes sont plains,
Qui, comme porcz, viuent dedans la fange,
Peu curieux d'immortelle loüenge.
Là, sont la garde au tour de sa maison
Ainsi qu'Archers, Iugement, & Raison,
Et la Suëur, qui se tient à la porte,
Et dans ses mains vne couronne porte
De verd Laurier, pour le digne loyer
De qui se veut aux Vertuz emploïer.
Là, sans repos, la Verité trauaille,
Et, bien-armée à toute heure bataille
Contre Ignorance, & contre Vanité,
Contre Paresse, & contre Volupté
Pour leur defendre obstinément l'approche
Et le moyen de monter sur la Roche.
Au bas du Roc, vn long peuple se suit
Comme les flotz enroüez d'vn grand bruit,
Qui de la main font signe, & de la teste
Vouloir monter dispostement au feste
Du roc facheux, & bien semble à les voir
Que de monter ilz feront leur deuoir.
Les vns ne sont qu'acheminez à-peine,
Les autres sont au meillieu de la Plaine,
Les vns desja sont au pied du rocher,
Les autres sont ja voisins d'approcher
Du haut sommet : mais quand leur main est preste
De le toucher, vne horrible tempeste
D'Ambicions, d'Enuie, & de Plaisirs,
De Voluptez, & de mondains Desirs,
Les font broncher, d'vne longue trauerse
Cul par sur teste à bas, à la renuerse

Dans vn torrent: car, certes, il ne faut
« Penser grauir legerement en haut
« Où la Vertu en son Temple repose
« Sans decharger son cœur de toute chose
« Qui soit mondaine : ainsi que tu as faict,
Diuin PRELAT, *qui t'es rendu parfaict*
Pour estre mys au plus haut de son Temple,
D'où, maintenant, asseuré, tu contemple'
D'vn œil constant les longues passions
Du mauuais peuple, & les conditions
De son estat: car bien qu'il soit en vie,
Il souffre autant icy de Tyrannie
Que font là bas de peine & de tourment
Les Mortz punis du cruel Rhadamant'.
Qu'esse le Roc promené de Sisyphe,
Et les pommons empietez de la griffe
Du grand Vautour? & qu'esse le Rocher
Qui fait semblant de vouloir trebucher
Sur Phlegias? & la Roüe meurdriere?
Et de Tantal' la soif en la riuiere?
« Si non le soing qui jamais ne s'enfuït
« De nostre cœur, & qui de jour & nuict
« Comme vn Vautour l'egratigne & le blesse
« Pour amasser vne brefue richesse?
« Ou pour auoir par extreme labeur
« Entre les Roys je ne sçay quel honneur,
« Ou pour l'orgueil de se faire apparoistre
« Entre le peuple, & d'estre nommé Maistre?
Mais toy, qui as hors de ton cœur bien loing
Tousjours chassé ce miserable soing :
Tu as gaigné le haut de la Montaigne,
D'où ta pitié maintenant nous enseigne,
Ainsi que toy, d'ensuyure la Vertu,
Non par le trac du grand chemin batu
Du peuple sot, ains par l'estroite voye
Qui l'homme sage à la Vertu conuoye.
Mais sçauroit-on en ce Monde trouuer
Homme qui fust plus digne d'eleuer
Sa face au Temple, où la Vertu demeure,
Que toy, PRELAT, *qui combas à toute heure*
Contre le Vice, &, sage, ne veux pas
Estre trompé de ses flatteurs apas.

Toy, mon PRELAT, *qui as l'intelligence*
De la Vertu, par longue experience,
Voire qui dois, à bon droit, receuoir
Sur tous ſçauans, le prix, pour ton ſçauoir,
Qui te congnois, & qui, roy, te commandes,
Qui as le cœur digne des choſes grandes,
Prompt à ſçauoir la nature eplucher
Et iuſque au Ciel la Verité chercher:
Qui es accort, toutefois debonnaire,
Ayant pitié de la triſte miſere
D'vn affligé: car ſi quelcun accourt
A ton ſecours, au prochaz de la Court,
Tu le reçois d'vne main fauorable,
Et luy defens de n'eſtre miſerable,
Et ſans tromper (ainſi qu'vn Courtizan)
A tes tallons tu ne le pends vn an :
Mais tout ſoudain, quand l'heure eſt oportune,
Tu fais ſçauoir aux Princes ſa Fortune :
C'eſt pour cela que tu es en tout lieu
Aymé du Roy, de ſon Peuple, & de DIEV,
Et que Vertu, qui tes bonnes meurs priſe
Dedans ſon Temple a ton Image aſſiſe,
Pour voir d'enhaut, en toute ſeureté,
Le mechant peuple, aux vices arreſté,
Qui, tout aueugle, & d'yeux, & de courage,
Se va noyant dans le mondain naufrage :
Ainſi que faict cettuy-là qui du port
Voit enfondrer en mer, bien loing du bord
Quelque nauire, il ſe reſjouiſt d'aiſe,
Non, pour autant que la vague mauuaiſe
La fait perir, mais pour autant qu'il eſt
Loing du danger, qui de la nef eſt preſt :
Ainſi voyant de la Roche plus haute
Le peuple en bas, aueuglé de ſa faute,
Tu t'eſioüis, d'autant que tu n'es pas
Le compaignon de ſes Vices à-bas.

III. HERCVLE CHRESTIEN, p. 268.

L'édition donnée par Richelet a pour titre : *L'Hymne de l'Hercule chreſtien, de Pierre de Ronſard, commenté par Nicolas Richelet Pariſien. A Monſeigneur Meſſire Charles de Balſac Eueſque & Comte de Noyon, Pair de France.* — M.DC.XVII. 8° de 62 pages.

112. ... *les terres & la mer*, p. 277.

Après ce vers on trouve, dans l'édition de 1555 (p. 41), le passage suivant, supprimé plus tard :

Ce n'eſt pas vn fardeau ſi leger que l'on penſe
De bien chanter les faictz d'vn Amiral de France,
D'eſcrire ſes valeurs, ſes aſſaux & combatz,
Il y a de la pene, & tout homme n'a pas
Le cœur aſſez hardy, ny la Muſe aſſez grande
Pour chanter Enyon ainſy qu'elle demande.
Beaucoup entreprendront (mais peu viendront à fin)
De loüer voz vertus, le Ciel le veut, à fin
Que ſeul i'aye l'honneur d'auoir parfait l'ouurage,
Celebrant voz combatz, & tout voſtre lignage,
Qui ſuis affecté voſtre, acquis par les faueurs
De voſtre frere ODET, *l'vn de mes bons Seigneurs.*

113. ... *Telamon & Neſtor*, p. 286.

On lit après ce vers, dans l'édition de 1623 (t. II, p. 984) :

(Noms illuſtrez d'honneur, nobles de renommée,
Roys de diuers pays, & paſteurs de l'armée,
Qui ſurpaſſoient autant tous les autres guerriers
Que les petits Geneſts ſont paſſez des Lauriers.)

114. ... *les vers & les Hynnes*, p. 299.

Dans l'édition originale de 1556 (p. 72) la pièce se termine par ce morceau, supprimé après le meurtre de Coligny :

Or' ſi vous auez pris en gré ce petit don,
Octroyez moy de grace vn ſeul bien pour gardon :
Ou ſoit que vous ſoyez deux aſtres, quand l'vn erre
Dans la maiſon des Dieux, l'autre ſoit ſoubz la terre,
Ou ſoit que vous ſoyez deux propices flambeaux,
Qui commandez aux vents, & appaiſez les eaux.
Si Gaſpard de fortune en faiſant vn voyage
Sur la Mer eſt ſurpris d'vn naufrageux orage,
Serenez la tempeſte, & venez vous aſſoir
Sur le Maſt, juſque à tant que le vent laiſſe choir
Son ire, & que des flotz les menaces humides
Dorment dedans leur lict ſans vages ne ſans rides.
C'eſt l'vn de mes Seigneurs, puis il eſt frere aiſné
*D'*ODET *mon Mecenas pour lequel je ſuis né.*

115. HYNNE DV PRINTEMPS, p. 299.

Cette pièce et les trois suivantes ont paru pour la première fois au feuillet 13 du *ſecond liure...* (Voyez ci-dessus notes 4 et 12) sous le titre : *Les* IIII *ſaiſons de l'an.*

116. ... *harigot & fleute...*, p. 314.

Le *harigot* ou *larigot* est une espèce de flûte.

117. *Martes...*, p. 315.

Jeu d'osselets. Il figure parmi les jeux de Gargantua, sous la forme *martres.* (Voyez mon édition de Rabelais, t. I, p, 81, dernier mot de la première colonne.)

118. ... *l'Auton...*, p. 315.

Cotgrave écrit *vent d'Auton* et donne *Autom* comme une forme d'*Automne.*

119. ... *Phthinopore...*, p. 321.

De φθινόπωρον, la fin de l'automne, l'automne.

120. ... *vn Mauors rioteux,* p. 328.

Un Mars querelleur. Dans l'édition originale : *vn Manœuure boiteux,* ce qui s'applique à Vulcain.

121. ... *ſoude...*, p. 340.

Soulde dans l'édition de 1623. Solde. Voyez ci-dessus note 51.

122. ... *manque...*, p. 343.

(Voyez t. II, 504, note 210.)

123. ... *ſon ame qui s'en-vole,* p. 343.

On lit ici, dans l'édition de 1555 (p. 161) :

> *Qu'on ne me vante donc ce Gayac eſtranger*
> *Par deſſus ce Metal, qui ſauue du danger*
> *Roys, Princes & Seigneurs, ſoit que bouilly le boiuent,*
> *Soit qu'autrement par luy douce ſanté reçoiuent.*

124. HYNNE DE BACCHVS, p. 355.

Cette pièce avait d'abord paru séparément sous le titre suivant :

HYMNE
DE BACVS
PAR PIERRE
DE RONSARD,
AVEC LA VERSION LATINE
De Iean Dorat.

A PARIS,
Chés André Wechel rue S. Iehan de Beauuais
à l'enſeigne du Cheual volant.
1555.
AVEC PRIVILEGE DV ROY.

(4° de 29 p. et 1 ft.)

P. 3. Ad ampliſſ. Cardinalem Odetum Caſtilionæum *Ioannes Auratus*.

P. 4. Hymnus in Bacchum, à Io. Aurato expreſſus ex gallico Ronſardi.

P. 5. Hymne de Bacus, à Iean Brinon, *Vers Heroiques*.

Au v° de la p. 29 (3 p. non chiffrées) : Ἐις ὕμνους Ῥωνσάρδου σαπφικά. Ἰωάννου Αὐράτου.

125. ... *prougner...*, p. 360.

Provigner. C'est une des formes dialectales que Ronsard introduisait dans ses vers. Littré relève *preugner* et *progner* comme propres au Berry, et le comte Joubert, dans le *Glossaire du centre de la France*, indique *perouiner* et *prouiner*.

126. ... *mataſſinant des mains*, p. 361.

S'agitant comme des matassins. « *Mataſſiner des mains...*, ineptè geſticulari, » dit Nicot.

127. Hymne de la Mort, p. 364.

Brantôme (t. vii, p. 452, édit. Lalanne), après avoir raconté la condamnation de Chastellard, qui avait offensé Marie Stuart par l'obstination de ses poursuites, rapporte ainsi ce qui se passa à ses derniers moments : « Le jour venu, ayant efté mené fur l'efchaffaut, auant mourir auoit en fes mains les hymnes de M. de Ronfard ; & pour fon éternelle confolation, fe mift à lire tout entièrement l'himne de la mort, qui eft très-bien faict & propre pour faire abhorrer (Le sens semblerait demander *adorer)* la mort, ne s'aydant autrement d'autre liure fpirituel, ny de miniftre ny de confeffeur. »

On a pu voir dans la description que nous avons donnée de l'édition des *Hymnes* de 1555, (ci-dessus note 45) que cette pièce était d'abord dédiée à Paschal et qu'elle l'est ici à Desmasures. On lit à ce sujet les détails suivants, au verso du feuillet 141 du tome 843 de la collection Du Puy, à la Bibliothèque nationale :

« Ronfard defdia a Pafchal fon Hymne de la mort quil ne voulut infcrire du nom de Pafchal en la feconde Impreffion pour quelque occafion d'inimitié furuenue entre eux deux, ains le prefenta à Iehan de Morel qui le refufa ne voulant eftre honoré des defpouilles dautruy quoy voyant il le prefenta a Mademoifelle Camille Morel qui luy refpondit en cefte façon :

A vn grand Poete.

Vous nous offrez la mort a autres deftinee ;
Ce neftoit pas pour nous que lauiez ordonnee,
Ceftoit pour vn vrayement qui bien la meritoit.
Vous luy donnaftes lors que voftre amy eftoit ;
Neftant plus voftre amy la mort vous luy oftez
Et a nous vos amis la mort vous prefentez.
Si de vous vos amis ont la mort pour offrande
Et qu'a vos ennemis la mort on redemande,
Il vaudroit beaucoup mieux eftre voftre ennemy
Pour euiter la mort que deftre voftre amy.

TABLE DES MATIÈRES

CONTENUES DANS LE QUATRIÈME VOLUME.

LES ELEGIES DE PIERRE DE RONSARD.

LES HYNNES DE PIERRE DE RONSARD.

LE PREMIER LIVRE DES HYNNES.

LE SECOND LIVRE DES HYNNES.

FIN DE LA TABLE.

Achevé d'imprimer

LE DIX MARS MIL HUIT CENT QUATRE-VINGT-ONZE

PAR ALPHONSE LEMERRE

25, rue des Grands-Augustins

A PARIS

27.

www.ingramcontent.com/pod-product-compliance
Lightning Source LLC
LaVergne TN
LVHW020554110826
845149LV00002B/267

* 9 7 8 2 0 1 2 7 5 9 1 5 2 *